Betriebswirtschaftslehre/Rechnungswesen AK 9

für die 9. Jahrgangsstufe an sechsstufigen Realschulen

Stefan Harbauer, Weiden; Maria Kinzinger, Neumarkt (Opf.); Robert Kotouc, Bad Aibling; Günther Loibl, Landshut; Christian Marchl, Schöllnach; Lothar Öttl, Passau; Werner Risser, Bad Staffelstein; Walter Schraml, Sulzbach-Rosenberg

AK 9

4. Auflage 2008 – Buch-Nr. 6900
ISBN 978-3-89650-271-1

Vögel

Druck + Verlag Ernst Vögel GmbH, München/Stamsried

Bildnachweis: Globus Schaubilder, Hamburg
Stefan Harbauer, Weiden
Maria Kinzinger, Neumarkt (Opf.)
Robert Kotouc, Bad Aibling
Christian Marchl, Schöllnach
Lothar Öttl, Passau
Werner Risser, Bad Staffelstein
Walter Schraml, Sulzbach-Rosenberg
Verlag Vögel, Stamsried

Karikaturen: Earl Schäfer, Marktheidenfeld

Herstellung: Druck + Verlag Ernst Vögel GmbH · D-93491 Stamsried

Vorwort für Schülerinnen und Schüler

In den Jahrgangsstufen 7 und 8 war der Regensburger Schreinermeister und Möbelfabrikant Hans Glück dein Wegbegleiter durch das Fach Betriebswirtschaftslehre/Rechnungswesen. Zu Beginn dieses Schuljahres wirst du die Rosenheimer Unternehmerin Stefanie Bauer kennen lernen. Umfangreiche Wiederholungsübungen sollen dir gleich zu Anfang eventuell Vergessenes wieder ins Gedächtnis zurückrufen. Danach erhältst du u. a. interessante Informationen aus dem Finanz-, Personal- und Anlagenbereich des Unternehmens. Ein Geschäftsgang, ein vielseitiger Lernzirkel, ein Projekt und ein zusammenfassender Test am Ende des Schuljahres verhelfen dir zu fundiertem Wissen und vor allem zu selbstständigem Arbeiten.

Das Autorenteam wünscht dir auch in diesem Schuljahr viel Erfolg.

Vorwort für Kolleginnen und Kollegen

Das vorliegende Lehrbuch setzt die bewährte Tradition der „AK-Reihe“ fort. Eine

- konsequente, klare Strukturierung und am Lehrplan orientierte Lerninhalte,
- deren altersgemäße und motivierende Aufbereitung mit Hilfe von Texten, Schaubildern und Fotos,
- und vor allem die vielen Übungsaufgaben mit ihren verschiedenen methodischen Ansätzen

sind die Gewähr für eine erfolgreiche Arbeit mit Ihren Schülerinnen und Schülern.

Das zum Lehrbuch erschienene Arbeitsheft soll helfen, zeitsparend zu arbeiten und Schülerinnen und Schüler zu einer selbstständigen und gewissenhaften Arbeitsweise zu erziehen.

Die Struktur des Buches wird durch die optische Gestaltung mit folgenden Symbolen deutlich:

Erläuterung der Symbole

- Die „Treppe“ weist auf den Einstieg hin. Bilder eröffnen konkrete Problemsituationen. Themenbezogene Fallbeispiele regen zum Dialog an.
- Das „i“ steht für Information. Vielfältige Materialien und Texte verschaffen einen Überblick über die zentralen Inhalte. Daraus werden die erforderlichen Kenntnisse erarbeitet.
- Der „Bleistift mit den Zahlen“ nummeriert die Aufgaben durch. Es handelt sich um den Trainingsteil mit einer Vielzahl von Übungsaufgaben für Einzel-, Partner- und Gruppenarbeit oder auch Freiarbeit. Dabei vertiefen und festigen die Schülerinnen und Schüler das erworbene Wissen.
- Die „Glühbirne“ mit dem Merkkasten „Alles klar“ steht am Ende eines Themas. Hier werden wichtige Inhalte und Schlüsselbegriffe (Grundwissen!) in übersichtlicher und klarer Form zusammengefasst.

Inhaltsverzeichnis

1 Wiederholen und Üben

**Wer Phantasie hat,
doch kein Wissen,
hat Flügel,
doch keine Füße.**
(aus Arabien)

**„Wer die Vergangenheit kennt,
kann die Zukunft besser meistern."**

Wir werden auch diese Jahrgangsstufe im Fach Betriebswirtschaftslehre/Rechnungswesen auf „stabilen Füßen" bewältigen. Am Anfang wiederholen und üben wir die im letzten Jahr erworbenen Kenntnisse mit zahlreichen Beispielen auf unterschiedlichen Wegen, um die „Zukunft besser zu meistern".

Eine dir bereits bekannte Form der Wiederholung ist eine „Mind-Map" (Gedächtnislandkarte). Wie du weißt, handelt es sich dabei um eine Darstellungsform, die Texten und Gedanken eine übersichtliche Struktur geben kann. Es ist eine kreative Arbeitstechnik, die der vernetzten Struktur unseres Gehirns entspricht.

Nachfolgend ein Beispiel aus der Jahrgangsstufe 8 zum Thema „Einkauf von Werkstoffen und Handelswaren":

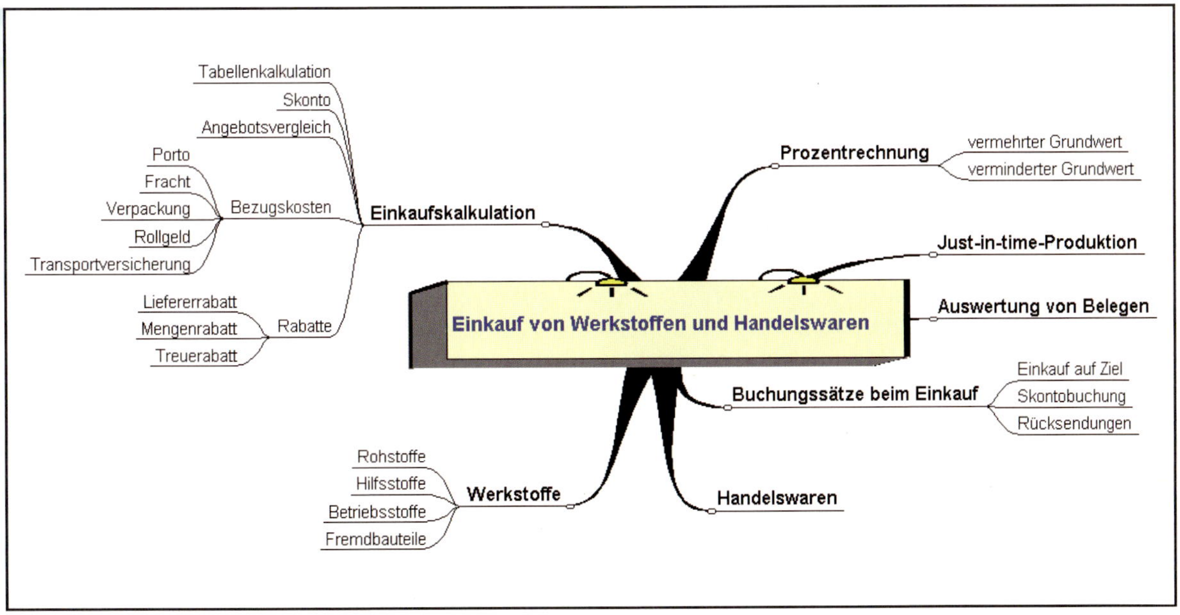

1

Erstelle zusammen mit einem Mitschüler eine „Mind-Map“ zu folgenden Themen:

1. Verkauf von Fertigerzeugnissen und Handelswaren
2. Umsatzsteuer
3. Privatkonto
4. Industriekontenrahmen

Während sich in den letzten beiden Jahrgangsstufen die verschiedenen Themen mit dem Unternehmen „Möbelfabrik Hans Glück“ beschäftigten, lernen wir in dieser Jahrgangsstufe ein neues Unternehmen kennen, das uns zu Beginn bei der Wiederholung und auch danach bei den neuen Themen begleiten wird:

Das Unternehmen **Stefanie Bauer Holzbau Rosenheim,** besteht seit 10 Jahren und stellt vor allem Holzhäuser, Pavillons und Gartenmöbel aus heimischen Hölzern her. Darüber hinaus bietet das Unternehmen z. B. Gartenleuchten, Sonnenschirme und Zelte als Handelswaren an. Fast alle Lieferanten und Kunden kommen aus Bayern und Österreich.

In den letzten beiden Jahren hat der Sohn der Firmeninhaberin, Alexander Bauer, das Angebot auf die Ausrichtung verschiedenster Veranstaltungen (Events, Geburtstagsfeste, Firmenfeiern, Präsentation neuer Produkte, Messestände usw.) erweitert. Dabei wird ein umfassender Service geboten: z. B. Vermietung von Partyzelten, Auf- und Abbau dieser Zelte, Durchführung von Veranstaltungen mit Lieferung von Getränken, Buffets, Servicepersonal, Gestaltung eines Abendprogramms usw.

Informationen zum Unternehmen:

Inhaberin	*Stefanie Bauer, e. Kfr.*
Rechtsform	*Einzelunternehmen*
Anschrift (Firmensitz)	*Lindenstraße 14–16, 83024 Rosenheim*
Handelsregister	*Registergericht Rosenheim HRA 6480*
Steuernummer	*9156/242/38064*
USt-Id	*DE 334674289*
Mitarbeiterzahl	*125 Mitarbeiter (31 Angestellte, 94 Arbeiter)*
Zweck des Unternehmens (Fertigerzeugnisse)	*Herstellung von Holzhäusern, Pavillons, Gartenmöbeln, Carports, Verkaufsbuden usw.*
Absatzgebiet	*vorwiegend Bayern und Österreich*
Geschäftsjahr	*1. Januar bis 31. Dezember*
Rohstoffe	*verschiedene heimische Hölzer*
Fremdbauteile	*Türschlösser, Regenrinnen, Innenleuchten, Spülbecken . . .*
Hilfsstoffe	*Schrauben, Leim, Wachse, Naturfarben . . .*
Betriebsstoffe	*Strom, Gas, Wasser, Schmierstoffe . . .*
Handelswaren	*Teppiche, Gartenleuchten, Sonnenschirme, Zelte, Holzbadewannen, Saunen*
Bankverbindung	*Gewerbebank Rosenheim BLZ: 711 511 00 Kontonummer: 47 11 66*

2 Geschäftsgang zum Unternehmen „Stefanie Bauer Holzbau Rosenheim“

Folgende Eröffnungsbilanz liegt zu Beginn des Geschäftsjahres vor (Euro):

Aktiva		Eröffnungsbilanz	Passiva
0500 UGR	1.200.000,00	3000 EK	6.350.000,00
0510 BGR	2.200.000,00	4200 KBKV	768.000,00
0530 BVG	4.200.000,00	4250 LBKV	4.280.000,00
0700 MA	2.420.000,00	4400 VE	1.201.000,00
0840 FP	840.000,00	4800 UST	124.200,00
0860 BM	540.000,00		
0870 BA	635.000,00		
2400 FO	338.000,00		
2600 VORST	48.000,00		
2800 BK	278.000,00		
2880 KA	24.200,00		
	12.723.200,00		12.723.200,00

Weitere Konten, die das Unternehmen führt:

3001 P, 5000 UEFE, 5001 EBFE, 5100 UEHW, 5101 EBHW, 5400 EMP, 6000 AWR, 6001 BZKR, 6010 AWF, 6011 BZKF, 6020 AWH, 6021 BZKH, 6022 NH, 6030 AWB, 6031 BZKB, 6040 AWVM, 6080 AWHW, 6081 BZKHW, 6082 NHW, 6140 AFR, 6700 AWMP, 6710 LS, 6730 GEB, 6750 KGV, 6770 RBK, 6800 BMK, 6810 ZFL, 6820 PUK, 6870 WER, 6900 VBEI, 7020 GRST, 7030 KFZST

Folgende Arbeiten sind zu erledigen:

1. Erstelle das Eröffnungsbilanzkonto.

2. Eröffne die Bestandskonten und bilde die Buchungssätze für die Eröffnungsbuchungen.

3. Bilde die Buchungssätze für die nachfolgenden Geschäftsfälle und buche in den Konten.

3.1 Zieleinkauf bei der Firma „Schraubenfix“, Listenpreis (netto)

für Holzschrauben	980,00 €
abzüglich 10% Rabatt	??? €

3.2 Banklastschrift:

Werbeanzeigen für den Monat August, brutto	142,80 €
Garagenmiete, brutto	47,60 €
Kopierpapier, brutto	64,26 €

3.3 Zielverkauf von 5 Partyzelten Typ „Gloria“

Stückpreis (netto) 340,00 €	1.700,00 €
zuzüglich Versandkosten, netto	90,00 €

3.4 Eingangsrechnung für Verpackungsmaterial, netto 680,00 €

3.5	Bankabbuchung der Leasingrate für einen LKW, brutto	737,80 €
3.6	Banküberweisung an die Firma „Schraubenfix" (siehe 3.1) unter Abzug von 3% Skonto	??? €
3.7	Gutschrift an unseren Kunden für die Rücksendung eines beschädigten Partyzeltes Typ „Gloria" (siehe 3.3)	??? €
3.8	Bankauszug: Stromrechnung (brutto)	975,80 €
3.9	Banklastschrift:	
	Einkommensteuervorauszahlung	4.250,00 €
	Grundsteuer	450,00 €
	KFZ-Steuer	1.230,00 €
3.10	Bankgutschrift für das vermietete Lagergebäude, brutto	892,50 €
3.11	Zielverkauf von drei Gartenhäusern vom Typ „Karwendel", netto	4.200,00 €
	zuzüglich Speditionskosten, netto	320,00 €
3.12	Banküberweisung des Kunden (siehe 3.3 und 3.7)	??? €
3.13	Zieleinkauf von Fichtenholz, netto	4.000,00 €
	abzüglich 5% Rabatt	??? €
	zuzüglich Transportkosten, netto	240,00 €
3.14	Banküberweisung des Kunden (siehe 3.11) unter Abzug von 2% Skonto	??? €
3.15	Barkauf von Verpackungsmaterial, brutto	642,60 €
3.16	Zieleinkauf von 20 Gartenleuchten Typ „Elegance", netto	4.800,00 €
	zuzüglich Fracht, netto	140,00 €
3.17	Banklastschrift:	
	Kontoführungsgebühren	80,00 €
	Abonnement für Fachzeitschrift, brutto (7% USt)	44,94 €
	Telefongebühren, brutto	285,60 €
3.18	Eingangsrechnung: Heizöl, netto	4.800,00 €
	zuzüglich Fracht, netto	110,00 €
3.19	Zielverkauf eines Holzhauses Typ „Chiemsee", netto	34.000,00 €
3.20	Eingangsrechnung: Transportkosten für den Zielverkauf des Holzhauses, (siehe 3.19) netto	780,00 €

4. Bilde die Buchungssätze für die nachfolgenden Belege und buche in den Konten

Beleg 1:

Sägewerk Kranzhorn GmbH

Tatzelwurm 100, 83098 Brannenburg
Telefon (08034) 3040/Fax (08034) 3050
USt.-IdNr. DE146064689/St.-Nr. 9156/160/13175

Sägewerk Kranzhorn GmbH, Tatzelwurm 100, 83098 Brannenburg

Firma
Stefanie Bauer
Lindenstraße 14–16
83024 Rosenheim

Rechnung

Rechn.-Nr.: 2062340
Datum: 20..-09-02
Lieferdatum: 20..-09-02
Kunden-Nr.: 509050
Bestellung: 20..-08-10
Sachbearb.: Frau Oberauer

Art.Nr.	Menge	Bezeichnung	Einzelpreis	Gesamtpreis
1	15 m³	Buchenholz	300,00 €	4.500,00 €
				4.500,00 €
			- Rabatt 10%	450,00 €
				4.050,00 €
			+ USt 19%	769,50 €
			Rechnungsbetrag	4.819,50 €

Zahlbar ohne Abzug innerhalb 30 Tagen.
Die Ware bleibt bis zur Bezahlung Eigentum des Lieferanten.
Bankverbindung: Genossenschaftsbank Brannenburg, BLZ 720 560 10, Kontonummer: 22 30 40
Sitz der Gesellschaft: 83098 Brannenburg * Handelsregister Traunstein HRB Nr. 1429
Geschäftsführer: Josef Kranzhorn

Beleg 2:

MediaExpert GmbH
Lichtweg 1a – 80133 München
Tel.: 089/3010-0 · Fax: 089/3110-22 · E-Mail: medialux@a-online.de
Internet: http://www.medialux.com

Firma
Stefanie Bauer Holzbau
Lindenstraße 14–16
83024 Rosenheim

München, 20 ..-09-04

RECHNUNG

Lieferdatum: 20..-09-04

Medialux „Beamer ML 250“	2.800,00 €
Gesamtbetrag, netto	2.800,00 €
+ 19% Umsatzsteuer	532,00 €
Rechnungsbetrag	3.332,00 €

Zahlbar ohne Abzug innerhalb 30 Tagen.
Bankhaus München, BLZ 710 100 10, Kontonummer 543 654 * USt.-IdNr. DE319000408 * St.-Nr. 9147/197/12366
Geschäftsführerin: Simone Kress * HRB München 43216

Beleg 3:

Lackfabrik F. Reger GmbH

Reger Lacke

Reger-Lacke St.-Veit-Weg 4 93057 Regensburg

Firma
Stefanie Bauer Holzbau
Lindenstraße 14–16
83024 Rosenheim

St.-Veit-Weg 4
93057 Regensburg
Tel.: 0941/999073
Fax: 0941/999074

Rechnung

Lieferdatum: 20..-09-04

Auftrag vom	Lieferschein Nr.	Rechnung vom	Rechnungs-Nr.
20..-08-24	12-325	20..-09-04	02002343

Bei Zahlung bitte angeben

Pos.	Art.	Menge	Bezeichnung	E-Preis (EUR)	G-Preis (EUR)
1	P3S05	30	Grundlack „perfekt“	14,20 €	426,00 €
2	K3S06	30	Klarlack „alpin“	9,95 €	298,50 €
3	F2S08	40	Leim „beinhart“	12,50 €	500,00 €

Warenwert (netto)	Verpackung (netto)	UST 19%	Rechnungsbetrag
1.224,50 EUR	75,50 EUR	247,00 EUR	1.547,00 EUR

Zahlbar: Innerhalb von 8 Tagen 3% Skonto, oder 30 Tagen rein netto, ohne Abzug
Geschäftsführerin: Anneliese Reger, Regensburg HRB 54329
Donaubank Regensburg: Konto 208 605 (BLZ 7620 400 12), USt-IdNr. 240032567, St.-Nr. 9244/178/32753

Beleg 4:

Rechtsanwaltskanzlei
Klaus Bentz

Waaggasse 1 – 92421 Schwandorf
Tel. 0 94 31 / 38 80 * Fax 0 94 31 / 38 90 * E-Mail: klug@x-online.de

Firma
Stefanie Bauer Holzbau
Lindenstr. 14–16
83024 Rosenheim

Rosenheim, 20..-09-04

Rechnung - Nr. 2015 / Lieferung 20..-09-04

Honorar für Vertretung im Verfahren Bauer gegen Müller vor dem Amtsgericht Rosenheim	1.800,00 €
+ UST 19%	342,00 €
Gesamtbetrag	2.142,00 €

Zahlbar ohne Abzug innerhalb von 30 Tagen.
Bankverbindung: Naabbank Schwandorf, BLZ 750 218 00, Konto-Nr. 950 850
St.-Nr. 9248/275/11223, USt-IdNr. DE 273857489

Beleg 5:

Gewerbebank Rosenheim | Kontonummer 471166 | Auszug **108/20..**

IBAN DE72711511000000471166
BIC GBNKDEFF

Datum 14. 09. 20.. | Blatt 1

Vorgang / Buchungsinformationen	Buchung	Wertstellung	Umsatz in EURO	
• Rechtsanwalt Bentz Rechn. v. 04. September Nr. 2015	12. 09. ..	12. 09. ..	2.142,00	S
• Baumarkt Kleinholz R. v. 28. August Nr. 00112 (div. Gartenhäuser)	13.09. ..	13.09. ..	19.516,00	H

Gewerbebank 83024 Rosenheim
Fa Stefanie Bauer
Lindenstraße 14–16
83024 Rosenheim

alter Saldo
H **12.342,00 EUR**
neuer Saldo
H **29.716,00 EUR**

Postanschrift
Gewerbebank
Rosenheim
83024 Rosenheim

Direkt-Service: Tel.: 08031/200212

Internet: http://www.Gewerbebank.de

Bankleitzahl
711 511 00

Beleg 6:

Fa. Karl Dietrich e. Kfm.

Eisenstr. 34 – 93051 Regensburg
Tel. 0941/12345 * Fax 0941/123451 * E-Mail: kdietrich@x-online.de

Stefanie Bauer Holzbau
Lindenstraße 14–16
83024 Rosenheim

Regensburg, 20 .. - 09 - 21

Rechnung - Nr. 23456 vom 21. September 20.. / Lieferung: 20..-09-21

100 Spezialschlösser K 04050 V	1.200,00 €
- Rabatt 25%	300,00 €
	900,00 €
+ Fracht	30,00 €
= Nettobetrag	930,00 €
+ 19% Umsatzsteuer	176,70 €
Rechnungsbetrag	**1.106,70 €**

Zahlungsbedingungen: sofort - rein netto.
Die Lieferung erfolgt gemäß unseren Geschäftsbedingungen.
Regensburg HRA 5443, UST-Id-Nr.: DE 129409000, St.-Nr. 9244/213/83259
Bankverbindung: Stadtbank BLZ 740 832 78, Konto-Nr. 4466

Beleg 7:

Bayerische Landesbrandversicherung AG
Ludwigstraße 28 80359 München

Tel.: 089/300-243
FAX: 089/300-123
Kontonummer: 2398
Bayerische Landesbank BLZ 700 500 00

Stefanie Bauer
Lindenstraße 14–16
83024 Rosenheim

München, 25. September 20..

Beitragsrechnung für Ihre Gebäudebrandversicherung

Versicherungsscheinnummer: 78300048/750

Zweig	Inkassostelle	Zahlungsweise	fällig am
900	910300	1/1 jährlich	1. Oktober 20..

	Euro
Feuer	522,00 €
Versicherungssteuer (z. Z. 14%)	73,08 €
Gesamt	**595,08 €**

Der fällige Gesamtbetrag wird vereinbarungsgemäß eingezogen. Bitte beachten Sie die Hinweise auf der Rückseite.
Vorstand: Dipl. Kfm. Karl Hofer * Vorsitzender des Aufsichtsrates: Klaus Kurz
HRB 4159 – Registergericht München * St.-Nr. 9147/104/87214

Beleg 8:

Licht GmbH

Licht GmbH, Artilleriestr. 25 91052 ERLANGEN

Stefanie Bauer
Lindenstraße 14–16
83024 Rosenheim

Beleg-Nr.
GE 0001

Kundennummer	Gutschriftnummer	Datum
240087	G 863	20..-09-23

Gutschrift

Unsere Rechnung Nr. 98650 vom 20..-08-05

Aufgrund Ihrer Mängelrüge gewähren wir Ihnen auf die Lieferung von 15 Gartenleuchten „Sommertraum" einen Preisnachlass in Höhe von 10% des Rechnungsbetrages.

Mit freundlichen Grüßen

i. A. F. Brunner

Nachlass netto		261,00 €
+ Umsatzsteuer	19%	49,59 €
Gutschrift		310,59 €

Bankverbindung: Sparkasse Erlangen Konto-Nr. 746 589 Bankleitzahl: 763 500 00
Geschäftsführerin Petra Hell
HRB 2145 UST-ID-Nr. DE900234552 St.-Nr. 9216/181/53214

5. Schließe alle Unterkonten ab und bilde die Buchungssätze für die vorbereitenden Abschlussbuchungen.

6. Abschluss der Erfolgskonten und des GuV-Kontos

6.1 Schließe die Aufwands- und Ertragskonten ab.

6.2 Schließe das Gewinn- und Verlustkonto ab.

6.3 Bilde den Buchungssatz für den Abschluss des Gewinn- und Verlustkontos.

7. Schließe die Bestandskonten ab und bilde die entsprechenden Buchungssätze.

8. Erstelle für die Geschäftsfälle (siehe 3 und 4) ein Vorkontierungsblatt (FIBU) nach folgendem Muster:

Nr.	BA	Datum	Soll	Haben	Beleg Nr.	Text	B/N/F	Betrag	UST
1.	EB	..-09-01	0530	8000	EB 1	Anfangsbestand		420.000,00 €	
...	...	...	...	...	...	...		...	...
	B	..-09-04	6000	4400	B 1	Zieleinkauf von Rohstoffen	N	84.000,00 €	V19
...	...	...	...	...	...	...	...	...	...

9. Beantworte die nachfolgenden Fragen.

9.1 Im Vorjahr wurde ein Gewinn von 12.640,00 € erzielt. Berechne den Unterschied zum diesjährigen Ergebnis in Euro und in Prozenten.

9.2 Wodurch könnte diese Veränderung hervorgerufen worden sein? Gib zwei mögliche Ursachen an.

9.3 Welche Maßnahmen sollte das Unternehmen treffen, um im nächsten Jahr wieder ein besseres Ergebnis erzielen zu können?

9.4 Vergleiche die Werte der Bilanz zum 31. 12. mit der Bilanz zum 01. 01. (siehe Seite 4) und beschreibe die Veränderungen.

9.5 Laut Beleg 6 wurden „Spezialschlösser" eingekauft. Welche weiteren Fremdbauteile könnte das Unternehmen „Stefanie Bauer Holzbau Rosenheim" für die Produktion benötigen?

9.6 Bei den Geschäftsfällen Nr. 3.1 und 3.13 wurde jeweils Rabatt gewährt. Nenne Gründe für die Gewährung von Sofortrabatten.

3 Angebotsvergleich

Dem Unternehmen „Stefanie Bauer“ liegen zwei Angebote für den Bezug von 100 Gartenleuchten vor:

	A	B	C	D	E
1			**Angebot A**		**Angebot B**
2	**Kalkulationsschema**				
3	Listeneinkaufspreis		6.800,00 €		#########
4	- Liefererrabatt	10%	#########	8%	#########
5	= Zieleinkaufspreis		#########		#########
6	- Liefererskonto	2%	#########	3%	#########
7	= Bareinkaufspreis		#########		#########
8	+ Bezugskosten		142,40 €		199,40 €
9	= **Einstandspreis**		#########		6.000,00 €

1. Berechne die fehlenden Werte in Euro.
2. Wie hoch ist der Einstandspreis für eine Leuchte bei Angebot A?
3. Gib die Formel für die Berechnung des Zieleinkaufspreises bei Angebot A an.
4. Das Unternehmen Stefanie Bauer entscheidet sich für das Angebot A.

   Welche Überlegungen könnten bei dieser Entscheidung eine Rolle gespielt haben?
5. Bilde die Buchungssätze:

5.1 für die Barzahlung der Frachtkosten.

5.2 für den Zieleinkauf der 100 Gartenleuchten.

5.3 für die Banküberweisung an den Lieferer innerhalb der Skontofrist.

6. Mit welchem Kalkulationsfaktor rechnet das Unternehmen, wenn eine Leuchte zum Listenverkaufspreis (netto) von 110,50 € verkauft wird?
7. Bilde den Buchungssatz für den Verkauf von fünf Leuchten.
8. Wie hoch ist der Gewinn in Euro und Prozenten für eine Leuchte, wenn die Gemeinkosten für Handelswaren 25% und der eingeräumte Kundenrabatt 10% betragen?

4 Überprüfe dein Wissen und ergänze die folgenden Lücken.

Das Eröffnungsbilanzkonto ist das **?????** bei den Eröffnungsbuchungen in den Bestandskonten. Die Buchungen der Geschäftsfälle aufgrund der Belege werden als **?????** bezeichnet. **?????** nennt man den Abschluss der Unterkonten über die entsprechenden Hauptkonten. Alle Aufwendungen und Erträge werden über ein **?????**, das Gewinn- und Verlustkonto, abgeschlossen. Durch die Gegenüberstellung der beiden Seiten des Produktionsprozesses, Aufwendungen und Erträge, zeigt sich der Erfolg des Unternehmens. Der Unternehmer kann den Erfolg aber auch durch einen **?????** feststellen.

Die Paragrafen des Handelsgesetzbuches gelten nicht nur für Fertigungsunternehmen (Industrie und Handwerk), sondern auch für **?????**. Der Industriekontenrahmen ist eine Zusammenstellung aller Konten, die in einem Industriebetrieb vorkommen können. Jedes Industrieunternehmen erstellt sich einen eigenen **?????**, der auf die speziellen betrieblichen Zwecke zugeschnitten ist. Er ist in **?????** Kontenklassen eingeteilt. Die Kontenklassen **?????** sind für die Geschäftsbuchführung und die Kontenklasse **?????** nur für die **?????**. Der Kontenplan ist nach dem so genannten **?????** aufgebaut.

Werkstoffe sind alle Güter, die bei der Herstellung eines Produkts verbraucht werden. Wir unterscheiden bei den Werkstoffen **?????**, **?????**, **?????** und **?????**. Erzeugnisse, die nicht in der eigenen Firma hergestellt, sondern von anderen Unternehmen bezogen und **?????** weiterverkauft werden, nennt man **?????**.

Als **?????** bezeichnet man den Preis, der nach Ablauf des Zahlungsziels zu zahlen ist. **?????** verteuern den Einkauf. Bei der Kalkulation hat sich der Computereinsatz in einem Unternehmen bewährt. So ist das Kalkulationsschema nur **?????** aufzustellen. Es müssen nur die **?????** Werte der einzelnen Angebote neu eingegeben werden. Die restlichen Werte werden **?????** ermittelt.

Der Verbrauch von Werkstoffen wird auf **?????** -konten im **?????** gebucht. Beim Kauf von Werkstoffen und Handelswaren fällt immer **?????** an. **?????** mindern den Listeneinkaufspreis. Sie werden **?????** und nicht gebucht. Zu den Bezugskosten zählt man Fracht, Verpackung, **?????**, **?????**, **?????**. Bei der Vereinbarung „ab Werk" trägt der **?????** alle Kosten. Aus Gründen der **?????** werden die Bezugskosten auf **?????** gebucht. **?????** von Werkstoffen vermindern den Aufwand und müssen im **?????** des jeweiligen Kontos gebucht werden. Einen Preisnachlass, der auf den Jahresumsatz gewährt wird, bezeichnet man als **?????**. Die Berichtigung der anteiligen Vorsteuer bei Preisnachlässen erfolgt im **?????**.

Bei der **?????** wird, vom Verkaufspreis ausgehend, der Selbstkostenpreis ermittelt. Bei den Handelswaren entstehen neben dem Bezugspreis Kosten für die Beschaffung, Lagerung, Verwaltung und den Verkauf. Diese Kosten fasst man unter der Bezeichnung **?????** zusammen. Die Umsatzsteuer ist eine **?????**, da sie in der Regel der Endverbraucher zu bezahlen hat. Wenn der Hersteller die Versandkosten trägt, wird eine Lieferung **?????** vereinbart.

Richtig oder falsch?

Bei der Vorbereitung auf einen firmeninternen Test hat der Auszubildende Ludwig Erl eine Vielzahl von Aufgaben bearbeitet. Bei der Durchsicht der Lösungen findet der Ausbildungsleiter Karl Meier einige Fehler. **5**

In den folgenden 20 Aussagen haben sich insgesamt 13 Fehler eingeschlichen, wobei auch in einem Beispiel mehrere Fehler enthalten sein können.

Welche Aussagen sind **richtig** und welche Aussagen enthalten **Fehler**? Notiere in deinem Heft die jeweils richtige Lösung!

1. Die Grunderwerbsteuer ist eine Bundessteuer. Die Höhe der Grunderwerbsteuer richtet sich nach dem Kaufpreis; der Steuersatz beträgt derzeit 3%. Sie ist eine aktivierungspflichtige Steuer.

2. Betriebliche Steuern (z. B. Kraftfahrzeugsteuer) sind Aufwendungen, die den Erfolg des Unternehmens beeinflussen.

3. Betriebliche Aufwendungen werden auf der Habenseite des GUV-Kontos abgeschlossen.
4. Aus Gründen der Übersichtlichkeit werden während des Geschäftsjahres Unterkonten geführt.
5. Das Unterkonto „Erlösberichtigungen Handelswaren“ wird im Rahmen der Abschlussbuchungen auf das Hauptkonto 5100 UEHW abgeschlossen.
6. Der Bonus an einen Kunden für Fertigerzeugnisse wird auf der Sollseite des Kontos „5001 EBFE“ erfasst. Die anteilige Umsatzsteuer wird im Haben berichtigt.
7. Die vier wichtigsten Steuerquellen des Staates waren im Jahr 2006 Umsatzsteuer, Lohnsteuer, Energiesteuer und Tabaksteuer.
8. Die Umsatzsteuer ist eine Verbrauchssteuer, da sie in der Regel der Unternehmer zu tragen hat.
9. Beim Verkauf von Fremdbauteilen fällt immer Vorsteuer an.
10. Der Zieleinkaufspreis ergibt sich nach Abzug des Liefererskontos. Man spricht auch von einem verminderten Grundwert.
11. Hilfsstoffe sind Nebenbestandteile eines Produkts.
12. Bei der „Just-in-time-Produktion“ ist das Rohstofflager stets so gut gefüllt, dass auch bei einem längeren Streik der Zulieferer die Produktion aufrecht erhalten werden kann.
13. Beim Kauf von Werkstoffen fällt immer Vorsteuer an.
14. Bei Lieferung „frei Haus“ trägt der Käufer die Versandkosten.
15. Die Rücksendung von fertigen Erzeugnissen durch den Kunden führt zu einer Korrektur der Einträge im Konto 4800 UST (Buchung auf der Habenseite).
16. Werkstoffe sind alle Güter, die bei der Herstellung eines Produktes verbraucht werden.
17. Mit einem Umsatzsteuersatz von 19% liegt Deutschland in der EU am unteren Ende der Statistik.
18. Auf jeder Wirtschaftsstufe (Handelsstufe) wird nur der Unterschiedsbetrag zwischen dem derzeitigen Warenwert und dem Produktwert der vorherigen Stufe (= Mehrwert oder Werterhöhung) besteuert.
19. Alle Kunden, die im Laufe eines Jahres eine bestimmte Menge von Produkten abnehmen, erhalten auf den Jahresumsatz einen Preisnachlass, der als Skonto bezeichnet wird.
20. Bei der Berechnung des Kalkulationsfaktors dividiert man den Einstandspreis durch den Verkaufspreis.

6

Notiere, welche der folgenden Aussagen richtig oder falsch sind.

	richtig	*falsch*
1. Sofortrabatte werden sofort gebucht.	???	???
2. Listeneinkaufspreis abzüglich Liefererrabatt = Bareinkaufspreis.	???	???
3. In Aufwands- und Ertragskonten werden immer Nettobeträge gebucht.	???	???
4. Den Abschluss des Kontos „3001 Privat (P)" zählt man zu den laufenden Buchungen.	???	???
5. Die Vereinbarung „frei Haus" bedeutet, dass der Käufer die Transportkosten trägt.	???	???
6. Rücksendungen von Rohstoffen vermindern den Aufwand und müssen im Haben des Kontos „6000 AWR" gebucht werden.	???	???
7. Waren, die von fremden Firmen bezogen werden und nur leicht verändert weiterverkauft werden, nennt man Handelswaren.	???	???
8. Die Geschäftsbuchführung erfasst alle Vermögens- und Kapitalwerte eines Unternehmens.	???	???
9. Die Buchungen der Geschäftsfälle aufgrund der Belege während des Geschäftsjahres werden als laufende Buchungen bezeichnet.	???	???
10. Der Kontenrahmen ist nach dem dekadischen System (= Zehnersystem) aufgebaut. Das bedeutet, dass z. B. jede Kontenklasse zehn Konten enthält.	???	???
11. Der Kontenrahmen erleichtert zwischenbetriebliche Vergleiche.	???	???
12. Bei den Vorabschlussbuchungen werden z. B. die Unterkonten auf die Hauptkonten abgeschlossen.	???	???
13. Das Schlussbilanzkonto und die Schlussbilanz stimmen wertmäßig überein.	???	???
14. Die gespeicherten Daten in einem FIBU-Programm müssen jederzeit lesbar gemacht werden können.	???	???
15. Alle Buchführungsunterlagen müssen mindestens 5 Jahre geordnet aufbewahrt werden.	???	???

7

Buchungslesen

Formuliere zu den folgenden Buchungssätzen die Geschäftsfälle:

1.	5000 UEFE	6.000,00			
	4800 UST	1.140,00	an	2400 FO	7.140,00
2.	3001 P		an	3000 EK	12.000,00
3.	4400 VE	4.998,00	an	2800 BK	4.848,06
				6002 NR	126,00
				2600 VORST	23,94
4.	6032 NB		an	6030 AWB	400,00
5.	8000 EBK		an	4200 KBKV	45.000,00
6.	8020 GUV		an	3000 EK	33.500,00
7.	4800 UST		an	2800 BK	8.600,00
8.	6820 PUK	280,00			
	2600 VORST	53,20	an	2800 BK	333,20
9.	6770 RBK	800,00			
	2600 VORST	152,00	an	4400 VE	952,00
10.	2800 BK	1.309,00	an	5400 EMP	1.100,00
				4800 UST	209,00
11.	6930 VSF	2.400,00			
	2600 VORST	456,00	an	2800 BK	2.856,00
12.	6011 BZKF	200,00			
	2600 VORST	38,00	an	2880 KA	238,00
13.	6870 WER	140,00			
	2600 VORST	26,60	an	4400 VE	166,60
14.	4200 KBKV		an	2800 BK	10.000,00
15.	2800 BK		an	3001 P	2.400,00

8

Formuliere zu den Eintragungen im folgenden Vorkontierungsblatt die entsprechenden Geschäftsfälle:

Nr.	BA	Datum	Soll	Haben	BNR	Text	B/N/F	Betrag	UST
1.	EB	..-09-01	0530	8000	1	---------------------	---	420.000,00 €	---
...	EB	...	...	...	...	...	...	...	...
12.	B	..-09-06	2800	2880	2	---------------------	---	4.000,00 €	---
13.	B	..-09-07	6000	4400	3	---------------------	N	84.000,00 €	V19
14.	B	..-09-10	4400	2800	4	---------------------	---	5.220,00 €	---
15.	B	..-09-12	2800	5400	5	---------------------	B	166,60 €	U19
16.	B	..-09-14	4400	6011	6	---------------------	N	80,00 €	V19
17.	B	..-09-18	6020	4400	7	---------------------	B	714,00 €	V19
18.	B	..-09-20	5001	2400	8	---------------------	N	420,00 €	U19
19.	B	..-09-22	4400	6000	9	---------------------	B	2.380,00 €	V19
20.	B	..-09-23	2400	5100	10	---------------------	N	6.800,00 €	U19
21.	B	..-09-24	6710	2800	11	---------------------	B	1.666,00 €	V19
22.	B	..-09-25	6800	2880	12	---------------------	N	230,00 €	V19

Buchen nach Belegen

Grundsätzliches

Elf Angaben, die **jede** Rechnung enthalten muss:

- ❶ **Name des Lieferanten**
- ❷ **Anschrift des Lieferanten**
- ❸ **Leistungsempfänger**
- ❹ **Gegenstand der Lieferung und die Menge**
- ❺ **Rechnungsdatum**
- ❻ **Mehrwertsteuersatz (7% oder 19%)**
- ❼ **Nettoentgelt**
- ❽ **Mehrwertsteuerbetrag**
- ❾ **Rechungsbetrag brutto**
- ❿ **Umsatzsteuer-Identifikationsnummer**
- ⓫ **Steuernummer**

❶ Sägewerk Kraml GmbH
An der Deutenhofkapelle 16 – 93077 Bad Abbach
❷ Telefon (09405) 3450 * Telefax (09405) 34501

Holzbau Rosenheim
Stefanie Bauer ❸
Lindenstraße 14–16
83024 Rosenheim

Bad Abbach, 20..-12-13 ❺

RECHNUNG

Kunden-Nr.	Rechnungs-Nr.	Rechn.-Datum	Auftrags-Nr.	Auftrags-Datum
W025	75900	20..-12-13	00801	20..-12-08

Wir lieferten am 12. 12. 20.. frei Haus:

Pos.	Art.-Nummer	Bezeichnung	Menge	Einzelpreis	Gesamtpreis
1	1000	Lärchenholz ❹	200 m³	63,00 €	12.600,00 €
			❻	Gesamt ❼	12.600,00 €
				+ 19% USt	2.394,00 € ❽
				Rechnungsbetrag	14.994,00 €

❾

Vielen Dank für Ihren Auftrag.

Zahlbar ohne Abzug innerhalb 30 Tagen.

Bankverbindung: R-Bank Bad Abbach BLZ 756 760 10, Kontonummer: 223 344.

Firmensitz: 93077 Bad Abbach/Lengfeld · Handelsregister Kelheim HRB 1075 · USt.-IdNr. DE139408000 ❿ · St.-Nr. 9126/154/18255 ⓫

Geschäftsführer: Wolfgang Scheiner

Bei Rechnungen **bis 150,00** € genügen folgende Angaben:

- Vollständiger Name und Anschrift des Lieferanten
- Ausstellungsdatum
- Menge und Art oder handelsübliche Bezeichnung der Lieferung oder Leistung
- das Entgelt für die Lieferung und die Umsatzsteuer in einer Summe
- der Mehrwertsteuersatz

Erstelle eine Ausgangsrechnung (PC oder Hefteintrag) für das Unternehmen Stefanie Bauer für 20 Sonnenschirme zum Nettoverkaufspreis von 25,00 € je Stück mit allen erforderlichen Bestandteilen einer Rechnung. 9

10

Entdecke die Fehler!

In den folgenden fünf Belegen sind einige Fehler enthalten. Der Ausbildungsleiter möchte von seinem Auszubildenden Ludwig Erl wissen, ob er innerhalb von 5 Minuten diese Fehler findet. Begib auch du dich auf die Fehlersuche.

Beleg 1:

HOLZHANDLUNG ANTON WEIKL

Waldstraße 3, 93413 Cham
E-Mail: Weikl@d-online.de
Telefon (09971) 1462 / Fax (09971) 4208

Holzhandlung Anton Weikl, e.Kfm * Waldstr. 3 * 93413 Cham

Firma
Stefanie Bauer
Lindenstraße 14–16
83024 Rosenheim

Rechnung

Seite:	1
Rechn.-Nr.:	01404406
Datum:	20..-10-27
Kunden-Nr.:	5064
Bestellung:	20..-11-01 lt. Fax

Menge	Artikel	Einzelpreis	Gesamtpreis
1400 Stück	Eichenholzplatten, geleimt	12,50 €	17.500,00 €
	- 8% Rabatt		1.750,00 €
			15.750,00 €
	+ Fracht		250,00 €
	Nettobetrag		16.000,00 €
	+ 19% USt		3.040,00 €
	Rechnungsbetrag		19.040,00 €

Die Ware wurde am 26. 10. 20.. geliefert.

Zahlbar ohne Abzug innerhalb von 30 Tagen rein netto.
Bankverbindung: Handelsbank Cham, BLZ 750 500 30, Kontonummer: 695 446
Anton Weikl, e. Kfm. * Cham HRA 1652 * USt-Id-Nr.: DE146064688 * St.-Nr. 9211/233/40440

Beleg 2:

HOLZHANDLUNG ANTON WEIKL

Waldstraße 3, 93413 Cham
E-Mail: Weikl@d-online.de
Telefon (09971) 1462 / Fax (09971) 4208

Holzhandlung Anton Weikl, e.Kfm * Waldstr. 3 * 93413 Cham

Firma
Stefanie Bauer
Lindenstraße 14–16
83024 Rosenheim

Cham, 20..-09-10

GUTSCHRIFT Nr.: 007

Für zu viel gelieferte Lärchenbretter schreiben wir Ihnen gut:

2 m³	Lärchenholz	je 375,00 EUR	750,00 EUR
	+ Umsatzsteuer 19%		130,00 EUR
	Gutschrift		880,00 EUR

Bankverbindung: Handelsbank Cham, BLZ 750 500 30, Kontonummer: 695 446
Anton Weikl, e. Kfm. * Cham HRA 1652 * USt-Id-Nr.: DE146064688 * St.-Nr. 9211/233/40440

Beleg 5:

ÖKOPLAST - Kunststoffgranulate GmbH

Schneewittchenstraße 7 * 95447 Bayreuth
Telefon: 0921/2018-0
Telefax: 0921/2018-10
E-Mail: info@oekoplast.de

ÖKOPLAST Kunststoffgranulate GmbH * Schneewittchenstr. 7 * 98447 Bayreuth

Firma
Stefanie Bauer
Lindenstraße 14–16
83024 Rosenheim

Rechnung
Rechn.-Nr.: 24867
Datum: 20..-09-14
Lieferung: 20..-09-12
Kunden-Nr.: 44444
Bestellung: 20..-08-08

Wir danken für Ihren Auftrag und liefern gemäß unseren „Allgemeinen Lieferungs- und Zahlungsbedingungen“:

Menge	Bezeichnung	Einzelpreis	Gesamtpreis
400	Kunststoffrollläden Artikel-Nr. KG 2030	20,50 EUR	8.800,00 EUR
			8.800,00 EUR
		+ Frachtkosten	200,00 EUR
			9.000,00 EUR
		+ Umsatzsteuer 19%	1.710,00 EUR
		Rechnungsbetrag	**10.710,00 EUR**

Zahlbar innerhalb von 30 Tagen ohne jeden Abzug.
Die Ware bleibt bis zur vollständigen Bezahlung unser Eigentum (§ 455 BGB).
Bankverbindung: Ökobank Bayreuth, BLZ 712 400 00, Kontonummer: 3 471
Geschäftsführerin: Petra Plaste * Registergericht Bayreuth HRB 1934 * USt-Id-Nr.: DE821146001 * St.-Nr. 9208/157/01234

11 Vermischtes

Bilde bei den folgenden Geschäftsfällen die **Buchungssätze** und entscheide, ob es sich dabei um **Ausgaben, Aufwendungen, Einnahmen** bzw. **Erträge** handelt!

1. Banküberweisung eines Kunden	5.000,00 €
2. Banklastschrift für ein Werbeinserat, brutto	535,50 €
3. Tilgung einer langfristigen Bankverbindlichkeit	8.000,00 €
4. Zielverkauf von Fertigerzeugnissen, brutto	5.950,00 €
5. Zielkauf von Rohstoffen, netto	1.200,00 €
6. Banklastschrift: Kfz-Steuer für den Firmenlieferwagen	400,00 €
7. Zielverkauf von Handelswaren, netto	640,00 €
8. Bareinkauf von Kopierpapier, brutto	571,20 €
9. Zieleinkauf von Betriebsstoffen, netto	820,00 €
10. Banküberweisung der Einkommensteuer	3.820,00 €

Erkläre die nachfolgenden **Begriffe** möglichst kurz.

12

Werkstoffe, Rohstoffe, Hilfsstoffe, Betriebsstoffe, Fremdbauteile, Ertrag, Handelswaren, Bonus, Skonto, „Lieferung frei Haus“, Ausgabe, „Lieferung ab Werk“, Zieleinkaufspreis, Bareinkaufspreis, Einstandspreis, Listeneinkaufspreis, „Just-in-time“-Verfahren, Mengenrabatt, Einnahme, vermehrter Grundwert, Tabellenkalkulation, Treuerabatt, Sonderrabatt, Wiederverkäuferrabatt, Differenzkalkulation, Kontenklasse, Aufwand, Kalkulationsfaktor, Gemeinkosten für Handelswaren, Aufwand, Zahllast, Vorabschlussbuchung, betriebliche Steuer, Selbstkosten, Industriekontenrahmen, Umsatzsteueridentifikationsnummer, Kalkulationshilfen.

Auswertung von Schaubildern

13

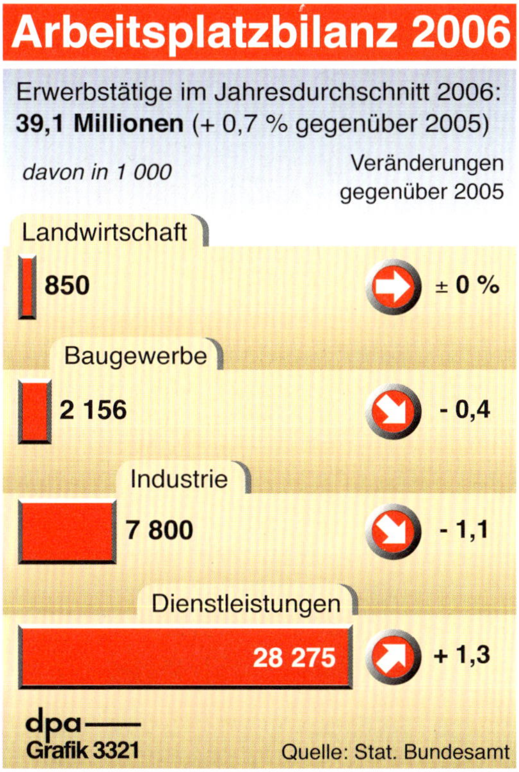

1. Arbeitsplätze – gestern und heute

1.1 Berechne den Anteil der Erwerbstätigen in Deutschland an der Gesamtbevölkerung in Prozenten im Jahr 2006.

1.2 In welchen Bereichen ist ein Rückgang der Beschäftigung zu verzeichnen? Suche nach Erklärungen für diesen Rückgang!

1.3 Nenne Beispiele für den Bereich „öffentliche und private Dienstleister“.

1.4 Versuche den Anstieg der Erwerbstätigen in diesem Bereich zu erklären.

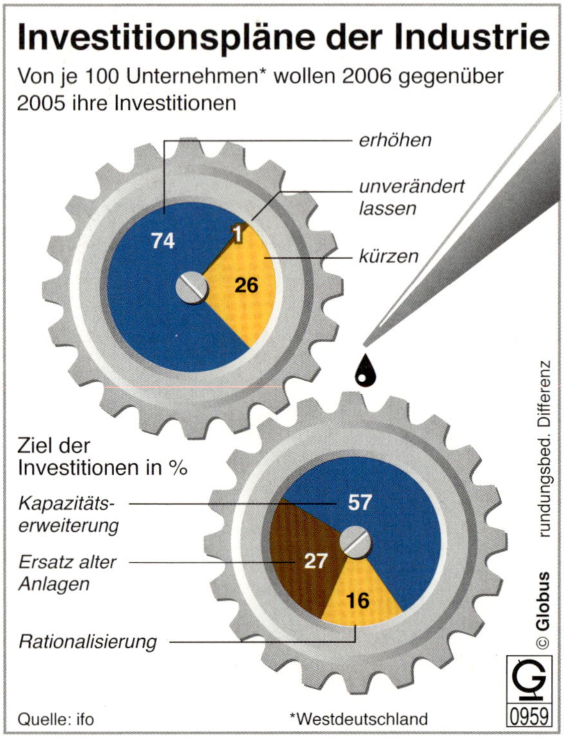

2. Investitionspläne 2006

2.1 Ziele von Investitionen in deutschen Industriebetrieben sind z. B. „Kapazitätserweiterung“, und „Rationalisierung“. Suche nach entsprechenden Beispielen, die diese Begriffe erklären.

2.2 Warum wird auch das Unternehmen Stefanie Bauer Holzbau Rosenheim Rationalisierungsinvestitionen vornehmen?

2.3 Welche Möglichkeiten bieten sich dazu an?

3. Arbeitszeit und Arbeitslohn

3.1 Berechne den Zuwachs beim Bruttoverdienst je Arbeitnehmer in Prozenten im Vergleichszeitraum 1991–2005.

3.2 Im gleichen Zeitraum ist die Arbeitszeit zurückgegangen. Worauf kann dieser Rückgang zurückgeführt werden?

3.3 Welche Folgen ergeben sich daraus z. B. für das Unternehmen Stefanie Bauer Holzbau Rosenheim?

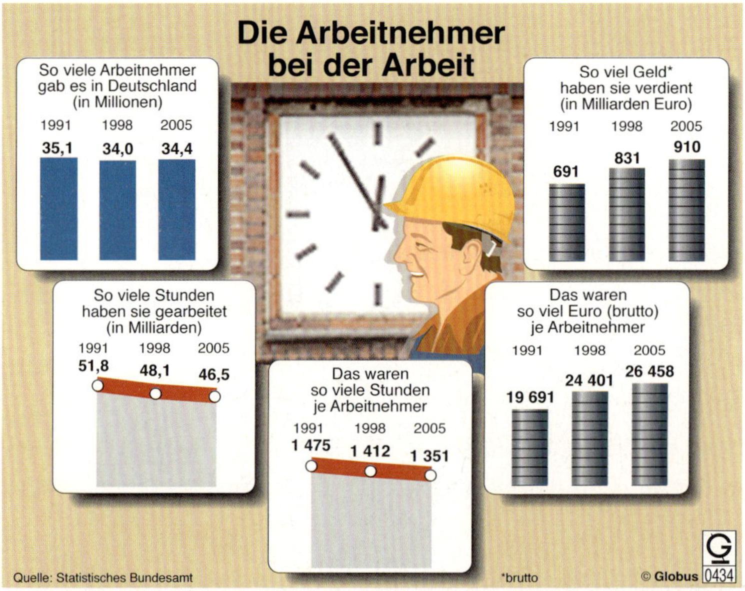

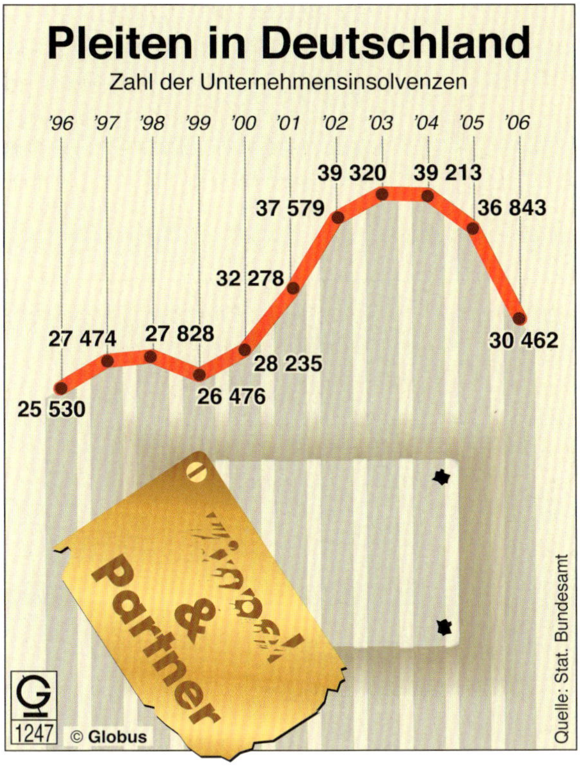

4. Pleiten-Deutschland

4.1 Berechne den Anstieg der Insolvenzen im Vergleichszeitraum 1996–2003 in Prozenten.

4.2 Welche Anzeichen deuten auf Zahlungsschwierigkeiten eines Unternehmens hin?

4.3 Nenne fünf aktuelle Beispiele aus dem Heimatraum.

5. Kollege Roboter

5.1 In welchen drei Ländern ist die Anzahl der installierten Roboter am höchsten? Berechne die Anteile in Prozenten.

5.2 Nenne konkrete Einsatzmöglichkeiten für Roboter.

5.3 Suche im Internet mithilfe einer Suchmaschine nach deutschen Herstellern von Robotern.

5.4 Gib jeweils drei Vor- und Nachteile des Einsatzes von Robotern an.

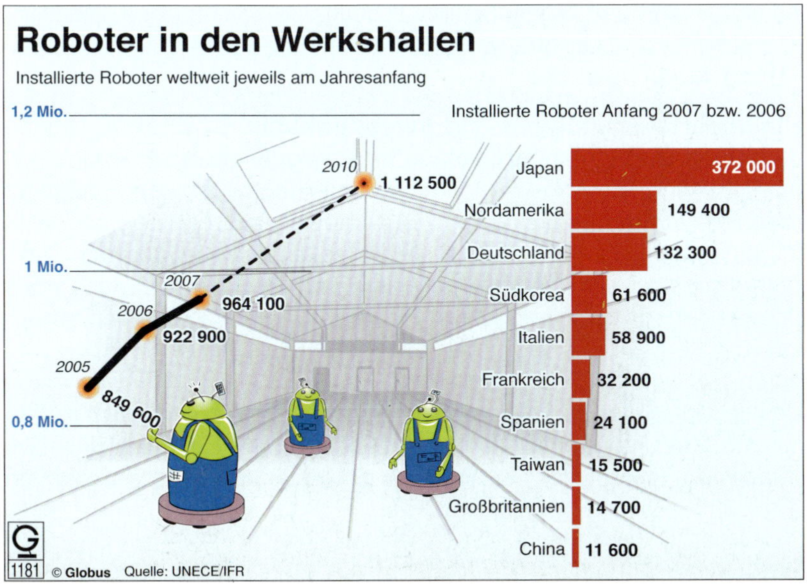

2 Möglichkeiten der Finanzierung und der Kapitalanlage

2.1 Finanzierungsmöglichkeiten im Vergleich

2.1.1 Kredit und Zinsen

Zur Verwirklichung ihrer unternehmerischen Idee „Fertigung und Verkauf von hochwertigen, umweltfreundlichen Holzbauprodukten“ brauchte Stefanie Bauer Kapital. Die Beschaffung des erforderlichen Geld- und Sachkapitals zur Finanzierung ihres Unternehmens bei der Gründung hatte sie erfolgreich durchgeführt. Doch musste sie sich auch weiterhin mit **Finanzierungsfragen** auseinandersetzen und ständig neue Entscheidungen treffen: Überwindung finanzieller Engpässe, Investitionen zur Erhaltung und zum Ausbau des Unternehmens, Erfüllung von Zahlungsverpflichtungen. Die ständige Sorge um die Rentabilität und die finanzielle Sicherheit ihres Unternehmens blieb auch nach der Gründung ihre „Chefsache“.

Umfangreiche **Kapitalbedarfsrechnungen** und **Investitionspläne** waren aufzustellen. Über verschiedene Finanzierungsmöglichkeiten musste nachgedacht werden. Mit ihren finanziellen Möglichkeiten (Eigenkapital) war die Unternehmerin sehr schnell an ihre Grenzen gestoßen. Ihr Gründungskapital war zwar eine solide Grundlage und auch die im Unternehmen belassenen Gewinnanteile hatten zusätzliche Mittel gebracht. Und doch konnte ihr Unternehmen nur mit zusätzlichen fremden Mitteln (Fremdkapital) den notwendigen Kapitalbedarf insgesamt abdecken. Finanzierung mit Fremdkapital bedeutet Aufnahme von Krediten.

Als **Kredit** (lateinisch credere = glauben, vertrauen) bezeichnet man die zeitlich befristete Überlassung von Kaufkraft (z. B. eine bestimmte Geldsumme). Rechtlich gesehen ist jeder Kredit ein Darlehen. Nach § 607 BGB ist ein Darlehen die Überlassung von

Geld oder vertretbaren Sachen mit der Verpflichtung des Darlehensnehmers zur späteren Rückerstattung. Heute verwendet man bei Gelddarlehen in der Regel den Begriff Kredit. Die Banken verwenden den Begriff Darlehen für längerfristige Kredite.

Kreditarten

- **Bankkredit**

  Beim Bankkredit vertraut der Kreditgeber (z. B. die Gewerbebank) dem Kreditnehmer (z. B. Stefanie Bauer), dass er das überlassene Geld termingerecht und in voller Höhe zurückzahlt (tilgt), pünktlich die vereinbarten Zinsen als Vergütung für die Überlassung des Geldes zahlt und gegebenenfalls geforderte Sicherheiten wie z. B. Sicherungsübereignung (Kreditnehmer ist nur Besitzer vergleiche Wirtschaft und Recht Eigentums/Vertragsrecht) stellt.

  Jede Kreditvergabe ist mit Risiken verbunden, deshalb werden bei Vergabe von Krediten in der Regel besondere Sicherheiten verlangt.
  Ungesicherte Blankokredite werden ausschließlich aufgrund der Kreditwürdigkeit des Kreditnehmers (z. B. Ertragslage, Einkommensverhältnisse) gewährt.
  Gesicherte Kredite sind durch Personen (z. B. Bürgschaft) oder durch Sachen (z. B. Wertpapiere, Grundstücke) abgesichert.

  Bankkredite können **kurzfristig, mittelfristig** oder **langfristig** gewährt werden. Im Rechnungswesen unterscheidet man zwischen kurzfristigen Bankverbindlichkeiten (Laufzeiten bis zu einem Jahr) und langfristigen Bankverbindlichkeiten (Laufzeiten länger als ein Jahr).

  Die Bereitstellung des Bankkredits kann erfolgen als Kreditlinie, bis zu der auf dem Konto verfügt werden kann, wie beim **Kontokorrentkredit** bzw. beim **Dispositionskredit,** oder in einer Summe mit festgelegter Rückzahlung, wie beim **Darlehen**.

  Firmenkredite an Unternehmen dienen als **Produktionskredite** der Finanzierung der Produktion. Sie werden als **Investitionskredite** aufgenommen zur Einrichtung, Erweiterung und Erneuerung von Anlagen (z. B. Ersatzbeschaffung für eine veraltete Maschine) oder als **Betriebsmittelkredite** zur Unterstützung des laufenden Umsatzes (z. B. Beschaffung von Werkstoffen oder Zwischenfinanzierung bei finanziellen Engpässen).
  Privatkredite dienen als **Konsumkredite** den privaten Haushalten zur Finanzierung des Konsums (z. B. Kauf eines Privat-Pkw).

- **Lieferantenkredit**

  Beim Lieferantenkredit gewährt der Lieferer (z. B. der Verkäufer einer Holzbearbeitungsmaschine) dem Kunden (z. B. Stefanie Bauer) einen **Sachkredit,** indem er ihm bei einer Warenlieferung ein Zahlungsziel (z. B. 30 Tage) einräumt. Die Kosten des Lieferantenkredits ergeben sich nicht aus einer Zahlung von Zinsen, sondern aus dem entgangenen Skonto (z. B. 2%).

Hinweis: Kundenkredite sind dagegen Vorauszahlungen des Kaufpreises von Kunden an Lieferer vor dem Abrechnungszeitpunkt (z. B. Anzahlung für eine in Auftrag gegebene Fertigungsmaschine).

Zinsen
Für alle Kredite sind Zinsen und häufig auch noch weitere Finanzierungskosten zu zahlen.

2.1.2 Berechnungen im Kreditbereich

2.1.2.1 Übergang von der Prozent- auf die Zinsrechnung

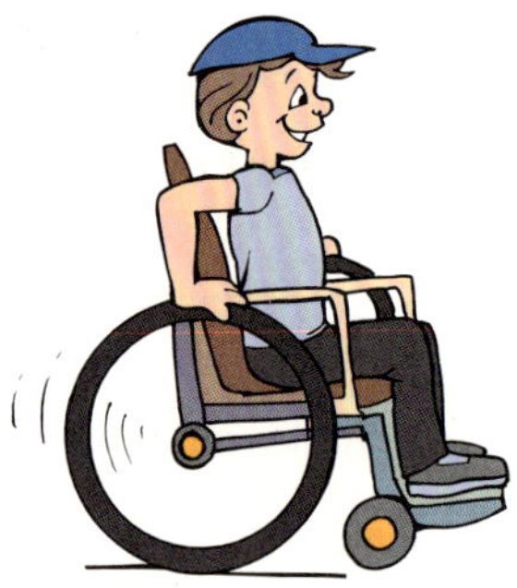	**Angebot der Gewerbebank Dispositionskredit** Nutzen Sie den Ihnen eingeräumten Kreditrahmen für Anschaffungen und Schnäppchen, die keinen Aufschub dulden. Verfügen Sie einfach in bar, mit Ihrer Karte oder am Geldautomaten. **Beispiel:** 1.000,00 € vom 01. Januar bis 01. April bei 8% p. a. nur 19,73 €	
Florian: „Das stimmt nicht, **80,00** € sind richtig."	**Welches Ergebnis ist richtig?**	**Franziska:** „Das stimmt nicht, **20,00** € sind richtig."

Die Zinsrechnung ist eine Anwendungsform der Prozentrechnung.

Zu den drei Rechengrößen der Prozentrechnung kommt die **Zeit** (Zahl der Tage) als vierte Rechengröße hinzu.

Prozentrechnung	Grundwert (GW)	Prozentsatz (PS)	Prozentwert (PW)		**Prozentrechnung**
Zinsrechnung	Kapital (K)	Zinssatz (p)	Zinsen (Z)	Zeit (t)	**Zinsrechnung**

Zinsen für ein Jahr

1.000,00 € Dispositionskredit kosten bei einem Zinssatz von 8% p. a. in einem Jahr

$$Z: \frac{1.000,00\ € \cdot 8\%}{100\ \%} = 80,00\ €$$

Zinsen für X Tage

1.000,00 € Dispositionskredit kosten bei einem Zinssatz von 8% p. a. in 90 Tagen
Die Lösung erfolgt mithilfe der Zinsformel

$$Z: \frac{1.000,00\ € \cdot 8\% \cdot 90\ \text{Tage}}{100\% \cdot 365\ \text{Tage}} = 19,73\ €$$

$$\text{Tageszinsen (Z):} \quad \frac{\text{Kapital (K)} \cdot \text{Zinssatz (p)} \cdot \text{Tage (t)}}{100\% \cdot 365 \text{ Tage}}$$

Ermittlung der Zinstage

Gemäß Preisangabenverordnung **(PAngV)** wird in der Europäischen Union einheitlich mit den tatsächlichen Tagen der Monate gerechnet und das Jahr mit **365** Tagen angesetzt.

Bei der Berechnung der Tageszinsen wird der erste Tag der Laufzeit **nicht** mitgerechnet, aber der letzte Tag, an dem die Zinsen fällig sind.

Beispiel: 01. 01. bis 01. 04. =

30 (1. Januar zählt nicht!) + **28** (kein Schaltjahr!) + **31** + **1** (01. April zählt noch!) = **90 Zinstage**

05. 03. bis 30. 07.	26 + 30 + 31 + 30 + 30	= 147 Tage
01. 04. bis 30. 09.	29 + 31 + 30 + 31 + 31 + 30	= 182 Tage
28. 02. bis 16. 11.	0 + 31 + 30 + 31 + 30 + 31 + 31 + 30 + 31 + 16	= 261 Tage
31. 01. bis 31. 05.	0 + 28 + 31 + 30 + 31	= 120 Tage

17

Die Summe der Tage beträgt:

1. 180 Tage
2. 350 Tage.

Addiere die Tage zur Kontrolle.

1.	2.
31. 03.–26. 05. = ?	01. 01.–28. 02. = ?
26. 05.–01. 07. = ?	28. 02.–06. 05. = ?
01. 07.–31. 07. = ?	06. 05.–15. 10. = ?
31. 07.–19. 08. = ?	15. 10.–01. 11. = ?
19. 08.–27. 09. = ?	01. 11.–17. 12. = ?
180	350

18

Berechne die Zinsen für folgende Guthaben mit Anwendung der Zinsformel.

1. 3.260,00 € zu 6% p. a. in 240 Tagen
2. 12.700,00 € zu 7,5% p. a. in 96 Tagen
3. 844,00 € zu 4,75% p. a. in 170 Tagen
4. 5.760,80 € zu 5,5% p. a. in 119 Tagen
5. 5.212,00 € zu 8,25% p. a. in 150 Tagen
6. 2.855,00 € zu 3,8% p. a. in 330 Tagen
7. Löse die Teilaufgaben 1 bis 6 mithilfe eines Rechenblattes.

19 Berechne die Zinsen für folgende kurzfristige Kredite mithilfe der Zinsformel.

1. 4.623,00 € zu 7% p. a., ausgeliehen vom 26. 05. bis 20. 06.
2. 11.000,00 € zu 12% p. a., ausgeliehen vom 26. 03. bis 28. 12.
3. 44.475,00 € zu 10,5% p. a., ausgeliehen vom 09. 09. bis 30. 11.
4. 36.880,00 € zu 11% p. a., ausgeliehen vom 02. 01. bis 16. 06.
5. Löse die Teilaufgaben 1–4 mithilfe eines Rechenblattes.

20 Wie hoch ist der Rückzahlungsbetrag für die folgenden kurzfristigen Kredite?

	Kredit	**Aufnahme**	**Rückzahlung**	**Zinssatz**
1.	82.880,00 €	11. 02.	29. 09.	8% p. a.
2.	7.775,00 €	01. 06.	31. 12.	6,25% p. a.
3.	25.266,00 €	27. 04.	12. 12.	9,5% p. a.
4.	9.000,00 €	16. 03.	30. 06.	7,75% p. a.
5.	12.250,00 €	10. 01.	30. 12.	10% p. a.

Kopfrechnen ist nach wie vor wichtig!

Der Taschenrechner ist ein wertvolles Hilfsmittel, aber z. B. Eingabefehler oder fehlerhafte Kontakte in der Elektronik führen leider oft zu falschen Ergebnissen.

Wir dürfen deshalb dem Taschenrechner nicht blind vertrauen, sondern wir müssen die Ergebnisse durch Nachrechnen im Kopf oder durch Abschätzen der Ergebnisse überprüfen.

21 Berechne:

1.	2.
Mit **Kopfrechnung**! Jahreszinsen für 400,00 €, 1.500,00 €, zu 5%, 7%, 11% p. a.	Schriftlich, **ohne Taschenrechner**! Tageszinsen für 600,00 €, 2.200,00 €, zu 4%, 6%, 10% p. a. für die Zeit vom 01. 01. bis 02. 03.

Berechnung von Kapital, Zinssatz und Zeit

Die Berechnung der Zinsen ist die häufigste Aufgabenstellung bei der Zinsrechnung. Doch können auch die Größen des Kapitals oder die Höhe des Zinssatzes oder die Zeitdauer (in Tagen) gefragt sein.

Durch Umformen der allgemeinen Tageszinsformel lassen sich Formeln für die Rechengrößen Kapital (K), Zinssatz (p) und Zeit (t) ableiten.

Zinsen (Z)	Kapital (K)	Zinssatz (p)	Zeit (t)	Formel
?	1.000,00 €	8%	90	Z: $\frac{K \cdot p \cdot t}{100\% \cdot 365 \text{ Tage}}$
19,73 €	?	8%	90	K: $\frac{Z \cdot 100\% \cdot 365 \text{ Tage}}{p \cdot t}$
19,73 €	1.000,00 €	?	90	p: $\frac{Z \cdot 100\% \cdot 365 \text{ Tage}}{K \cdot t}$
19,73 €	1.000,00 €	8%	?	t: $\frac{Z \cdot 100\% \cdot 365 \text{ Tage}}{K \cdot p}$

22 Berechne die fehlenden Werte. Die Aufgaben können auch mithilfe eines Rechenblattes gelöst werden.

	Kapital	Zeit	Zinssatz p. a.	Zinsen
1.	? €	146 Tage	3,5%	350,00 €
2.	7.373,00 €	? Tage	3,75%	54,54 €
3.	9.490,00 €	104 Tage	?%	175,76 €
4.	25.000,00 €	12. 05.–24. 07.	?%	500,00 €
5.	9.125,00 €	? Tage	6,25%	68,75 €
6.	? €	02. 06.–31. 08.	9%	531,36 €
7.	59.860,00 €	? Tage	11%	162,36 €
8.	69.569,00 €	10. 10.–05. 12.	?%	800,52 €
9.	? €	20. 02.–17. 12.	8%	528,00 €
10.	14.381,00 €	31. 01.– 28. 02.	12,5%	? €

23 Ein Kunde schuldet einem Lieferanten 48.990,00 €, fällig am 17. Januar. Er bittet um Zahlungsaufschub bis 31. März. Der Lieferant stimmt zu und verlangt vom Kunden 7% p. a. Verzugszinsen. Auf welchen Betrag lautet die gesamte Schuld? Rechne zusätzlich im Kopf („überschlagsweise“) mit einem gerundeten Kapital von 50.000,00 €.

24 Es wurde ein Kredit von 12.400,00 € aufgenommen und nach 292 Tagen einschließlich Zinsen mit 13.020,00 € zurückgezahlt. Berechne den verwendeten Zinssatz.

25 Wie lange kann ein Kredit von 6.351,00 € aufgenommen werden, wenn für 7,5% p. a. Zinsen 261,00 € zur Verfügung stehen?

26 Auf eine Rechnung über 1.752,00 € wurden vom Lieferer für 10% p. a. Verzugszinsen 24,00 € aufgeschlagen. Um wie viele Tage wurde die Zahlung verzögert?

27 Da eine am 23. 04. fällige Rechnung über 15.330,00 € erst am 30. 06. beglichen werden konnte, müssen 6,5% p. a. Verzugszinsen gezahlt werden.

Welcher Gesamtbetrag wurde am 30. 06. überwiesen?

28 Ein Bankkunde hat einen Kredit von 13.505,00 € zu 10,5% p. a. Zinsen aufgenommen. Nach Herabsetzen des Zinssatzes spart er in 180 Tagen 99,90 € an Zinsen.

Wie hoch ist der neue Zinssatz?

29 Ein Kreditnehmer nahm einen Bankkredit in Höhe von 26.000,00 € das ganze Jahr in Anspruch. Der Zinssatz betrug bis zum 31. 03. 11% p. a., dann 10,5% p. a. und ab 10. 10. 9% p. a. Mit wie viel € Zinsen wird der Kreditnehmer von seiner Bank belastet?

30 Ein Anleger bringt am 15. 01. 12.000,00 € zur Bank. Er will das Geld erst dann wieder abheben, wenn es einschließlich 6% p. a. Zinsen auf 12.432,00 € angewachsen ist.

Bis zu welchem Datum ist das der Fall?

31 Eine Unternehmerin nahm zur Finanzierung einer Computeranlage zum 31. 03. einen Bankkredit von 33.150,00 € zu einem Zinssatz von 8,5% p. a. auf. Sie hat die Schuld in drei gleichen Raten zu tilgen, zahlbar nach jeweils einem Vierteljahr. Die Rückzahlung erhöht sich jeweils um die Zinsen für das abgelaufene Vierteljahr.

Zu berechnen sind die drei Rückzahlungsraten einschließlich Zinsen.

32 Wie beurteilst du nachfolgende Zeitungsanzeige? (Rechnerische Begründung)

> Suche
> **10.000,00 €**
> für 7 Monate
> zahle **20.000,00 €**
> zurück
>
> Zuschriften erbeten unter …

ALLES KLAR?!?!?

Die Zinsrechnung ist eine Anwendungsform der Prozentrechnung.

Die vier Rechengrößen der Zinsrechnung sind **Kapital (K)**, **Zinssatz (p)**, **Zinsen (Z)** und **Zeit (t)**.

Die Berechnung der Größen der Zinsrechnung erfolgt mit der **Zinsformel**.
Bei der Ermittlung der Zinstage ist folgendes zu beachten:

- Ein Zinsjahr hat **365** Tage (Schaltjahre bleiben unberücksichtigt).
- Für die Monate ist die entsprechende Zahl von Tagen (**28, 30, 31**) anzusetzen.
- Der erste Tag der Zinslaufzeit wird **nicht** mitgezählt, der letzte wird berücksichtigt.

2.1.2.2 Relativer Zinssatz

Veronika und Dagmar vergleichen noch einmal Zins- und Prozentrechnung. Veronika behauptet, dass man mit der Prozentrechnung zum selben Ergebnis kommen kann wie mit der Zinsrechnung. Dagmar ist noch nicht überzeugt und verlangt von Veronika ein Beispiel als Beweis für ihre Behauptung. Als Beispiel wählt Veronika einen Kredit über 5.000,00 € zu 10% p. a. mit der Laufzeit vom 15. 02. bis 29. 04.

Zinsrechnung	Prozentrechnung
Z: $\frac{5.000{,}00\ € \cdot 10\% \cdot 73\ \text{Tage}}{100\% \cdot 365\ \text{Tage}}$ Z: **100,00 €**	Für 365 Tage: 10% p. a. Für 1 Tag: $\frac{10\%}{365\ \text{Tage}}$ Für 73 Tage: $\frac{10\% \cdot 73\ \text{Tage}}{365\ \text{Tage}} = 2\%$ 2% von 5.000,00 € **= 100,00 €**

Der für die Verzinsung angegebene Zinssatz bezieht sich immer auf ein Jahr. Er wird deshalb manchmal mit dem Zusatz p. a. (italienisch: pro anno = für das Jahr) angegeben. 9% p. a. bedeutet 9% Jahreszinssatz.

Man kann den Jahreszinssatz auch auf jede andere Zeitspanne umrechnen, dann entsteht der **Relative Zinssatz** (Zinssatz für die Zeit).

Beispiel:

1.000,00 € Dispositionskredit zum Zinssatz 8% p. a. in 90 Tagen

365 Tage ≙ 8%
90 Tage ≙ x%

$$x: \frac{8\% \cdot 90 \text{ Tage}}{365 \text{ Tage}} = \underline{\underline{1{,}9726\%}}$$

$$\textbf{Relativer Zinssatz p (rel.)} = \frac{\mathbf{p \cdot t}}{\textbf{365 Tage}}$$

Hinweis:

Um Rundungsdifferenzen zu vermeiden, ist der relative Zinssatz möglichst genau (hier sind z. B. 4 Nachkommastellen notwendig) anzugeben.

33 Berechne den relativen Zinssatz.

1. 6% in 146 Tagen
2. 3% in 219 Tagen
3. 7,5% in 73 Tagen
4. 9% in 48 Tagen
5. 5% in 300 Tagen
6. 6,25% in 108 Tagen
7. 7,5% in 80 Tagen
8. 12% in 40 Tagen

34 Berechne den Jahreszinssatz.

	Relativer Zinssatz	Zeitraum
1.	3,8%	146 Tage
2.	2,2%	27. 02.–11. 05.
3.	1,3698%	100 Tage
4.	0,3184%	31. 03.–01. 05.

Berechnung von Kapital und Zinsen aus dem vermehrten Kapital
Zinsrechnung auf Hundert

Der kurzfristige Kredit der Firma Holzbau Stefanie Bauer, der bei der Gewerbebank am 07. 08. dieses Jahres aufgenommen worden war, ist heute, am 31. 12. zurückgezahlt worden.
Online überprüft Chefcontroller und Buchhalter Vitus Brummer den Vorgang.
Der Online-Kontoauszug zeigt eine Belastung mit 59.740,00 € einschl. 7,5% p. a. Zinsen.
Die Höhe des Kredits und der Betrag der Zinsen sind aus dem Kontoauszug nicht ersichtlich.

i

Bei der Berechnung des Kapitals und der Zinsen aus dem vermehrten Kapital, auch als Zinsrechnung auf Hundert bezeichnet, wird die Zinsrechnung mithilfe des relativen Zinssatzes in eine Prozentrechnung umgewandelt.

Kredit + Zinsen 7,5%/146 Tage	58.000,00 € 1.740,00 €	100% 3%	↑	Kapital + Relativer Zinssatz
Rückzahlung	59.740,00 €	103%		Vermehrtes Kapital

Rechenschritte:

1. Abrechnungsschema aufstellen und vermehrtes Kapital einsetzen
2. Zinstage ermitteln (24 Tage + 30 Tage + 31 Tage + 30 Tage + 31 Tage = 146 Tage)
3. Relativen Zinssatz berechnen

$$\text{Relativer Zinssatz: } \frac{7{,}5\% \cdot 146 \text{ Tage}}{365 \text{ Tage}} = 3\%$$

4. Prozentsätze in die Prozentspalte eintragen
5. Kredit (Kapital) ermitteln (59.740,00 € : 103% · 100% = 58.000,00 €)
6. Zinsen als Differenzbetrag ermitteln

35

Ein Kunde hat das Zahlungsziel einer Rechnung um 73 Tage überschritten. Der Lieferer verlangt 9% p. a. Verzugszinsen. Der Kunde überweist zum Ausgleich der gesamten Verbindlichkeiten 2.545,00 €. Ermittle zur Überprüfung den Rechnungsbetrag.

36

Berechne die Höhe der ausgezahlten Kredite nach folgenden Angaben:

	Rückzahlung (Kredit + Zinsen)	Laufzeit	Zinssatz (p. a.)
1.	3.379,95 €	18. 04. bis 30. 06.	7,5%
2.	24.320,86 €	20. 03. bis 20. 05.	8%
3.	12.543,68 €	15. 06. bis 03. 10.	12,5%

37

Ein Kredit wird vom 15. 05. bis zum 31. 07. zu 9% aufgenommen und einschließlich der Zinsen mit 14.673,40 € zurückgezahlt.
Berechne die Kreditsumme und die Zinsen mithilfe eines Rechenblattes.

38

Ergänze die nachfolgende Abrechnung.

Kredit + Zinsen 10%/**?** Tage	? € ? €	?% ?%
Rückzahlung	1.504,50 €	102%

Berechnung von Kapital und Zinsen aus dem verminderten Kapital
Zinsrechnung im Hundert

Vitus Brummer ist auf der Suche nach dem Kreditvertrag für den am 31. 03. erhaltenen Kredit. Seinen eigenen Aufzeichnungen kann er entnehmen, dass der Kredit bei einem Zinssatz von 11% p. a. zum 30. 06. mit einem Betrag in Höhe von 6.224,48 € an ihn ausbezahlt wurde. Er weiß auch noch, dass die Bank die Zinsen vorab einbehalten hat. Kreditsumme und Zinsen sind ihm nicht mehr in Erinnerung.

Bei der Berechnung des Kapitals und der Zinsen aus dem verminderten Kapital, auch als Zinsrechnung im Hundert bezeichnet, wird die Zinsrechnung mithilfe des relativen Zinssatzes in eine Prozentrechnung umgewandelt.

Kredit – Zinsen 11%/91 Tage	6.400,00 € 175,52 €	100% 2,7425%	↑	Kapital – Relativer Zinssatz
Auszahlung	6.224,48 €	97,2575%		Vermindertes Kapital

Rechenschritte:

1. Abrechnungsschema aufstellen und vermindertes Kapital einsetzen
2. Zinstage ermitteln (0 Tage + 30 Tage + 31 Tage + 30 Tage = 91 Tage)
3. Relativen Zinssatz berechnen

$$\text{Relativer Zinssatz} = \frac{11\% \cdot 91 \text{ Tage}}{365 \text{ Tage}} = 2{,}7424657\% = 2{,}7425\%$$

4. Prozentsätze in die Prozentspalte eintragen
5. Kredit (Kapital) ermitteln (6.224,48 € : 97,2575% · 100% = 6.400,00 €)
6. Zinsen als Differenzbetrag ermitteln

39 Ein Unternehmen benötigt 18.000,00 € für 120 Tage. Die Bank gewährt einen Kredit und stellt den genannten Betrag nach Vorabzug von 10% p. a. Zinsen auf dem Bankkonto bereit. Wie hoch sind die Kreditsumme und die dafür gezahlten Zinsen?

40 Berechne die Höhe der gewährten Kredite, wenn nach Vorabzug der Zinsen die genannten Beträge ausgezahlt werden:

	Auszahlung (Kredit abzüglich Zinsen)	Laufzeit	Zinssatz (p. a.)
1.	10.648,00 €	10. 05. bis 03. 10.	8%
2.	4.196,80 €	06. 04. bis 18. 06.	12%
3.	21.170,00 €	20. 02. bis 27. 09.	9,75%

Ein Kredit (Laufzeit 330 Tage) wird zu 12,5% p. a. verzinst. Die Bank kürzt den Auszahlungsbetrag um die Zinsen und zahlt den abgezinsten Kredit mit 7.450,80 € aus. Berechne die Kreditsumme mithilfe eines Rechenblattes. Überschlage den Auszahlungsbetrag, ausgehend von 12,5% Jahreszinsen von 8.000,00 €. 41

Ergänze die nachfolgende Abrechnung. 42

Kredit	? €	?%
– Zinsen 9%/292 Tage	? €	?%
– Bearbeitungsgebühr	? €	1%
Auszahlung	11.475,00 €	?%

ALLES KLAR?!?!?

Der relative Zinssatz ist der Zinssatz für eine bestimmte Zeit.

Er wird mit folgender Formel berechnet: $\text{Relativer Zinssatz p (rel.)} = \dfrac{\mathbf{p \cdot t}}{\mathbf{365\ Tage}}$

Der Faktor Zeit, ein Merkmal jeder Zinsrechnung, ist im relativen Zinssatz bereits enthalten. Deshalb lässt sich mithilfe des relativen Zinssatzes (rel. ZS) die Zinsrechnung als Prozentrechnung ausführen.

Bei der Zinsrechnung auf Hundert (vermehrtes Kapital) und bei der Zinsrechnung im Hundert (vermindertes Kapital) ist die Anwendung des relativen Zinssatzes zur Aufgabenlösung notwendig.

2.1.2.3 Effektive Verzinsung

Die Firma Holzbau Stefanie Bauer benötigt einen Überbrückungskredit für 219 Tage über 50.000,00 €. Die drei örtlichen Banken haben folgende Angebote vorgelegt:

- Bank A: Zinssatz 9,75% p. a., keine Bearbeitungsgebühr
- Bank B: Zinssatz 8,5% p. a., Bearbeitungsgebühr 2%*
- Bank C: Zinssatz 10% p. a., Bearbeitungsgebühr 0,5%*

Für welches Angebot wird sich Frau Bauer entscheiden?

Die drei Banken haben sehr unterschiedliche Kreditkonditionen. Wie kann ein Vergleich ermöglicht werden?

*Hinweis: Die Bearbeitungsgebühren werden vorab bezahlt.

Der bei den Krediten angegebene Zinssatz (Nominalzinssatz) allein ist nicht aussagekräftig. Auch die sonstigen Kreditkosten müssen berücksichtigt werden. Ein objektiver Vergleich ist nur mit dem effektiven (tatsächlichen) Zinssatz möglich.

Der effektive (tatsächliche) Zinssatz berücksichtigt die tatsächliche Höhe der gesamten Kreditkosten, weil er nicht nur die Zinsen, sondern auch die Gebühren in die Berechnung miteinbezieht.

Der **effektive Jahreszinssatz** wird EU-weit einheitlich nach der **AIBD-Methode** (AIBD = Association of International Bond Dealers) berechnet.
Ziel ist die Förderung des Funktionierens des Europäischen Binnenmarktes und der Schutz der Verbraucher durch Vergleichbarkeit der Zinsangaben. Die AIBD-Methode legt 365 Tage zugrunde.
In Deutschland wird die Berechnung des Effektiven Jahreszinssatzes in der so genannten **Preisangabenverordnung** (PAngV) geregelt.

PAngV § 6 Kredite

*(1) Bei Krediten sind als Preis die **Gesamtkosten** als jährlicher Vomhundertsatz des Kredits anzugeben und als „effektiver Jahreszins" zu bezeichnen.*

Eine Angabe des effektiven Zinssatzes für Firmenkredite ist gesetzlich nicht vorgeschrieben.

Für private Verbraucherkredite muss zwar der Effektivzinssatz anhand des Europäischen Jahreszinses ermittelt werden, allerdings ohne die ausdrückliche Verpflichtung, sämtliche Kreditnebenkosten im ausgewiesenen Effektivzinssatz zu berücksichtigen (z. B. Kontoführungsgebühren).

Die Berechnung des effektiven (Jahres-) Zinssatzes erfolgt nach der Formel für die Berechnung des Zinssatzes.

$$p: \frac{Z \cdot 100\% \cdot 365 \text{ Tage}}{K \cdot t}$$

Unter Berücksichtigung der gesamten Kreditkosten und des ausgezahlten Kapitals ergibt sich folgende Formel:

$$\textbf{Effektiver Zinssatz p (eff.):} \quad \frac{\text{Kreditkosten} \cdot 100\% \cdot 365 \text{ Tage}}{\text{Ausgezahltes Kapital} \cdot \text{Tage}}$$

Bank	A	B	C
Bearbeitungsgebühr	0,00 €	1.000,00 €	250,00 €
Zinsen	$\frac{50.000{,}00\ € \cdot 9{,}75\% \cdot 219\ \text{Tage}}{100\% \cdot 365\ \text{Tage}}$ 2.925,00 €	$\frac{50.000{,}00\ € \cdot 8{,}5\% \cdot 219\ \text{Tage}}{100\% \cdot 365\ \text{Tage}}$ 2.550,00 €	$\frac{50.000{,}00\ € \cdot 10\% \cdot 219\ \text{Tage}}{100\% \cdot 365\ \text{Tage}}$ 3.000,00 €
Kreditkosten	2.925,00 €	3.550,00 €	3.250,00 €
Effektive Verzinsung	$\frac{2.925{,}00\ € \cdot 100\% \cdot 365\ \text{Tage}}{50.000{,}00\ € \cdot 219\ \text{Tage}}$ **= 9,75%**	$\frac{3.550{,}00\ € \cdot 100\% \cdot 365\ \text{Tage}}{49.000{,}00\ € \cdot 219\ \text{Tage}}$ **= 12,07%**	$\frac{3.250{,}00\ € \cdot 100\% \cdot 365\ \text{Tage}}{49.750{,}00\ € \cdot 219\ \text{Tage}}$ **= 10,89%**

Einem Unternehmer liegen folgende Angebote für einen Kredit über 80.000,00 € vor: 43

Bank	Zinssatz (p. a.)	Bearbeitungsgebühr
A	5,75%	2%
B	6,25%	1%
C	7%	200,00 €

Berechne jeweils die tatsächliche Belastung in € und die effektive Verzinsung bei einer Laufzeit von 292 Tagen. Welches Angebot ist am günstigsten?

Ein Kredit über 75.000,00 € wird von der Bank zu folgenden Bedingungen angeboten:
Bearbeitungsgebühr 1%, Zinssatz 7,5% p. a., Laufzeit 300 Tage.
Ist der von der Bank angegebene effektive Zinssatz von 8,8% p. a. richtig? 44

Ein Kreditvermittler bietet einen Kredit in Höhe von 42.000,00 € für 330 Tage zu 9,75%
Zinsen p. a. an. Die Bearbeitungsgebühr von 2%, sowie 4% Vermittlungsprovision will
er bei der Auszahlung einbehalten. 45
Das vergleichbare Angebot der Sparkasse lautet auf einen effektiven Zinssatz von 11,2%. Wähle das günstigere Angebot nach rechnerischer Begründung.

Ein Kredit über 50.000,00 € mit einer Laufzeit von 292 Tagen und einem Zinssatz von
5,25% p. a. ist in einem Angebot mit einer effektiven Verzinsung von 7,75% p. a. ange- 46
geben.
Wie hoch (in %) ist die Bearbeitungsgebühr, die diesem Angebot zugrunde liegt?

ALLES KLAR?!?!?

Nach der **Preisangabenverordnung (PAngV)** muss bei Krediten als Preis die Gesamtbelastung pro Jahr in Prozent angegeben werden.

Dieser Preis heißt **Effektiver Jahreszinssatz**. Er berücksichtigt im Gegensatz zum Nominalzinssatz die Gesamtkosten eines Kredits, also neben den Nominalzinsen auch Nebenkosten wie z. B. Bearbeitungsgebühren.

$$\textbf{Effektiver Zinssatz p (eff.)} = \frac{\textbf{Kreditkosten} \cdot 100\% \cdot 365\ \textbf{Tage}}{\textbf{Ausgezahltes Kapital} \cdot \textbf{Tage}}$$

2.1.3 Verschiedene Angebote von Kreditgebern überprüfen

2.1.3.1 Bankkredite

In letzter Zeit traten im Unternehmen Stefanie Bauer immer wieder technische Probleme mit Maschinen auf, deshalb ist die Anschaffung von zwei neuen Maschinen dringend erforderlich. Der Kauf einer Containeranlage soll eine werbewirksame Vorstellung der Bauer-Produkte auf Messen und Ausstellungen ermöglichen. Frau Bauer

sucht über die Internationale Online-Börse Angebote für Holzbearbeitungsmaschinen und Containeranlagen.
Sie wird sehr schnell fündig. Drei Angebote erscheinen ihr besonders interessant:

Fräsmaschine neuwertig

Neupreis 36.000,00 €;
jetzt für **24.900,00 €**
+ 19% Umsatzsteuer

Zahlbar sofort ohne Abzug!

Messe/Ausstellungscontaineranlage

65.000,00 €
+ 19% Umsatzsteuer

Zahlbar sofort ohne Abzug!

Neue fünffach kombinierte Holzbearbeitungsmaschine

22.000,00 €
+ 19% Umsatzsteuer

Zahlbar innerhalb von 10 Tagen
bei 2% Skonto,
innerhalb 30 Tagen ohne Abzug!

Frau Bauer möchte diese günstigen Angebote wahrnehmen, doch leider verfügt sie derzeit nicht über genügend eigene Mittel (Eigenkapital). Eine Finanzierung mit Fremdkapital ist notwendig. Die Beschaffung einer Ersatzfräsmaschine hat in ihrem Investitionsplan absolute Priorität, außerdem stellt die gebrauchte Fräsmaschine ein äußerst günstiges Angebot dar. Die Beschaffung der neuen kombinierten Holzbearbeitungsmaschine könnte noch zurückgestellt werden. Die Containeranlage sollte zur Firmenpräsentation auf der nächsten Messe *„Bauen, Wohnen und Leben mit Holz"* rechtzeitig zur Verfügung stehen.

Frau Bauer arbeitet seit der Gründung ihres Unternehmens hauptsächlich mit der Gewerbebank Rosenheim zusammen und hatte sich bei dieser Bank schon bei der Gründung ihres Unternehmens Fremdkapital in Form eines Kredits beschafft. Wegen ihrer soliden Unternehmensführung und ihrer hohen Zahlungsmoral (z. B. tilgt sie nach wie vor zuverlässig und pünktlich ihr Darlehen), gilt sie sowohl bei ihrer Bank als auch bei ihren Lieferern als kreditwürdig.

Frau Bauer stellt zunächst folgende Überlegungen an:

- Für die Beschaffung der Fräsmaschine kann sie von der benötigten Summe von 29.631,00 € (24.900,00 € + 4.731,00 € USt) derzeit höchstens 9.631,00 € als Eigenleistung aufbringen.
- Der Lieferer der Fräsmaschine fordert die Zahlung sofort bei Lieferung. Deshalb will sie den Rest von 20.000,00 € über einen **Kredit** finanzieren.
- Sie will dazu von der Gewerbebank ein Kreditangebot einholen.

Kontokorrentkredit

Frau Bauer hat sich für den Kauf der Fräsmaschine entschieden. Dazu muss ein Kredit über 20.000,00 € aufgenommen werden. Sie hat sich bei mehreren Banken über Kredite informiert, dabei hat sie die Homepage der Gewerbebank besonders angesprochen.

Verpassen Sie keine Marktchancen für Ihr Unternehmen!
Und schlafen Sie im Notfall ruhiger!
Mit ihrem individuellen
Kontokorrentkredit
bleiben Sie auch bei einem kurzfristigen Liquiditätsengpass absolut flexibel.
Gerade dann, wenn Sie im Betriebsablauf für unvorhergesehene Ereignisse schnell Geld benötigen.
Zum Beispiel um in der laufenden Produktion eine ausgefallene Maschine zu ersetzen.
Oder um sich an einer interessanten und erfolgversprechenden Marketingaktion zu beteiligen.

Variabel und unkompliziert nutzbar.
Für weitere Auskünfte stehen wir gerne zur Verfügung.

Nach einem ausführlichen, persönlichen Beratungsgespräch war Frau Bauer überzeugt, dass ein Kontokorrentkredit zur Lösung ihres Kreditproblems bei der Beschaffung der Fräsmaschine geeignet ist, da das Unternehmen kurzfristig mit großen Zahlungseingängen aufgrund fälliger Forderungen aus Lieferungen und Leistungen rechnen kann.

Der **Kontokorrentkredit** (italienisch conto corrente = laufendes Konto) ist ein Bankkredit, bei dem die Bank dem Kreditnehmer eine genau festgelegte Kreditlinie einräumt. Diese Kreditlinie kann der Kreditnehmer ganz oder teilweise ohne weitere Absprachen jederzeit in Anspruch nehmen.

Vorteile für den Kreditnehmer:

Der Kontokorrentkredit kann jederzeit teilweise oder in voller Höhe aufgenommen und jederzeit zurückgezahlt werden; die Zinsen sind nur für die tatsächlich beanspruchte Kredithöhe und Kreditdauer zu bezahlen. Der Kredit ist kurzfristig, er wird in der Regel bis zu einem Jahr eingeräumt, kann aber immer wieder verlängert werden.

Als Kreditkosten fallen an:

- **Sollzinsen**
  (Der Zinssatz ist vergleichsweise hoch, weil die Bank stets den Kredit auf Abruf bereithalten muss. Die Habenzinsen für Guthaben sind dagegen vergleichsweise niedrig.)
- **Überziehungszinsen**
  (zusätzlicher Zinsaufschlag auf die Sollzinsen für Überziehungen über die eingeräumte Kreditlinie hinaus)
- **Gebühren**
  (z. B. Bearbeitungsgebühren oder Kontoführungsgebühren)

Einige Banken verlangen für die Bereitstellung des Kredits auch eine Kreditprovision, weil das bereitgestellte Kapital nicht anderweitig genutzt werden kann.

Ab 15. 02. kann Frau Bauer über den eingeräumten Kontokorrentkredit verfügen.

Frau Bauer erhält einen Betriebsmittelkredit über 20.000,00 € in laufender Rechnung.

Konditionen: Sollzinssatz 11,75% p. a.
Überziehungsprovision 4,5% p. a.
Bearbeitungsgebühr 1%
Habenzinsen 0,5% p. a.

Sollzinsen (11,75% p. a.)			**Überziehungsprovision (4,5% p. a.)**			**Habenzinsen (0,5% p. a.)**		
Kreditsumme	Tage	Sollzinsen	Überziehung	Tage	Überziehungs-provision	Guthaben	Tage	Habenzinsen
23.000,00 €	1	7,40 €	3.000,00 €	1	0,37 €	6.000,00 €	1	0,08 €
22.000,00 €	1	7,08 €	2.000,00 €	1	0,25 €	5.000,00 €	1	0,07 €
21.000,00 €	2	13,52 €	1.000,00 €	2	0,25 €	4.000,00 €	2	0,11 €
20.000,00 €	1	6,44 €				3.000,00 €	2	0,08 €
11.000,00 €	1	3,54 €				2.000,00 €	2	0,05 €
7.000,00 €	3	6,76 €				1.000,00 €	7	0,10 €
4.000,00 €	1	1,29 €						
2.000,00 €	3	1,93 €						
	(13)	**47,96 €**		(4)	**0,87 €**		(15)	**0,49 €**

Kontokorrent Stefanie Bauer für den Monat Februar (1 Kästchen = 1.000,00 €)

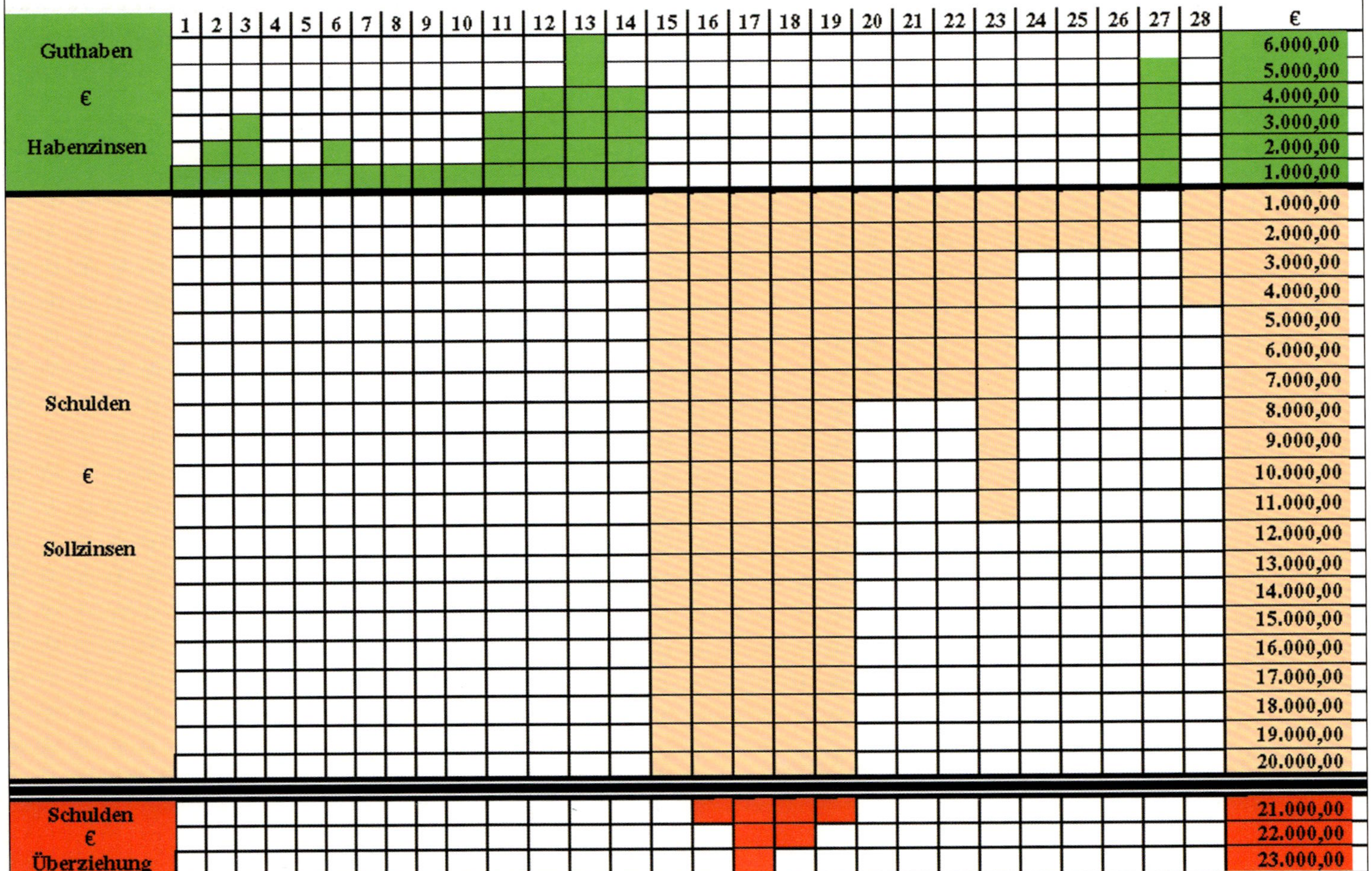

Arbeitsauftrag:

Beschreibe den Verlauf des Kontokorrents Stefanie Bauer für den Monat Februar.

47 Entscheide, ob nachfolgende Aussagen zum Kontokorrentkredit richtig (r) oder falsch (f) sind.

Aussage	r	f
1. Der Kontokorrentkredit ist zur Überbrückung kurzfristiger Liquiditätsengpässe geeignet.	?	?
2. Die Sollzinsen sind beim Kontokorrentkredit sehr niedrig.	?	?
3. Das Kontokorrentlimit darf keinesfalls überschritten werden.	?	?
4. Der Kontokorrentkredit wird in gleich hohen Raten getilgt.	?	?
5. Der Kontokorrentkredit ist ein Geldkredit.	?	?
6. Die eingeräumte Kreditlinie beim Kontokorrentkredit kann ganz oder teilweise ohne weitere Absprachen in Anspruch genommen werden.	?	?
7. Zur Aufnahme eines Kontokorrentkredits muss ein Kreditvertrag vorliegen.	?	?

48

1. Welche Kreditkosten können bei einem Kontokorrentkredit anfallen?
2. Informiere dich über die aktuellen Kreditkonditionen bei verschiedenen Banken bzw. über das Internet.

49 Ein Unternehmer hat bei seiner Bank einen Überbrückungskredit von 17.700,00 € für die Zeit vom 06. 05. bis 30. 06. aufgenommen. Die Bank berechnet 10,5% p. a. Zinsen, 0,25% Bearbeitungsgebühr vom Kreditbetrag und 8,00 € Spesen.

1. Berechne die gesamten Kreditkosten.
2. Stelle fest, ob es kostengünstiger gewesen wäre, wenn der Unternehmer für diesen Kredit das Kontokorrentkonto überzogen hätte. Dieses Konto war am 06. 05. mit 900,00 € im Soll. Die Bank berechnet 11% Sollzinsen und 4% Überziehungszinsen vom Kreditbetrag, der die Kreditlinie von 15.000,00 € übersteigt.

50 Ermittle Soll-, Haben- und Überziehungszinsen und den Saldovortrag zum 31. 05. Kreditlinie 50.000,00 €, Sollzinsen 8,75% p. a., Habenzinsen 0,5% p. a., Überziehungszinsen 4,5% p. a.

Konto-Nr.	Wert	Geschäftsvorgang	Soll	Haben
873456	30. 04.	Saldovortrag		2.000,00 €
873456	08. 05.	Überweisung	55.000,00 €	
873456	19. 05.	Einzahlung		3.000,00 €
873456	31. 05.	Sollzinsen	?	----
873456	31. 05.	Habenzinsen	----	?
873456	31. 05.	Überziehungszinsen	?	----
873456	31. 05.	Saldovortrag	?	----

Aus der Homepage einer Bank unter dem Link Kontokorrentkredit:

51

Sie möchten Ihre Betriebsmittel kostengünstig finanzieren? Nutzen Sie hierzu unseren **Kontokorrentkredit**!
Mit einer Kreditlinie auf Ihrem Geschäftsgirokonto steht Ihrem Unternehmen die Liquidität zur Verfügung, die Sie täglich benötigen – beispielsweise aufgrund verzögerter Zahlungseingänge Ihrer Kunden oder um spontan günstige Angebote Ihrer Lieferanten wahrnehmen zu können.
Nutzen Sie die Skontovorteile, die Ihnen Zulieferer gewähren und bieten Sie Ihren Abnehmern einen zusätzlichen Kaufanreiz durch die Gewährung eines Zahlungsziels.

Die Vorteile für Ihr Unternehmen im Überblick:

- **Erweiterung Ihres Liquiditätsspielraumes**
- **flexible Inanspruchnahme**
- **Sie sind Skontozahler bei Ihren Lieferanten**
- **Reserve- und Vorsorgemöglichkeit**

Ein Kontokorrentkredit ist für Ihr Unternehmen die ideale Liquiditätsreserve, wenn es um die Finanzierung von Betriebsmitteln, die Überbrückung von Saisonbedarf oder die Vor- und Zwischenfinanzierung langfristiger Kredite sowie Zuschüsse öffentlicher Stellen geht.

Wir möchten Ihre Anfrage gerne schnell und kompetent beantworten. Dazu bedarf es u. a. auch der Einsichtnahme in die wirtschaftlichen Verhältnisse Ihres Unternehmens. Selbstverständlich werden die Daten von uns streng vertraulich behandelt.
Bitte lassen Sie uns folgende Unterlagen zukommen:

- **neuester Handelsregisterauszug bzw. Gewerbeanmeldung**
- **kurze Firmendarstellung oder Hinweise, wo wir Sie konkret im Internet finden können**
- **Jahresabschlussunterlagen der letzten drei Geschäftsjahre**
- **vorläufige Zahlen zum laufenden Geschäftsjahr, z. B. betriebswirtschaftliche Auswertung mit Summen- und Saldenlisten**
- **Planungsdaten zum laufenden bzw. kommenden Geschäftsjahr als Umsatz-/Ertragsvorschau**

Beantworte auf der Grundlage des vorliegenden Textes folgende Fragen:

1. Mit welchen Argumenten wirbt die Bank für Kontokorrentkredite?
2. Was meint die Bank mit Skontovorteil bzw. Liquiditätsreserve?
3. Warum fordert die Bank Unterlagen der Unternehmer?
4. Welche Informationen erhält die Bank aus den geforderten Unterlagen?

ALLES KLAR?!?!?

Wesen des Kontokorrentkredits:

- Beim Kontokorrentkredit wird von der Bank als Kreditgeber eine genau festgelegte Kreditlinie zur Verfügung gestellt. Den Zeitpunkt und die Höhe der einzelnen Verfügungen kann der Kreditnehmer frei bestimmen.
- Der Zinssatz ist variabel und orientiert sich an den aktuellen Marktzinsen.
- Die Zinsen werden nur für die Beträge fällig, die auch tatsächlich in Anspruch genommen wurden.

Wichtige Hinweise zum Kontokorrentkredit:

- Der Kontokorrentkredit gehört zu den teuersten Betriebskrediten (bis zu 5% über langfristigen Darlehen). Noch teuerer wird es, wenn das eingeräumte Kreditlimit überschritten wird, weil dann Überziehungszinsen anfallen.
- Beim Abschluss eines Kreditvertrags sollten Kreditprovisionen und Zusatzgebühren nicht akzeptiert werden.
- Der Kontokorrentkredit kann als Betriebsmittelkredit zur Finanzierung von Einkäufen genutzt werden, wobei auch Liefererskonti ausgenutzt werden und Zielverkäufe an Kunden gewährt werden können.
- Er vergrößert die Dispositionsfreiheit für die Unternehmensführung und die nicht ausgenutzten Mittel sind Liquiditätsreserve.
- Die Rückzahlung des Kontokorrentkredits erfolgt über die Umsatzerlöse.
- Langfristige Anschaffungen sollten keinesfalls mit einem Kontokorrentkredit finanziert werden, auch wenn ein ungenutzter Kreditspielraum zur Verfügung steht. Für solche Anschaffungen sollten laufzeitangepasste Kredite (Darlehen) abgeschlossen werden.

Dispositionskredit

Sie wollen
Ihren kurzfristigen finanziellen Spielraum erweitern?

Dann fragen Sie uns nach unserem
Dispositionskredit.

Für weitere Informationen stehen unsere Berater gerne zur Verfügung.

Vereinbaren Sie doch ganz einfach „online" mit uns einen Beratungstermin.
www.gewerbebank@net.de

„Erweiterung des finanziellen Spielraums." Das Schreiben der Bank stößt bei Max Holzbauer, Auszubildender im dritten Jahr bei der Firma Holzbau Rosenheim auf großes Interesse. „Dispositionskredit, was wird das wohl sein? Da frage ich zunächst meine Chefin, die wird das sicher wissen."

Was versteht man unter einem Dispositionskredit?

Beschaffe dazu Informationen bei einer Bank oder über das Internet!

Der uns bereits bekannte Kontokorrentkredit ist ein Betriebskredit an Unternehmen und Selbstständige. Für Privatpersonen wird er als **Dispositionskredit** auf dem Privatgirokonto zur Verfügung gestellt.

Beim Dispositionskredit, auch kurz Dispo-Kredit genannt, räumt der Kreditgeber dem Kreditnehmer einen Kreditrahmen (häufig bis zu drei Netto-Monatsgehälter) ein.

Vorteile des Dispo-Kredits:

- bequem und unkompliziert
- keine Formalitäten
- jederzeitige Verfügung (bar, Geldautomat, Überweisung, Bank-, Kreditkarte)
- Kosten nur bei Inanspruchnahme
- Kreditzinsen werden jeweils der aktuellen Marktlage angepasst
- häufig keine Bearbeitungsgebühr
- flexibel in der Rückzahlung
- zusätzliche Reserve und Sicherheit
- Kreditrahmenversicherung möglich (z. B. bei längerer Erkrankung)

Gemäß **Verbraucherkreditgesetz § 5** (VerbrKrG) muss die Bank den Kreditnehmer vor der Inanspruchnahme eines Dispositionskredits unterrichten über

- die Höchstgrenze des Kredits
- den zum Zeitpunkt der Unterrichtung geltenden Jahreszins
- die Bedingungen, unter denen der Zinssatz geändert werden kann
- die Regelung der Vertragsbeendigung.

Eine Kontoüberziehung liegt bei zugesagtem Dispositionskredit erst dann vor, wenn der eingeräumte Kreditrahmen überschritten wird. Für diese Überziehung fällt dann ein höherer Überziehungszins an. Der Kreditrahmen wird dadurch nicht erweitert.

Ergänze den nachfolgenden Lückentext.

Der Dispositionskredit, auch kurz als **???**kredit bezeichnet, ist ein Kontokorrentkredit **52**
an **???**. Dem Kreditnehmer wird dabei auf seinem **???**konto ein Kreditrahmen eingeräumt, in der Regel bis zu **???**.

Ein Arbeitnehmer hat die Absicht, am 31. 03. einen Dispo-Kredit bei seiner A-Bank in Höhe von 2.500,00 € bis 30. 06 bei 14% Verzinsung in Anspruch zu nehmen. Eine Kol- **53**
legin behauptet: „Da gehst du besser zur B-Bank. Die verlangt für einen persönlichen Kleinkredit nur 8% Zinsen und 2% Bearbeitungsgebühr."
Vergleiche die beiden Möglichkeiten rechnerisch.

54 Eine Bank wirbt wie folgt:

Finanzierungen - Dispositionskredit

Kredit auf Ihrem Privatkonto
Jederzeitige Inanspruchnahme bis zur vereinbarten Höhe möglich.
Zinsen zahlen Sie nur für den in Anspruch genommenen Betrag.

Beispiel:
Kreditspielraum 3.000,00 € – Zinssatz 13% p. a.
Zinsen für 10 Tage Kontoüberziehung

Bei 500,00 €	1,78 €
Bei 1.000,00 €	3,56 €
Bei 3.000,00 €	10,68 €

Überprüfe die Angaben!

55 Ein Dispositionskredit wird zu nachfolgenden Bedingungen abgerechnet: Eingeräumter Dispo-Kredit 2.000,00 €; Sollzinsen 13,25%; Habenzinsen 0,5%; Zinssatz für Überziehung 4%; Gebühren 5,00 €.

Ermittle Soll-, Haben- und Überziehungszinsen und den Saldovortrag zum 31. 07. ..

Wert	Geschäftsvorgang	Betrag
30. 06.	Saldovortrag	**–1.450,00 €**
02. 07.	Gehaltsgutschrift	2.250,00 €
03. 07.	Barabhebung	1.600,00 €
08. 07.	Überweisungsauftrag	1.400,00 €
17. 07.	Scheckeinreichung	750,00 €
28. 07.	Einzahlung	1.700,00 €

ALLES KLAR?!?!?

Der Dispositionskredit ist ein Kontokorrentkredit für Privatpersonen.

Inhaber von privaten Bankkonten können bei Erfüllung bestimmter Voraussetzungen (wie Volljährigkeit, regelmäßige Einkünfte, keine Negativangaben [z. B. schlechte Zahlungsmoral] und einwandfreie Kontoführung) über einen **Dispo**sitionskredit (in der Regel in der Höhe bis zu drei Netto-Monatsgehälter) verfügen. Für den in Anspruch genommenen Kredit werden Sollzinsen fällig. Der individuelle Kreditrahmen ermöglicht Verfügungen vom Girokonto über das Guthaben hinaus, zur Überbrückung eines kurzfristigen Geldbedarfs.

Der Dispositionskredit ist eine sehr bequeme Kreditart, ein Kreditvertrag ist nicht notwendig. Eine Kontoüberziehung liegt bei zugesagtem Dispositionskredit erst dann vor, wenn der eingeräumte Kreditrahmen überschritten wird. Für diese Überziehung fällt dann zusätzlich ein höherer Überziehungszins an. Das zugesagte Kreditlimit wird dadurch nicht erweitert.

Darlehen

Naturbelassene Wochenendhausselbstbausätze in Blockbohlenbauweise und kesseldruckimprägnierte Carports mit Aluminiumdacheindeckung waren in letzter Zeit sehr begehrte Erzeugnisse der Firma Holzbau Stefanie Bauer. Die damit verbundenen Transportbewegungen mit dem Fertigungsmaterial Holz und mit den schweren und sperrigen Fertigerzeugnissen machten die Anschaffung eines neuen Frontgeländestaplers dringend erforderlich. Nach ausführlicher Information fiel die Wahl auf den Geländestapler CC 500 YB 155 mit bestens geeigneter Tragkraft, Gabelhöhe und Gabellänge und mit hydrostatischer Lenkung. Die Anschaffungskosten wurden mit 73.900,00 € netto angegeben. Ein gebrauchter Stapler konnte mit 14.280,00 € (incl. 19% USt) in Zahlung gegeben werden. Dem Kreditsachbearbeiter der Gewerbebank wurde mitgeteilt, dass 12.461,00 € aus eigenen Mitteln aufgebracht werden können.

Auf Vorschlag der Bank wurde ein Kreditvertrag über ein Investitionsdarlehen zu folgenden Bedingungen abgeschlossen:

- Darlehenssumme 61.200,00 €
- Laufzeit 13 Jahre
- Zinssatz 7% p. a.
- Belastung monatlich 600,00 €
- Bearbeitungsgebühr 1% (sofort fällig)

Frontgeländestapler:
2,8 to, 150 PS, Allradantrieb, Allradlenkung, Seilwinde.

Das Darlehen wird durch eine Grundschuld auf das bisher unbelastete Grundstück Lindenstraße 14, 83024 Rosenheim, gesichert.
Die Auszahlung des Darlehens erfolgt, sobald die Eintragung der Grundschuld beantragt worden ist.

Die Bank legt folgenden Tilgungsplan vor:

Jahre	Schuldsumme	Zinsbetrag	Tilgungsbetrag	Jährliche Belastung	Restdarlehen
1.	61.200,00 €	4.284,00 €	2.916,00 €	**7.200,00** €	58.284,00 €
2.	58.284,00 €	4.079,88 €	3.120,12 €	**7.200,00** €	55.163,88 €
3.	55.163,88 €	3.861,47 €	3.338,53 €	**7.200,00** €	51.825,35 €
4.	51.825,35 €	3.627,77 €	3.572,23 €	**7.200,00** €	48.253,13 €
5.	48.253,13 €	3.377,72 €	3.822,28 €	**7.200,00** €	44.430,85 €
6.	44.430,85 €	3.110,16 €	4.089,84 €	**7.200,00** €	40.341,00 €
7.	40.341,00 €	2.823,87 €	4.376,13 €	**7.200,00** €	35.964,87 €
8.	35.964,87 €	2.517,54 €	4.682,46 €	**7.200,00** €	31.282,42 €
9.	31.282,42 €	2.189,77 €	5.010,23 €	**7.200,00** €	26.272,18 €
10.	26.272,18 €	1.839,05 €	5.360,95 €	**7.200,00** €	20.911,24 €
11.	20.911,24 €	1.463,79 €	5.736,21 €	**7.200,00** €	15.175,02 €
12.	15.175,02 €	1.062,25 €	6.137,75 €	**7.200,00** €	9.037,28 €
13.	9.037,28 €	632,61 €	9.037,28 €	9.669,89 €	0,00 €
	Summe	34.869,88 €	61.200,01 €	96.069,89 €	

i

Darlehen sind mittel- und langfristige Kredite und dienen im Unternehmensbereich überwiegend als **Investitionskredite** der langfristigen Anlagenfinanzierung und im privaten Bereich als **Konsumkredite** der Finanzierung von Anschaffungen (z. B. Anschaffungsdarlehen und Ratenkredite).

Darlehen mit langjähriger Laufzeit sind besonders für die Finanzierung von Baumaßnahmen sowohl für private Haushalte als auch für Unternehmen von Bedeutung.

Die **Kreditsicherung** erfolgt über **Grundpfandrechte** (Grundschuld, Hypothek) durch Eintragung auf die Grundstücke des Kreditunternehmers im Grundbuch.
Die Beleihungsgrenze liegt bei ca. 60% des Grundstückswerts. Der Kreditnehmer haftet mit seinem belasteten Grundstück, wenn er Tilgung und Zinsen nicht mehr leisten kann. So gesicherte Darlehen werden als Grundschuld- bzw. Hypothekendarlehen (im Sprachgebrauch einfach Hypothek) bezeichnet.
Die Bank spricht dann von **Realkrediten**.
Die Höhe des Zinssatzes hängt davon ab, ob feste Zinsen (z. B. für 5 oder 10 Jahre) oder variable Zinsen (je nach Marktlage) vereinbart werden.

Der langfristige Investitionskredit für das Unternehmen Stefanie Bauer Holzbau Rosenheim (siehe Einstieg) wird gemäß Kreditvertrag in Zahlungsraten mit gleichbleibender Höhe (siehe auch Tilgungsplan) zurückgezahlt.
Zinsen (abnehmend) und Tilgung (zunehmend) werden in einem Betrag zu der so genannten Annuität zusammengefasst, die vom ersten bis zum letzten Jahr der Darlehenslaufzeit gleich bleibt.
Man spricht deshalb von einem **Annuitätsdarlehen**.

Beim Abzahlungsdarlehen bleibt die jährliche Rückzahlung gleich, während sich die Zinsen kontinuierlich vermindern.

Beispiel für ein Abzahlungsdarlehen:

Gewährung eines Investitionsdarlehens in Höhe von 48.000,00 €, das zu 7,5% zu verzinsen und in sechs gleichen Jahresraten zu tilgen ist.

6 Jahre	Darlehen	Tilgung	Zinsen	Gesamtzahlung
1. Jahr	48.000,00 €	**8.000,00** €	3.600,00 €	11.600,00 €
2. Jahr	40.000,00 €	**8.000,00** €	3.000,00 €	11.000,00 €
3. Jahr	32.000,00 €	**8.000,00** €	2.400,00 €	10.400,00 €
4. Jahr	24.000,00 €	**8.000,00** €	1.800,00 €	9.800,00 €
5. Jahr	16.000,00 €	**8.000,00** €	1.200,00 €	9.200,00 €
6. Jahr	8.000,00 €	**8.000,00** €	600,00 €	8.600,00 €
	0,00 €	**48.000,00** €	12.600,00 €	60.600,00 €

Beim **endfälligen Darlehen** oder **Festdarlehen** wird die gesamte Darlehenssumme an dem vorher vereinbarten Fälligkeitstag zurückgezahlt. Während der Laufzeit des Darlehens sind nur die Zinsen zu entrichten.
Häufig dient zur Tilgung des Festdarlehens eine zum Rückzahlungszeitpunkt des Darlehens fällige Lebensversicherung.

56

Darlehen sind mittel- und langfristige Kredite.

1. Welche drei Typen von Darlehen gibt es? Beschreibe die Unterschiede im Hinblick auf Zinszahlung und Tilgung.
2. Berechne die Summe der Zinsen und der Tilgung für die drei Typen bei einem Darlehen über 400.000,00 € mit einer Laufzeit von 4 Jahren und einem Zinssatz von 8%.

Erstelle für die Abzahlungsdarlehen A und B Tilgungspläne, Tilgung in gleichen Jahresraten. 57

	Darlehen	Laufzeit	Zinsen
A	30.000,00 €	4 Jahre	8,5%
B	73.500,00 €	7 Jahre	7%

Ein Darlehen über 100.000,00 € wird jährlich mit 10.000,00 € getilgt und mit 8% verzinst. 58

1. Erstelle ein Rechenblatt für den Tilgungsplan.
2. Stelle die jährlichen Zinsen und die restliche Darlehenshöhe grafisch dar.

Allzweckdarlehen (Ratenkredit)

Das Allzweckdarlehen (auch Anschaffungsdarlehen) ist ein zweckgebundener Ratenkredit (Kauf- bzw. Abzahlkredit), mit dem private Haushalte den Kauf langlebiger Gebrauchsgüter, wie z. B. Automobile, Wohnungseinrichtungen, finanzieren.
Darlehenssummen bis 25.000,00 € und Laufzeiten bis 6 Jahre sind üblich.
Als Sicherheiten dienen häufig Lohn- und Gehaltsabtretungen, sowie Sicherungsübereignungen.
Die Kreditkosten werden im Voraus bei der Kreditaufnahme berechnet und in die Kreditsumme eingerechnet. Berechnungsgrundlage ist der eingeräumte ursprüngliche Kreditbetrag.
Anders als beim Dispositionskredit werden bereits bei Einräumung des Kredits feste monatliche Rückzahlraten vereinbart.
Die gesamten Verpflichtungen des Kreditnehmers (Kreditbetrag und Kreditkosten) werden dabei gleichmäßig auf die festgelegten Laufzeitmonate verteilt.
Der Kreditnehmer zahlt nach einem im Voraus aufgestellten Tilgungsplan an den Kreditgeber zurück.
Als Kreditgeber treten neben den Geschäftsbanken auch Teilzahlungsbanken und Kreditvermittler auf.

Beispiel für einen Ratenkredit:

Angebot für einen Ratenkredit

Kreditbetrag	5.000,00 €
Bearbeitungsgebühren	150,00 €
Kreditnennbetrag	5.150,00 €
Kreditlaufzeit	24 Monate
Tilgungsbeginn	31. 05. ...
Nominalzinssatz	4,76%
Zinsbindung	2 Jahre
Effektivzinssatz	7,96%
Monatliche Rate	225,00 €
Gesamtzahlungen	5.410,30 €
Summe Zinsen	260,30 €
Summe Tilgung	5.150,00 €

Tilgungsplan				
Datum	**Annuität**	**Zinsen**	**Tilgung**	**Restschuld**
31. 05.	225,00 €	20,82 €	204,18 €	4.945,82 €
30. 06.	225,00 €	19,35 €	205,65 €	4.740,17 €
31. 07.	225,00 €	19,16 €	205,84 €	4.534,33 €
31. 08.	225,00 €	18,33 €	206,67 €	4.327,66 €
30. 09.	225,00 €	16,93 €	208,07 €	4.119,60 €
31. 10.	225,00 €	16,65 €	208,35 €	3.911,25 €
30. 11.	225,00 €	15,30 €	209,70 €	3.701,55 €
31. 12.	225,00 €	14,96 €	210,04 €	3.491,52 €
31. 01.	225,00 €	14,12 €	210,88 €	3.280,63 €
28. 02.	225,00 €	11,98 €	213,02 €	3.067,61 €
31. 03.	225,00 €	12,40 €	212,60 €	2.855,01 €
30. 04.	225,00 €	11,17 €	213,83 €	2.641,18 €
31. 05.	225,00 €	10,68 €	214,32 €	2.426,86 €
30. 06.	225,00 €	9,49 €	215,51 €	2.211,35 €
31. 07.	225,00 €	8,94 €	216,06 €	1.995,29 €
31. 08.	225,00 €	8,07 €	216,93 €	1.778,36 €
30. 09.	225,00 €	6,96 €	218,04 €	1.560,32 €
31. 10.	225,00 €	6,31 €	218,69 €	1.341,63 €
30. 11.	225,00 €	5,25 €	219,75 €	1.121,88 €
31. 12.	225,00 €	4,54 €	220,46 €	901,41 €
31. 01.	225,00 €	3,64 €	221,36 €	680,05 €
28. 02.	225,00 €	2,48 €	222,52 €	457,54 €
31. 03.	225,00 €	1,85 €	223,15 €	234,39 €
30. 04.	225,00 €	0,92 €	224,08 €	10,30 €
30. 04.	10,30 €	0,00 €	10,30 €	0,00 €
	5.410,30 €	260,30 €	5.150,00 €	

Das **Verbraucherkreditgesetz (VerbrKrG)** enthält Bestimmungen zum Schutze der Verbraucher auch bei Aufnahme von Krediten. Und Schutz tut Not, denn die Kreditnehmer werden nicht nur von seriösen Kreditgebern umworben.

Sie brauchen Geld, haben aber Schulden? Ihr Konto ist überzogen und Sie haben keinen Bürgen?

Dann rufen Sie uns an.

Sofort, diskret und unbürokratisch vermitteln wir Ihnen 2.000,00 € bis 50.000,00 €

Telefon ....

Überhöhte Zinsen und schlechte Konditionen zeichnen solche Kredite dubioser „Kredithaie“ aus, die auf Kosten des Kreditnehmers sehr gut verdienen.

„Kredithaie“ sind Geldvermittler und -verleiher, die Gelder zu deutlich höheren, als den am Markt üblichen Kosten und zu wesentlich schlechteren Bedingungen als Kreditinstitute anbieten, wobei vielfach das Angebot so formuliert ist, dass besonders junge, unerfahrene Kreditnehmer die tatsächliche, volle Höhe der Kosten nicht erkennen.

Tatsache ist, dass immer mehr junge Menschen verschuldet sind. **Hauptursachen** für die Verschuldung sind

- einfache Kreditgewährung (z. B. beim Internetshopping)
- mangelnde Übersicht durch Ratenkäufe und bargeldlosen Zahlungsverkehr
- fehlende Transparenz beim Handygebrauch (z. B. SMS-Nachrichten) und Interneteinsatz (z. B. Abrechnung erst am Monatsende)
- falsche Vorstellungen über die tatsächlichen Kosten (z. B. Kfz, Rauchen)
- fehlende Erfahrung im Umgang mit Geld
- unzureichende Vorbildfunktion der Erwachsenen

Wie kann man diesen Tatsachen begegnen?

Empfehlungen:

- Keine Spontaneinkäufe bei scheinbar günstigen Angeboten!
- Kaufgewohnheiten überdenken!
- Kreditaufnahme nach Möglichkeit vermeiden!
- Finanz- und Haushaltsplan (Ausgaben und Einnahmen) aufstellen!
- Verschiedene Kreditangebote einholen und vergleichen! (Effektiver Zinssatz)
- Kreditvertrag prüfen und eventuell Rat einholen.
- Unterschrift erst nach reiflicher Überlegung leisten!
- Hände weg von Kreditvermittlern und Kreditumschuldung oder -aufstockung!
- Informationsmöglichkeiten nutzen wie z. B. örtliche und regionale Beratungsstellen und

– Bundesministerium der Justiz	www.justizministerium.de
– Bayerisches Staatsministerium der Justiz	www.justiz.bayern.de
– Bundesverband deutscher Banken	www.bdb.de
– Verbraucherberatung	www.verbrauchernews.de
– Schutzgemeinschaft für allgemeine Kreditsicherung	www.schufa.de

Vergleichen lohnt sich! Die gesamten Kreditkosten für einen Ratenkredit über 5.000,00 €, Laufzeit 12 Monate, sind für jeden der drei Anbieter zu ermitteln. Nutze dazu Ratenkreditrechner aus dem Internet. Beurteile die Ergebnisse. 59

Hinweis:

Eine direkte Berechnung mit finanzmathematischen Programmen ist nach dem Lehrplan nicht vorgesehen. Entgegen dem Lehrplan rechnen die Kreditanbieter immer noch mit 360 Tagen und erhöhen den Kreditbetrag um die Bearbeitungsgebühren.

Beispiel: Kredit 5.000,00 €, Auszahlungsbetrag (Nettokredit) 5.000,00 €, Bearbeitungsgebühr 1% = 50,00 €, Kreditbetrag (Nennbetrag) 5.050,00 €. Je nach eingesetztem Kreditrechner sind unterschiedliche Lösungen möglich.

Bitte diesen Hinweis bei allen Aufgaben mit Kreditrechner beachten!

Kreditrechner im Internet: z. B. WWW.ZINSEN-BERECHNEN.DE

Kreditgeber	Bank	Teilzahlungsbank	Kreditvermittler
Ratenkredit	5.000,00 €	5.000,00 €	5.000,00 €
Zinssatz (p. a.)	8%	2%	0,45%
Bearbeitungsgebühr	keine	3%	3%
Vermittlungsgebühr	keine	keine	2%

60

Ein Mitarbeiter im Unternehmen Stefanie Bauer hat ein Allzweckdarlehen zur Teilfinanzierung eines Autos über 12.000,00 € zu 6,5% aufgenommen. Laufzeit 8 Jahre und Rate 1.970,85 € jährlich.

1. Erstelle in einer Tabellenkalkulation einen Tilgungsplan.
2. Vergleiche Deine Tabellenkalkulation mit einem Tilungsplan eines Kreditrechners für Ratenkredite (z. B. zinsen-berechnen.de/kreditrechner.php).
3. Beantworte folgende Fragen.

3.1 Nach welcher Zeit ist der Kredit zurückgezahlt?

3.2 Wie hoch war die letzte Tilgung?

3.3 Wie teuer war der Kredit?

3.4 Wie verändern sich Tilgung und Zinsen während der Laufzeit des Kredits?

61

Ein Arbeitnehmer will den Kauf eines Gebrauchtwagens mit einem Kredit von 8.000,00 € finanzieren. Er hat dazu zwei Möglichkeiten:

A	Dispositionskredit seiner Hausbank auf seinem Girokonto (Gehaltskonto), Sollzinsen 11% und Kreditlinie 9.000,00 €
B	Ratenkredit bei seiner Hausbank (siehe Computerausdruck) mit einer Laufzeit von 36 Monaten

	***** Ergebnis Ratenkreditberechnung *****
Auszahlung am 30. 09. 2008	8.000,00 €
Zinsen 6,5%	826,91 €
Bearbeitungsgebühren 2%	160,00 €
Kreditkosten	986,91 €
Effektiver Zinssatz	8,156 %
Monatliche Rate	245,19 €

1. Welche Vorteile/Nachteile siehst Du für den
   - Dispositionskredit
   - Ratenkredit
2. Welche Kreditart ist günstiger?

Kläre mit Hilfe des Internets auf der Grundlage der aktuellen Bestimmungen des Verbraucherkreditgesetzes nachfolgende Fragen: 62

1. Welche wesentlichen Bestimmungen muss ein Kreditvertrag enthalten?
2. Gibt es im Kreditvertrag ein Widerrufsrecht?

ALLES KLAR?!?!?

Darlehen
Langfristige Kredite

an private Haushalte — **an Unternehmen**

- **Ratenkredite**
- **Tilgungsformen:** **Annuitätsdarlehen**, **Abzahlungsdarlehen**, **Festdarlehen**
- **Investitionskredite**

2.1.3.2 Bankabrechnungen auswerten

Kreditangebot?

Tilgungsplan?

Kreditvertrag?

Kontoauszug?

i

Zinssatz

↓

Tilgungsplan eines Ratenkredits				
Datum	**Annuität**	**Zinsen**	**Tilgung**	**Restschuld**
31. 05.	890,00 €	91,67 €	798,33 €	9.201,67 €
30. 06.	890,00 €	84,35 €	805,65 €	8.396,02 €
31. 07.	890,00 €	76,96 €	813,04 €	7.582,98 €
31. 08.	890,00 €	69,51 €	820,49 €	6.762,49 €
30. 09.	890,00 €	61,99 €	828,01 €	5.934,48 €
31. 10.	890,00 €	54,40 €	835,60 €	5.098,88 €
30. 11.	890,00 €	46,74 €	843,26 €	4.255,62 €
31. 12.	890,00 €	39,01 €	850,99 €	3.404,63 €
31. 01.	890,00 €	31,21 €	858,79 €	2.545,84 €
28. 02.	890,00 €	23,34 €	866,66 €	1.679,17 €
31. 03.	890,00 €	15,39 €	874,61 €	804,57 €
30. 04.	811,94 €	7,38 €	804,57 €	0,00 €
	10.601,94 €	**601,94 €**	**10.000,00 €**	– €

↑ Laufzeit ↑ Raten ↑ Kreditsumme

Bankberechnungen (z. B. Tilgungspläne) enthalten eine Fülle von Informationen:

Kreditsumme 10.000,00 €
Laufzeit 12 Monate
Rate 890,00 €
letzte Rate 814,00 €

Zinssatz =

$$\frac{93{,}42\text{ €} \cdot 100\% \cdot 365\text{ Tage}}{10.000{,}00\text{ €} \cdot 31\text{ Tage}} =$$

$$= 11\%$$

Arbeitsauftrag:

Beurteile die nachfolgenden Kreditangebote. (Nutze Bankauskünfte und Internet!)

Angebot für die Finanzierung einer Immobilie	
Kaufpreis der Immobilie	250.000,00 €
Nebenkosten	12.500,00 €
Eigenkapital	80.000,00 €
Weitere Darlehen zur Finanzierung	60.000,00 €
Finanzierungsbedarf	122.500,00 €

Festschreibung	Nominalzins	Effektivzins
5 Jahre	5,27%	5,4%
10 Jahre	5,61%	5,76%
15 Jahre	5,82%	5,98%
20 Jahre	5,95%	6,12%

Darlehen	
Kreditbetrag	122.500,00 €
Auszahlungsbetrag	122.500,00 €
Zinsbindung	10 Jahre
Zinssatz	5,61%
Anzahl der Raten	12 pro Jahr
Ratenhöhe (pro Monat)	776,85 €
Tilgungssatz	2%
Restschuld	89.740,11 €
Effektivzins	5,76%

Darlehensvertrag	Nr. 100471166

Darlehensnehmer: Frau Stefanie Bauer Holzbau Rosenheim Lindenstraße 14-16 83024 Rosenheim	**Bank:** Gewerbebank Rosenheim Stadtplatz 8 83024 Rosenheim

Darlehensnehmer und Bank schließen folgenden Vertrag.

1. Höhe des Darlehens:
Die Bank stellt dem Darlehensnehmer ein Darlehen zur Verfügung in der Höhe von Euro 50.000,00

2. Verwendungszweck Betriebsmitteldarlehen

3. Konditionen

3.1 Verzinsung: Das Darlehen ist ab dem Tag der Auszahlung mit 5,75% jährlich zu verzinsen.
Dieser Zinssatz ist bis zum 30.01.2005 festgeschrieben.
Die Bank kann bei Erhöhungen des Marktzinses den Zinssatz – bei einer Zinsfestschreibung frühestens mit deren Ablauf – in angemessener Weise anheben; bei Senkungen des Marktzinses wird sie den Zinssatz – bei einer Zinsfestschreibung frühestens mit deren Ablauf – in angemessener Weise herabsetzen. Zinsanpassungen wird die Bank dem Darlehensnehmer mitteilen. Bei einer Erhöhung des Zinssatzes kann der Darlehensnehmer den Darlehensvertrag innerhalb eines Monats nach Bekanntgabe der Änderung mit sofortiger Wirkung kündigen. Kündigt der Darlehensnehmer, so wird der erhöhte Zinssatz nicht zugrunde gelegt. Die Bank wird zur Abwicklung eine angemessene Frist einräumen.
Die Zinsen sind fällig am Ende eines jeden Monats. Sie werden aus dem jeweiligen Darlehenssaldo berechnet.

3.2 Auszahlung: Das Darlehen wird zu einem Auszahlungskurs von 100% zugunsten Konto Nr. 471166 ausgezahlt. Auszahlungsdatum: 30. 01. 2002

3.3 Bearbeitungsgebühr:. --------------------------

4. Nebenleistungen: Verwaltungskostenbeitrag 2,00 € monatlich

5. Darlehensrückzahlung: Das Darlehen ist wie folgt zurück zu zahlen:
In Höhe von 6,25% jährlich vom ursprünglichen Darlehensbetrag zuzüglich der durch Tilgung ersparten Zinsen. Demnach beträgt die Leistungsrate aus Zins und Tilgung zur Zeit 500,00 €, jeweils fällig am letzten Tag jeden Monats, erstmals am 30. 03. 2002.
Restschuld: 40.180,56 € Gesamtlaufzeit: 11,583 Jahre Gesamtanzahl an Raten: 138
Datum letzte Rate: 30. 08. 2013 Höhe letzte Rate: 124,67 € Anfänglicher Effektivzins: PANGV 5,9%

7. Sicherheiten: Grundschuld 100.000,00 € eingetragen im Grundbuch

8. Weitere Darlehensbedingungen: Sondertilgungen in Höhe von 10% des Ursprungsbetrags sind pro Kalenderjahr möglich.
Die beigehefteten **Allgemeinen Darlehensbedingungen** sind Bestandteil dieses Vertrags. Ergänzend gelten die ebenfalls beigehefteten **Allgemeinen Geschäftsbedingungen** der Bank

Rosenheim, 13. 12. 2001	*S. Bauer* Darlehensnehmer	*J. Silbereisen* Bank

Arbeitsauftrag:

Werte in Partnerarbeit den vorliegenden Darlehensvertrag aus!

63

Darlehensbetrag	8.160,00 EUR	Nominalzins	12,22%
Zahlungsweise	monatlich	Zinsbindung	3 Jahre
Tilgungsverrechnung	monatlich	Auszahlungstermin	01. 05. 2005
Zahlungsmodus	Monatsende	Tilgungsbeginn	01. 05. 2005
Effektivzins	14,22%	Zinsbindung Ende	29. 04. 2008
		Annuität	271,93 EUR
		Restschuld	0,00 EUR
		Summe Zinsen	1.629,48 EUR

1. Wie hoch ist die Summe der Tilgung?
2. Warum ist der Effektivzins höher als der Nominalzins?

64

Kreditbetrag	30.000,00 €
+ Bearbeitungsgebühren der Bank	??? €
+ Vermittlungsgebühr	0,00 €
+ Auslagenersatz	0,00 €
+ Kontoführungsgebühren	0,00 €
Kreditnennbetrag	30.900,00 €
Kreditlaufzeit	48 Monate
Nominalzinssatz	5,92%
Effektivzinssatz	7,7%
Monatliche Rate	??? €
Gesamtzahlungen	34.777,94 €
davon Zinsen	3.877,94 €

1. Wie viel Prozent beträgt die Bearbeitungsgebühr?
2. Wie hoch (€) ist die monatliche Rate?
3. Um welche Kreditart handelt es sich? Begründe deine Entscheidung.

ALLES KLAR?!?!?

Im Bankkreditgeschäft werden verschiedene Bankabrechnungen (in der Regel per Computer) erstellt. Sie sind Belege für Kreditnehmer und Kreditgeber.

Die Auswertung der Bankabrechnungen dient der Kontrolle und liefert Informationen zur Überwachung der Kredite und für künftige Kreditaufnahmen.

HOLZTOP GmbH

Sägewerk und Holzhandel
Waldstraße 15

83126 Flintsbach

Rechnung Nr. 02/1843

Holzbau Stefanie Bauer
Lindenstraße 14-16
83024 Rosenheim

26. März ...

Holzart	Artikelnummer	Menge	Einzelpreis (€)	Gesamtpreis netto (€)
Kiefer	001401	150 m³	325,00 €	48.750,00 €

Transportkosten netto	Rechnungsbetrag netto	USt %	Umsatzsteuer	Rechnungsbetrag brutto
3.250,00 €	52.000,00 €	19%	9.880,00 €	**61.880,00 €**

Zahlung innerhalb von 10 Tagen mit 2% Skonto oder am 25. 04. rein netto
Bankverbindung: Bank Flintsbach BLZ 723 145 86, Konto Nr. 586 22
Sitz der Gesellschaft: Flintsbach Registergericht Traunstein HRB 1511
Geschäftsführer: Otto Bauer * USt.-IdNr. DE 145893071 * St.-Nr. 9156/184/10241

Die Rechnung der Firma HOLZTOP GmbH sieht ein Zahlungsziel von 30 Tagen vor. Eigentlich gewährt HOLZTOP mit dem Zahlungsaufschub Stefanie Bauer einen kurzfristigen Kredit. Um aber einen Anreiz zu schaffen, das Zahlungsziel nicht in Anspruch zu nehmen, darf Stefanie Bauer Skonto abziehen, wenn sie die Rechnung spätestens 10 Tage nach Rechnungseingang begleicht.

Rechnungseingang	Zahlung abzüglich 2% Skonto am 10. Tag 98% = 60.642,40 €	Zahlung des vollen Rechnungsbetrages am 30. Tag 100% = 61.880,00 €
26. 03.	05. 04.	25. 04.

Kredit für 10 Tage (26. 03. – 05. 04.)

Kredit für 20 Tage (05. 04. – 25. 04.)

Die vorgezogene Zahlung bringt eine Ersparnis von 1.237,60 €

Der Lieferantenkredit entsteht mit der Einräumung des Zahlungszieles durch den Lieferer. Der Kunde muss seine Schuld aus der Lieferung erst später (z. B. 30 Tage) zahlen. Bei vorzeitiger Zahlung (z. B. innerhalb von 10 Tagen) erhält er Skonto (z. B. 2%).

Der Lieferantenkredit ist der „teuerste Kredit". Diesen Ausspruch hatte Stefanie Bauer schon von ihrem Vater immer wieder gehört. Stimmt das wirklich?

Beispiel: Eingangsrechnung der Firma HOLZTOP GmbH

			Skonto (netto)	USt
	Rechnungsbetrag	61.880,00 €		
–	Skonto 2%	1.237,60 €	**1.040,00 €**	197,60 €
	Zahlung	60.642,40 €		

$$\text{Effektiver Zinssatz: } \frac{1.040,00\ € \cdot 100\% \cdot 365\ \text{Tage}}{60.642,40\ € \cdot 20\ \text{Tage}} = 31,3\%$$

Der Skontoertrag von 1.040,00 € entspricht einem effektiven Zinssatz von 31,3(%)! Im Vergleich mit den Zinssätzen für kurzfristige Bankkredite (z. B. 8,75%) ist der Lieferantenkredit sehr teuer.

Stehen flüssige Mittel zur Bezahlung unter Ausnutzung von Skonto nicht zur Verfügung, so muss geprüft werden, ob sich die Aufnahme eines Bankkredits zur Ausnutzung des Skontos lohnt.

Beispiel: Aufnahme eines Bankkredits zum Zinssatz 8,75% p. a.

$$\text{Zinsen: } \frac{60.642,40\ € \cdot 8,75\% \cdot 20\ \text{Tage}}{100\% \cdot 365\ \text{Tage}} = 290,75\ €$$

	Skontoertrag, netto	1.040,00 €
–	Kreditkosten	290,75 €
	Finanzierungsgewinn bei Bankkredit	**749,25 €**

Der Lieferantenkredit ist ein Sachkredit, der durch Warenlieferungen auf Ziel entsteht. Seine Zinsen (sie entsprechen dem nicht ausgenutzten Skonto) sind meistens so hoch, dass sich die Aufnahme eines kurzfristigen Bankkredits lohnt, um ihn nicht in Anspruch nehmen zu müssen. Weil er so teuer ist, wird er in der Regel nur von Unternehmen in Anspruch genommen, die für Bankkredite keine ausreichenden Sicherheiten bieten können.

65 Eine Eingangsrechnung (Handelswaren) über 23.800,00 € einschl. 19% USt enthält folgende Zahlungsbedingungen: Zahlung innerhalb 8 Tagen abzüglich 2% Skonto oder in 30 Tagen ohne Abzug. Um den Skonto ausnützen zu können, müsste der Zahler sein Bankkonto überziehen und dafür 14,5% p. a. Zinsen zahlen.

1. Welcher Betrag ist nach Abzug von Skonto zu zahlen?

2. Um wie viele Tage müsste dieser verminderte Betrag früher gezahlt werden?

3. Vergleiche Skontoertrag und Kreditkosten. Welcher Kredit ist günstiger?

4. Buche die Zahlung abzüglich Skonto per Banküberweisung.

66

Prüfe rechnerisch, ob es in den folgenden drei Fällen lohnend ist, zum Ausnutzen des Skontos einen Bankkredit aufzunehmen.
Ermittle dazu in jedem Fall

1. den Überweisungsbetrag bei Skontoabzug
2. die Kreditkosten
3. den Finanzierungsgewinn in €.

Rechnungsbetrag		Zahlungsbedingungen	Kreditkosten
A:	125.000,00 €	Zahlungsziel 90 Tage oder 2,5% Skonto bei Zahlung innerhalb von 14 Tagen	14,75% p. a.
B:	6.880,00 €	Zahlung ohne Abzug in 30 Tagen oder abzüglich 3% Skonto bei Lieferung	9% p. a. + 1% Gebühren
C:	14.600,00 €	60 Tage Zahlungsziel oder 2% Skonto bei Zahlung innerhalb von 8 Tagen	10,25% p. a.

67

Eingang einer Rohstoff-Rechnung über 7.140,00 € (einschl. 19% USt), ausgestellt am 15. 01. Sie trägt den Vermerk: Zahlbar am 15. 03. ohne Abzug oder innerhalb 14 Tagen abzüglich 2,5% Skonto. Bei Überschreiten des Zahlungszieles werden 11% Verzugszinsen und 20,00 € Bearbeitungsgebühr berechnet.

1. Bilde den Buchungssatz für die Eingangsrechnung.
2. Welcher Betrag müsste am 29. Januar zum Ausgleich der Rechnung überwiesen werden?
3. Ausreichende flüssige Mittel stehen erst am 31. Mai zur Verfügung. Welcher Betrag wäre an diesem Tag zu zahlen?
4. Ist es ratsam, für die Zeit vom 29. Januar bis 31. Mai das Bankkonto bei 12,5% Kreditzinsen zu überziehen, um den Skonto zu erhalten?

68

Zieleinkauf von Rohstoffen für 4.500,00 € + 19% USt. Rechnungsdatum 20. 04.

1. Bilde den Buchungssatz für die Eingangsrechnung.
2. Die Rechnung enthält folgende Zahlungsbedingungen: Zahlung fällig am 20. 06. ohne Abzug oder 3% Skonto bei Zahlung innerhalb von 8 Tagen. Bei Zahlungsverzug werden 7,5% Verzugszinsen berechnet. Welcher Betrag ist am 31. 07. zu zahlen?
3. Welche Ersparnis hätte sich ergeben, wenn vom 28. 04. bis 31. 07. ein Bankkredit zu 11% p. a. aufgenommen worden wäre, um den Skonto in Anspruch nehmen zu können?

69 Das Unternehmen Stefanie Bauer muss aufgrund der angespannten Finanzsituation bei einer Lieferung einen Lieferantenkredit in Anspruch nehmen. Es liegen bei einem Rechnungsbetrag von 35.700,00 € zwei Angebote mit folgenden Bedingungen vor:

Lieferant	Skonto (%)	Zahlungsziel	Skonto-Frist
A	3,00	30	10
B	2,00	21	8

Für welches Angebot (rechnerische Begründung) sollte sich Frau Bauer entscheiden?

ALLES KLAR?!?!?

Lieferantenkredit

Lieferer Holztop GmbH
Sägewerk - Holzhandel

Lieferer (Gläubiger) hat Forderung und gewährt Lieferantenkredit

Holzbau Rosenheim
Stefanie Bauer

← Einkauf auf Ziel beim Lieferer

Verkauf auf Ziel an den Kunden →

Kunde Bürostar GmbH
Büromöbel - Bürozubehör

Kunde (Schuldner) hat Verbindlichkeit und erhält Lieferantenkredit

Lieferantenkredit		Bankkredit	
	z. B.		z. B.
Skontosatz	3,00%	Zinssatz	14,00%
Skontofrist	10 Tage	Kreditdauer	50 Tage
Zahlungsziel	60 Tage	Kapital	9.700,00 €
Rechnungsbetrag	10.000,00 €		
Skontobetrag = Kosten	**300,00 €**	Kosten	**186,03 €**

Kreditdauer = Zahlungsziel – Skontofrist
Kosten des Lieferantenkredits = Rechnungsbetrag/100 · Skontosatz
Kapital = Rechnungsbetrag – Skontobetrag
Kosten des Bankkredits = Kapital · Zinssatz · Kreditdauer/36500

Effektiver Zinssatz Lieferantenkredit:

$$\frac{\text{Skonto netto} \cdot 100\% \cdot 365\ \text{Tage}}{\text{Kapital (Überweisungsbetrag)} \cdot \text{Kreditdauer}}$$

2.1.4 Buchungen im Kreditbereich

Kredite lösen einen „Berg von Buchungen“ aus.

Aufnahme und Schuldendienst, mit Zinsen und Kreditnebenkosten, sind in der Buchführung lückenlos zu erfassen.

Welche Konten stehen im Kontenplan für den Kreditbereich zur Verfügung?

Bei der Buchung der **Kreditaufnahme** ist zu unterscheiden, ob es sich um **kurzfristige** Bankschulden mit einer Laufzeit **bis zu einem Jahr** oder um **langfristige** Bankschulden **mit längerer Laufzeit** handelt.

- **Benötigte neue Konten:**

4200 Kurzfristige Bankverbindlichkeiten bis zu einem Jahr (KBKV)

4250 Langfristige Bankverbindlichkeiten (LBKV)

Für Bankkredite ist Schuldendienst durch Tilgung und Zinszahlung zu leisten.

Bankverbindlichkeiten (z. B. in Anspruch genommener Kontokorrentkredit) belasten den Betrieb durch Zinszahlungen an die Bank.

Für Lieferantenkredite sind zwar keine direkten Zinszahlungen erforderlich, jedoch bei Zahlungsverzug durch Nichteinhaltung des Zahlungszieles gegenüber dem Lieferer werden Verzugszinsen fällig.
Durch die Zinsbelastung der Bank und die Belastung mit Verzugszinsen durch den Lieferer entstehen **Zinsaufwendungen**.

Angelegte flüssige Mittel (z. B. Guthaben auf dem Kontokorrentkonto) und Belastung des Kunden mit Verzugszinsen stellen **Zinserträge** dar.

Kreditkosten wie z. B. Bearbeitungsgebühren, Kontoführungsgebühren und sonstige Spesen und Auslagen sind keine Zinsaufwendungen, sondern Kosten des Geldverkehrs.

Werden Spesen im Zusammenhang mit Verzugszinsen dem Kunden belastet, ergeben sich Erträge.

- **Benötigte neue Konten:**

7510 Zinsaufwendungen (ZAW)

5710 Zinserträge (ZE)

6750 Kosten des Geldverkehrs (KGV)

5430 Andere sonstige betriebliche Erträge (ASBE)

2.1.4.1 Kreditaufnahme

- **Geschäftsfall**

Gewerbebank **83024 Rosenheim** **BLZ 711 511 00** IBAN DE72711511000000471166 BIC GBNKDEFF	Kontonummer 471166	Auszug/Jahr 113/20..	Blatt-Nr. 1 von 1
	Kontoauszug		

		Alter Kontostand	2.378,97 S
Buchungstag	Wert	Vorgang	Umsatz in Euro
29. 04.	30. 04.	PN: 1019 Gutschrift Kredit (9 Monate)	32.000,00 H
Holzbau Rosenheim Stefanie Bauer (e. Kfr.) Lindenstraße 14–16 83024 Rosenheim		Neuer Kontostand	29.621,03 H
		Verfügbar 59.621,03 €	Kontokorrentkredit 30.000,00 €

- **Buchungssatz**

2800 Bank (BK)	**an**	**4200 Kurzfristige Bankverbindlichkeiten (KBKV)**	**32.000,00**

- **Geschäftsfall**

Gewerbebank **83024 Rosenheim** **BLZ 711 511 00** IBAN DE72711511000000471166 BIC GBNKDEFF	Kontonummer 471166	Auszug/Jahr 341/20..	Blatt-Nr. 3 von 3
	Kontoauszug		

		Alter Kontostand	34.986,15 S
Buchungstag	Wert	Vorgang	Umsatz in Euro
31. 07.	01. 08.	PN: 2120 Gutschrift Darlehen (Laufzeit 6 Jahre)	80.000,00 H
Holzbau Rosenheim Stefanie Bauer (e. Kfr.) Lindenstraße 14–16 83024 Rosenheim		Neuer Kontostand	45.013,85 H
		Verfügbar 95.013,85 €	Kontokorrentkredit 50.000,00 €

- **Buchungssatz**

2800 Bank (BK)	**an**	**4250 Langfristige Bankverbindlichkeiten (LBKV)**	**80.000,00**

Zinsen und Kreditnebenkosten

- **Geschäftsfall**

Gewerbebank 83024 Rosenheim	Kontonummer	Auszug/Jahr	Blatt-Nr.
	471166	483/20..	2 von 2

BLZ 711 511 00
IBAN DE72711511000000471166
BIC GBNKDEFF

Kontoauszug

Buchungstag	Wert	Vorgang	Umsatz in Euro
		Alter Kontostand	23.875,42 S
30. 09.	01. 10.	PN: 2189 Kontoführungsgebühren	60,00 S
		PN: 2190 Überziehungszinsen	75,25 S
		Neuer Kontostand	24.010,67 S

Holzbau Rosenheim
Stefanie Bauer (e. Kfr.)
Lindenstraße 14–16
83024 Rosenheim

Verfügbar 25.989,33 € Kontokorrentkredit 50.000,00 €

- **Buchungssatz**

6750 Kosten des Geldverkehrs (KGV)	**60,00**			
7510 Zinsaufwendungen (ZAW)	**75,25**	**an**	**2800 Bank (BK)**	**135,25**

- **Geschäftsfall**

Gewerbebank 83024 Rosenheim	Kontonummer	Auszug/Jahr	Blatt-Nr.
	471166	689/20..	1 von 1

BLZ 711 511 00
IBAN DE72711511000000471166
BIC GBNKDEFF

Kontoauszug

Buchungstag	Wert	Vorgang	Umsatz in Euro
		Alter Kontostand	2.456,97 H
31. 10.	01. 11.	PN: 2211 Habenzinsen	32,16 H
		Neuer Kontostand	2.489,13 H

Holzbau Rosenheim
Stefanie Bauer (e. Kfr.)
Lindenstraße 14–16
83024 Rosenheim

Verfügbar 52.489,13 € Kontokorrentkredit 50.000,00 €

- **Buchungssatz**

2800 Bank (BK)	**an**	**5710 Zinserträge (ZE)**	**32,16**

- **Beispiel (Anlage zum Kontoauszug)**

Gewerbebank Rosenheim

Vierteljahresabrechnung, Darlehen Nr. 2345, Holzbau Stefanie Bauer

Tilgung	5.000,00 €
Zinsen	4.375,00 €
Gebühren	20,00 €
Banklastschrift	9.395,00 €

- **Buchungssatz**

4250 Langfr. Bankverb. (LBKV)	**5.000,00**			
7510 Zinsaufwendungen (ZAW)	**4.375,00**			
6750 Kosten d. Geldverkehrs (KGV)	**20,00**	**an**	**2800 Bank (BK)**	**9.395,00**

- **Beispiel**

HOLZTOP GmbH
Sägewerk und Holzhandel
Waldstraße 15
83126 Flintsbach

Unser Lieferer, die Firma HOLZTOP, stellt uns folgende Rechnung (Auszug) wegen Zahlungsverzug:

Verzugszinsen	42,50 €
Mahngebühren	5,00 €
	47,50 €

- **Buchungssatz**

7510 Zinsaufwendungen (ZAW)	**42,50**			
6750 Kosten d. Geldverkehrs (KGV)	**5,00**	**an**	**4400 Verbindlichkeiten aus L. und L. (VE)**	**47,50**

- **Beispiel**

Unser Kunde, die BÜROSTAR GmbH, ist in Zahlungsverzug geraten.

Wir stellen folgende Rechnung (Auszug):

Verzugszinsen	68,20 €
Mahnspesen	10,00 €
Gesamtbetrag	78,20 €

- **Buchungssatz**

2400 Forderungen aus L. und L. (FO)	**78,20**	**an**	**5710 Zinserträge (ZE)**	**68,20**
			5430 Andere sonstige betriebliche Erträge (ASBE)	**10,00**

70

Bilde Buchungssätze (19% USt)

1.	Ein Hypothekarkredit wird dem Bankkonto gutgeschrieben	280.000,00 €
2.	Zinsgutschrift der Bank	140,00 €
3.	Belastung des Kunden mit Verzugszinsen 11%/52 Tage, Rechnungsbetrag 4.760,00 €	? €
4.	Die Bank belastet das Geschäftskonto zum Jahresabschluss für Zinsen Kontoführung	 265,60 € 22,00 €
5.	Wegen Überschreitung des Zahlungszieles bei einer Rechnung über 5.355,00 € berechnet der Lieferer 12% Verzugszinsen für 48 Tage	? €
6.	Das Bankkonto wird mit Kontoführungsgebühren belastet	12,50 €
7.	Da ein Kunde mit der Zahlung einer Rechnung über 13.090,00 € in Verzug ist, belastet ihn der Lieferer mit 10,5% Verzugszinsen für 30 Tage und 12,00 € Mahngebühren. **Buchung des Kunden!**	? €
8.	Ein Kunde wird wegen Zahlungsverzugs belastet mit 11,5% Verzugszinsen für 45 Tage für eine Rechnung über 3.927,00 € zuzüglich Mahnspesen 6,00 €	? €
9.	Bankbelastung für Tilgungsrate Hypothekarkredit für Zinsen für Gebühren	500,00 € 1.480,00 € 10,00 €
10.	Die Bank gewährt einen kurzfristigen Kredit von und stellt nach Vorabzug von 2% Bearbeitungsgebühr den Restbetrag auf dem Kontokorrentkonto bereit	10.000,00 €

71

Welche Geschäftsfälle liegen den Eintragungen auf dem nachfolgenden Bankkonto zugrunde? Die Bank hat ein Kreditlimit von 30.000,00 € eingeräumt.

S	2800 BK		H
1. 8000	3.200,00	2. 7510	300,00
3. 4250	50.000,00	4. 4250, 7510	1.250,00
5. 5710	120,00	6. 4400	46.410,00
9. 8010	24.685,00	7. 4250	30.000,00
		8. 6750	45,00
	78.005,00		78.005,00

2.1.5 Integrierte Aufgaben zu den Finanzierungsmöglichkeiten

Du hast dir ein Grundwissen zu den Möglichkeiten der Finanzierung erworben. Nun sollst du mithilfe dieses Grundwissens Probleme der Finanzierung erkennen, Informationen beschaffen, Alternativen abwägen, Entscheidungen treffen und damit Voraussetzungen für ein ziel- und verantwortungsbewusstes Handeln schaffen.

Frau Bauer hat sich alle Fragen der Finanzierung als „Chefsache" zur persönlichen Entscheidung vorbehalten

Bankkredit oder Lieferantenkredit?

Aktuelle Kreditkosten im Vergleich!

Die große Vielfalt der Finanzierungsmöglichkeiten fordert immer wieder Vergleiche zwischen den verschiedenen Kreditarten und Angeboten der Banken.
Zur Unterstützung ihrer Entscheidungsfindung nutzt sie den Computer. Er ermöglicht über den Internetzugang eine Fülle von Informationen und liefert unter Einsatz eines Tabellenkalkulationsprogramms Entscheidungshilfen.

72

Gewerbebank
83024 Rosenheim
BLZ 711 511 00
IBAN DE72711511000000471166
BIC GBNKDEFF

Kontonummer	Auszug/Jahr	Blatt-Nr.
471166	113/20..	1 von 1

Kontoauszug

Buchungstag	Wert	Vorgang	Umsatz in Euro
		Alter Kontostand	1.378,97 H
29. 04.	30. 04.	PN: 1019 Kredit (9 Monate)	25.000,00 H
29. 04.	30. 04.	PN: 1019 Bearbeitungsgebühr	250,00 S
29. 04.	30. 04.	PN: 1021 02/1911 – 2002-04-20 (Fremdbauteile) abzüglich Skonto 749,70 €	24.240,30 S
		Neuer Kontostand	1.888,67 H

Holzbau Rosenheim
Stefanie Bauer (e. Kfr.)
Lindenstraße 14–16
83024 Rosenheim

1. Bilde die Buchungssätze nach vorliegendem Bankbeleg.
2. Welcher Skontosatz wurde gewährt (Skontofrist 10 Tage)?

3. Welcher effektive Zinssatz entspricht dem Skontoabzug, wenn das Zahlungsziel 60 Tage betrug?
4. Welche Kreditart ist wahrscheinlich in Anspruch genommen worden?
5. War die Entscheidung richtig, für die Skontoausnutzung den Kredit bei Kreditzinsen von 12,5% aufzunehmen? Begründe rechnerisch.

Eine Eingangsrechnung über Holz (Zahlungsziel 30 Tage) wird durch Online-Banking überwiesen: 73

Online-Banking Überweisungsbestätigung

Bank:	Gewerbebank Rosenheim	Datum: 20..-04-04
BLZ:	711 511 00	Uhrzeit: 17:09
Konto:	471166	
Auftraggeber:	Holzbau Stefanie Bauer (e. Kfr.)	

Empfänger:	HOLZTOP GmbH, Flintsbach
Kontonummer des Empfängers:	586 22
bei Kreditinstitut:	Bank Flintsbach
BLZ:	723 145 86
Währung:	EUR
Betrag:	60.642,40 €
Verwendungszweck 1:	02/1843 – 20..-03-25
Verwendungszweck 2:	abzüglich 2 % Skonto

Bitte streichen Sie die TAN 487306 von Ihrer Liste!

1. Bilde den Buchungssatz zu dem vorliegenden Beleg.
2. Die Überweisung unter Abzug von Skonto (Skontofrist 10 Tage) war nur durch Aufnahme eines Bankkredits zu einem Zinssatz von 12,25% p. a. möglich geworden. Wie hoch waren die Kreditkosten?
3. Berechne die Ersparnis durch Ausnutzung des Skontos unter Berücksichtigung der Kreditkosten für den Bankkredit.
4. Bilde den Buchungssatz für die Aufnahme des Kredits.
5. Welcher effektive Zinssatz entspricht dem Skontoabzug?

Die Firma Stefanie Bauer, Holzbau Rosenheim erhält am 01. 04. eine Rechnung über gelieferte Fremdbauteile in Höhe von 24.038,00 € (einschl. 19% USt). 74
Zahlungsbedingungen: 10 Tage 3% Skonto, 30 Tage netto Kasse.
Säumige Kundenzahlungen haben dazu geführt, dass vorübergehend ein finanzieller Engpass entstanden ist. Den ihr bereits eingeräumten Kontokorrentkredit (Kreditlinie 30.000,00 €, Sollzinsen 13% p. a. und Überziehungsprovision 4,5% p. a.) musste Frau Bauer schon mit 19.000,00 € in Anspruch nehmen.
Frau Bauer wird sich wohl für den Lieferantenkredit entscheiden und auf den Skontoertrag verzichten müssen. „Der Lieferantenkredit ist ein sehr teurer Kredit“, diese Aussage ihres Vaters geht ihr durch den Kopf. Gibt es eine Alternative?

1. Bilde den Buchungssatz für den Zieleinkauf am 01. 04.
2. Berechne den effektiven Zinssatz für den Lieferantenkredit.
3. Prüfe rechnerisch, ob es sich lohnt, zum Ausnutzen des Skontos den eingeräumten Kontokorrentkredit in Anspruch zu nehmen. Ermittle dazu die Kreditkosten und den Finanzierungsgewinn.
4. Bilde den Buchungssatz für die Zahlung abzüglich 3% Skonto per Banküberweisung.
5. Bilde den Buchungssatz für die Inanspruchnahme des Kontokorrentkredits.
6. Gibt es zum Kontokorrentkredit alternative Möglichkeiten?
7. Finde mögliche Gründe für eine Erhöhung des Kontokorrentkredits.

75

Zur Begleichung einer Eingangsrechnung über 34.510,00 € muss ein Unternehmen entweder einen Lieferantenkredit in Anspruch nehmen oder einen Kontokorrentkredit.

Lieferantenkredit:
zahlbar innerhalb von 30 Tagen
innerhalb 10 Tagen mit 2% Skonto

Kontokorrentkredit:
12,50% p. a.

Welcher Kredit sollte in Anspruch genommen werden? Rechnerische Begründung!

76

Ein Montageschreiner hat bei seiner Bank ein Girokonto mit einer Kreditlinie von 3.000,00 €. Zurzeit nimmt er darauf einen Dispositionskredit mit 2.400,00 € in Anspruch. Eine bei ihm eingehende Rechnung aus dem Kauf eines neuen PC mit 1.249,50 € trägt den Vermerk: Zahlbar innerhalb 10 Tagen abzüglich 3% Skonto oder in 60 Tagen rein netto".

Lohnt es sich, das Girokonto noch weiter zu überziehen, um den Skonto zu erhalten, wenn folgende Kreditkosten zu berücksichtigen sind: Sollzinsen 11,5% p. a., erhöht um 3% p. a. von dem die Kreditlinie übersteigenden Kreditbetrag?

77

Aus den Zahlungsbedingungen einer Rechnung sind folgende Angaben entnommen: „Bei Zahlung innerhalb von 10 Tagen 3% Skonto, 60 Tage netto"

- Erkläre diese Zahlungsbedingungen.
- Welchem Bankzinssatz entspricht diese Zahlungsbedingung?

Arbeitspapier des Unternehmerseminars

Tickende Zeitbombe

Die Banken drehen den Mittelständlern den Hahn zu.

Jedem Vierten droht die Insolvenz, wenn sich nicht andere Finanzquellen auftun.

„Das Finanzgebaren des Mittelstands ist in seinen Grundfesten erschüttert. Finanztechnisch lebt der Motor der deutschen Wirtschaft – 70 Prozent aller Arbeitsplätze sind hier angesiedelt, 75 Prozent aller Patente werden hier entwickelt – bislang im Mittelstand. 80 Prozent aller Mittelständler finanzieren sich ausschließlich über Kredite der Hausbank, zu der das Unternehmen eine oft über Generationen dauernde Verbindung pflegte. Diese Verbindung löst sich auf. Besonders betroffen sind kleine und mittlere Betriebe.

Jeder Zweite arbeitet nach Angaben des Bundesverbands mittelständische Wirtschaft (BVMW) völlig ohne Eigenkapital, jeder Dritte ohne Gewinn. Diese Firmen fallen schon jetzt immer häufiger durchs Raster der Banken. Bei einer Umfrage unter Mittelständlern kritisierte jeder vierte Firmenchef die restriktive Haltung der Hausbank. Dieser Trend wird sich noch verstärken.

Besonders im Handwerk sind viele Betriebe substanziell gefährdet, sollten sich die Konditionen für Bankkredite verschlechtern. Klar ist: Die Internationalisierung der Finanzmärkte, vor allem aber die vermutlich ab 2006 geltenden neuen Eigenkapitalregeln, zwingen Banken, aber auch ihre Firmenkunden schon heute dazu, nach alternativen Instrumenten wie Leasing, Factoring oder Anleihen Ausschau zu halten. Während das Gros der amerikanischen und europäischen Wettbewerber schon lange in großem Umfang auf diese Alternativen setzen, haben sich die Deutschen bis heute weit gehend über Kredite nationaler Banken finanziert. Bei vielen Unternehmen fehlt häufig die materielle Ausstattung als Sicherheit für Bankkredite. Wer sich seinen Handlungsspielraum erhalten will, muss bei der Finanzierung nach neuen Wegen suchen."

Diese Aufgabe eignet sich auch für Gruppenarbeit.

Versuche diese „tickende Zeitbombe" zu entschärfen. Wie kann die Firma Stefanie Bauer, Holzbau Rosenheim diesen Herausforderungen begegnen?

1. Arbeite den Text aufmerksam durch und kläre neue Begriffe (z. B. Finanzgebaren, Internationalisierung, Gros) mithilfe eines Lexikons oder/und des Internets.
2. Mache konkrete Vorschläge.

79

1.

Jahr	Darlehenssumme Restschuld	Zins	Tilgung	jährliche Rate
1	60.000,00 €	7.200,00 €	0 €	7.200,00 €
2	60.000,00 €	7.200,00 €	0 €	7.200,00 €
3	60.000,00 €	7.200,00 €	0 €	7.200,00 €
4	60.000,00 €	7.200,00 €	0 €	7.200,00 €
5	60.000,00 €	7.200,00 €	60.000,00 €	67.200,00 €
Summen	------	36.000,00 €	60.000,00 €	96.000,00 €

2.

Jahr	Darlehenssumme Restschuld	Zins	Tilgung	jährliche Rate
1	60.000,00 €	7.200,00 €	12.000,00 €	19.200,00 €
2	48.000,00 €	5.760,00 €	12.000,00 €	17.760,00 €
3	36.000,00 €	4.320,00 €	12.000,00 €	16.320,00 €
4	24.000,00 €	2.880,00 €	12.000,00 €	14.880,00 €
5	12.000,00 €	1.440,00 €	12.000,00 €	13.440,00 €
Summen	------	21.600,00 €	60.000,00 €	81.600,00 €

3.

Jahr	Darlehenssumme Restschuld	Zins	Tilgung	jährliche Rate
1	60.000,00 €	7.200,00 €	9.444,58 €	16.644,58 €
2	?	6.066,65 €	10.577,93 €	16.644,58 €
3	39.977,49 €	4.797,30 €	11.847,28 €	16.644,58 €
4	28.130,21 €	?	13.268,95 €	16.644,58 €
5	14.861,26 €	1.783,35 €	?	16.644,58 €
Summen	------	23.222,93 €	------	?

1. Ein Unternehmen hat sich für das Darlehen Nr. 2 entschieden.

1.1 Wie wird dieses Darlehen bezeichnet?

1.2 Was könnte den Kreditnehmer veranlasst haben, die Nr. 2 zu wählen?

1.3 Gib folgende Größen an: Darlehenssumme und Zinssatz.

1.4 Bilde den Buchungssatz für den Schuldendienst am Ende des 2. Jahres.

2. Ein anderes Unternehmen hat sich für Darlehen Nr. 3 entschieden.

2.1 Wie wird dieses Darlehen bezeichnet?

2.2 Was könnte den Kreditnehmer veranlasst haben, die Möglichkeit Nr. 3 zu wählen?

2.3 Ermittle die fehlenden Beträge.

2.4 Bilde den Buchungssatz bei Darlehensaufnahme.

3. Ein privater Darlehensnehmer hat sich für Darlehen Nr. 1 entschieden.

3.1 Wie wird dieses Darlehen bezeichnet?

3.2 Wie könnte die Tilgung aussehen?

Das Unternehmen Stefanie Bauer beliefert schon seit längerer Zeit einen Baumarkt mit Gartenmöbeln und gewährte dabei regelmäßig Lieferantenkredite, die der Baumarkt zu den Bedingungen „Zahlung innerhalb 30 Tagen rein netto, innerhalb 10 Tagen 3% Skonto" in Anspruch nahm. In diesem Jahr hat der Baumarkt zum ersten Mal innerhalb der Skonto-Frist 69.258,00 € überwiesen und bei einem Gespräch auf seine günstige Möglichkeit eines Kontokorrentkredits zu 12% p. a. hingewiesen. **80**

Wie müsste die Laufzeit des Lieferantenkredits geändert werden, damit der Baumarkt wieder den Lieferantenkredit in Erwägung ziehen würde?

Nach Mitteilung des Statistischen Bundesamtes wurden im Jahr 2007 134398 Insolvenzen von Unternehmen und Verbrauchern gemeldet. Besonders auffällig ist die Zunahme der **Verbraucherinsolvenzen** gegenüber dem Jahr 2006 um 9%. **81**

1. Kläre die Begriffe Insolvenz, Unternehmensinsolvenz und Verbraucherinsolvenz.
2. Ermittle die Zahl der Unternehmens- bzw. Verbraucherinsolvenzen 2007.
3. Ermittle die Veränderung (%) der Unternehmensinsolvenzen von 2006 auf 2007 und vergleiche das Ergebnis mit der Veränderung bei den Verbraucherinsolvenzen.
4. Suche Erklärungen für die Veränderungen.
5. Welche Rolle spielt das Kreditgebaren (z. B. bei Dispositionskrediten und Ratenkrediten) im Zusammenhang mit Verbraucherinsolvenzen.
6. Welche persönlichen Konsequenzen ziehst Du für Dich persönlich als Verbraucher aus Deinen gefundenen Ergebnissen?

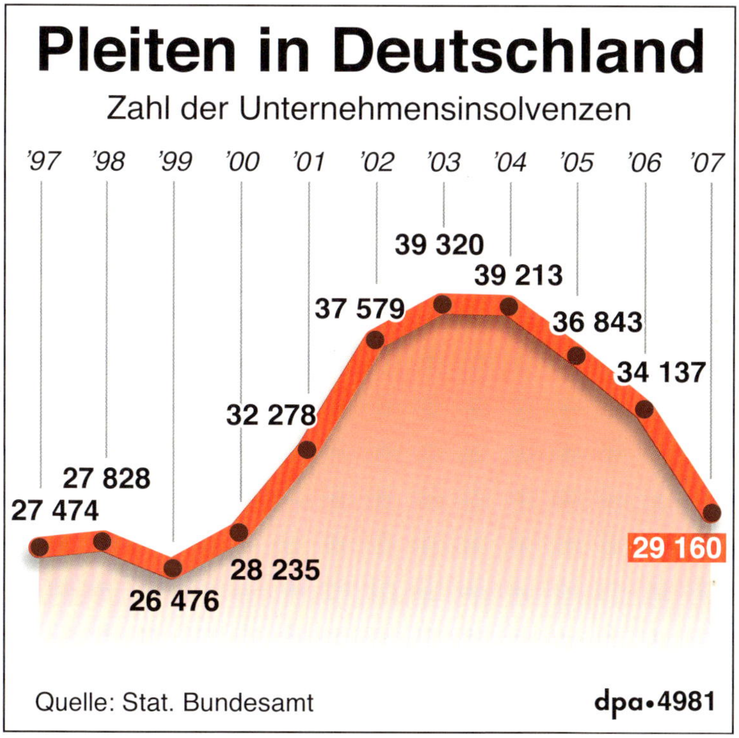

82

Eine Kreditbank hat für einen Ratenkredit den nachfolgenden Tilgungsplan vorgelegt:

Monat	Schuld	Rate	Zinsen	Tilgung	Restschuld
01. 04. 2008	6.000,00 €	518,00 €	32,05 €	485,95 €	5.514,05 €
01. 05. 2008	5.514,05 €	518,00 €	30,44 €	487,56 €	5.026,50 €
01. 06. 2008	5.026,50 €	518,00 €	26,85 €	491,15 €	4.535,35 €
01. 07. 2008	4.535,35 €	518,00 €	25,04 €	492,96 €	4.042,39 €
01. 08. 2008	4.042,39 €	518,00 €	22,32 €	495,68 €	3.546,70 €
01. 09. 2008	3.546,70 €	518,00 €	18,95 €	499,05 €	3.047,65 €
01. 10. 2008	3.047,65 €	518,00 €	16,82 €	501,18 €	2.546,48 €
01. 11. 2008	2.546,48 €	518,00 €	13,60 €	504,40 €	2.042,08 €
01. 12. 2008	2.042,08 €	518,00 €	11,27 €	506,73 €	1.535,35 €
01. 01. 2009	1.535,35 €	518,00 €	8,48 €	509,52 €	1.025,83 €
01. 02. 2009	1.025,83 €	518,00 €	5,12 €	512,89 €	512,95 €
01. 03. 2009	512,95 €	515,77 €	2,83 €	512,94 €	0,00 €
		6.213,77 €	213,77 €	6.000,00 €	

1. Ermittle die gesamten Kreditkosten wenn auch noch 1% Bearbeitungsgebühr (wurde vorab bezahlt) zu berücksichtigen sind.
2. Zu welchem nominalen Zinssatz wurde der Ratenkredit angeboten?

83

Ein Unternehmer hat bei seiner Bank einen Überbrückungskredit von 27.000,00 € für die Zeit vom 01. 03. bis 30. 04. aufgenommen: Zinssatz 11,5% p. a., Bearbeitungsgebühr 0,5%, Spesen 5,00 €.

1. Berechne die Kreditkosten und den effektiven Zinssatz.
2. Bilde die Buchungssätze

2.1 für die Kreditaufnahme auf das Bankkonto.

2.2 für die Tilgung und Zahlung der Kreditkosten per Banküberweisung.

3. Welche finanzielle Situation könnte den Unternehmer veranlasst haben, diesen Überbrückungskredit aufzunehmen?
4. Im zweiten Jahrhundert vor Christus soll im Orient der Zinssatz für Überbrückungskredite bei 20 Prozent gelegen haben. Wie hoch sind die aktuellen Zinssätze? Erkundige Dich bei einer Bank und nutze das Internet.

84

Für ein Investitionsvorhaben soll ein Darlehen von 200.000,00 € für 276 Tage aufgenommen werden. Es wird am Ende der Laufzeit einschließlich der Kreditkosten zurückgezahlt. Entwickle zum Angebotsvergleich ein Rechenblatt in das der jeweilige effektive Zinssatz eingearbeitet wird.

- Bank A schlägt vor aufgrund der vorhandenen Sicherheiten das Kontokorrentkonto zu überziehen. Sie berechnet 12% p. a. Sollzinsen. Das Konto weist ein Guthabenstand von 40.000,00 € auf.
- Bank B bietet ein Darlehen, das mit 8,5% p. a. zu verzinsen ist. Die Bearbeitungsgebühr beträgt 0,75%.
- Bank C bietet das Darlehen zu 7% p. a. und 2% Bearbeitungsgebühr an.

85

Diese Aufgabe kann auch in Gruppenarbeit durchgeführt werden.
In letzter Zeit haben alternative Finanzierungsmöglichkeiten an Bedeutung gewonnen!

Leasing	Factoring	Asset Backed Securities
Nutzung von Sachanlagen wie Immobilien, Maschinen, Fahrzeuge, Büromaschinen gegen eine monatliche Leasinggebühr	Liquiditätsbeschaffung durch den Verkauf von kurzfristigen Forderungen an Factoringdienstleister.	Umwandlung von Zahlungsansprüchen (Assets) in handelbare Wertpapiere (Securities)

Welche Finanzierungsmöglichkeiten für die Unternehmen gewinnen in Zukunft an Bedeutung?
Befragung von 690 Führungskräften in Unternehmen ab 50 Millionen Euro Umsatz

	sehr wichtig	**wichtig**
Kurzfristiger Bankkredit	52%	35%
Leasing	43%	42%
Langfristiger Bankkredit	42%	40%
Andere Kreditformen	30%	50%
Asset Backed Securities	27%	41%
Factoring	21%	42%

Quelle: Siemens Financial Services

1. Erkläre mithilfe des Internets die drei Bezeichnungen für die alternativen Finanzierungsmöglichkeiten.
2. Kläre, warum diese alternativen Möglichkeiten an Bedeutung gewonnen haben.

Kreditvergleich (Tabellenkalkulation)

Das Unternehmen Stefanie Bauer, Holzbau Rosenheim benötigt für ein Investitionsvorhaben noch 50.000,00 €. Zur Finanzierung soll ein kurzfristiger Kredit aufgenommen werden. Die Unternehmensleitung hat bereits zwei Kreditangebote eingeholt, für die folgende Informationen vorliegen:

Gewerbebank Rosenheim	Sparbank Rosenheim
Kreditsumme 50.000,00 €	Kreditsumme 50.000,00 €
Zinssatz 8,25% p.a.	Zinssatz 8,5% p.a.
Bearbeitungsgebühr 1%	Bearbeitungsgebühr 0,5%
Laufzeit 273 Tage	Laufzeit 273 Tage

Die Bearbeitunsgebühr wird bei beiden Banken vorab einbehalten.

Für welchen Kredit wird sich das Unternehmen Stefanie Bauer entscheiden?

i

Ein Mitarbeiter hat folgendes Rechenblatt erstellt:

	A	B	C	D
1	Kreditvergleich – Berechnung der effektiven Verzinsung			
2				
3	EINGABEDATEN	Gewerbebank	Sparbank	
4	Kreditsumme:	50.000,00 €	50.000,00 €	
5	Bearbeitungsgebühr:	1%	0,5%	
6	Zinssatz:	8,25%	8,5%	
7	Laufzeit:	273 Tage	273 Tage	
8				
9	BERECHNUNG			
10	Zinsen	3.085,27 €	3.178,77 €	
11	Bearbeitungsgebühr	500,00 €	250,00 €	
12	Kreditkosten	3.585,27 €	3.428,77 €	
13				
14	Ausgezahltes Kapital	49.500,00 €	49.750,00 €	
15				
16	Effektive Verzinsung:	**9,68%**	**9,21%**	

In der Formelansicht ergibt sich folgendes Rechenblatt:

	A	B	C	D
1	Kreditvergleich – Berechnung der effektiven Verzinsung			
2				
3	EINGABEDATEN	Gewerbebank	Sparbank	
4	Kreditsumme:	50.000,00 €	50.000,00 €	
5	Bearbeitungsgebühr:	1%	0,5%	
6	Zinssatz:	8,25%	8,5%	
7	Laufzeit:	273 Tage	273 Tage	
8				
9	BERECHNUNG			
10	Zinsen	=B4*B6*B7/(100%*365)	=C4*C6*C7/(100%*365)	
11	Bearbeitungsgebühr	=B4*B5	=C4*C5	
12	Kreditkosten	=B10+B11	=C10+C11	
13				
14	Ausgezahltes Kapital	=B4–B11	=C4–C11	
15				
16	Effektive Verzinsung:	**=B12*100%*365/(B14*B7)**	**=C12*100%*365/(C14*C7)**	

Mithilfe des Rechenblattes kann der Kreditvergleich schnell und rechengenau durchgeführt werden.

86

Berechne die jeweilige effektive Verzinsung mithilfe eines Rechenblattes. Die Bearbeitungsgebühr wird vorab einbehalten.

	Kreditsumme	Zinssatz	Bearbeitungsgebühr	Laufzeit
1.	150.000,00 €	7,65%	3%	380 Tage
2.	60.000,00 €	8,1%	2,5%	225 Tage
3.	35.000,00 €	8,9%	2%	03. 07.–28. 11. 20..

Der Finanzierungsbedarf liegt bei 74.000,00 €. Dazu soll ein kurzfristiger Kredit aufgenommen werden. Die Unternehmensleitung hat zwei Kreditangebote eingeholt, von denen folgende Informationen vorliegen: 87

Gewerbebank Rosenheim	Genossenschaftsbank München
Kreditsumme 74.000,00 € Zinssatz 8,25% p.a. Bearbeitungsgebühr 2,25% Laufzeit 193 Tage	Kreditsumme 74.000,00 € Zinssatz 7,95% p. a. Bearbeitungsgebühr 3% Laufzeit 193 Tage

1. Berechne mithilfe eines Rechenblattes die effektive Verzinsung für die beiden Kreditangebote. Die Bearbeitungsgebühr wird bei beiden Banken vorab einbehalten.
2. Die Unternehmensleitung entscheidet sich für die Kreditaufnahme beim günstigsten Anbieter. Bilde den Buchungssatz für die Kreditbereitstellung auf dem Geschäftsbankkonto.

2.2 Geldanlagemöglichkeiten

2.2.1 Anlagekriterien

„Sparen ist die richtige Mitte zwischen Geiz und Verschwendung.“

[Theodor Heuss]

Versuche den Ausspruch von Theodor Heuss mit eigenen Worten zu erklären.

Dieser Ausspruch von Theodor Heuss hat auch heute noch Gültigkeit, und viele Unternehmen und Private Haushalte befolgen die darin steckende Weisheit. Geldanlage ist kein Selbstzweck; sie ist von Bedeutung für das Unternehmen und die Privaten Haushalte.

Aufgrund der guten Geschäftslage haben sich beispielsweise auf den Bankkonten des Unternehmens Holzbau Rosenheim erhebliche Beträge angesammelt. Da die Verzinsung auf den Girokonten nur gering ist und keine Investitionen vorgenommen werden müssen, überlegt Stefanie Bauer, wie dieses Kapital gewinnbringend angelegt werden kann.

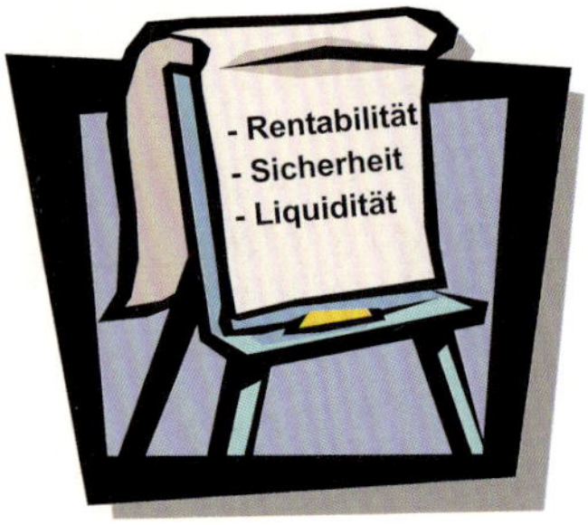

Stefanie Bauer erwartet von der Geldanlage dreierlei:

- **Rentabilität:** Die Anlage soll einen hohen Ertrag (z. B. Zinsen) abwerfen.
- **Sicherheit:** Die Anlage soll vor Verlust sicher sein.
- **Liquidität:** Die Anlage soll „flüssig" sein, also im Bedarfsfall rasch wieder verfügbar sein.

Dabei ist sich Stefanie bewusst, dass es keine Anlageform gibt, die alle genannten Eigenschaften in idealer Weise vereint. So weisen Geldanlagen, die eine sehr hohe Verzinsung, d. h. einen guten Gewinn versprechen, im Allgemeinen nur einen geringen Liquiditätsgrad auf. Geldanlagen, die sehr liquide sind, bringen meist nur einen geringen Ertrag. Geldanlagen mit hoher Rendite enthalten auch vergleichsweise hohe Risiken. Weniger riskante Anlagen weisen meist eine geringere Rendite auf.

Stefanie weiß, dass sie sich nicht mit einer einzigen Anlageform begnügen darf, wenn sie allen drei Kriterien Rechnung tragen will. Notwendig ist die Kombination verschiedener Anlageformen, die auf die individuellen Einkommens- und Vermögensverhältnisse abgestimmt sind.

88 Von den nachstehenden Aussagen zur Geldanlage treffen nur drei Aussagen zu. Gib die Kennbuchstaben der drei richtigen Aussagen an.

Aussage	Kennbuchstaben
Geldanlagen mit hoher Rentabilität enthalten meist geringere Risiken.	A
Anleger sollen eine Kombination verschiedener Anlagemöglichkeiten wählen.	B
Anlagen, die sehr liquide sind, bringen meist einen hohen Ertrag.	C
Weniger riskante Anlagen weisen meist eine geringere Rendite auf.	D
Es gibt eine Anlageform, die alle Anlagekriterien in sich vereint.	E
Die Geldanlage sollte auf die Einkommensverhältnisse abgestimmt sein.	F

89 Die Anlagekriterien beeinflussen sich gegenseitig. Erläutere den Zusammenhang, der normalerweise zwischen Rentabilität und Liquidität besteht.

90 Wer war Theodor Heuss? Informiere dich im Internet oder schlage im Lexikon nach.

ALLES KLAR?!?!?

- Wesentliche Anlagekriterien bei der Geldanlage sind Sicherheit, Rentabilität und Liquidität. Dies gilt sowohl für den unternehmerischen als auch den privaten Bereich. Es gibt jedoch keine Anlageform, die alle Anlagekriterien in sich vereint.
- Es sollte eine Kombination verschiedener Anlagemöglichkeiten gewählt werden.

2.2.2 Angebote von Kreditinstituten

Es gibt mannigfache Möglichkeiten, sein Geld bei Kreditinstituten anzulegen, z. B. in Festgelder, Sparbriefe, festverzinsliche Wertpapiere oder Aktien. Stefanie Bauer hat sich beim Anlageberater ihrer Hausbank informiert, der ihr Geldanlagen im Bereich der Einlagen und der Effekten (Wertpapiere) empfiehlt. Stefanie hat daraufhin die Angebote ausgesucht, die für eine Geldanlage des Betriebs in Frage kommen:

1. Sichteinlagen
2. Termineinlagen
3. Wertpapiere

2.2.2.1 Sichteinlagen

Kontoauszug Kontonummer 47 11 66 Auszug 17 **GEWERBEBANK Rosenheim**

IBAN DE71151100000004711166 Datum 02.02.20.. Blatt 01
BIC: GBNKDEFF

Vorgang/Buchungsinformation	Buchung	Wertstellung	Umsatz in EURO
_Gutschrift - Einzahlung	01. 02.	01. 02.	5.500,00 +

GEWERBEBANK Rosenheim * D-83024 Rosenheim
Fa. Holzbau Rosenheim
Inh.: Stefanie Bauer (e. Kfr.)
Lindenstraße 14–16
83024 Rosenheim

Zahlungseingänge	EUR	5.500,00 +
Zahlungsausgänge	EUR	0,00 -
Alter Kontostand	EUR	74.500,00 +
Neuer Kontostand	EUR	80.000,00 +

Postanschrift: GEWERBEBANK Rosenheim 83024 Rosenheim
Direkt-Service: Tel.: 0180-703050 Telefon-Banking:Tel.: 0180-703060 Erreichbarkeit: 7x24 Stunden
Telefax: (08031) 62 20 10 X-Online: *GEWERBEBANK# Internet: http://www.gewerbebank.de
Bankleitzahl 711 511 00

Unternehmen und die meisten privaten Haushalte unterhalten Sichteinlagen. Dies sind Guthaben auf Kontokorrent- und Girokonten (laufende Konten) ohne Kündigungsfrist. Sie sind täglich („bei Sicht") fällig.

Die Sichteinlagen werden zur Abwicklung des Zahlungsverkehrs (z. B. Überweisungen) benötigt und ermöglichen eine Reduzierung der Bargeldhaltung. So hat Frau Stefanie Bauer am 01. 02. 20.. 5.500,00 € auf ihr Geschäftsbankkonto einbezahlt.

Allerdings gibt es für Sichteinlagen keine oder nur geringe Zinsen.

Eine Ausnahme bilden die ebenfalls täglich fälligen Tagesgeldkonten, die meist von Direktbanken angeboten werden. Der Kunde kann hier Geld zu einem höheren Zinssatz „zwischenparken". Mit diesen Konten kann jedoch kein Zahlungsverkehr abgewickelt werden.

2.2.2.2 Termineinlagen

Das ist Geld, das einem Kreditinstitut für eine vorher bestimmte Zeit zur Verfügung gestellt wird. Kreditinstitute fordern bei Termineinlagen bestimmte (runde) Mindestbeträge (z. B. 5.000,00 €).

Die Geldanlage wird in Abhängigkeit von der Dauer der Festlegung bzw. Kündigungsfrist und von der Höhe der Einlage verzinst. Sie haben einen höheren Zinssatz als Sichteinlagen oder Sparbücher, da die Geldanleger für einen längeren Zeitraum auf ihr Verfügungsrecht verzichten.

Es existieren zwei Ausprägungen:

Festgelder — Einlagen mit einem festen Zinssatz und mit einer **im Voraus vereinbarten Laufzeit**, z. B. 30 bzw. 90 Tage.

Kündigungsgelder — Einlagen mit einer **vereinbarten Kündigungsfrist**, z. B. 3 Monate bzw. 6 Monate.

Für Termineinlagen und manchmal auch für Sichteinlagen zahlen die Banken Sparzinsen. Bei der Zinsberechnung kommt die dir bereits bekannte allgemeine Zinsformel zur Anwendung:

$$\textbf{Zinsen:} \quad \frac{\textbf{Sparbetrag} \cdot \textbf{p} \cdot \textbf{t}}{\textbf{100\%} \cdot \textbf{365 Tage}}$$

1. Erkundige dich bei einem Kreditinstitut (Bank oder Sparkasse), welche Zinssätze derzeit für Girokonten (Sichteinlagen) gelten. 91
2. Informiere dich auch über die Konditionen für Jugendgirokonten.
3. Informiere dich über die Zinssätze für Termineinlagen und über die Rahmenbedingungen (Mindesteinlage, Laufzeiten).
4. Wie sind die drei Anlagekriterien bei Sichteinlagen bzw. Termineinlagen erfüllt?

Von den nachstehenden Aussagen zur Geldanlage treffen nur zwei Aussagen zu. Gib die Kennbuchstaben der zwei richtigen Aussagen an. 92

Aussage	Kennbuchstaben
Sichteinlagen stehen auf der Passivseite der Unternehmensbilanz.	A
Bei Termineinlagen unterscheidet man zwischen Girokonten und Festgelder.	B
Sichteinlagen sind jederzeit fällig.	C
Termingelder sind nicht für den Zahlungsverkehr bestimmt.	D

Herr und Frau Bachmeier möchten das Taschengeld ihrer vierzehnjährigen Tochter Katharina mit den Zinsen einer Festgeldanlage finanzieren. Die Bank bietet zurzeit eine Verzinsung von 4,5% an. Der Tochter sollen durch die jährliche Zinszahlung je Monat 75,00 € zur Verfügung stehen. 93

Welchen Betrag müssen die Eltern von Katharina anlegen?

Berechne die jeweiligen Sparzinsen. 94

	Sparbetrag	**Zinssatz**	**Laufzeit**
1.	15.000,00 €	4,65%	180 Tage
2.	1.350,00 €	2,1%	72 Tage
3.	785,00 €	2,1%	02. 07.–28. 07. 20..

ALLES KLAR?!?!?

Zinseszins: Zinsen, die auf nicht ausgezahlte Zinsen berechnet werden. Sie werden dem Kapital hinzugefügt und dann mit diesem verzinst.

2.2.2.4 Wertpapiere

Die Bayerische Börse in München

Börsensaal

„Für viele Geldanleger ist die Börse ein Buch mit sieben Siegeln."
Nimm Stellung zu dieser Aussage!

Kreditinstitute bieten im Rahmen des Wertpapiergeschäfts (Effektengeschäft) zahlreiche Anlagemöglichkeiten.

Wertpapiere sind Urkunden, in denen ein Vermögensrecht verbrieft ist, z. B. eine Banknote oder ein Scheck.

Effekten sind Wertpapiere, die als Kapitalanlage dienen und an der Börse gehandelt werden, z. B. Aktien oder Anleihen.

Stefanie Bauer ist sich bewusst, dass sie bei einer Anlage in Wertpapiere (Effekten) nicht auf eine rasche Verfügbarkeit des eingesetzten Geldes angewiesen sein darf. Sie können zwar jederzeit an der Börse gekauft und wieder verkauft werden, der Anleger trägt aber insbesondere bei Aktien ein Kursrisiko: die Papiere können an Wert verlieren, aber auch gewinnen.

Die **Börse** ist der Markt für Wertpapiere, auf dem vereidigte Makler während der Börsenversammlung die Kurse feststellen, die sich aus den bei ihnen vorliegenden Kauf- und Verkaufsaufträgen ergeben.

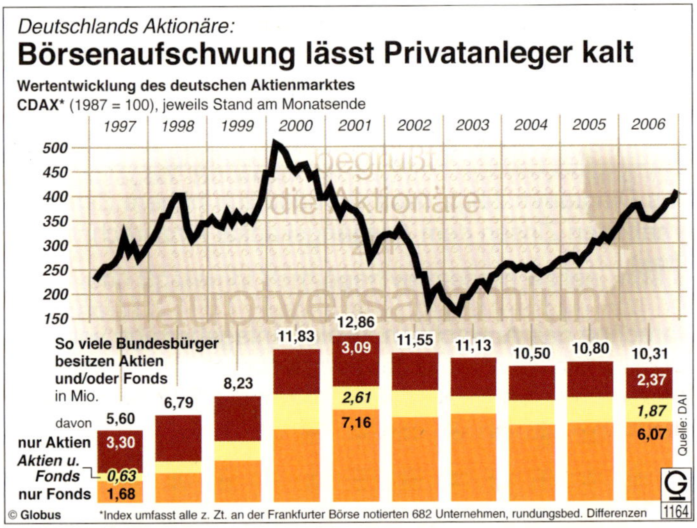

In der Bundesrepublik Deutschland bestehen 8 Wertpapierbörsen, und zwar in Berlin, Bremen, Düsseldorf, Frankfurt/Main, Hamburg, Hannover, München und Stuttgart. An diesen Börsen kommen Kaufleute regelmäßig zusammen, um Wertpapiere zu handeln **(= Präsenzbörsen)**. Am Börsenhandel dürfen sich allerdings nur die Vertreter und Bevollmächtigten von zum Börsenverkehr zugelassenen Firmen und die Börsenmakler beteiligen. Ferner werden Wertpapiere im elektronischen Handelssystem Xetra (Exchange Electronic Trading / seit 1997) der Deutschen Börse AG gehandelt **(= Computerbörse)**.

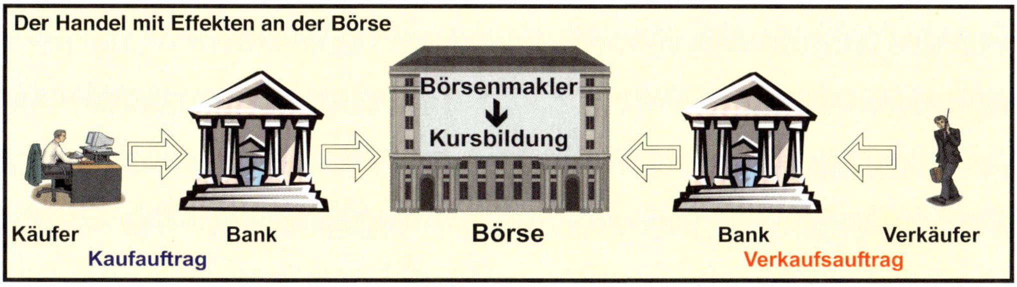

Es werden zwei Arten von Effekten unterschieden: Festverzinsliche Wertpapiere und Aktien.

Festverzinsliche Wertpapiere sind Schuldurkunden. Sie werden als Gläubigerpapiere, Schuldverschreibungen oder Rentenpapiere bezeichnet. Der Inhaber hat Anspruch auf Rückzahlung und Verzinsung der angelegten Summe.

Die festverzinslichen Wertpapiere garantieren einen gleichbleibenden Zinssatz, der vom Nennwert berechnet wird.

Im Umlauf gebracht (= emittiert) werden diese Effekten von

- Bund, Länder, Gemeinden **(Anleihen)**
- Hypothekenbanken, Bodenkreditanstalten **(Pfandbriefe)**
- Industrieunternehmen, Banken **(Obligationen)**

Ergänze den folgenden Lückentext mit den entsprechenden Begriffen.

99

Unter Effekten versteht man Wertpapiere, die an der **???** gehandelt werden. Die Wertpapiere werden in Deutschland an acht **???** und an der Computerbörse **???** gehandelt. Zu den Effekten zählen die festverzinslichen Wertpapiere und die **???**.

100

1. Welche zwei Arten von Wertpapierbörsen gibt es in der Bundesrepublik Deutschland?
2. In der Wall Street in New York befindet sich die bedeutendste Börse der Welt, die New York Stock Exchange (NYSE). Welcher Börsenplatz in Deutschland spielt eine internationale Rolle?
3. In welcher Stadt findest du die Bayerische Börse?
4. Herr Kohl besitzt 20 Aktien eines Maschinenbauunternehmens und will diese verkaufen. Erläutere mithilfe eines Schaubildes den Vorgang des Aktienverkaufes.

ALLES KLAR?!?!?

- Effekten sind Wertpapiere, die an der Börse gehandelt werden. Es werden zwei Arten von Effekten unterschieden: Festverzinsliche Wertpapiere und Aktien.
- Die Börse ist der Markt für Wertpapiere.
- In der Bundesrepublik Deutschland gibt es acht Präsenzbörsen und die Computerbörse Xetra. Festverzinsliche Wertpapiere (Anleihen, Pfandbriefe, Obligationen) sind Schuldurkunden. Sie werden auch als Gläubigerpapiere, Schuldverschreibungen oder Rentenpapiere bezeichnet.

Aktien

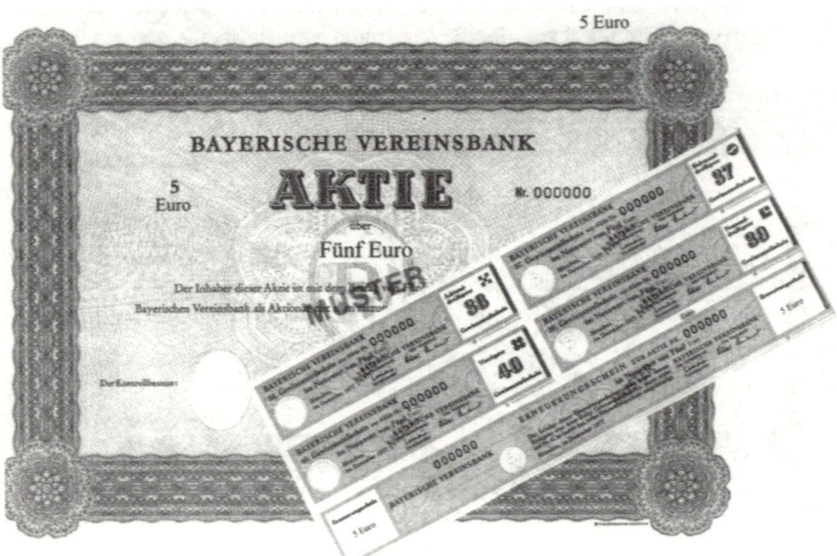

Aktien werden von Unternehmen ausgegeben, deren Rechtsform die Aktiengesellschaft ist. Die Aktiengesellschaft hat ein in Aktien zerlegtes Grundkapital (mindestens 50.000,00 €).

Der Aktionär ist Teilhaber (Miteigentümer) des Unternehmens. Aktien werden deshalb auch als Teilhaberpapiere oder Anteilspapiere bezeichnet. Die Aktie besteht aus dem Mantel (Urkunde), der die Teilhaberrechte verbrieft und dem Bogen, der bei Aktien aus Dividendenscheinen (Gewinnanteilsscheine) und einem Erneuerungsschein (Talon) besteht.

Aktionäre haben Anrecht auf einen Gewinnanteil (Dividende), der jährlich „ausgeschüttet" wird, falls es das Geschäftsergebnis der Aktiengesellschaft zulässt.

Aufgrund möglicher Kursgewinne können Aktien einen vergleichsweise hohen Ertrag bringen. Die Dividendenerwartung spielt deshalb bei den meisten Käufern eine untergeordnete Rolle. Allerdings eignen sich Aktien aufgrund des hohen Kursrisikos nur bedingt für eine sichere Geldanlage. Aktien werden wegen der möglichen Kursschwankungen auch als Spekulationspapiere bezeichnet.

Aktienindizes zeigen die Kursentwicklung

Um die Entwicklung der Börse zu beschreiben und gleichzeitig auch einen Maßstab für die Entwicklung eines Aktiendepots zu erhalten, werden Aktienkursindizes veröffentlicht. Diese vermitteln in Form von Grafiken (Charts) oder Tabellen ein Bild über die Börsenentwicklung.

Wichtige deutsche Indices:

- **DAX (Deutscher Aktienindex):** Der DAX enthält als gewichteter Index 30 Aktien führender deutscher Unternehmen, die an deutschen Börsen amtlich gehandelt werden.
- **Tec-Dax:** Index von 30 ausgewählten Technologie-Unternehmen.

Investmentzertifikate verbriefen ein Miteigentum an einem Fondsvermögen (Aktien verschiedener Unternehmen) einer Kapitalanlagegesellschaft (Investmentgesellschaft). Das Fondsvermögen kann aus Aktien anderer Unternehmen, festverzinslichen Wertpapieren und Beteiligungen an anderen Renditeobjekten bestehen. Der Inhaber eines Investmentzertifikats hat Anspruch auf eine Beteiligung am Ertrag.
Der Wunsch vieler Sparer, die Möglichkeiten des Kursgewinns in Aktien mit der relativen Sicherheit der Geldanlage in breiter Streuung zu verbinden, hat zur Bildung der Investmentfonds geführt. Durch eine entsprechende Streuung der im Fonds zusammengefassten Aktien (z. B. nach Branchen oder Regionen) verringert sich das Risiko für den Anleger, andererseits kann er in der Regel auch nicht mit überdurchschnittlich hohen Gewinnen rechnen. Die Zusammensetzung des Fondsvermögens wird von den Fondsverwaltungen laufend den Marktgegebenheiten angepasst. Die Investmentgesellschaft, die diese Fonds verwaltet, gibt laufend Anteile aus und ist zur jederzeitigen Rücknahme verpflichtet, dadurch sind Fonds eine sehr liquide Anlageform.

Kriterien für den Kauf von Aktien

Stefanie Bauer hat Interesse an einer Geldanlage in Aktien der Albatros AG. Stefanie hat sich deshalb Informationsmaterial von ihrer Bank besorgt.

GELDANLAGE aktuell **GEWERBEBANK**
Abt. Anlagegeschäft

Nr. 12 Rosenheim, 12. Februar 20..

ALBATROS AG

Die Aktie der Albatros AG stellt eine attraktive Anlagemöglichkeit dar.
Die Albatros AG erreichte im ersten Halbjahr 20.. ein Rekordergebnis. Das Ergebnis hat sich mit 397 Mio. EUR mehr als verdreifacht. Ein positiver Effekt war das Passagieraufkommen – die Zahl der beförderten Fluggäste stieg um 5,7% auf 30,8 Millionen. Allerdings fielen im Inland im Passagierverkehr Verluste an.
Seit Jahresbeginn stieg der Kurs der Aktie an der Börse bereits um 67%.
Das gute Ergebnis lässt eine Fortsetzung des positiven Geschäftsverlaufs erwarten. Dazu tragen auch das Kostensenkungsprogramm und die Zusammenarbeit mit anderen Fluggesellschaften bei. Ein Risikofaktor bleibt allerdings der zunehmende Wettbewerbsdruck in Europa.
Fazit: Die Geschäftsaussichten für die Albatros AG beurteilen wir sehr positiv.

Welche Gesichtspunkte sprechen für bzw. gegen den Kauf von Aktien der Albatros AG?

i

Der Kauf von Aktien sollte nicht nach dem Zufallsprinzip ablaufen. Der Interessent muss einige Rahmendaten berücksichtigen. Fachleute sprechen auch von der Fundamentalanalyse. Hier geht man davon aus, dass die Unternehmensdaten, vor allem die zu erwartenden Gewinne der Aktiengesellschaft, letztlich die Kursentwicklung der Aktie beeinflussen.

- Kriterien, die **für den Kauf** von Aktien sprechen (Bsp. Albatros AG):
  - Rekordergebnis
  - steiler Kursanstieg
  - Zusammenarbeit
  - steigender Umsatz
  - Kostensenkung
- Kriterien, die **gegen den Kauf** von Aktien sprechen (Bsp. Albatros AG):
  - Inlandsverluste
  - zunehmender Wettbewerbsdruck

Neben der Fundamentalanalyse gibt es die Chartanalyse. Hier beschäftigt man sich mit dem Kurs- und Umsatzverlauf bestimmter Indizes (z. B. DAX oder Tec-Dax) bzw. ausgewählter Aktien.

Außer den Methoden der Aktienanalyse sind vom Anleger auch psychologische und politische Einflüsse zu beachten (z. B. Regierungswechsel, politische Krisen), sodass bei der Geldanlage in Aktien stets Unwägbarkeiten gegeben sind.

Informationsquellen, die dem Anleger zur Verfügung stehen:

- Beratung bei Kreditinstituten
- Fachzeitschriften
- Internet
- Wirtschaftsteil einer Tageszeitung
- Wirtschaftsmagazine im Fernsehen

101

1. Ein Anleger soll die Anlagekriterien Rentabilität, Liquidität und Sicherheit beachten. Wie ist es bei der Anlageform „Aktie“ um diese Kriterien bestellt?
2. Nenne Gründe die für und gegen die Geldanlage in Aktien sprechen.
3. Erkläre den Begriff Investmentzertifikat.

102

Welche der nachfolgenden Aussagen zu Aktien treffen zu (= richtig), welche nicht (= falsch)?

1. Aktien werden als Schuldverschreibungen bezeichnet.
2. Bei Aktien handelt es sich um eine risikolose Geldanlage.
3. Aktien werden von Aktiengesellschaften ausgegeben.
4. Aktionäre erhalten jährlich eine gleichbleibende Dividende.
5. Die Dividende wird auch als Zins bezeichnet.
6. Die Aktie besteht aus dem Mantel und dem Bogen.
7. Der Talon ist Bestandteil des Bogens.
8. Aktien werden auch als Spekulationspapiere bezeichnet.

103

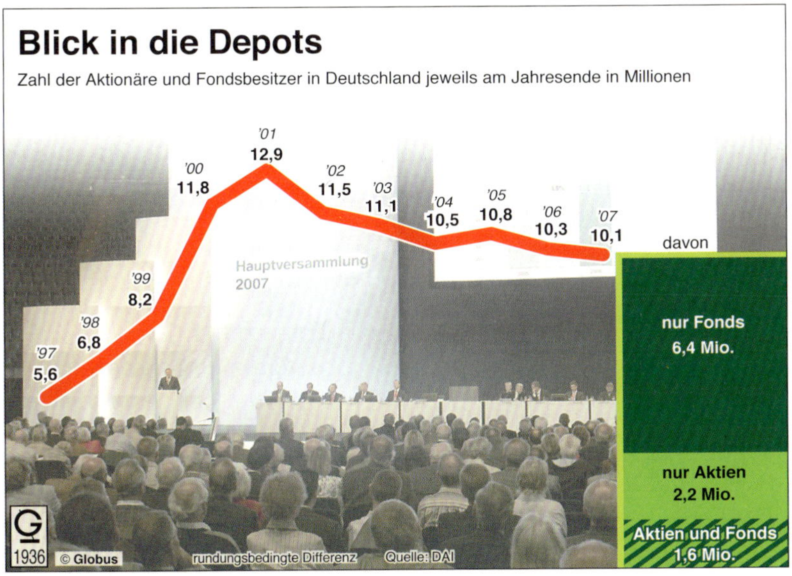

1. Ermittle den Anstieg der Aktionäre von 1997 bis 2001 in Prozent.
2. Finde mögliche Gründe für den zahlenmäßigen Rückgang bei den Aktionären und Fondbesitzern in den Jahren 2005–2007.
3. Versuche zu erklären, warum die Aktienfonds bei Geldanlegern immer beliebter werden.

104

Die Möbelschreinerei Holzinger hat Mittel frei, die der Inhaber vorübergehend in Aktien der Bayerischen Papierwerke AG anlegen will.

1. Nenne mindestens drei Informationsquellen, die Herr Holzinger als Grundlage für eine Kaufentscheidung heranziehen kann.
2. Wie heißen die zwei wirtschaftlichen Methoden der Aktienanalyse?
3. Welche Unternehmensdaten der Aktiengesellschaft sind vor einer Kaufentscheidung zu berücksichtigen?
4. Trotz guter Wirtschaftsdaten einer Aktiengesellschaft kann es zu einem Kursverfall kommen. Nenne mögliche Gründe.

105

Banken vermitteln ihren Kunden auch Wertpapiere (Effekten), z. B. festverzinsliche Wertpapiere, Aktien und Investmentzertifikate.

1. Erläutere die Aussage: Im Wertpapiersparen liegt ein Reiz, aber auch ein Risiko.
2. Wodurch unterscheiden sich festverzinsliche Wertpapiere und Aktien beim Ertrag?
3. Experten raten Kleinsparern in das Aktiensparen mit dem Kauf von Investmentzertifikaten einzusteigen. Beurteile diese Empfehlung!

ALLES KLAR?!?!?

- Die Aktie zählt zu den Teilhaberpapieren (Anteilspapieren). Der Aktionär ist Miteigentümer an einer Aktiengesellschaft.
- Die Aktie besteht aus dem Mantel (Urkunde) und dem Bogen (Dividendenscheine).
- Der Ertrag der Aktie heißt Dividende (= Gewinnanteil). Die Höhe der Dividende ist abhängig von der Gewinnsituation der Aktiengesellschaft.
- Aktien (Spekulationspapiere) eignen sich wegen des hohen Kursrisikos als sichere Geldanlage nur bedingt.
- Der Inhaber von Investmentzertifikaten ist an einem Fondsvermögen einer Kapitalanlagegesellschaft beteiligt.
- Wichtige Unternehmensdaten (Gewinnanstieg, Kostensenkung, ...) sind Kriterien, die beim Kauf von Aktien berücksichtigt werden sollten (Fundamentalanalyse).
- Psychologische und politische Einflüsse spielen für den Kursverlauf ebenfalls eine Rolle.

2.2.3 Geldanlagen dargestellt als Diagramme

Stefanie Bauer hat die augenblicklich nicht benötigten Geldmittel des Unternehmens Holzbau Rosenheim wie folgt angelegt:

Sichteinlagen **5.000,00 €**	**Tagesgeldkonten** **15.000,00 €**	**Termineinlagen** **40.000,00 €**
Festverzinsliche Wertpapiere **20.000,00 €**	**Aktien** **15.000,00 €**	**Fonds** **15.000,00 €**

Stefanie Bauer möchte die Aufteilung noch anschaulicher darstellen.

Stefanie Bauer kann dies mithilfe von Diagrammen (Geschäftsgrafiken) erreichen. In einem Diagramm werden Daten (Zahlen) einer Tabelle grafisch dargestellt. Diagramme können dazu beitragen, dass komplexe Daten übersichtlich dargestellt werden, um diese dem Betrachter verständlicher zu machen. Eine Grafik ist oft auf einen Blick zu interpretieren. Die Tabellenkalkulation bietet verschiedene Möglichkeiten, Zahlen in Form von Geschäftsgrafiken (Diagrammen) darzustellen. Nachfolgend je ein Beispiel für ein Säulen-, Kreis- und Liniendiagramm.

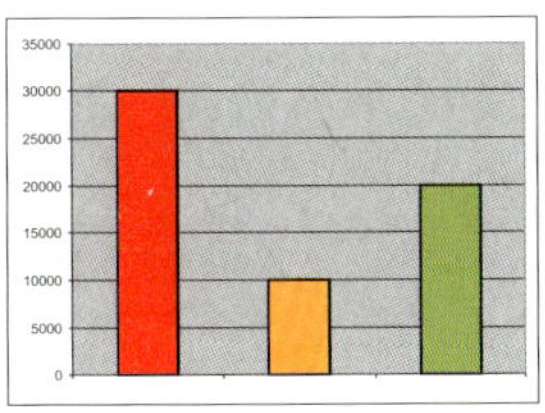

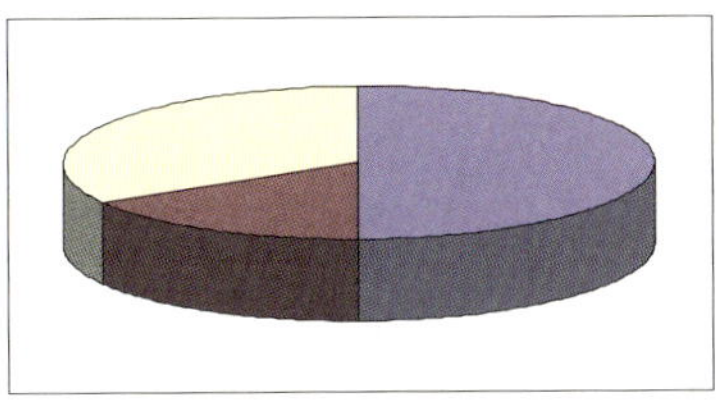

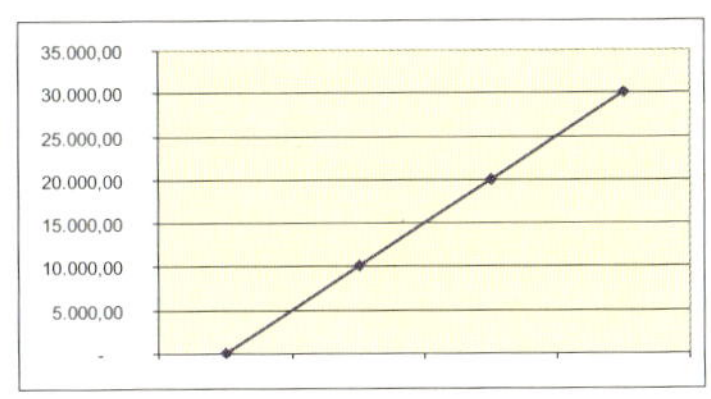

Die Tabellenkalkulationsprogramme ermöglichen eine Vielzahl von Darstellungsformen. Der Programmanwender muss sich je nach Zielsetzung und Art des darzustellenden Datenmaterials für einen sinnvollen Diagrammtyp entscheiden. Stefanie Bauer möchte ihre Geldanlage mit einem Säulendiagramm (3D-Säulen) darstellen. Nach dem Öffnen des Tabellenkalkulationsprogramms und der Dateneingabe leistet der Diagramm-Assistent wertvolle Hilfe.

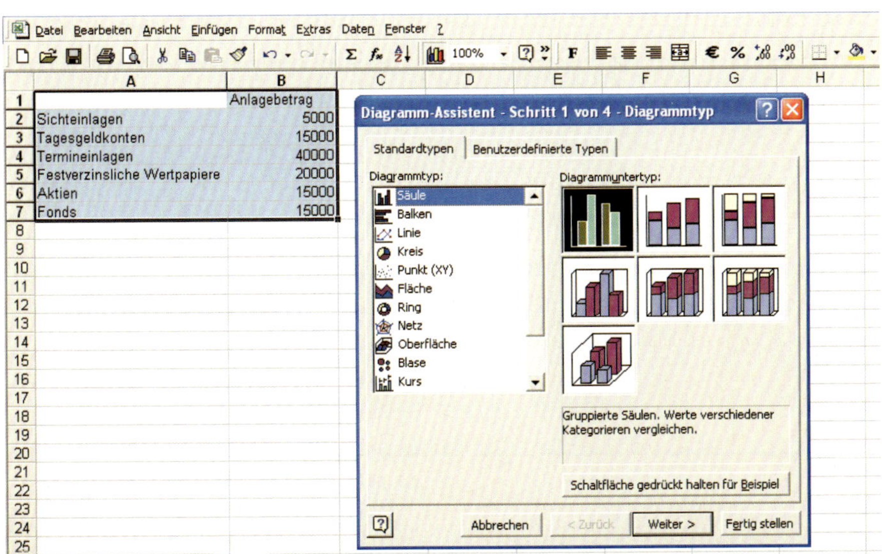

Erstellung von Geschäftsgrafiken – Lösungsschritte

- Tabelle erstellen, Daten eingeben, Tabelle markieren
- Diagramm-Assistent (Symbolleiste) anklicken
- Diagrammtyp auswählen („3D-Säulen")
- Datenbereich „Spalte"
- Diagrammtitel eingeben („Geldanlage der Fa. Holzbau Rosenheim")
  Legende („Legende nicht anzeigen")
  Datenbeschriftungen („Keine")
  Datentabelle („Datentabelle anzeigen")
- Diagrammplatzierung („Als neues Blatt")
- Texte und Zahlen nach Wunsch formatieren; evtl. Grafiken einfügen

Beachte: Die Lösungsschritte sind abhängig vom verwendeten Tabellenkalkulationsprogramm und vom Diagrammtyp.

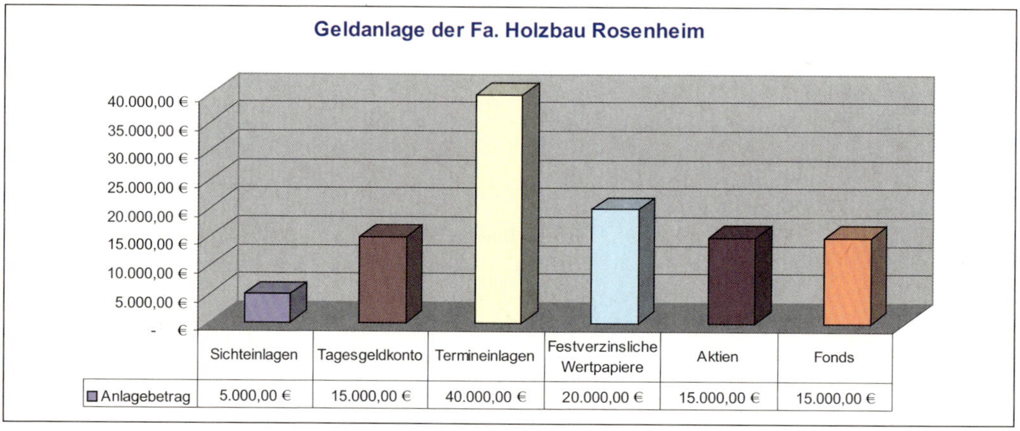

106 Die Erfahrung zeigt, dass die Aktie auf längere Sicht anderen Anlageformen überlegen ist. Stelle die Entwicklung des Deutschen Aktien-Index (DAX) mithilfe eines Diagramms anschaulich dar.

Entwicklung des Deutschen Aktien Index (DAX)*:			
Jahr	**DAX**	**Jahr**	**DAX**
1987	1000	1997	4250
1988	1328	1998	5002
1989	1790	1999	6958
1990	1398	2000	6434
1991	1578	2001	5160
1992	1545	2002	2893
1993	2267	2003	3965
1994	2107	2004	4256
1995	2254	2005	5408
1996	2889	2006	6597
		2007	8067

*Stand: Jahresende/Quelle: Bundesverband deutscher Banken

ALLES KLAR?!?!?

- Tabellenkalkulationsprogramme bieten die Möglichkeit betriebliche Daten mithilfe von Diagrammen (Geschäftsgrafiken) übersichtlich darzustellen.
- Der Programmanwender hat die Wahl zwischen verschiedenen Diagrammtypen. Je nach Zielsetzung und Art des darzustellenden Datenmaterials sollte ein sinnvoller Diagrammtyp ausgewählt werden.

2.2.4 Berechnungen im Aktienverkehr

2.2.4.1 Kurswert

Für Aktien können verschiedene Werte angegeben werden. Sie dürfen allerdings nicht verwechselt werden.

Nennwert: Der auf dem Mantel aufgedruckte Betrag heißt Nennwert. Er „nennt" bei Aktien die Höhe des Betrages, mit dem der Inhaber am Grundkapital einer Aktiengesellschaft beteiligt ist. Dieser lautet auf einen Betrag von 1 Euro oder auf ein Vielfaches davon. Die Summe der Nennwerte sämtlicher Aktien, die eine Gesellschaft ausgegeben hat, ergibt das Grundkapital. Der Nennwert sagt allerdings über den tatsächlichen Wert der Aktien kaum etwas aus. Für die Berechnung des Aktienswertes (Kurswert) spielt er keine Rolle.

Seit 1. April 1998 gibt es auch die **nennwertlose Stückaktie.** Diese repräsentiert einen bestimmten Anteil des Grundkapitals einer Aktiengesellschaft.

Kurs: Bei Aktien gibt der **Stückkurs** den Preis an, zu dem eine Aktie zu einem bestimmten Zeitpunkt an der Börse gehandelt wird.

Kurswert: Der Kurswert ist der Marktwert (tatsächlicher Wert) für eine bestimmte Anzahl von Wertpapieren, also der Preis (Stückzahl · Kurs) für die gekauften Aktien.

Berechnung des Kurswertes bei Aktien

- **Beispiel**

Stefanie Bauer will 200 Stück Aktien der Schwabinger Bank AG kaufen. Der Stückkurs beträgt 28,50 €. Wie hoch ist der Kurswert?

Lösung:

Kurswert: 28,50 € · 200 Stück = 5.700,00 €

Arbeitsauftrag:

Notiere eine Woche lang die Kurse von fünf verschiedenen Aktien (unterschiedliche Branchen). Die täglichen Kurse kannst du aus dem Wirtschaftsteil einer Tageszeitung oder aus dem Internet bzw. verschiedenen Fernsehsendungen entnehmen. Veranschauliche die Kursentwicklung der Aktien mithilfe von Liniendiagrammen und vergleiche die Wertentwicklung der einzelnen Wertpapiere. Was fällt dir dabei auf?

107 Berechne die Kurswerte:

	Bezeichnung	Nennwert		Stückkurs	
1.	15 Stück Motorenbau AG	NW	5,00 €	Kurs	350,00 €
2.	29 Stück Stahlwerke AG	NW	5,00 €	Kurs	49,00 €
3.	124 Stück Wirtschaftsbank AG	NW	– – – €	Kurs	59,00 €
4.	12 Stück Zellstoff AG	NW	10,00 €	Kurs	392,00 €
5.	75 Stück Handelsbank AG	NW	5,00 €	Kurs	78,50 €

108 Berechne den Stückkurs für folgende Aktien

	Stückzahl	**Aktienbezeichnung**	**Kurswert**
1.	35	Stickstoffwerke AG	1.540,00 €
2.	58	Kühlmaschinen AG	7.076,00 €
3.	42	Energie AG	1.478,40 €
4.	25	Industrieroboter AG	2.187,50 €
5.	37	Medien AG	1.998,00 €

ALLES KLAR?!?!?

Kurswert bei Aktien = Stückkurs · Stückzahl

- **Beispiel**

Stefanie Bauer hat 5.000,00 € zur Verfügung. Sie will das Geld in Telekommunikationsaktien anlegen, weil sie sich neben der Dividende auch einen Kursgewinn verspricht. Im Internet hat sie gelesen, dass die Aktien derzeit zu einem Stückkurs von 132,20 € gehandelt werden. Sie erteilt ihrer Bank den Auftrag, die Aktien „billigst", d. h. zum Tageskurs, zu kaufen. Stefanie rechnet aus, dass bei einem Kurswert von 4.891,40 € noch 108,60 € übrig bleiben. Die Bank führt den Auftrag am 3. Februar an der Börse aus. Stefanie Bauer erhält folgende Abrechnung:

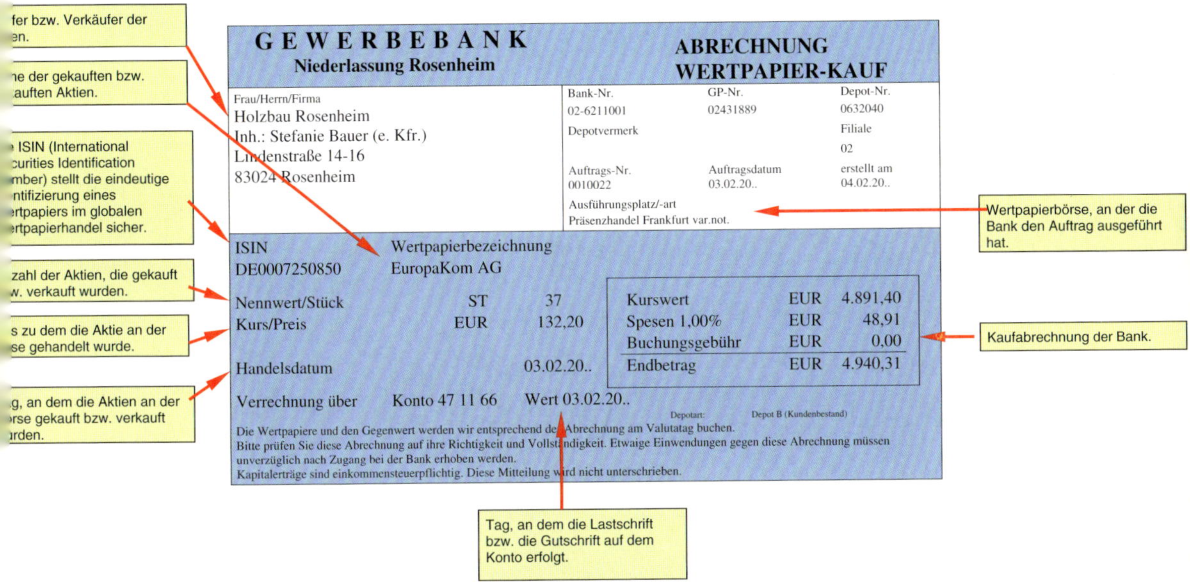

- Mit welchem Betrag belastet die Gewerbebank das Konto für den Kauf der Aktien?
- Begründe das Vorgehen der Bank!

Eine Bankangestellte erklärt der enttäuschten Stefanie, dass beim Kauf sowohl bei der Bank als auch an der Börse Spesen bzw. Gebühren angefallen sind, die sie für die Dienstleistung bezahlen muss. Die Abrechnung zeigt, dass die Bank ihrer Kundin einen Pauschalspesensatz von 1% des Kurswertes in Rechnung stellt. **Dieser Spesensatz enthält die Bankprovision und die Maklergebühr.**

Spesen

Bei der Ausführung von Kundenaufträgen im Effektengeschäft entstehen Kosten, die vom Bankkunden zu zahlen sind. Der an der Börse tätige Makler erhält für seine Vermittlung eine Gebühr, Courtage genannt. Die Bank erhebt Provision, Bearbeitungsgebühren und eventuell Auslagen. Bei geringen Umsätzen verlangen die Banken häufig Mindestgebühren.

Bei der Provisionsberechnung gibt es in der Praxis teilweise unterschiedliche Prozentsätze. Im Unterricht wird, soweit nicht anders angegeben, aus Vereinfachungsgründen mit einem **Pauschalspesensatz von 1%** gearbeitet.

2.2.4.3 Verkauf von Aktien

• **Beispiel**

Nach 9 Monaten wird das in Aktien angelegte Geld im Unternehmen wieder benötigt. Der Kursverlauf der EuropaKom AG-Aktien hat sich erfreulich gut entwickelt. Stefanie gibt deshalb ihrer Bank den Auftrag, alle 37 Aktien „bestens", d. h. zum Tageskurs, zu verkaufen. Der Kurs ist mittlerweile auf 156,00 € gestiegen.

Die Bank führt den Verkaufsauftrag am 03. 11. aus:

GEWERBEBANK
Niederlassung Rosenheim

ABRECHNUNG
WERTPAPIER-VERKAUF

Frau/Herrn/Firma
Holzbau Rosenheim
Inh.: Stefanie Bauer (e. Kfr.)
Lindenstraße 14-16
83024 Rosenheim

Bank-Nr.	GP-Nr.	Depot-Nr.
02-6211001	02431889	0632040
Depotvermerk		Filiale
		02
Auftrags-Nr.	Auftragsdatum	erstellt am
0012340	03.11.20..	04.11.20..

Ausführungsplatz/-art
Präsenzhandel Frankfurt var.not.

ISIN	Wertpapierbezeichnung
DE0007250850	EuropaKom AG

Nennwert/Stück	ST	37
Kurs/Preis	EUR	156,00
Handelsdatum		03.11.20..

Kurswert	EUR	5.772,40
Spesen 1,00%	EUR	57,72
Buchungsgebühr	EUR	0,00
Endbetrag	EUR	5.714,68

Verrechnung über Konto 47 11 66 Wert 03.11.20..

Depotart: Depot B (Kundenbestand)

Die Wertpapiere und den Gegenwert werden wir entsprechend der Abrechnung am Valutatag buchen.
Bitte prüfen Sie diese Abrechnung auf ihre Richtigkeit und Vollständigkeit. Etwaige Einwendungen gegen diese Abrechnung müssen unverzüglich nach Zugang bei der Bank erhoben werden.
Kapitalerträge sind einkommensteuerpflichtig. Diese Mitteilung wird nicht unterschrieben.

• Überprüfe die Richtigkeit der Bankabrechnung.

• Wann erfolgt die Gutschrift auf dem Konto von Holzbau Rosenheim?

Auch beim Verkauf fallen bei der Bank bzw. an der Börse Spesen bzw. Gebühren an. Diese muss der Verkäufer der Aktien bezahlen. Sie werden vom Kurswert abgezogen. Der bei einem Verkauf erzielte Kurswert schmälert sich deshalb um den Pauschalspesensatz.

Wichtige Vermerke beim Kauf bzw. Verkauf von Aktien:

• „billigst": Kauf zu jedem Kurs
• „bestens": Verkauf zu jedem Kurs
• „Limit … €": (lat. limes = Grenze). Begrenzung des Kurses zu dem eine Bank im Auftrag ihrer Kunden Wertpapiere kaufen bzw. verkaufen soll. Eine Limitierung ist besonders bei Wertpapieren mit stark schwankenden Kursen empfehlenswert.

2.2.4.4 Wertpapierabrechnung (Tabellenkalkulation)

Stefanie Bauer hat ein Rechenblatt zur Kontrolle der Wertpapierabrechnung erstellt. Das von Stefanie entworfene Rechenblatt in der Normalansicht:

	A	B	C	D	E	F
1	**Wertpapierabrechnung**					
2						
3	**EINGABEDATEN**					
4		**Kauf**			**Verkauf**	
5	*Wertpapierbezeichnung*	**Mobitel AG**			**RegioBahnAG**	
6	*Kurs*	27,50 €			32,00 €	
7	*Stückzahl*	50			60	
8	*Spesen*	1%			1%	
9	*Gebühren*	5,00 €			0,00 €	
10						
11	**ABRECHNUNG**					
12	Kurswert	**1.375,00 €**		Kurswert	**1.920,00 €**	
13	+ Spesen	**13,75 €**		– Spesen	**19,20 €**	
14	+ Gebühren	**5,00 €**		– Gebühren	**0,00 €**	
15	**Banklastschrift**	**1.393,75 €**		**Bankgutschrift**	**1.900,80 €**	
16						

- Warum bietet sich zur Kontrolle der Wertpapierabrechnung eine Tabellenkalkulation an?
- In welche Zellen des Rechenblattes werden die veränderbaren Zahlenwerte eingegeben?

In der Formelansicht ergibt sich folgendes Rechenblatt:

	A	B	C	D	E	F
1	**Wertpapierabrechnung**					
2						
3	**EINGABEDATEN**					
4		**Kauf**			**Verkauf**	
5	*Wertpapierbezeichnung*	**Mobitel AG**			**RegioBahnAG**	
6	*Kurs*	27,50 €			32,00 €	
7	*Stückzahl*	50			60	
8	*Spesen*	1%			1%	
9	*Gebühren*	5,00 €			0,00 €	
10						
11	**ABRECHNUNG**					
12	Kurswert	**= B6*B7**		Kurswert	**= E6*E7**	
13	+ Spesen	**= B12*B8**		– Spesen	**= E12*E8**	
14	+ Gebühren	**= B9**		– Gebühren	**= E9**	
15	**Banklastschrift**	**= Summe (B12 : B14)**		**Bankgutschrift**	**= E12 – E13 – E 14**	
16						

Beim Kauf und Verkauf von Aktien muss immer wieder die gleiche Art von Berechnungen durchgeführt werden. Es bietet sich deshalb an, am Computer ein Rechenblatt zur Ermittlung der Banklastschrift bzw. Bankgutschrift oder zur Kontrolle der Bankabrechnung zu erstellen. Für die einzelnen Abrechnungen müssen im Rechenblatt lediglich die Eingabedaten verändert werden.

109 Erstelle die Bankabrechnung für folgende Aktienkäufe (Spesen 1%):

	Stückzahl	Bezeichnung	Kurs	
1.	84	Papierwerk AG	26,60 €	
2.	15	Chemie AG	362,00 €	
3.	225	Automobilbau AG	18,90 €	
4.	35	Textilwerke AG	23,40 €	(Buchungsgebühr 3,00 €)
5.	125	Versicherungs-AG	1.998,00 €	

110 Die Inhaberin eines Textilunternehmens will momentan nicht benötigte Mittel in Aktien anlegen. Sie erwirbt 200 Chemieaktien zum Kurs von 145,00 €. Ermittle die Banklastschrift mithilfe eines Rechenblattes (Spesen 1% vom Kurswert).

111 Frau Wachter will 15.000,00 € in Aktien des Kaufhauses Pfundig AG anlegen, deren aktueller Kurs 160,50 € beträgt. Auf welche Stückzahl darf der Kaufauftrag höchstens lauten, wenn der Auftrag zum Limit von 163,00 € erteilt wird und die Bank 1% Spesen berechnet.

112 Erstelle die Bankabrechnung für folgende Aktienverkäufe (Spesen 1%):

	Stückzahl	Bezeichnung	Kurs	
1.	70	Stahlwerk AG	26,60 €	
2.	45	Raumfahrt AG	145,00 €	(Buchungsgebühr 5,00 €)
3.	175	Zement AG	207,30 €	
4.	35	Kaufhaus AG	12,30 €	
5.	65	Medien AG	1,40 €	

113 Herr Bedürftig benötigt zum Erwerb eines Einfamilienhauses dringend Geld, das er aus dem Verkauf von in seinem Depot befindlichen 150 Chemieaktien beschaffen möchte. Die Entwicklung der Aktien kann er nicht abwarten. Am 26. Februar 20.. erteilt er seiner Bank den Verkaufsauftrag. Der Auftrag wird zum Stückkurs von 215,00 € (Spesen 1,06%) ausgeführt.

1. Mit welchem Vermerk wird er seinen Verkaufsauftrag versehen?

2. Erstelle die Verkaufsabrechnung.

Herr Kögel beobachtet seit längerem die Wirtschaftsdaten und die Kursentwicklung der Medisoftware AG. Er erwartet deutliche Kurssteigerungen dieser Aktie. Er kauft daher 80 Aktien zum Kurs von 8,50 €. Ein Monat später ist der Kurs der Aktie bereits auf 36,50 € gestiegen (Spesen 1%). 114

Welchen Verkaufsgewinn erzielt Herr Kögel, wenn er die Aktie zu diesem Kurs verkauft?

Die Eigentümerin eines Kaufhauses stellt fest, dass sich ihre Verbindlichkeiten erheblich erhöht haben. Sie beauftragt ihre Bank, die vor acht Monaten erworbenen 75 Bank-Aktien zu verkaufen. Die Bank führt den Auftrag aus. Stückkurs 78,40 €, Spesen 1,06% vom Kurswert, Buchungsgebühr 2,25 €. 115

Ermittle die Höhe der Bankgutschrift mithilfe eines Rechenblattes.

Bei der Innbank Passau wird die Wertpapierabrechnung mithilfe eines Tabellenblattes erstellt. Durch ein Missgeschick wurden allerdings zwei Zellen gelöscht. 116

Wie heißen die fehlenden Formeln in Zelle G13 und G15?

	A	B	C	D	E	F	G	H
1	**INNBANK**							
2	**Niederlassung Passau**				Abrechnung			
3					**WERTPAPIER-KAUF**			
4	Frau/Herrn/Firma				Bank-Nr.		GP-Nr.	Depot-Nr.
5	Josef Ilz				02-5210001		312839	43050
6	Donaulände 8				Depotvermerk			Filiale 02
7	94032 Passau				Auftrags-Nr.		Auftragsdatum	erstellt am
8					00001501		27. 02. 20..	28. 02. 20..
9							Ausführungsplatz/-art Präsenzhandel MUENCHEN	
10	Kenn-Nr.		Wertpapierbezeichnung					
11	85221		**Schifffahrt AG**					
12	Nennwert/Stück	St	150		**Kurswert**		**6.525,00 €**	
13	Kurs/Preis		43,50 €		**Spesen**		**???**	
14	Handelsdatum		28. 02. 20..					
15	Spesen in		1,06%		**Endbetrag**		**???**	
16								
17	Verrechnung über	Konto 75 32 80		Wert 28. 02. 2002				
18							Depotart: Depot B (Kundenbestand)	
19	**Die Wertpapiere und den Gegenwert werden wir entsprechend der Abrechnung am Valutatag buchen. Bitte prüfen Sie diese Abrechnung auf ihre Richtigkeit und Vollständigkeit. Etwaige Einwendungen gegen diese Abrechnung müssen unverzüglich nach Zugang bei der Bank erhoben werden. Kapitalerträge sind einkommenssteuerpflichtig. Diese Mitteilung wird nicht unterschrieben.**							

ALLES KLAR?!?!?

- Kaufabrechnung bei Aktien:

	Kurswert
+	Spesen
	Anschaffungskosten (= Banklastschrift)

- Verkaufsabrechnung bei Aktien:

	Kurswert
–	Spesen
	Verkaufserlös (= Bankgutschrift)

- Eventuell verrechnete Gebühren der Bank erhöhen beim Kauf die Anschaffungskosten und verringern beim Verkauf den Verkaufserlös.
- Mithilfe der Tabellenkalkulation können am Computer Rechenblätter zur schnellen und rechengenauen Ermittlung der Banklastschrift bzw. Bankgutschrift oder zur Kontrolle der Bankabrechnung erstellt werden.

2.2.5 Buchungen von Aktiengeschäften

2.2.5.1 Kauf von Aktien

- **Beispiel**

Fall: Stefanie Bauer beauftragt ihre Bank, 130 Aktien der Bayerischen Bank „billigst" zu kaufen. Der Auftrag wird zum Kurs von 140,00 € ausgeführt. Die Spesen betragen 1% vom Kurswert.

Der Kauf der Aktien muss in der Buchhaltung von Holzbau Rosenheim erfasst werden.

Die Spesen beim Kauf von Aktien werden nicht gesondert erfasst, sondern zusammen mit dem Kurswert auf dem Konto Wertpapiere des Umlaufvermögens aktiviert. Gemäß § 6 Abs. 1 Ziffer 2 Einkommensteuergesetz sind Wertpapiere mit den Anschaffungskosten zu aktivieren. Dazu gehören Kurswert und Spesen („Banklastschrift").

Aktien zur vorübergehenden Anlage zählen zum Umlaufvermögen.

- **Kaufabrechnung:**

	Kurswert (130 Aktien, Kurs 140,00 €)	18.200,00 €
+	Spesen 1% v. KW	182,00 €
	Banklastschrift	18.382,00 €

- **Benötigtes neues Konto:**

2700 Wertpapiere des Umlaufvermögens (WP) Aktivkonto Buchung im Soll

- **Buchungssatz:**

2700 Wertpapiere des Umlaufvermögens (WP) an 2800 Bank (BK)	**18.382,00**

- **Buchung auf T-Konten:**

S	2700 WP		H
2800	18.382,00		

S	2800 BK		H
		2700	18.382,00

Erstelle die Buchungssätze zu den Aktienkäufen der Aufgabe 109 auf Seite 100. **117**

118 Das Unternehmen Dientzenhofer Sportbälle (DSB) in Waldsassen will zurzeit nicht benötigtes Kapital anlegen. Aufgrund der günstigen Aktienkurse an der Börse entschließt sich die Unternehmensleitung zum Kauf von Aktien der Ökostrom AG.

1. Nenne drei Kriterien, die für den Kauf von Aktien sprechen.
2. Wie lautet der Buchungssatz für den folgenden Beleg?

BAYERNBANK
Niederlassung Waldsassen

ABRECHNUNG WERTPAPIER-KAUF

Frau/Herrn/Firma
Dientzenhofer Sportbälle
Inh.: Christian Dientzenhofer (e. Kfm.)
Waldweg 12–15
95652 Waldsassen

Bank-Nr.	GP-Nr.	Depot-Nr.
01-7003009	05001005	0050020
Depotvermerk		Filiale 18
Auftrags-Nr. 0005307	Auftragsdatum 20. 02. 20..	erstellt am 22. 02. 20..

Ausführungsplatz/-art
Präsenzhandel Frankfurt var.not.

ISIN	Wertpapierbezeichnung
DE0007840201	Ökostrom AG

Nennwert/Stück	ST	???
Kurs/Preis	EUR	18,50
Handelsdatum		21. 02. 20..

Kurswert	EUR	4.255,00
Spesen 1,00%	EUR	42,55
Buchungsgebühr	EUR	0,00
Endbetrag	EUR	4.297,55

Verrechnung über Konto 860 970 Wert 21. 02. 20..

Depotart: Depot B (Kundenbestand)

Die Wertpapiere und den Gegenwert werden wir entsprechend der Abrechnung am Valutatag buchen.
Bitte prüfen Sie diese Abrechnung auf ihre Richtigkeit und Vollständigkeit. Etwaige Einwendungen gegen diese Abrechnung müssen unverzüglich nach Zugang bei der Bank erhoben werden.
Kapitalerträge sind einkommensteuerpflichtig. Diese Mitteilung wird nicht unterschrieben.

3. Welchen Spesensatz hat die Bayernbank berechnet?
4. Wie viele Aktien hat das Unternehmen DSB gekauft?
5. Wann wird das Konto von DSB belastet?

- **Beispiel**

Stefanie Bauer erhält für die 130 Aktien der Bayerischen Bank eine Dividende von 0,80 € je Aktie. Die Bank schreibt den eingehenden Betrag gut.

Stefanie muss die Dividendengutschrift buchen.

Kontoauszug Kontonummer 47 11 66 Auszug 24 **GEWERBEBANK Rosenheim**
IBAN DE72711511000000471166
BIC: GBNKDEFF Datum 15.02.20.. Blatt 01

Vorgang/Buchungsinformation	Buchung	Wertstellung	Umsatz in EURO
_Gutschrift - Dividende für BAYERN BANK Aktien	14. 02.	14. 02.	104,00 +

GEWERBEBANK Rosenheim * D-93024 Rosenheim
Fa. Holzbau Rosenheim
Inh.: Stefanie Bauer (e. Kfr.)
Lindenstraße 14–16
83024 Rosenheim

Zahlungseingänge	EUR	104,00 +
Zahlungsausgänge	EUR	0,00 -
Alter Kontostand	EUR	12.726,00 +
Neuer Kontostand	EUR	12.830,00 +

Postanschrift: GEWERBEBANK Rosenheim 83024 Rosenheim
Direkt-Service: Tel.: 0180-703050 Telefon-Banking:Tel.: 0180-703060 Erreichbarkeit: 7x24 Stunden
Telefax: (08031) 82 20 10 X-Online: *GEWERBEBANK# Internet: http://www.gewerbebank.de
Bankleitzahl 711 511 00

Stefanie Bauer hat Grund sich zu freuen, denn die Bayerische Bank AG hat gut gewirtschaftet. Erwirtschaftet eine Aktiengesellschaft innerhalb eines Geschäftsjahres einen Gewinn, kann dieser an die Aktionäre ausgeschüttet werden. Die Höhe der Dividende wird vom Vorstand und Aufsichtsrat der AG vorgeschlagen und durch die Aktionäre in der Hauptversammlung beschlossen. Für jede Aktie erhält dann der Aktionär einen bestimmten Betrag, die Stückdividende.

- **Berechnung der Gesamtdividende:**

130 · 0,80 € = 104,00 €

- **Benötigtes neues Konto:**

5780 Dividendenerträge (DDE) **Ertragskonto** **Buchung im Haben**
(Erträge aus Wertpapieren des Umlaufvermögens)

- **Buchungssatz:**

2800 Bank (BK)	**an**	**5780 Dividendenerträge (DDE)**	**104,00**

- **Buchung auf T-Konten:**

S	2800 BK		H
5780	104,00		

S	5780 DDE		H
		2800	104,00

119 Berechne und buche die Dividendenerträge.

	Stückzahl	Bezeichnung	Stückdividende
1.	35	Holzwerke AG	0,60 €
2.	80	Chemie AG	2,25 €
3.	115	Bay. Molkerei AG	0,34 €
4.	65	Textilwerke AG	1,15 €

ALLES KLAR?!?!?

- Gesamtdividende = Stückzahl · Stückdividende
- Dividenden werden im Konto 5780 Dividendenerträge (DDE) im Haben gebucht.

2.2.5.3 Verkauf von Aktien

Die Kurse der Aktien ändern sich täglich. Bei einem Verkauf kann sich daher **gegenüber den Anschaffungskosten eine Differenz ergeben**. Liegt die Bankgutschrift über den Anschaffungskosten, ergibt sich ein **Kursgewinn**, liegt sie darunter, ein **Kursverlust**.

- **Beispiel: Verkauf über den Anschaffungskosten**

GEWERBEBANK
Niederlassung Rosenheim

ABRECHNUNG WERTPAPIER-VERKAUF

Frau/Herrn/Firma
Holzbau Rosenheim
Inh.: Stefanie Bauer (e. Kfr.)
Lindenstraße 14–16
83024 Rosenheim

Bank-Nr.	GP-Nr.	Depot-Nr.
02-6211001	02431889	0632040
Depotvermerk		Filiale
		02
Auftrags-Nr.	Auftragsdatum	erstellt am
0014107	08. 09. 20..	10. 09. 20..

Ausführungsplatz/-art
Präsenzhandel Frankfurt var.not.

ISIN	Wertpapierbezeichnung
DE0007851207	Bayern Bank AG

Nennwert/Stück	ST	130
Kurs/Preis	EUR	162,50
Handelsdatum		09. 09. 20..

Kurswert	EUR	21.125,00
Spesen 1%	EUR	211,25
Buchungsgebühr	EUR	0,00
Endbetrag	EUR	20.913,75

Verrechnung über Konto 47 11 66 Wert 09. 09. 20..

Depotart: Depot B (Kundenbestand)

Die Wertpapiere und den Gegenwert werden wir entsprechend der Abrechnung am Valutatag buchen.
Bitte prüfen Sie diese Abrechnung auf ihre Richtigkeit und Vollständigkeit. Etwaige Einwendungen gegen diese Abrechnung müssen unverzüglich nach Zugang bei der Bank erhoben werden.
Kapitalerträge sind einkommensteuerpflichtig. Diese Mitteilung wird nicht unterschrieben.

Überlege, wie dieser Beleg in der Buchführung erfasst werden könnte.

Geschäftsfall: Das Unternehmen Holzbau Rosenheim verkauft alle 130 Aktien der Bayern Bank AG zum Kurswert von 162,50 €. Die Verkaufsspesen betrugen 211,25 €, sodass sich eine Bankgutschrift von 20.913,75 € ergab. Die Anschaffungskosten betrugen 18.382,00 €. Stefanie Bauer muss den Verkauf der Aktien buchen.

- **Berechnung des Kursgewinns**

	Bankgutschrift	20.913,75 €
–	Anschaffungskosten	18.382,00 €
=	Kursgewinn	2.531,75 €

- **Benötigtes neues Konto:**

5784 Erträge aus dem Abgang von Wertpapieren des Umlaufvermögens (EAWP) | **Ertragskonto** | **Buchung im Haben**

- **Buchungssatz:**

2800 Bank (BK)	**20.913,75**	**an**	**2700**	**Wertpapiere des UV (WP)**	**18.382,00**
			5784	**Erträge aus dem Abgang von Wertpapieren des UV (EAWP)**	**2.531,75**

- **Buchung auf T-Konten:**

S	2800 BK		H
2700	20.913,75		
5784			

S	2700 WP		H
		2800	18.382,00

S	5784 EAWP		H
		2800	2.531,75

Fall 2: Verkauf unter den Anschaffungskosten

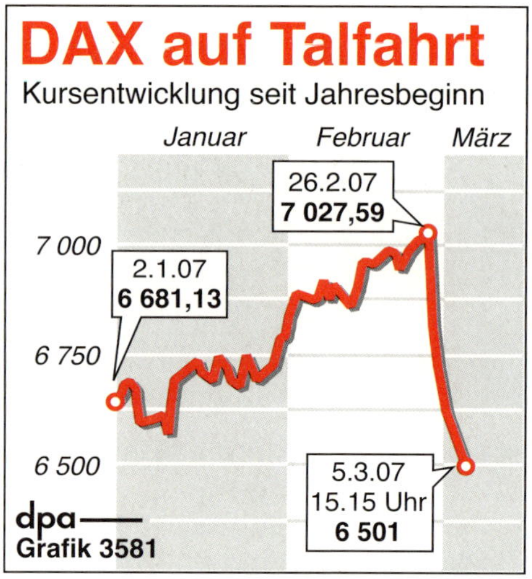

Beschreibe die Kursentwicklung vom 02. 01. 2007 bis 05. 03. 2007.
Nenne mögliche Gründe für die im Schaubild dargestellte Entwicklung.

- **Geschäftsfall:**

Das Unternehmen Holzbau Rosenheim benötigt dringend flüssige Mittel. Stefanie Bauer beauftragt daher ihre Bank, 175 Eurotech-Aktien „bestens" zu verkaufen. Die Spesen betragen 1% vom Kurswert. Der Auftrag wird zum Stückkurs von 180,00 € ausgeführt. Die Anschaffungskosten dieser Aktien betrugen 34.451,00 €.

- **Verkaufsabrechnung**

	Kurswert (175 Aktien, Kurs 180,00 €)	31.500,00 €
–	Spesen 1% v. KW	315,00 €
	Bankgutschrift	31.185,00 €

- **Berechnung des Kursverlustes**

	Bankgutschrift	31.185,00 €
–	Anschaffungskosten	34.451,00 €
=	Kursverlust	– 3.266,00 €

- **Benötigtes neues Konto:**

7460 Verluste aus dem Abgang von Wertpapieren des Umlaufvermögens (VAWP)	**Aufwandskonto**	**Buchung im Soll**

- **Buchungssatz:**

2800 Bank (BK)	**31.185,00**			
7460 Verluste aus dem Abgang von Wertpapieren des UV (VAWP)	**3.266,00**	**an**	**2700 Wertpapiere des UV (WP)**	**34.451,00**

- **Buchung auf T-Konten:**

S	2800 BK		H
2700	31.185,00		

S	2700 WP		H
		2800 7460	34.451,00

S	7460 VAWP		H
2700	3.266,00		

120

Am 16. März 20.. erwarb ein Anleger 60 Überlandwerke-Aktien. Die Bank belastete sein Konto mit 21.210,00 €.

Am 25. Oktober 20.. des gleichen Jahres verkaufte er die Aktien wieder. Die Bank schrieb ihm 21.681,00 € gut. Berechne den Kauf- und Verkaufskurs (Spesen jeweils 1% vom Kurswert).

121

- Erstelle die Kaufabrechnung (Spesen 1% vom Kurswert) und bilde den Buchungssatz.
- Bilde den Buchungssatz für die Dividendengutschrift.
- Erstelle die Verkaufsabrechnung (Spesen 1% vom Kurswert) und bilde den Buchungssatz.

	Stückzahl	Bezeichnung	Kaufkurs	Verkaufskurs	Stückdividende
1.	35	Mineralwasser AG	16,60 €	12,50 €	0,00 €
2.	80	Rhein Chemie AG	127,00 €	138,00 €	2,70 €
3.	30	Glaswerk Bayer AG	24,30 €	31,00 €	0,85 €
4.	165	Medien AG	8,40 €	4,70 €	0,20 €

122

Die Schreinerei Baum erhält folgende Bankabrechnung:

FRANKENBANK
Niederlassung Coburg

ABRECHNUNG
WERTPAPIER-KAUF

Frau/Herrn/Firma
Schreinerei
Stefan Baum
Glockenweg 5–7
96450 Coburg

Bank-Nr.	GP-Nr.	Depot-Nr.
02-9645052	09600450	0003060
Depotvermerk		Filiale
		03
Auftrags-Nr.	Auftragsdatum	erstellt am
00023057	11. 04. 20..	13. 04. 20..

Ausführungsplatz/-art
Präsenzhandel Frankfurt var not.

ISIN: DE0007845206
Wertpapierbezeichnung: Sporthaus AG

Nennwert/Stück	ST	90
Kurs/Preis	EUR	???
Handelsdatum		12. 04. 20..

Kurswert	EUR	31.932,00
Spesen 1,00 %	EUR	319,32
Gebühren	EUR	15,00
Endbetrag	EUR	32.251,32

Verrechnung über Konto 960 450 Wert 12. 04. 20..

Depotart: Depot B (Kundenbestand)

Die Wertpapiere und den Gegenwert werden wir entsprechend der Abrechnung am Valutatag buchen.
Bitte prüfen Sie diese Abrechnung auf ihre Richtigkeit und Vollständigkeit. Etwaige Einwendungen gegen diese Abrechnung müssen unverzüglich nach Zugang bei der Bank erhoben werden.
Kapitalerträge sind einkommensteuerpflichtig. Diese Mitteilung wird nicht unterschrieben.

1. Wie lautet für diesen Beleg der Buchungssatz?
2. Durch einen Eingabefehler der Bank fehlt auf der Abrechnung eine Information (???). Berechne den Kaufkurs der Aktien.
3. Wann wird das Konto der Schreinerei Baum belastet?
4. Die Schreinerei Baum verkauft bereits nach 45 Tagen 30 Aktien der Sporthaus AG zum Kurs von 320,10 €. Bilde den notwendigen Buchungssatz (Spesen 1%).

123

Gegeben ist folgender Buchungssatz:

2800 BK	an	5780 DDE	44,00

1. Wie lautet der Geschäftsfall?
2. Wie viele Aktien sind es, wenn die Stückdividende 0,40 € beträgt?

Ein Geschäftsfall führt im Unternehmen Holzbau Rosenheim zu folgendem Buchungssatz: **124**

2800 BK	12.870,00			
7460 VAWP	1.270,00	an	2700 WP	14.140,00

Wie lautet der Geschäftsfall zu diesem Buchungssatz?

Die Baufirma S. Bauer erwarb Aktien der Sachsentextil AG. In der Bankabrechnung wurde der Stückkurs mit 215,00 € angegeben. Neben den Spesen (1%) wurden 8,10 € Gebühren berechnet. Die Bankbelastung betrug 17.380,10 €. **125**

1. Leider findet Herr Bauer in den Unterlagen keine Einzelheiten zum Kauf der Aktien. Ermittle den Kurswert und die Anzahl der gekauften Sachsentextil-Aktien.
2. Nach zwei Monaten entscheidet sich Herr Bauer für den Verkauf der Aktien zum Kurs von 251,00 € (Spesen 1%). Bilde den Buchungssatz für den Aktienverkauf.

Von den nachstehenden Aussagen zur Geldanlage treffen nur zwei Aussagen zu. Gib die Kennbuchstaben der zwei richtigen Aussagen an. **126**

Aussage	Kennbuchstabe
Die Depotgebühren, die das jeweilige Kreditinstitut für das Aktiendepot erhebt, müssen nicht aktiviert werden.	A
Die Dividende ist abhängig von der Höhe des Kurswertes der Aktie.	B
Der Kursgewinn wird im Konto „2700 WP" im Haben erfasst.	C
Aktien gelten als sichere Geldanlageform.	D
Die Spesen werden als Anschaffungsnebenkosten aktiviert.	E

Im Unternehmen Müller muss folgendes Rechenblatt programmiert werden. Welche Formeln müssen in die Zellen B12, B13 und B14 eingegeben werden? **127**

	A	B	C	D	E	F
1	**Wertpapierabrechnung**					
2						
3	EINGABEDATEN					
4		Verkauf				
5	*Wertpapierbezeichnung*	**Lechwerke AG**				
6	*Kurs*	43,50 €				
7	*Stückzahl*	150				
8	*Spesen*	1%				
9	*Gebühren*					
10						
11	ABRECHNUNG					
12	Kurswert	???				
13	– Spesen	???				
14	Bankgutschrift	???				
15						

128 Das Unternehmen Kerstin Bauer Schulsoftware (Amberg) erwarb Leipziger Versicherungs-Aktien zur vorübergehenden Geldanlage.

1. Bilde den Buchungssatz für den Kauf der 50 Versicherungsaktien am 01. Februar 20.. zum Kurs von 135,00 € (Spesen 1%).
2. Für den folgenden Beleg muss von dir noch der Buchungssatz erstellt werden.

Kontoauszug

Kontonummer 98 02 54 Auszug 022
Datum 04. 02. 20.. Blatt 1

Bayernbank Amberg

Vorgang / Buchungsinformation	Buchung	Wertstellung	Betrag Euro +/-
_Gutschrift – Dividende für Leipziger Versicherungs AG - Aktien	03. 02.	03. 02.	100,00+

Bayernbank Amberg * D-92224 Amberg

Kerstin Bauer
Schulsoftware
Richterstr. 20
92224 Amberg

Zahlungseingänge	EUR	100,00	+
Zahlungsausgänge	EUR	0,00	-
Alter Kontostand	EUR	4.325,00	+
Neuer Kontostand	EUR	4.425,00	+

Postanschrift
Bayernbank Amberg
92224 Amberg

Direkt-Service: Tel.: 0180-30406
Telefon-Banking: Tel.: 0180-30407
Erreichbarkeit 7 x 24 Stunden
IBAN DE72705360000000980224

Telefax: (09621) 60 45
T-Online: *Bayernbank#
Internet: http://www.bayernbank.de
BIC: BBNKDEFF

Bankleitzahl
705 360 00

3. Nach 225 Tagen werden 30 Aktien der Leipziger Versicherungs AG zum Kurs von 85,60 € verkauft. Bilde den Buchungssatz für den Verkauf (Spesen 1%).

129 Der Steuerberater Manfred Graus hat am 10. Januar 100 Stück Aktien des Unternehmens Regioflug AG zum Kurs von 42,50 € erworben (Spesen 1%).

1. Wie lautet der Buchungssatz für den Erwerb der Regioflug AG-Aktien?
2. Herr Graus benötigt das in die Regioflug AG-Aktien angelegte Geld für eine Erweiterung seiner Steuerkanzlei. Er will jedoch die Aktien nur dann verkaufen, wenn er dabei keinen Verlust erleidet. Im Augenblick steht der Kurs bei 44,00 € (Spesen 1%). Kann Herr Graus die Aktien ohne Verlust verkaufen (rechnerische Begründung)?
3. Wie lautet der Buchungssatz für den Verkauf der Aktien zum Kurs von 46,00 € (Spesen 1%).

130 Die Architektin Julia Korn verkauft ihre 150 Stück TELEBLICK AG-Aktien zum Kurs von 101,50 €; Spesen 1%. Beim Kauf hatte Julia Korn für die Aktien 14.998,50 € bezahlt.

1. Ermittle rechnerisch, ob Julia Korn mit dieser Geldanlage einen Gewinn erzielt hat.
2. Bei welchem Verkaufskurs würde Frau Korn exakt den Kaufpreis als Verkaufserlös erhalten?

ALLES KLAR?!?!?

- Erträge aus dem Verkauf von Aktien werden im Konto 5784 Erträge aus dem Abgang von Wertpapieren des Umlaufvermögens (EAWP) im Haben erfasst.
- Verluste aus dem Verkauf von Aktien werden im Konto 7460 Verluste aus dem Abgang von Wertpapieren des Umlaufvermögens (VAWP) im Soll erfasst.

2.2.6 Effektive Verzinsung

Stefanie Bauer will für ihr Kapital die ertragreichste Geldanlage ermitteln, damit eine hohe Rentabilität (bzw. Rendite) erzielt werden kann. Eine sichere Beurteilung der verschiedenen Anlagemöglichkeiten ist allerdings nur mit der **effektiven Verzinsung** (= tatsächliche Verzinsung) möglich. Der effektive Zinssatz berücksichtigt den tatsächlichen Kapitaleinsatz, Dividenden und Kursänderungen sowie Kosten der Kapitalanlage.

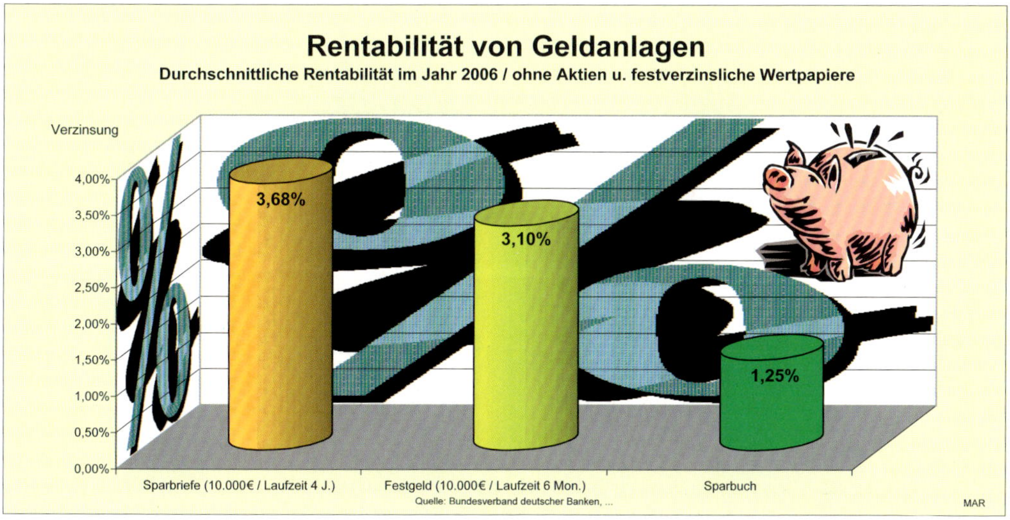

Stefanie Bauer weiß, dass bei der Frage nach der Rentabilität der Nominalzinssatz ein wichtiges Beurteilungsmerkmal ist. Für manche Anlageformen ist er sogar das einzige Kriterium (z. B. Sparbuch). Bei anderen Spar- und Anlageformen reicht der Nominalzinssatz zur Beurteilung der Rentabilität nicht aus. So ist bei der Geldanlage in Aktien, wo neben Dividende auch Kursänderungen, Spesen und Gebühren beachtet werden müssen, eine sichere Beurteilung nur mithilfe des effektiven Zinssatzes möglich.

Will der Kapitalanleger wissen, wie hoch die effektive Verzinsung ist, muss er drei Kriterien bei der Berechnung berücksichtigen:

- **Kapitaleinsatz** (= Betrag, der für die Geldanlage eingesetzt bzw. angelegt wurde)
- **Gesamtertrag** (= Ertrag, der mit der Geldanlage erzielt wurde)
- **Anlagezeitraum** (= Besitzdauer)

Der **effektive Zinssatz** errechnet sich dann wie folgt:

$$p\ (eff.): \frac{\textbf{Gesamtertrag} \cdot \textbf{100\%} \cdot \textbf{365 Tage}}{\textbf{Kapitaleinsatz} \cdot \textbf{Besitzdauer}}$$

2.2.6.1 Effektive Verzinsung bei Aktien

- **Beispiel**

Am 18. 01. 20.. kaufte das Unternehmen Holzbau Rosenheim 50 Stück INNCHEMIE AG-Aktien als Geldanlage zum Kurs von 200,00 € und verkaufte sie nach 630 Tagen zum Kurs von 240,00 €. Das Unternehmen erhielt im Besitzzeitraum 3,00 € Dividende je Aktie.
An Depotgebühren fielen für die Besitzdauer 15,00 € an.

Berechne die effektive Verzinsung bei einem Spesensatz von 1% vom Kurswert.

Lösung:

1. Kauf am 18. 01. 20..

Kurswert (50 Aktien, Kurs 200,00 €)	10.000,00 €
+ Spesen 1% vom Kurswert	100,00 €
= Kapitaleinsatz	10.100,00 €

2. Verkauf (nach 630 Tagen)

Kurswert (50 Aktien, Kurs 240,00 €)	12.000,00 €
– Spesen 1% vom Kurswert	120,00 €
= Verkaufserlös	11.880,00 €

3. Kursgewinn (bzw. Kursverlust)

Verkaufserlös	11.880,00 €
– Kapitaleinsatz	10.100,00 €
= Kursgewinn	1.780,00 €

4. Gesamtertrag

Kursgewinn	1.780,00 €
+ Dividende (3,00 € · 50 Aktien)	150,00 €
– Depotgebühr	15,00 €
Gesamtertrag in 630 Tagen	1.915,00 €

5. Effektive Verzinsung

$$p\ (eff.): \frac{1.915{,}00\ € \cdot 100\% \cdot 365\ \text{Tage}}{10.100{,}00\ € \cdot 630\ \text{Tage}} = \underline{\underline{10{,}98\ \%}}$$

Die exakte Berechnung der effektiven Verzinsung ist erst möglich, wenn die Aktien wieder verkauft sind, da sie in der Regel zu einem anderen Kurs verkauft werden, als sie erworben wurden. Darüber hinaus ist nach dem Verkauf der Aktien auch die Dauer des Kapitaleinsatzes bekannt. Die effektive Verzinsung bestätigt deshalb dem Kapitalanleger lediglich, ob die frühere Kaufentscheidung richtig oder falsch war. Sie wird bei Aktien vor allem durch den Kursgewinn bestimmt.

Das Unternehmen Stahlbau Eisele GmbH (Donauwörth) hatte 320 Donaubahn-Aktien erworben. Die Lastschrift betrug 9.480,00 €. Aufgrund der anhaltenden „Baisse" an der Börse und der schlechten Prognosen (Gewinnerwartung) für die Donaubahn AG entschließt sich die Geschäftsleitung zum Verkauf der Aktien. 131
Das Unternehmen hat folgenden Beleg von der Stadtbank erhalten:

STADTBANK
Niederlassung Donauwörth

ABRECHNUNG
WERTPAPIER-VERKAUF

Frau/Herrn/Firma

Stahlbau Eisele GmbH
Kirchenweg 67
86609 Donauwörth

Bank-Nr.	GP-Nr.	Depot-Nr.
03-7502002	04896020	0230065
Depotvermerk		Filiale
		03
Auftrags-Nr.	Auftragsdatum	erstellt am
00020508	11. 03. 20..	13. 03. 20..

Ausführungsplatz/-art
Präsenzhandel München var.not.

ISIN DE0007847005 — Wertpapierbezeichnung Donaubahn AG

Nennwert/Stück	ST	320	Kurswert	EUR	???
Kurs/Preis	EUR	30,70	Spesen 1,00 %	EUR	???
Handelsdatum		12. 03. 20..	Endbetrag	EUR	???

Verrechnung über Konto 2235085 Wert 12. 03. 20..

Depotart: Depot B (Kundenbestand)

Die Wertpapiere und den Gegenwert werden wir entsprechend der Abrechnung am Valutatag buchen.
Bitte prüfen Sie diese Abrechnung auf ihre Richtigkeit und Vollständigkeit. Etwaige Einwendungen gegen diese Abrechnung müssen unverzüglich nach Zugang bei der Bank erhoben werden.
Kapitalerträge sind einkommensteuerpflichtig. Diese Mitteilung wird nicht unterschrieben.

1. Die Wertpapierabrechnung der Stadtbank erreichte das Unternehmen aufgrund eines Softwarefehlers nur lückenhaft.
   Erstelle die vollständige Bankabrechnung.
2. Am 06. 02. 20.. wurden von der Donaubahn AG 35 Cent Dividende je Aktie ausgeschüttet.
   Bilde den Buchungssatz für die noch nicht erfasste Dividendengutschrift.
3. Bilde den Buchungssatz für den Verkauf der 320 Donaubahn-Aktien aufgrund des Beleges.
4. Welche effektive Verzinsung haben wir mit der Donaubahn-Aktie erzielt? Während der Besitzdauer (105 Tage) sind Depotgebühren in Höhe von 12,50 € und Bearbeitungsgebühren in Höhe von 5,00 € angefallen.

Berechne die effektive Verzinsung der Aktien unter Berücksichtigung von Kursänderungen und 1% Spesen vom Kurswert. 132

	Wertpapier	Kaufkurs	Verkaufskurs	Dividenden	Besitzdauer
1.	Wiener Bank AG	113,00 €	131,00 €	1,20 €	09. 03. 20..–09. 08. 20..
2.	Hochbau AG	27,00 €	47,00 €	0,60 €	210 Tage
3.	Mineralöl AG	48,00 €	42,50 €	0,75 €	152 Tage
4.	Biotech AG	22,50 €	26,80 €	0,60 €	415 Tage

133 Das Unternehmen Metallbau Geiger GmbH (Hösbach) ist wegen der schlechten Zahlungsmoral in Zahlungsschwierigkeiten gekommen. Deshalb wurden 225 WPW-Aktien (Westfälische Papierwerke AG) verkauft. Metallbau Geiger erwarb die WPW-Aktien vor 90 Tagen (Banklastschrift 4.900,00 €).

1. Erstelle für den folgenden Kontoauszug den notwendigen Buchungssatz.

Kontoauszug Kontonummer 63 03 60 Auszug 018
Datum 05. 02. 20.. Blatt 1

Bayernbank Hösbach

Vorgang / Buchungsinformation	Buchung	Wertstellung	Betrag Euro +/-
Gutschrift – Dividende für Westfälische Papierwerke AG – Aktien	04. 02.	04. 02.	135,00+

Bayernbank Hösbach * D-63768 Hösbach

Metallbau
Geiger GmbH
Mainweg 20
63768 Hösbach

Zahlungseingänge	EUR	135,00	+
Zahlungsausgänge	EUR	0,00	-
Alter Kontostand	EUR	3.210,00	+
Neuer Kontostand	EUR	3.345,00	+

Postanschrift Bayernbank Hösbach 63768 Hösbach
Direkt-Service: Tel.: 0180-30406
Telefon-Banking: Tel.: 0180-30407
Erreichbarkeit 7 x 24 Stunden
IBAN DE72705300500000063036
Telefax: (06021) 50538
T-Online: *Bayernbank#
Internet: http://www.bayernbank.de
BIC: BBNKDEFF
Bankleitzahl 705 300 50

2. Folgende Bankabrechnung erreichte das Unternehmen nur unvollständig. Ermittle den Verkaufskurs der WPW-Aktien.

BAYERNBANK
Niederlassung Hösbach

ABRECHNUNG WERTPAPIER-VERKAUF

Frau/Herrn/Firma

Metallbau Geiger GmbH
Mainweg 20
63768 Hösbach

Bank-Nr.	GP-Nr.	Depot-Nr.
05-8505000	01250064	00004560
Depotvermerk		Filiale 23
Auftrags-Nr. 0009408	Auftragsdatum 14. 02. 20..	erstellt am 16. 02. 20..

Ausführungsplatz/-art
Präsenzhandel Frankfurt var.not.

ISIN	Wertpapierbezeichnung
DE0007841003	Westfälische Papierwerke AG

Nennwert/Stück	ST	225
Kurs/Preis	EUR	???
Handelsdatum		15. 02. 20..

Kurswert	EUR	5.276,25
Spesen 1%	EUR	52,76
Endbetrag	EUR	5.223,49

Verrechnung über Konto 630 360 Wert 16. 02. 20..

Depotart: Depot B (Kundenbestand)

Die Wertpapiere und den Gegenwert werden wir entsprechend der Abrechnung am Valutatag buchen.
Bitte prüfen Sie diese Abrechnung auf ihre Richtigkeit und Vollständigkeit. Etwaige Einwendungen gegen diese Abrechnung müssen unverzüglich nach Zugang bei der Bank erhoben werden.
Kapitalerträge sind einkommensteuerpflichtig. Diese Mitteilung wird nicht unterschrieben.

3. Erstelle den Buchungssatz für den Verkauf der WPW-Aktien.
4. Welche effektive Verzinsung wurde mit den WPW-Aktien erzielt? Während der Besitzdauer sind auch Depotgebühren in Höhe von 15,00 € angefallen.

ALLES KLAR?!?!?

- Berechnung der effektiven Verzinsung von Aktien:

$$p\ (eff.): \frac{Gesamtertrag \cdot 100\% \cdot 365\ Tage}{Kapitaleinsatz \cdot Besitzdauer}$$

- Eine hohe effektive Verzinsung ist bei einer Geldanlage in Aktien in erster Linie durch große Kursgewinne zu erzielen.

2.2.6.2 Effektivzinsberechnung (Tabellenkalkulation)

Im Unternehmen Holzbau Rosenheim wird die Rentabilität der Geldanlagen mit einem Rechenblatt überprüft. Ein Mitarbeiter hat folgendes Rechenblatt erstellt:

	A	B	C	D	E
1	**Berechnung der effektiven Verzinsung bei Aktien**				
2	*Wertpapierbezeichnung*	**Mobitel AG**			
3	EINGABEDATEN				
4	**Stück:**	*225*			
5	**Besitzdauer:**	*270 Tage*			
6		**Kurs**	**Spesen**	**Gebühren**	
7	***Kauf***	*21,60 €*	*1%*	–	
8	***Verkauf***	*23,60 €*	*1%*	–	
9		**1. Jahr**	**2. Jahr**		
10	**Depotgebühr**	*15,00 €*	–		
11	**Dividende**	*115,00 €*	–		
12	BERECHNUNG				
13	**Kauf**		**Verkauf**		
14	Kurswert	4.860,00 €	Kurswert	5.310,00 €	
15	+ Spesen	48,60 €	– Spesen	53,10 €	
16	+ Gebühren	0,00 €	– Gebühren	0,00 €	
17	Kapitaleinsatz	4.908,60 €	Verkaufserlös	5.256,90 €	
18	**Gesamtertrag**				
19	Kursgewinn	348,30 €			
20	+ Dividende	115,00 €	**Effektive Verzinsung =**	**12,35%**	
21	– Depotgebühren	15,00 €			
22	Ertrag	448,30 €			

In der Formelansicht ergibt sich folgendes Rechenblatt:

i

	A	B	C	D	E
1	**Berechnung der effektiven Verzinsung bei Aktien**				
2	*Wertpapierbezeichnung*	**Mobitel AG**			
3	EINGABEDATEN				
4	**Stück:**	*225*			
5	**Besitzdauer:**	*270 Tage*			
6		**Kurs**	**Spesen**	**Gebühren**	
7	***Kauf***	*21,60 €*	*1%*	–	
8	***Verkauf***	*23,60 €*	*1%*	–	
9		**1. Jahr**	**2. Jahr**		
10	**Depotgebühr**	*15,00 €*	–		
11	**Dividende**	*115,00 €*	–		
12	BERECHNUNG				
13	**Kauf**		**Verkauf**		
14	Kurswert	= B7*B4	Kurswert	= B8*B4	
15	+ Spesen	= B14/100*C7	– Spesen	= D14/100*C8	
16	+ Gebühren	= D7	– Gebühren	= D8	
17	Kapitaleinsatz	= Summe (B12 : B16) oder = B14 + B15 + B16	Verkaufserlös	= D14 – D15 – D16	
18	**Gesamtertrag**				
19	Kursgewinn	– D17 – B17			
20	+ Dividende	= B11 + C11	**p (eff) =**	**= B22*100%*365/(B17*B5)**	
21	– Depotgebühren	= B10 + C10			
22	Ertrag	= B19 + B20 – B21			

Mithilfe des Rechenblattes kann die effektive Verzinsung der Aktien schnell und rechengenau ermittelt werden.

134 Berechne die effektive Verzinsung der Aktien mithilfe eines Rechenblattes (1% Spesen).

	Wertpapier	Kaufkurs	Verkaufskurs	Dividenden	Besitzdauer
1.	Tiefbau Bayern AG	34,00 €	40,00 €	2,25/1,75 €	450 Tage
2.	Ruhr-Recycling AG	27,00 €	31,00 €	1,30 €	185 Tage
3.	Münchner Bank AG	128,50 €	118,00 €	0,00 €	72 Tage
4.	Softdrink AG	24,50 €	32,55 €	0,40/0,60 €	300 Tage

135 Herr Taler hat vor knapp zwei Jahren (720 Tage) bei einer Lotterie 50.000,00 € gewonnen. Auf den Rat eines guten Bekannten hin legte er den Großteil des Gewinns in 350 Stück Schwabenzucker AG-Aktien an, deren Kaufkurs 17,90 € betrug (Spesen 1%).
Während der zweijährigen Besitzdauer der Aktien erhielt Herr Taler je Aktie insgesamt 3,00 € an Dividenden. An Depotgebühren fielen insgesamt 25,00 € an.

Herr Taler hat nun die 350 Schwabenzucker AG-Aktien zum Kurs von 22,80 € verkauft (Spesen 1%).
Ermittle mithilfe eines Rechenblattes, ob Herr Taler vor zwei Jahren sein Kapital nicht besser in Aktien (bei gleicher Stückzahl) des Unternehmens NetCom AG angelegt hätte, deren Kurs damals 22,00 € betrug (Spesen 1%) und jetzt bei 27,60 € liegt und die pro Stück insgesamt 6,20 € an Dividende erbracht hätten (Depotgebühren ebenfalls 25,00 €).

ALLES KLAR?!?!?

Rechenblätter ermöglichen eine schnelle und exakte Berechnung der effektiven Verzinsung von Kapitalanlagen.

Am 14. 03. 20.. kaufte die Firma Kunststoffwerke Allgäu GmbH über ihre Bank 300 Züricher Versicherungs-Aktien zum Stückkurs von 150,00 € und verkaufte sie wieder am 14. 11. des gleichen Jahres zum Stückkurs von 162,00 €. Die Spesen betrugen jeweils 1% vom Kurswert. **136**

1. Erstelle die Kauf- und Verkaufsabrechnung und die Buchungssätze für die beiden Vorgänge.
2. Berechne die effektive Verzinsung unter Berücksichtigung der Spesen, wenn im Besitzzeitraum eine Stückdividende von 1,50 € ausgeschüttet wurde.
3. Begründe rechnerisch, ob sich das Wertpapiergeschäft lohnte, wenn die Firma am 14. 03. 20.. zum Kauf der Aktien einen Kredit aufnahm, für den 9% Zinsen gezahlt werden mussten.

Erstelle ein anschauliches Diagramm, zum Thema: „Die Aktien-Besitzer in Deutschland“. Die Anteile am Aktienbesitz in Deutschland (Ende 2004): **137**

Unternehmen 42,9%, Ausland 21,0%, Privatpersonen 14,5%, Staat 6,6%, Versicherungen 4,3%, Kreditinstitute 6,6% und Fondsgesellschaften 4,1%. (Quelle: Deutsche Bundesbank)

Am 11. 06. 20.. kaufte ein Unternehmen 250 Maschinenbau-Aktien. Die Bank belastete das Konto mit 5.558,30 €. Während der Besitzdauer wurden pro Aktie 0,60 € und 0,75 € Dividenden gutgeschrieben. **138**
Nach 660 Tagen wurden die Aktien zu einem Stückkurs von 25,00 € verkauft. An Kosten fielen jeweils 1,06% Spesen vom Kurswert und Depotgebühren von insgesamt 10,00 € an.

1. Berechne den Stückkurs einer Aktie beim Kauf.
2. Erstelle die Verkaufsabrechnung.
3. Erstelle die Buchungssätze für den Kauf und den Verkauf der Aktien.
4. Wie haben sich die Aktien unter Berücksichtigung der Spesen und der Depotgebühren rentiert?

139 Die Eigentümerin eines Lederwarenunternehmens hat kurzfristig finanzielle Mittel zur Verfügung. Sie kauft 200 Medizintechnik-Aktien zum Stückkurs von 180,00 €.

1. Erstelle die Abrechnung der Bank, Spesen 1,05% vom Kurswert.
2. Erstelle den Buchungssatz für die Bankabrechnung.
3. Bilde den Buchungssatz für die Dividendengutschrift, 6,00 € je Stück.
4. Zu welchem Kurs müssten die Aktien verkauft werden, wenn ein Kursgewinn von mindestens 3.000,00 € erzielt werden soll? Spesen 1,05% vom Kurswert.
5. Aus betrieblichen Gründen müssen die Aktien schneller als vorgesehen verkauft werden. Die Bankgutschrift beträgt 33.643,00 €. Erstelle den Buchungssatz.

140 Werte folgendes Schaubild aus:

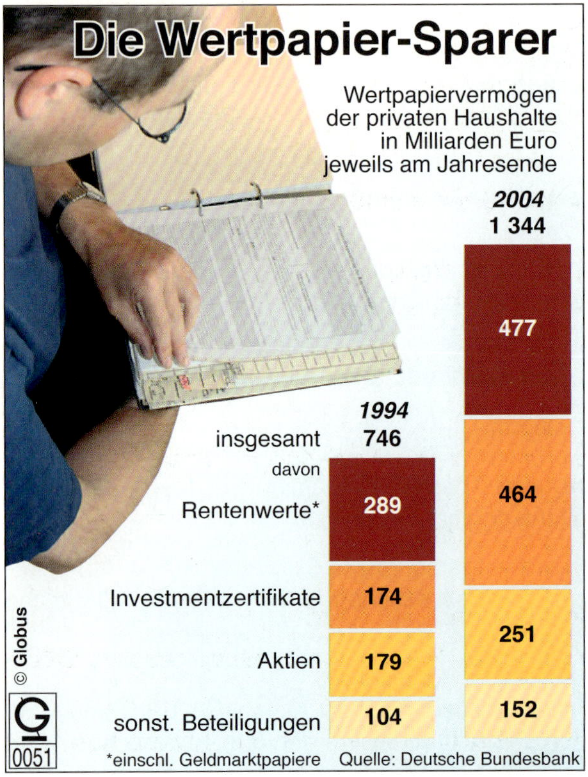

1. Um wie viel Prozent ist das Wertpapiervermögen von 1994 bis 2004 gestiegen? Welche Ursachen könnten für diesen Anstieg verantwortlich sein?
2. Berechne die Prozentanteile der einzelnen Wertpapierarten in den Jahren 1994 und 2004. Was fällt dir dabei auf?

141

Werte folgenden Text aus:

> **Börsenhausse lässt Privatanleger kalt**
>
> Obwohl DAX, Dow Jones und Co. im Jahr 2006 deutlich an Wert gewonnen haben, ist die Zahl der Aktionäre auf den niedrigsten Stand seit der Jahrtausendwende gesunken. So ist die Zahl der Besitzer von Aktien und Aktienfonds im Jahr 2006 auf 10,3 Millionen gesunken (15,8 Prozent der Bevölkerung). Die Zahl der Aktionäre nahm zwar im zweiten Halbjahr wieder um etwa 450 000 zu, dennoch waren es insgesamt 4,5 Prozent weniger als im Vorjahr.
>
> Die Zahl der direkten Aktionäre (Aktienbesitzer und solche, die auch Fondsanteile halten) sank um 504 000 auf 4,24 Millionen. In der Börsianer-Gemeinde werden Aktienfonds immer beliebter. So legte die Zahl der Aktionäre, die ausschließlich in Aktienfonds investieren, gegen den Trend um 22 000 zu. Die Bündel aus vielen verschiedenen Unternehmensbeteiligungen streuen das Kurs-Risiko breiter – damit sind die Chancen größer, dass das eingesetzte Kapital auch in flauen Zeiten weitgehend seinen Wert behält und langfristig Renditen abwirft. Dies ist für viele Anleger wichtig, da Aktien zunehmend der Altersvorsorge dienen.

1. Wie hoch war die Zahl der Besitzer von Aktien und Aktienfonds im Jahr 2006? Wie hoch war sie im Jahr 2005?
2. Begründe den Rückgang der Sparer, die ihr Geld direkt in einzelne Aktien investierten. Wie hoch war der Rückgang von 2005 bis 2006 in Prozent?
3. Warum werden Aktienfonds immer beliebter?

142

Herr Bedächtig hat sich entschlossen, die zurzeit nicht benötigten finanziellen Mittel anzulegen und zwar in folgender Weise:

- 2.500,00 € belässt er auf seinem Sparbuch, Zinssatz 1,5%
- 50.000,00 € als Festgeld zu 4,5%
- 15.000,00 € überweist er auf Tagesgeldkonten, Zinssatz 4%
- 75.000,00 € für den Kauf von Chemie-Aktien, Kurs 34,30 €, zuletzt gezahlte Stückdividende 0,60 €

1. Nenne mögliche Gründe, warum Herr Bedächtig diese Aufteilung gewählt hat.
2. Mit welchem Betrag wird das Bankkonto für den Kauf von 2 150 Stück Chemie-Aktien belastet, wenn die Bank 1,06% Spesen vom Kurswert und 10,00 € Buchungsgebühr erhebt?
3. Nach 330 Tagen verkauft Herr Bedächtig die Chemie-Aktien. Führe die Bankabrechnung durch, wenn der Verkaufskurs 35,25 € beträgt (Spesen und Buchungsgebühr wie beim Kauf).
4. Wie hoch war die Effektivverzinsung der Aktien (Stückdividende 0,65 €)?
5. Berechne den Gesamtertrag der vier Kapitalanlagen in 330 Tagen.
6. Beurteile das erreichte Ergebnis von Herrn Bedächtig.

3 Personalaufwand

3.1 Arbeitgeber – Arbeitnehmer

Die Vertriebsabteilung der Firma Stefanie Bauer ist schon seit längerer Zeit arbeitsmäßig überlastet. Es besteht die Gefahr, dass die Kunden nicht mehr optimal betreut werden können. In Zusammenarbeit mit der Personal- und Finanzabteilung des Unternehmens beschließt daher Frau Bauer eine Neueinstellung und veröffentlicht folgendes Inserat in der Regionalzeitung, auf der Homepage der Firma und in einer überregionalen Fachzeitschrift:

HOLZBAU Rosenheim

Wir sind ein mittelständisches in Süddeutschland und Österreich bekanntes Produktions- und Dienstleistungsunternehmen der Holzbranche.

Zur Unterstützung unserer Abteilungsleiterin suchen wir eine(n)

Kaufmann/Kauffrau für Bürokommunikation

Wenn Sie

- eine solide kaufmännische Ausbildung haben,
- sich in Wort und Schrift einwandfrei ausdrücken können,
- fundierte Englischkenntnisse haben und
- über gute PC-Kenntnisse (Textverarbeitung, Tabellenkalkulation) verfügen
- und gerne mit Menschen zusammenarbeiten,

sollten Sie sich bei uns bewerben.

Wir bieten

- übertarifliche Bezahlung nach erfolgter Einarbeitung,
- ein angenehmes, teamorientiertes Betriebsklima,
- einen interessanten Arbeitsplatz und
- verschiedene freiwillige soziale Leistungen.

Bitte senden Sie Ihre Bewerbungsunterlagen an: Stefanie Bauer
Holzbau
Lindenstraße 14–16
83024 Rosenheim

Frau Bauer hat aus der Vielzahl von Bewerberinnen und Bewerbern Herrn Manfred Hellstern ausgewählt und mit ihm einen Arbeitsvertrag abgeschlossen. Der neue **Arbeitnehmer** stellt nun künftig dem Unternehmen seine Arbeitsleistung zur Verfügung und erhält dafür vom **Arbeitgeber** den im Vertrag vereinbarten monatlichen Eurobetrag als Arbeitsentgelt. Angestellte beziehen ein Gehalt, Arbeiter erhalten Lohn. Diese Unterscheidung spielt allerdings heutzutage kaum mehr eine Rolle. Zum Entgelt gehören nicht nur die Grundvergütung, sondern auch Gratifikationen (z. B. Weihnachtsgeld, Urlaubsgeld), Leistungsprämien, Zulagen und die so genannten Sachbezüge (z. B. freie Kost und freie Wohnung).

Die Höhe des Arbeitsentgelts wird zwischen den Gewerkschaften und den Arbeitgeberverbänden in so genannten **Tarifverträgen** festgelegt. Arbeiter und Angestellte sind darin nach ihrer Ausbildung und der Art ihrer Tätigkeit im Unternehmen in unterschiedlichen Lohn- bzw. Gehaltsgruppen eingeteilt. Diese Mindestlöhne bzw. -gehälter dürfen im Arbeitsvertrag nicht unterschritten werden.
Der Unternehmer kann jedoch vertraglich das **Einkommen** seiner Mitarbeiter **erhöhen** (übertarifliche Bezahlung).

Eine Möglichkeit hierfür bietet das **Vermögensbildungsgesetz.** Mit diesem Gesetz fördert der Staat die Vermögensbildung von Arbeitnehmern, wenn sie bestimmte Voraussetzungen erfüllen.

Voraussetzungen:

- Arbeitnehmer müssen sich für eine der im Gesetz genannten Sparform entscheiden,
- sie können erst nach 7 Jahren über ihre Ersparnisse verfügen,
- sie dürfen bestimmte Einkommensgrenzen nicht überschreiten,
- sie erhalten höchstens für einen jährlichen Sparbetrag von 470,00 € vom Staat eine Arbeitnehmersparzulage.

Jeder Arbeitgeber kann sich an dieser Vermögensbildung seiner Mitarbeiter beteiligen, indem er ganz oder teilweise ihre Sparraten bezahlt.

Das Arbeitnehmereinkommen kann sich aber in besonderen Fällen auch **mindern.** Angenommen Herr Hellstern hätte seine Wohnungsmiete schon seit längerer Zeit nicht mehr bezahlt und der Vermieter hätte nach mehrmaligen vergeblichen Mahnungen das gerichtliche Mahnverfahren beim zuständigen Amtsgericht beantragt und sich einen Vollstreckungsbescheid besorgt. Dann müsste der Gerichtsvollzieher im Rahmen der Zwangsvollstreckung eine **Lohnpfändung** durchführen. Er würde Herrn Hellstern und Frau Bauer den gerichtlichen Vollstreckungsbeschluss vorlegen. Sie wäre als Arbeitgeberin dann verpflichtet, den pfändbaren Teil des Arbeitseinkommens – Herr Hellstern muss ja schließlich noch leben – (Sicherung des Existenzminimums) so lange an den Vermieter zu überweisen, bis dessen Anspruch gedeckt ist.

Benütze bei der Lösung der folgenden Aufgaben auch andere Informationsquellen, z. B. das Lehrbuch für Wirtschaft und Recht. 143

1. Welche Rechte und welche Pflichten hat der Arbeitgeber nach Abschluss des Arbeitsvertrages?
2. Erkläre den Unterschied zwischen Tarif- und Arbeitsverträgen.
3. Welche Gründe veranlassen ein Unternehmen, dem Arbeitnehmer ein übertarifliches Entgelt anzubieten?
4. Das Inserat der Firma Bauer beinhaltet verschiedene Informationen.

4.1 Es werden freiwillige soziale Leistungen angeboten. Nenne zwei mögliche Beispiele.

4.2 Es werden sehr gute Deutsch- und Englischkenntnisse verlangt. Begründe diese Anforderung der Firma.

5. Besorge dir vom Berufsinformationszentrum (BIZ) oder aus dem Internet unter www.was-werden.de Informationen zum Berufsbild des Kaufmanns bzw. der Kauffrau für Bürokommunikation und erstelle ein Info-Blatt (einen Flyer) mit dem Titel: „Wär´ das ein Beruf für dich?“
6. Welche Berufe sind für das Unternehmen Stefanie Bauer deiner Meinung nach noch wichtig?

ALLES KLAR?!?!?

Lohn- bzw. Gehaltszahlungen sind

für den Arbeitnehmer	**für den Arbeitgeber**
EINKOMMEN	**BETRIEBLICHER AUFWAND**

3.2 Auswertung einer Verdienstabrechnung

Herr Hellstern erhält seine erste Gehaltsabrechnung und prüft den Kontoauszug:

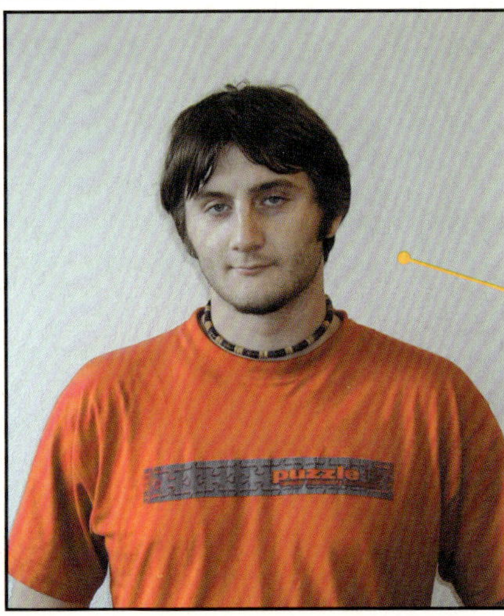

Das kann doch nicht wahr sein! Ich verdiene 2.400,00 € und bekomme nur 1.486,63 € auf mein Bankkonto überwiesen.

Lohn- und Gehaltsabrechnungen sehen auf den ersten Blick verwirrend aus.

Herrn
Manfred Hellstern
Schillerweg 4
83024 Rosenheim

Lohn-/Gehaltsabrechnung
– zuzüglich Verdienstbescheinigung –

Monat: Mai 20..

Personal-Nr.: 0298

Brutto

Lohn-art	Text	Anzahl	Euro	steuerpflichtiger Verdienst	sozialver.-pflichtiger Verdienst	Gesamt-Brutto €
G	Gehalt	–	–	2.400,00 €	2.400,00 €	2.400,00 €

Gesetzliche Abzüge

Netto

Lohn-steuer	Steuer-klasse	Sol.zu.	Kirchensteuer r. k.	Pflegever-sicherung	Krankenver-sicherung	Rentenver-sicherung	Arbeitslosen-versicherung	Abzüge gesamt	Netto-Verdienst €
366,50 €	I	20,15 €	29,32 €	29,40 €	189,60 €	238,80 €	39,60 €	913,37 €	1.486,63 €

Sie sind jedoch immer nach folgendem **Abrechnungsschema** aufgebaut:

BRUTTO	Bruttolohn/-gehalt	2.400,00 €
– ABZÜGE	– Steuerabzüge	415,97 €
	– Abzüge zur Sozialversicherung	497,40 €
= NETTO	Nettolohn/-gehalt	1.486,63 €

3.2.1 Steuerabzüge

Lohnbüro

„Hier ist meine Lohnsteuerkarte."

Herr Hellstern musste zu Beginn des Arbeitsverhältnisses seine Lohnsteuerkarte im Lohnbüro abgeben. Sie ist eine Urkunde und wird vom Einwohneramt der Wohnsitzgemeinde des Arbeitnehmers jeweils für ein Kalenderjahr ausgestellt.

Die Vorderseite der Lohnsteuerkarte

Alle Eintragungen in der Lohnsteuerkarte genau prüfen!
Lesen Sie die Informationsschrift „Lohnsteuer 20.. "

Ordnungsmerkmale des Arbeitgebers

Lohnsteuerkarte 20..

Gemeinde
Rosenheim

AGS
09. 164 000

Finanzamt und Nr.
Rosenheim 9876

Geburtsdatum
04. 01. 77

Hellstern
Manfred
Schillerweg 4
83024 Rosenheim

I. Allgemeine Besteuerungsmerkmale

Steuerklasse	Kinder unter 18 Jahren: Zahl der Kinderfreibeträge
eins	-

Kirchensteuerabzug
rk

(Datum)
20. 09. 20..

(Gemeindebehörde)
Stadt Rosenheim - Einwohneramt

II. Änderungen der Eintragungen im Abschnitt I

Steuerklasse	Zahl der Kinderfreibeträge	Kirchensteuerabzug	Diese Eintragung gilt, wenn sie nicht widerrufen wird:	Datum, Stempel und Unterschrift der Behörde
			vom 20.. an bis zum 31. 12. 20..	I. A.
			vom 20.. an bis zum 31. 12. 20..	I. A.

III. Für die Berechnung der Lohnsteuer sind vom Arbeitslohn als steuerfrei **abzuziehen**:

Jahresbetrag Euro	monatlich Euro	wöchentlich Euro	täglich Euro	Diese Eintragung gilt, wenn sie nicht widerrufen wird:	Datum, Stempel und Unterschrift der Behörde
				vom 20.. an	
in Buchstaben	-tausend		Zehner und Einer wie oben -hundert	bis zum 31. 12. 20..	I. A.
				vom 20.. an	
in Buchstaben	-tausend		Zehner und Einer wie oben -hundert	bis zum 31. 12. 20..	I. A.

IV. Für die Berechnung der Lohnsteuer sind dem Arbeitslohn **hinzuzurechnen**:

Jahresbetrag Euro	monatlich Euro	wöchentlich Euro	täglich Euro	Diese Eintragung gilt, wenn sie nicht widerrufen wird:	Datum, Stempel und Unterschrift der Behörde
				vom 20.. an	
in Buchstaben	-tausend		Zehner und Einer wie oben -hundert	bis zum 31. 12. 20..	I. A.

LSt 2.4

Sie enthält persönliche Daten des Arbeitnehmers. Diese Daten dürfen nur vom Einwohnermeldeamt bzw. vom Finanzamt geändert werden (z. B. bei Heirat, bei Geburt eines Kindes, Wohnsitzwechsel). Jeder Arbeitnehmer wird einer so genannten Lohnsteuerklasse zugeordnet. Es gibt sechs Lohnsteuerklassen. Nähere Informationen hierzu kannst du dem Anhang zum Buch entnehmen.

Die Rückseite der Lohnsteuerkarte

V. Lohnsteuerbescheinigung für das Kalenderjahr 20.. und besondere Angaben

1. Dauer des Dienstverhältnisses	vom – bis		vom – bis		vom – bis	
2. Zeiträume ohne Anspruch auf Arbeitslohn	Anzahl „U":		Anzahl „U":		Anzahl „U":	
	Euro	Ct	Euro	Ct	Euro	Ct
3. Bruttoarbeitslohn einschl. Sachbezüge ohne 9. und 10.						
4. Einbehaltene Lohnsteuer von 3.						
5. Einbehaltener Solidaritätszuschlag von 3.						
6. Einbehaltene Kirchensteuer des Arbeitnehmers von 3.						
7. Einbehaltene Kirchensteuer des Ehegatten von 3. (nur bei konfessionsverschiedener Ehe)						
8. In 3. enthaltene steuerbegünstigte Versorgungsbezüge						
9. Steuerbegünstigte Versorgungsbezüge für mehrere Kalenderjahre						
10. Ermäßigt besteuerter Arbeitslohn für mehrere Kalenderjahre (ohne 9.) und ermäßigt besteuerte Entschädigungen						
11. Einbehaltene Lohnsteuer von 9. und 10.						
12. Einbehaltener Solidaritätszuschlag von 9. und 10.						
13. Einbehaltene Kirchensteuer des Arbeitnehmers von 9. und 10.						
14. Einbehaltene Kirchensteuer des Ehegatten von 9. und 10. (nur bei konfessionsverschiedener Ehe)						
15. Kurzarbeitergeld, Winterausfallgeld, Zuschuss zum Mutterschaftsgeld, Verdienstausfallentschädigung (Infektionsschutzgesetz), Aufstockungsbetrag und Altersteilzeitzuschlag						
16. Steuerfreier Arbeitslohn nach – Doppelbesteuerungsabkommen						
16. Steuerfreier Arbeitslohn nach – Auslandstätigkeitserlass						
17. Steuerfreie Arbeitgeberleistungen für Fahrten zwischen Wohnung und Arbeitsstätte						
18. Pauschalbesteuerte Arbeitgeberleistungen für Fahrten zwischen Wohnung und Arbeitsstätte						
19. Steuerfreie Beiträge des Arbeitgebers an eine Pensionskasse oder einen Pensionsfonds						
20. Steuerpflichtige Entschädigungen und Arbeitslohn für mehrere Kalenderjahre, die nicht ermäßigt besteuert wurden – in 3. enthalten						
21. Steuerfreie Verpflegungszuschüsse bei Auswärtstätigkeit						
22. Steuerfreie Arbeitgeberleistungen bei doppelter Haushaltsführung						
23. Steuerfreie Arbeitgeberzuschüsse zur freiwilligen Krankenversicherung und zur Pflegeversicherung						
24. Arbeitnehmeranteil am Gesamtsozialversicherungsbeitrag						
25. Ausgezahltes Kindergeld		–		–		–
Anschrift des Arbeitgebers (lohnsteuerliche Betriebsstätte) Firmenstempel, Unterschrift;						
Finanzamt, an das die Lohnsteuer abgeführt wurde **(Name und dessen vierstellige Nr.)**						

(Zu 20.–24.: Um Rückfragen zu vermeiden, wird die Ausfüllung empfohlen.)

Diese Einträge kommen am häufigsten vor

Sie enthält Raum für die Lohnsteuerbescheinigung des Arbeitgebers. Er ist verpflichtet, nach Ablauf des Kalenderjahres oder bei Beendigung des Arbeitsverhältnisses die zutreffenden Felder der Lohnsteuerkarte auszufüllen und durch Unterschrift zu bestätigen. Seit dem Jahr 2005 ist die Lohnsteuerkarte DataMatrix kodiert. Die Lohnsteuerbescheinigung ist seither elektronisch zu erstellen. Als Ordnungsmerkmal wird dazu die eTIN verwendet.

Ab 2011 wird die Lohnsteuerkarte in Papierform voraussichtlich abgeschafft. Der Arbeitnehmer hat dann seinem Arbeitgeber bei Eintritt in das Dienstverhältnis zum Zweck des Abrufs der Lohnsteuerabzugsmerkmale seine Steuer-Identifikationsnummer sowie den Tag seiner Geburt mitzuteilen. Der Arbeitgeber hat bei Beginn des Dienstverhältnisses die Lohnsteuerabzugsmerkmale für den Arbeitnehmer beim Bundeszentralamt für Steuern durch Datenfernübertragung abzurufen und sie in das Lohnkonto für den Arbeitnehmer zu übernehmen (§ 39f Absatz 4 EStG).

Vier wichtige Informationen zum Steuerabzug (siehe Gehaltsabrechnung von Herrn Hellstern, Seite 123)

Information 1:	Die Höhe der Lohnsteuer (366,50 €) hängt ab vom Bruttogehalt und von der Lohnsteuerklasse.

Information 2:	Der Solidaritätszuschlag (20,15 €) beträgt zurzeit (Stand 2008) 5,5% der Lohnsteuer. Diese Steuereinnahmen werden für den „Aufbau Ost" verwendet.

Information 3:	Die Kirchensteuer (29,32 €) beträgt 8% der Lohnsteuer unter Berücksichtigung der Zahl der Kinder. Da Herr Hellstern der römisch-katholischen Kirche angehört (siehe Vorderseite der Lohnsteuerkarte), stehen ihr diese Steuereinnahmen zu.

Information 4:	Die Steuerabzüge werden in den meisten Unternehmen mithilfe von Computerprogrammen berechnet. Diese Programme beinhalten auch die Lohnsteuertabellen.

Für Herrn Hellstern trifft folgender Teil der Monatslohnsteuertabelle (Stand 2008) zu:[1]

Allgemeine Monatslohnsteuertabelle 2008

von 2.400,00 EURO bis 2.429,99 EURO, **Kirchensteuer 8%**

Brutto	Kinderfreibetrag		**0,0**		**1**		**2**	
ab Euro	**StK**	**Steuer**	SolZ	KiStr	SolZ	KiStr	SolZ	KiStr
2.400,00	I	**367,33**	**20,20**	**29,38**	12,62	18,36	5,33	8,37
	II	335,16	18,43	26,81	11,01	16,02	0,06	6,26
	III	115,00	0,00	9,20	0,00	1,81	0,00	0,00
	IV	367,33	20,20	29,38	16,32	23,74	12,62	18,36
	V	717,75	39,47	57,42	–	–	–	–
	VI	749,91	41,24	59,99	–	–	–	–
2.403,00	I	368,16	20,24	29,45	12,66	18,42	5,45	8,43
	II	336,00	18,48	26,88	11,05	16,08	0,20	6,32
	III	115,66	0,0	9,25	0,00	1,85	0,00	0,00
	IV	368,16	20,24	29,45	16,37	23,81	12,66	18,42
	V	719,00	39,54	57,52	–	–	–	–
	VI	751,16	41,31	60,09	–	–	–	–
Brutto	Kinderfreibetrag		**0,0**		**1**		**2**	

[1] Es gibt auch Jahrestabellen. Durch die Steuergesetzgebung ändern sich immer wieder die Zahlen. Die aktuellen Tabellen sind im Internet zu finden.

ab Euro	StK	Steuer	SolZ	KiStr	SolZ	KiStr	SolZ	KiStr
2.406,00	I	369,08	20,29	29,52	12,71	18,49	5,61	8,48
	II	336,91	18,53	26,95	11,10	16,14	0,35	6,38
	III	116,33	0,00	9,30	0,00	1,88	0,00	0,00
	IV	369,08	20,29	29,52	16,41	23,88	12,71	18,49
	V	720,25	39,61	57,62	–	–	–	–
	VI	752,41	41,38	60,19	–	–	–	–
2.409,00	I	369,91	20,34	29,59	12,75	18,55	5,76	8,54
	II	337,75	18,57	27,02	11,14	16,21	0,48	6,43
	III	117,00	0,00	9,36	0,00	1,92	0,00	0,00
	IV	369,91	20,34	29,59	16,46	23,94	12,75	18,55
	V	721,50	39,68	57,72	–	–	–	–
	VI	753,75	41,45	60,30	–	–	–	–
2.412,00	I	370,83	20,39	29,66	12,80	18,62	5,90	8,60
	II	338,58	18,62	27,08	11,18	16,27	0,61	6,48
	III	117,66	0,00	9,41	0,00	1,96	0,00	0,00
	IV	370,83	20,39	29,66	16,50	24,01	12,80	18,62
	V	722,75	39,75	57,82	–	–	–	–
	VI	755,00	41,52	60,40	–	–	–	–
2.415,00	I	371,66	20,44	29,73	12,84	18,68	5,95	8,66
	II	339,41	18,66	27,15	11,22	16,33	0,76	6,54
	III	118,16	0,00	9,45	0,00	2,00	0,00	0,00
	IV	371,66	20,44	29,73	16,55	24,08	12,84	18,68
	V	724,00	39,82	57,92	–	–	–	–
	VI	756,25	41,59	60,50	–	–	–	–
2.418,00	I	372,58	20,49	29,80	12,88	18,74	5,99	8,72
	II	340,33	18,71	27,22	11,27	16,40	0,90	6,60
	III	118,83	0,00	9,50	0,00	2,04	0,00	0,00
	IV	372,58	20,49	29,80	16,60	24,14	12,88	18,74
	V	725,25	39,88	58,02	–	–	–	–
	VI	757,50	41,66	60,60	–	–	–	–
2.421,00	I	373,41	20,53	29,87	12,92	18,80	6,03	8,77
	II	341,16	18,76	27,29	11,31	16,46	1,03	6,65
	III	119,50	0,00	9,56	0,00	2,08	0,00	0,00
	IV	373,41	20,53	29,87	16,64	24,21	12,92	18,80
	V	726,58	39,96	58,12	–	–	–	–
	VI	758,75	41,73	60,70	–	–	–	–

Brutto	Kinderfreibetrag		0,0		1		2	
ab Euro	**StK**	**Steuer**	SolZ	KiStr	SolZ	KiStr	SolZ	KiStr
2.424,00	I	374,25	20,58	29,94	12,97	18,87	6,07	8,83
	II	342,00	18,81	27,36	11,35	16,52	1,18	6,71
	III	120,16	0,00	9,61	0,00	2,12	0,00	0,00
	IV	374,25	20,58	29,94	16,69	24,28	12,97	18,87
	V	727,83	40,03	58,22	–	–	–	–
	VI	760,00	41,80	60,80	–	–	–	–
2.427,00	I	375,16	20,63	30,01	13,01	18,93	6,10	8,88
	II	342,83	18,85	27,42	11,39	16,58	1,31	6,76
	III	120,83	0,00	9,66	0,00	2,16	0,00	0,00
	IV	375,16	20,63	30,01	16,73	24,34	13,01	18,93
	V	729,08	40,09	58,32	–	–	–	–
	VI	761,25	41,86	60,90	–	–	–	–

144

Beantworte folgende Fragen:

1. Welche Behörde stellt die Lohnsteuerkarten aus?
2. Nenne drei Gründe, die eine Änderung der Eintragung auf der Vorderseite der Lohnsteuerkarte notwendig machen.
3. Wer darf diese Änderungen nur vornehmen?
4. Wer füllt die Rückseite der Lohnsteuerkarte aus?
5. Wann wird jeweils die Rückseite der Lohnsteuerkarte ausgefüllt?
6. Es gibt insgesamt sechs Steuerklassen. Informiere dich im Anhang dieses Buches über deren Unterschiede. Entscheide nun. Welche Lohnsteuerklasse trifft zu?

6.1 Herr Baier ist verheiratet. Seine Ehefrau arbeitet zurzeit wegen der beiden kleinen Kinder nicht, sondern führt den Haushalt.

6.2 Frau König ist ledig.

6.3 Frau Wagner ist geschieden. Sie hat das Sorgerecht für ihren minderjährigen Sohn Pascal. Der Sohn ist auf der Lohnsteuerkarte eingetragen. Es ist keine zweite erwachsene Person in der Wohnung gemeldet.

6.4 Herr Wurm ist Beschäftigter bei der Telekom, seine Ehefrau arbeitet bei der Post. Beide verdienen etwa gleich viel.

6.5 Herr Fleiß ist teilzeitbeschäftigt und besitzt bereits eine Lohnsteuerkarte, Steuerklasse drei. Er nimmt zusätzlich einen Wochenendjob bei einer Tankstelle an.

7. Betrachte nochmals die Gehaltsabrechnung von Manfred Hellstern und überschlage rechnerisch im Kopf.

7.1 Wie viel Prozent seines Bruttogehalts (2.400,00 €) machen ungefähr die gesamten Steuerabzüge aus?

7.2 Wie viel Prozent seines Bruttogehalts beträgt ungefähr sein Anteil an den Sozialversicherungsbeiträgen?

7.3 Berechne die Gesamtabzüge in Prozenten und überprüfe das Ergebnis mit deiner Schätzung.

145

1. Lies aus der Steuertabelle auf den Seiten 126 ff. die zutreffenden Lohnsteuer-, Solidaritätszuschlags- und Kirchensteuerbeträge für folgende Mitarbeiter ab und vergleiche sie.

Name	Bruttogehalt	Steuerklasse
Claudia Herzog	2.420,00 €	vier/eins
Martin Huber	2.420,00 €	drei/eins
Irmgard Klug	2.420,00 €	zwei/eins

2. Betrachte die erste Spalte, „Brutto ab Euro“ in der Tabelle. Sie beginnt mit 2.400,00 € und endet mit 2.427,00 €. Wie würde sich die Reihe nach 2.427,00 € fortsetzen (drei Beträge genügen)?

3.2.2 Beiträge zur Sozialversicherung

Herr Hellstern entnimmt seiner Gehaltsabrechnung, dass ihm außer Steuern auch noch abgezogen wurden:

Krankenversicherung	189,60 €
Pflegeversicherung	29,40 €
Rentenversicherung	238,80 €
Arbeitslosenversicherung	39,60 €
Sozialversicherungsabzüge	497,40 €

Diese vier Versicherungen gehören zur gesetzlichen Sozialversicherung. Sie ist eine Pflichtversicherung und hat das Ziel, Arbeitnehmer gegen bestimmte Lebensrisiken finanziell abzusichern.

Die Sozialversicherung

- Die **Krankenversicherung** übernimmt die Krankheitskosten der Arbeitnehmerhaushalte.
- Die **Pflegeversicherung** übernimmt die Kosten bei Pflegebedürftigkeit in Arbeitnehmerhaushalten.
- Die **Rentenversicherung** zahlt Alters- und Erwerbsunfähigkeitsrente.
- Die **Arbeitslosenversicherung** unterstützt die Arbeitnehmerhaushalte bei Arbeitslosigkeit.

Vier wichtige Informationen zum Sozialversicherungsabzug:

Information 1: Die Höhe der Beiträge hängt wie bei den Steuern von der Höhe des Bruttoverdienstes ab.

Information 2: Die Beitragssätze (in %) ändern sich von Zeit zu Zeit. Sie können bei der AOK, bei Ersatzkassen oder im Internet abgerufen werden. Der Gehaltsabrechnung von Herrn Hellstern liegen folgende Beitragssätze zugrunde:

Krankenversicherung:	14% vom Bruttogehalt	insgesamt also 39,15% vom Bruttogehalt
Pflegeversicherung:	1,95% vom Bruttogehalt	
Rentenversicherung:	19,9% vom Bruttogehalt	
Arbeitslosenversicherung:	3,3% vom Bruttogehalt	

Information 3: Arbeitgeber und Arbeitnehmer zahlen die Beiträge zur Sozialversicherung je zur Hälfte. Ausnahmen: Bei der Krankenversicherung leisten Arbeitnehmer einen Sonderbeitrag von 0,9%. Bei der Pflegeversicherung leisten kinderlose Arbeitnehmer (ab Vollendung des 23. Lebensjahres) einen Sonderbeitrag von 0,25%. (Befreit davon sind Kinderlose, die vor dem 01.01.1940 geboren sind sowie Empfänger des neuen Arbeitslosengeldes II und Wehr- und Zivildienstleistende.)

Sozialversicherungszweig	Arbeitnehmeranteil (ANA)		Sozialversicherungsbeiträge		Arbeitgeberanteil (AGA)	
Rentenversicherung	238,80 €	9,95%	477,60 €	19,9%	238,80 €	9,95%
Arbeitslosenversicherung	39,60 €	1,65%	79,20 €	3,3%	39,60 €	1,65%
Krankenversicherung	168,00 €	7%	336,00 €	14%	168,00 €	7%
Pflegeversicherung	23,40 €	0,975%	46,80 €	1,95%	23,40 €	0,975%
Summe	469,80 €	19,575%	939,60 €	39,15%	469,80 €	19,575%
Arbeitnehmersonderbeiträge:						
Krankenversicherung	21,60 €	0,9%	21,60 €	0,9%	0,00 €	0%
Pflegeversicherung	6,00 €	0,25%	6,00 €	0,25%	0,00 €	0%
Summe	497,40 €	20,725%	967,20 €	40,3%	469,80 €	19,575%

Information 4: Die gesetzlichen Krankenkassen sind die Einzugsstelle für die gesamten Sozialversicherungsbeiträge. Dorthin hat der Arbeitgeber die Gesamtbeiträge abzuführen. Die Krankenkassen behalten die Beiträge zur Kranken- und Pflegeversicherung und leiten die Teilbeträge für die anderen Versicherungen weiter.

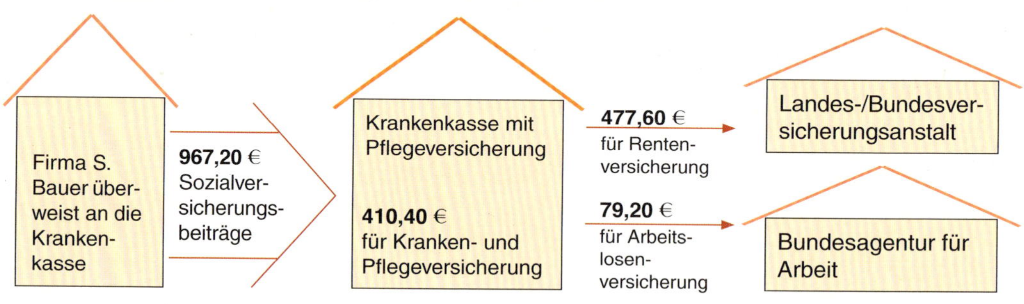

3.2.3 Lohnbüro

Das **Lohnbüro** übernimmt die mit der Gehalts- und Lohnabrechnung verbundenen Arbeiten. Dort werden auch alle notwendigen Unterlagen aufbewahrt.

Es sind dies vor allem:

- **Die Lohnsteuerkarten der Mitarbeiter**
- **Die Lohn- und Gehaltskonten für jeden Mitarbeiter**
  Diese Konten sind für jeden Arbeitnehmer zu führen. Es handelt sich nicht um Konten mit Soll und Haben, sondern lediglich um eine tabellarische Zusammenstellung der monatlichen Lohn- und Gehaltsabrechnungen in einem Kalenderjahr. Am Jahresende werden die Konten abgeschlossen. Sie dienen dem Finanzamt und den gesetzlichen Krankenkassen als Nachweis für die korrekte Berechnung der gesamten Abzüge.
- **Die Lohn- und Gehaltslisten**
  In ihnen werden zum jeweiligen Abrechnungstermin (meist am Monatsende) die Abrechnungen aller Mitarbeiter zusammengefasst und addiert. Diese Summen sind dann die Grundlage für die Buchung.

Organisation der Lohnbuchhaltung

Berechnung des Brutto- und Nettoverdienstes für jeden Arbeitnehmer	Steuerpflichtiger Bruttoverdienst	–	Abzüge	= Nettoverdienst
weitere Bearbeitungsvorgänge für jeden Arbeitnehmer	Lohn-/Gehaltsabrechnungen erstellen	Lohn-/Gehaltskonten führen	Entgeltsnachweis für die Sozialversicherung erstellen	Bescheinigungen auf der Rückseite der Lohnsteuerkarte
weitere Bearbeitungsvorgänge für die Finanzbuchhaltung	Lohn-/Gehaltslisten erstellen (dienen als Buchungsbeleg)		Abführung der einbehaltenen Abzüge überwachen	

146

1. Die Lohnsteuerkarte eines Arbeitnehmers beinhaltet u. a. folgende Eintragungen:

Geburtsdatum 12. 10. 1977	
I. Allgemeine Besteuerungsmerkmale	
Steuer-klasse	Kinder unter 18 Jahren Zahl d. Kinderfreibeträge
Eins	–
Kirchensteuerabzug	
ev	
Kinder	
(Datum) 20. 09. 20..	

Der Arbeitnehmer verdient monatlich brutto 2.410,00 €. Erstelle die Lohnabrechnung und ermittle den Nettolohn. Verwende für die Berechnung der Steuern den Auszug aus der Lohnsteuertabelle auf den Seiten 126–128 und für die Berechnung der einzelnen Sozialversicherungsbeiträge die Beitragssätze auf Seite 130, oder – falls du Zugang hast – die aktuellen Daten aus dem Internet (Krankenversicherung: Arbeitnehmeranteil 7,9%; Arbeitgeberanteil 7%).

2. Wie viel Nettolohn würde der Arbeitnehmer im Fall 1 ausbezahlt bekommen, wenn in seiner Lohnsteuerkarte die Steuerklasse „drei/eins“ statt „eins“ eingetragen wäre? Erstelle auch hier die Abrechnung.

3. Ein Arbeitnehmer verdient monatlich brutto 3.300,00 €. Ausbezahlt werden ihm 2.400,00 €. Der Arbeitnehmeranteil zur Sozialversicherung beträgt 660,00 €, der Arbeitgeberanteil 620,00 €. Erstelle am PC ein (wenn möglich farbiges) Balkendiagramm, aus dem der Unterschied zwischen Brutto- und Nettoverdienst des Arbeitnehmers und der Gesamtaufwand des Arbeitgebers deutlich werden.

147

Betrachte das Schaubild und beantworte nachstehende Fragen:

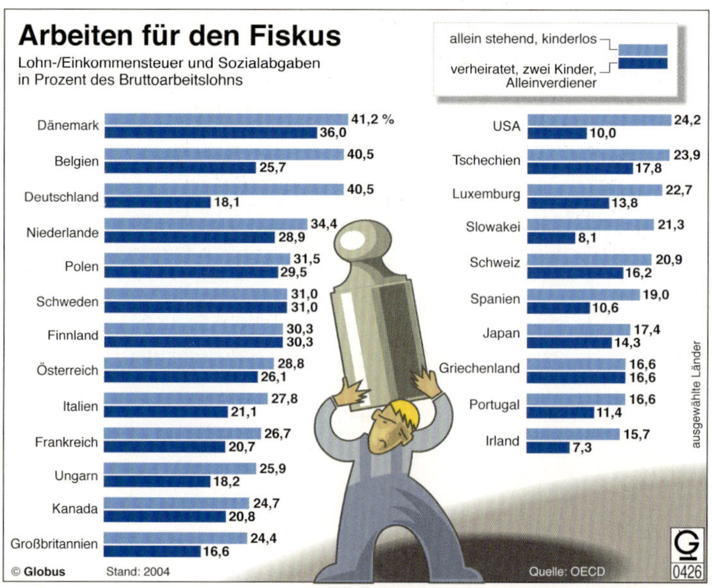

1. Welcher außereuropäische Staat hat die niedrigste Abgabenlast für
1.1 allein stehende, kinderlose Arbeitnehmer?
1.2 verheiratete Alleinverdiener mit 2 Kindern?
2. Welche dieser Staaten sind Mitglieder der EU?
3. Warum werden ledige Arbeitnehmer höher mit Steuern und Sozialabgaben belastet als verheiratete Arbeitnehmer mit Kindern?
4. Welche drei europäischen Staaten sind Spitzenreiter bei der Abgabenbelastung ihrer ledigen Bürger?
5. Welche drei europäischen Staaten belasten ihre verheirateten Arbeitnehmer (mit 2 Kindern) am geringsten?
6. Der ledige Sean Donelly arbeitet am Airport in Dublin und verdient monatlich brutto 2.000,00 €. Er erhält ein Angebot vom Nürnberger Flughafen und würde dort 2.500,00 € brutto verdienen. Begründe rechnerisch, ob sich rein abgabenmäßig für ihn ein Arbeitsplatz- und Wohnsitzwechsel von Dublin nach Nürnberg lohnt.
7. Franz Josef Sailer lebt mit seiner Ehefrau (Hausfrau) und seinen beiden Töchtern in Salzburg. Er verdient im Hotel „Mozart" monatlich brutto 2.500,00 €. Im 150 km entfernten München könnte er im Hotel „Isartal" einen Job mit monatlich brutto 3.500,00 € erhalten.
7.1 Begründe rechnerisch, ob er aus rein abgabenbezogenen Überlegungen von Salzburg nach München umziehen sollte.
7.2 Herr Sailer könnte auch täglich von Salzburg nach München mit seinem Pkw pendeln. Wie beurteilst du diese Option?
7.3 Nenne mindestens drei mögliche Gründe für die Beibehaltung des Arbeitsplatzes und Wohnsitzes in Salzburg.

3.3 Buchung des Personalaufwands (Löhne und Gehälter)

• Beispiel

Gehaltsliste für drei Mitarbeiterinnen und Mitarbeiter der Finanzabteilung:

Name	Steuerklasse	**Bruttogehalt**	Lohnsteuer	Sol. zuschl.	Ki. steuer	Soz. Vers. (ANA)*	Gesamte Abzüge	**Nettogehalt**	Soz. Vers. (AGA)*
M. Lux	III/0	3.100,00 €	299,50 €	16,47 €	23,96 €	642,48 €	982,41 €	2.117,59 €	606,83 €
A. Sipp	IV/2	3.100,00 €	580,91 €	23,38 €	34,01 €	634,73 €	1.273,03 €	1.826,97 €	606,83 €
X. Huf	II/1	3.100,00 €	544,66 €	21,55 €	31,35 €	634,73 €	1.232,29 €	1.867,71 €	606,83 €
Summe		9.300,00 €	1.425,07 €	61,40 €	89,32 €	1.911,94 €	3.487,73 €	5.812,27 €	1.820,49 €

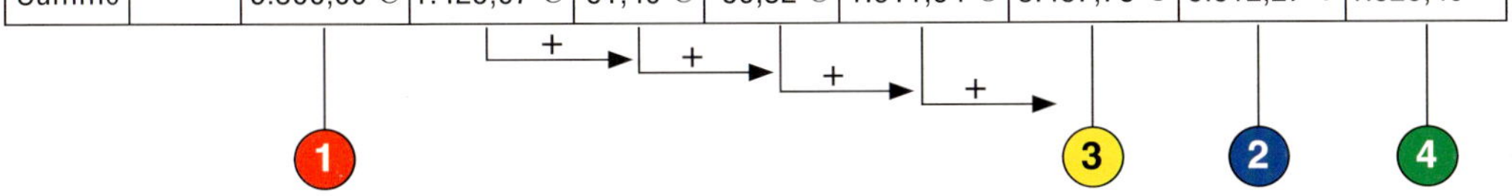

* siehe Seite 130 (Information 2 und Information 3)

i

1 Das Bruttogehalt beträgt 9.300,00 € und stellt einen betrieblichen Aufwand des Unternehmens dar.

- **Benötigtes neues Konto:**
  6300 Gehälter (G) **Aufwandskonto** **Buchung im Soll**
  bei einer Lohnliste wird benötigt:
  6200 Löhne (L)

2 Das Nettogehalt in Höhe von 5.812,27 € wird an die Arbeitnehmer überwiesen.

2800 Bank (BK) **Aktivkonto** **Buchung im Haben**

3 Die Gesamtabzüge in Höhe von 3.487,73 € sind (Steuern innerhalb von 10 Tagen, Versicherungen sofort) abzuführen, stellen also kurzfristige Verbindlichkeiten dar. Sie setzen sich zusammen aus

– den Steuerabzügen (1.575,79 €):

- **Benötigtes neues Konto:**
  4830 Sonstige Verbindlichkeiten gegenüber dem Finanzamt (VFA) **Passivkonto** **Buchung im Haben**

– den Sozialversicherungsbeiträgen (1.911,94 €):

- **Benötigtes neues Konto:**
  4840 Verbindlichkeiten gegenüber Sozialversicherungsträgern (VSV) **Passivkonto** **Buchung im Haben**

4 Der Arbeitgeberanteil zur Sozialversicherung in Höhe von 1.820,49 € erhöht den Personalaufwand des Unternehmens und ist ebenfalls eine kurzfristige Verbindlichkeit. Der Betrag ist sofort abzuführen.

- **Benötigte Konten:**
  6400 Arbeitgeberanteil zur Sozialversicherung (AGASV) **Aufwandskonto** **Buchung im Soll**
  4840 Verbindlichkeiten gegenüber Sozialversicherungsträgern (VSV) **Passivkonto** **Buchung im Haben**

Mit diesen Angaben kannst du jetzt die Buchungssätze bilden:

- **Geschäftsfall:**

Gehaltszahlung lt. Gehaltsliste:

Bruttogehälter	9.300,00 €
– Lohnsteuer mit Sol. zuschl.	1.486,47 €
– Kirchensteuer	89,32 €
– ANA zur Sozialversicherung	1.911,94 €
Nettogehälter (Banküberweisung)	5.812,27 €

• **Buchungssatz:**

6300 Gehälter (G)	**9.300,00**	**an**	**2800 Bank (BK)**	**5.812,27**	Gehaltszahlung laut Gehaltsliste
			4830 Sonstige Verbindlichkeiten gegenüber dem Finanzamt (VFA)	**1.575,79**	
			4840 Verbindlichkeiten gegenüber Sozialversicherungsträgern (VSV)	**1.911,94**	

• **Geschäftsfall:**

Der Arbeitgeberanteil beträgt 1.820,49 €

• **Buchungssatz:**

6400 Arbeitgeberanteil zur Sozialversicherung (AGASV)	**an**	**4840 Verbindlichkeiten gegenüber Sozialversicherungsträgern (VSV)**	**1.820,49**	Arbeitgeberanteil zur Sozialversicherung

• **Geschäftsfall:**

Banküberweisung der einbehaltenen Lohn- und Kirchensteuer an das Finanzamt 1.575,79 €

• **Buchungssatz:**

4830 Sonstige Verbindlichkeiten gegenüber dem Finanzamt (VFA)	**an**	**2800 Bank (BK)**	**1.575,79**	Abführung der Steuern

• **Geschäftsfall:**

Banküberweisung der einbehaltenen Sozialversicherungsbeiträge (Arbeitnehmer- und Arbeitgeberanteil) an die Krankenkasse 3.732,43 €

• **Buchungssatz:**

4840 Verbindlichkeiten gegenüber Sozialversicherungsträgern (VSV)	**an**	**2800 Bank (BK)**	**3.732,43**	Abführung der Sozialversicherungsbeiträge

148 Die Summenzeile einer Lohnliste für den Monat März 20.. weist folgende Zahlen aus:[2]

Name	Fam. stand	Steuer-klasse	Bruttolohn	Lohnsteuer (einschl. Soli.)	Kirchen-steuer	Sozialvers. (ANA)	Gesamt-abzüge	Nettolohn	Sozialvers. (AGA)
Summe			**7.500,00 €**	**964,00 €**	**76,00 €**	**1.550,00 €**	**2.590,00 €**	**4.910,00 €**	**1.470,00 €**

Bilde die Buchungssätze für

1. die Lohnzahlung lt. Lohnliste durch Banküberweisung ? €
2. die Banküberweisung der einbehaltenen Lohn- und Kirchensteuer ? €
3. die Banküberweisung der gesamten Sozialversicherungsbeiträge ? €

149 1. Bilde die Buchungssätze.

1.1 Gehaltsabrechnung lt. Gehaltsliste:

Brutto	38.870,00 €
Abzüge insgesamt (darin Arbeitnehmeranteil zur Soz. Vers. 8.055,00 €)	17.655,00 €
Netto (durch Banküberweisung)	? €
Arbeitgeberanteil	7.609,00 €

1.2 Banküberweisung der einbehaltenen Lohn- und Kirchensteuer 9.600,00 €

1.3 Banküberweisung der Beiträge zur Sozialversicherung ? €

2. Formuliere die Geschäftsfälle.

2.1	4830 VFA	3.110,00			
	4840 VSV	8.780,00	an	2800 BK	11.890,00
2.2	6200 L	22.630,00	an	2800 BK	15.130,00
				4830 VFA	3.400,00
				4840 VSV	4.100,00
	6400 AGASV		an	4840 VSV	3.870,00

150 Aus der Summenzeile einer Gehaltsliste sind dir nur folgende Beträge bekannt:

Summe der Nettogehälter	50.985,00 €
Arbeitnehmeranteile zur gesetzlichen Sozialversicherung	16.515,00 €
Gesamte Abzüge	25.705,00 €

1. Berechne die Summe der Bruttogehälter und die einbehaltene Lohn- und Kirchensteuer.
2. Bilde den Buchungssatz für die Zahlung der Gehälter durch Banküberweisung, der Arbeitgeberanteil zur SV beträgt 15.600,00 €.
3. Am 10. des folgenden Monats wird die Lohn- und Kirchensteuer an das Finanzamt überwiesen.
4. Die Sozialversicherungsbeiträge werden umgehend an die Krankenkasse überwiesen.

[2] In den folgenden Aufgaben werden alle Beträge aus Vereinfachungsgründen auf volle € gerundet.

3.4 Buchung der gesetzlichen Unfallversicherung

Wie ein Lauffeuer verbreitet sich diese Nachricht im Betrieb von Frau Bauer:

Harald Richter, Schreinergeselle im Bereich der Fertigung Holzhäuser, hat sich an der Hobelmaschine so unglücklich verletzt, dass es momentan fraglich ist, ob er künftig noch als Schreiner arbeiten kann.

Solche Nachrichten von Mitarbeitern, die es bei der Arbeit „erwischt" hat, hört man leider immer wieder: Ein Unfall mit dem Gabelstapler, eine Quetschung der Finger an einer Presse oder ein Sturz von der Leiter im Materiallager.

Die gesetzliche **Unfallversicherung** hat die Aufgabe, den Schaden auszugleichen, der einem Arbeitnehmer infolge eines Arbeits- oder Wegeunfalls oder durch eine Berufskrankheit entsteht. Auch sie ist ein Teil der Sozialversicherung der Arbeitnehmer. Allerdings muss der **Arbeitgeber allein** für die Versicherungsbeiträge aufkommen. Träger der Unfallversicherung sind die **Berufsgenossenschaften**. Jeder Betrieb in Deutschland ist Mitglied in der für seinen Gewerbezweig zuständigen Berufsgenossenschaft. Diese setzt die Jahresbeiträge fest. Die Beitragshöhe richtet sich nach der Gefahrenklasse des Betriebes und nach den bezahlten Löhnen und Gehältern. Durchschnittlich sind das etwa 1,5% der Lohn- und Gehaltssumme. Diese Beiträge gehören zu den **Personalzusatzkosten** und sind so Teil des Personalaufwands des Unternehmens.

- **Benötigtes neues Konto:**

6420	**Beiträge zur Berufsgenossenschaft (BBG)**	**Aufwandskonto**	**Buchung im Soll**

- **Geschäftsfall:**

Die Berufsgenossenschaft sendet den Jahresbescheid 20.. für die Unfallversicherung 2.600,00 €

- **Buchungssatz:**

6420 Beiträge zur Berufsgenossenschaft (BBG)	**an**	**4400 VE**	**2.600,00**

- **Geschäftsfall:**

Banklastschrift: Unfallversicherungsbeitrag für das Jahr 20.. 2.600,00 €

- **Buchungssatz:**

4400 VE	**an**	**2800 BK**	**2.600,00**

151

Bilde die Buchungssätze

1.	Lohnzahlung brutto durch Banküberweisung	14.560,00 €
	einbehaltene Steuern	2.120,00 €
	Arbeitnehmeranteil zur Sozialversicherung	3.080,00 €
	Arbeitgeberanteil zur Sozialversicherung	2.900,00 €
2.	Bescheid der Berufsgenossenschaft, Jahresbeitrag	980,00 €
3.	Banküberweisung der einbehaltenen Steuern	2.120,00 €
4.	Banküberweisung der Sozialversicherungsbeiträge (zu Nr. 1)	? €
5.	Banküberweisung an die Berufsgenossenschaft (siehe Nr. 2)	980,00 €
6.	Bilde die Abschlussbuchungssätze für folgende Konten:	
6.1	Konto 6300 Gehälter, Saldo	43.850,00 €
6.2	Konto 6400 Arbeitgeberanteil zur Sozialversicherung, Saldo	8.830,00 €
6.3	Konto 6420 Beiträge zur Berufsgenossenschaft, Saldo	1.020,00 €
6.4	Konto 4830 Sonstige Verbindlichkeiten gegenüber dem Finanzamt, Saldo	14.370,00 €
6.5	Konto 4840 Verbindlichkeiten gegenüber Sozialversicherungsträgern, Saldo	18.490,00 €

152

1. Bilde für die beiden Belege die notwendigen Buchungssätze.

Beleg 1:

Metallbau Gustav Eisele GmbH, Würzburg
Gehaltsliste Nr ....
für den Monat Mai 20..

Summe der Bruttogehälter		54.620,00 €
Abzüge:		
Lohnsteuer mit Solidaritätszuschlag	9.560,00 €	
Kirchensteuer	840,00 €	
Arbeitnehmeranteil zur SV	11.183,00 €	
Summe der Abzüge	21.583,00 €	21.583,00 €
auszuzahlende Gehälter (Banküberweisung)		33.037,00 €
Arbeitgeberanteil zur SV	10.260,00 €	

Beleg 2:

Kontoauszug Kontonummer 941 211 Auszug 34
IBAN DE72711702000000941211
BIC WBNKDEFF Datum 07.06.20.. Blatt 01

Winzerbank Würzburg

Vorgang/Buchungsinformation	Buchung	Wertstellung	Umsatz in EURO
_Überweisung Finanzamt. Lst, KiSt (Mai)	06. 06.	10. 06.	10.400,00 -
_Überweisung AOK, Soz.Vers. (Mai)	06. 06.	10. 06.	21.443,00 -
_Überweisung Berufsgenossenschaft Jahresbeitrag 20..	06. 06.	10. 06.	960,00 -

Winzerbank Würzburg * D-97000 Würzburg
Fa. Metallbau
Gustav Eisele
Postfach 1427
97000 Würzburg

Zahlungseingänge	EUR	0,00 +
Zahlungsausgänge	EUR	32.803,00 -
Alter Kontostand	EUR	51.460,00 +
Neuer Kontostand	EUR	18.657,00 +

Postanschrift: Winzerbank Würzburg 97000 Würzburg
Direkt-Service: Tel.: 0180-904050 Telefax: (0180) 82 20 10
Telefon-Banking: Tel.: 0180-904060 X-Online: *Winzerbank#
Erreichbarkeit: 7x24 Stunden Internet: http://www.winzerbank.de
Bankleitzahl 711 702 00

3.5 Personalzusatzkosten

Sie sind mit meinen Leistungen zufrieden. Mein Bruttogehalt ist ja auch ganz gut. Aber was ich monatlich netto zur Verfügung habe, ist schon sehr wenig. Wie sieht es denn mit einer Gehaltserhöhung aus?

Ihrer Bitte kann ich nicht entsprechen. Meine Personalkosten sind bereits jetzt schon sehr hoch. Bedenken Sie bitte: Ich bezahle für Sie ja nicht nur das Bruttogehalt, sondern auch die Hälfte der Sozialversicherung, die Unfallversicherung und Ihr Urlaubs- und Weihnachtsgeld.

Jeder Arbeitnehmer bezieht neben dem Entgelt, das er für die geleistete Arbeit erhält **(Direktlohn)**, einen zweiten Lohn. Er besteht aus den

- gesetzlichen,
- tariflichen und
- freiwilligen

betrieblichen Sozialleistungen eines Unternehmens **(Personalzusatzkosten)**.

Personalzusatzkosten

sind gesetzlich festgelegt

Beispiele

- Arbeitgeberanteil zur Sozialversicherung der Arbeitnehmer
- Unfallversicherung
- Bezahlte Freizeit (Urlaub, Feiertage)
- Entgeltsfortzahlung bei Krankheit (befristet)

werden tarifvertraglich oder freiwillig gewährt

Beispiele

- z. B. Zuschüsse zu vermögenswirksamen Leistungen nach dem Vermögensbildungsgesetz
- betriebliche Altersversorgung (Betriebsrente)
- Betriebswohnungen (verbilligt, unentgeltlich)
- Familienbeihilfen (z. B. bei Geburt eines Kindes)
- Belegschaftseinrichtungen (Kantine, Bibliothek, Berghütte, Freizeitangebote usw.)
- Sonderzahlungen (Urlaubsgeld, Weihnachtsgeld, Leistungsprämien, Gewinnbeteiligung)

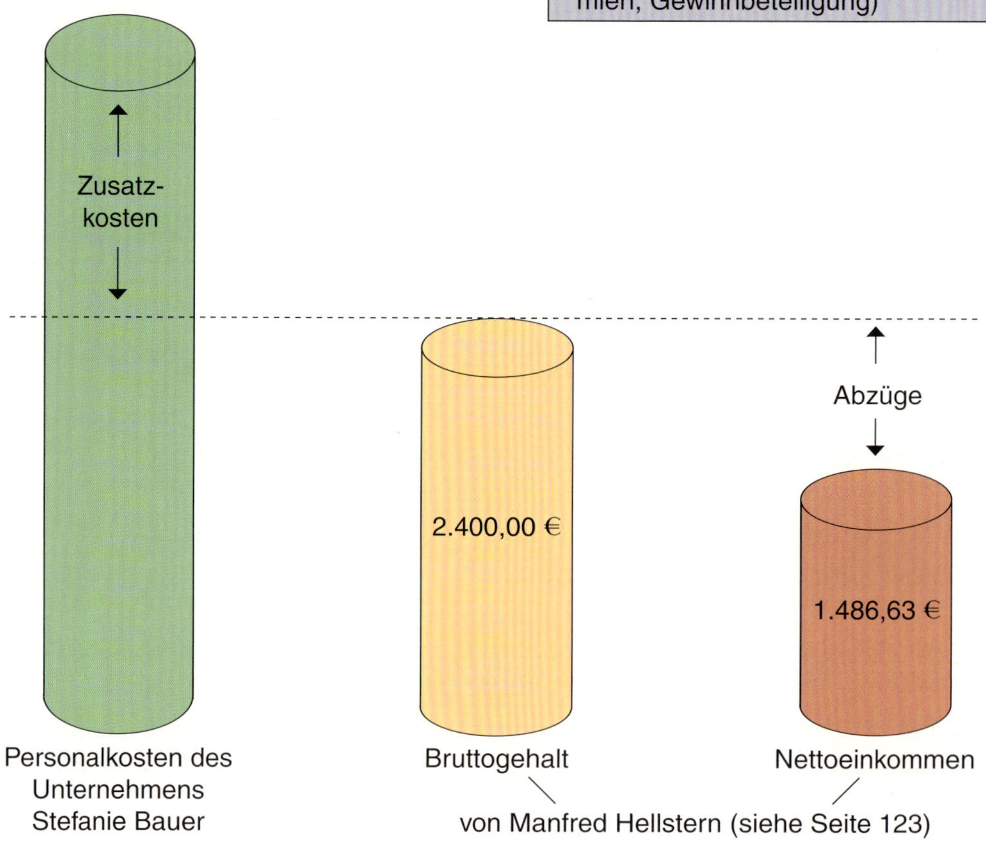

Betrachte dieses Schaubild und bearbeite dann die folgenden Angaben.

153

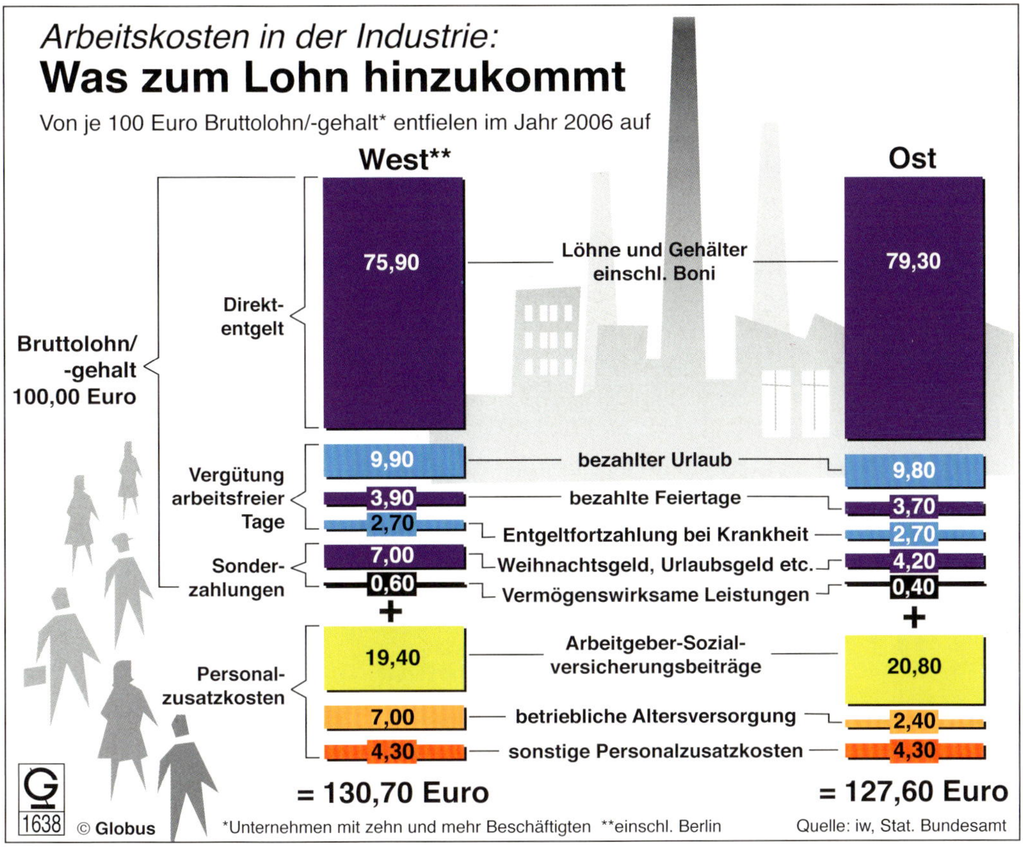

1. Wie viel Prozent vom Direktentgelt (100%) betragen
   - der Arbeitgeberanteil zur Sozialversicherung,
   - die Bezahlung arbeitsfreier Tage,
   - sonstige Personalzusatzkosten,
   - Sonderzahlungen und betriebliche Altersversorgung?

   Erstelle hierzu eine Tabelle für „West“ und „Ost“.
2. Personalzusatzkosten werden oft auch als „Zweiter Lohn“ bezeichnet. Begründe diese Aussage.
3. Dieses Schaubild kannst du am PC in verschiedenen Variationen „nachbauen“ und die Informationen, die es enthält, anschaulich darstellen.
   Stelle das Schaubild in zwei weiteren Variationen dar.
4. Warum erhöhen die Unternehmen bei steigenden Personalzusatzkosten nicht einfach die Preise für ihre Güter?
5. Auf der Rückseite der Lohnsteuerkarte (siehe Seite 125) sind in den Zeilen 17 ff. einige Personalzusatzkosten genannt, die der Arbeitgeber aus steuerrechtlichen Gründen bestätigen muss.
   Erstelle eine Liste dieser Zusatzkosten.

154 Die Personalzusatzkosten für alle Wirtschaftszweige in Deutschland haben sich in den letzten Jahrzehnten wie folgt entwickelt:

Jahr	*in % vom Direktentgelt*
1978	70,1%
1984	79,2%
1992	80,4%
1996	82%
1999	81,6%
2000	81,3%
2005	71,4%
2006	70,4%

1. Stelle die Entwicklung der Personalzusatzkosten grafisch dar.
2. Welche Tendenz lässt sich in den Jahren von 1978 bis 1996 erkennen?
3. Welche Tendenz ist ab 1996 erkennbar?

155 Betrachte dieses Schaubild und bearbeite die Aufgaben.

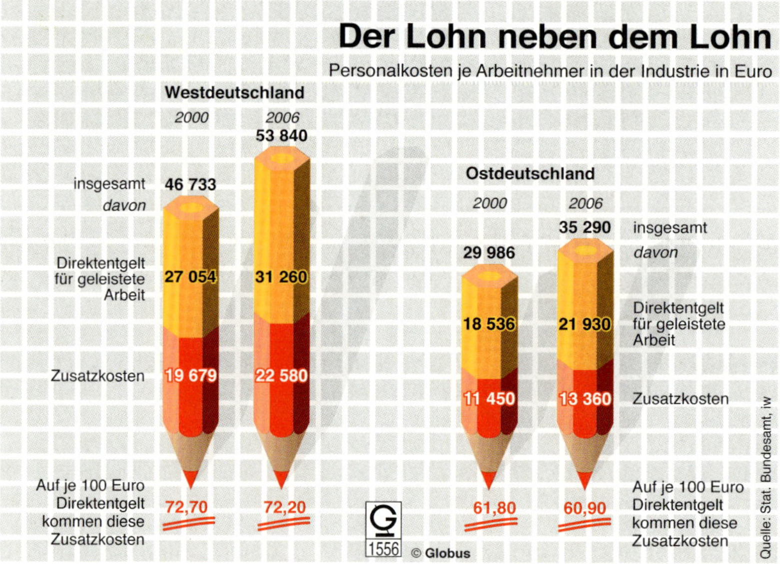

1. Erkläre den Unterschied zwischen Direktentgelt, Personalzusatzkosten und Personalkosten.
2. Nenne drei Beispiele für Zusatzkosten
3. Berechne den Unterschied für das durchschnittlich gezahlte Direktentgelt zwischen Westdeutschland und Ostdeutschland in Prozenten.

Hinweis: *Die unterschiedlichen Angaben zu den Personalzusatzkosten 2006 bei den Aufgaben 153, 154 und 155 sind wie folgt begründet: 30,70 € vom Bruttoentgelt (A 153) entsprechen 72,20% vom Direktentgelt (A 155). Die 72,20% gelten nur für die Industrie, die 70,40% bei A 154 gelten für alle Wirtschaftszweige.*

Das Schaubild zeigt die Zusammensetzung der Personalkosten 2006 im Industriebereich verschiedener Staaten. 156

Die Augsburger Maschinenfabrik „AUMA" produziert u. a. auch Spezialdrehbänke für den Weltmarkt. Für die Herstellung einer Drehbank werden 80 Arbeitsstunden benötigt.

1. Wie hoch sind die Arbeitskosten (gerundet auf volle €) bei einer Produktion
1.1 in Deutschland,
1.2 in Österreich,
1.3 in Italien,
1.4 in Portugal und
1.5 in Rumänien?

2. „AUMA" denkt über eine Produktion in Spanien nach.
2.1 Wie viel Euro würde das Unternehmen pro Arbeitsstunde und insgesamt sparen, wenn die Drehbank statt in Augsburg in Spanien hergestellt würde?
2.2 Wie hoch wäre die Ersparnis in Prozenten? (auf eine ganze Zahl runden)

3. Berechne die Ersparnis für eine Drehbank in € und in Prozenten bei einer Produktionsverlagerung in den Nachbarstaat Portugal.

157

Betrachte folgende Karikatur und lies dazu den Zeitungsausschnitt:

***Bonn** (dpa) – Immer mehr Unternehmen wollen Teile ihrer Produktion ins Ausland verlagern. Grenznahe Regionen sind von dieser „schleichenden Abwanderung" besonders stark betroffen. Dazu zählt z. B. Baden-Württemberg. Hier sind Verlagerungen nach Frankreich auch wegen dort niedrigerer Umweltschutzanforderungen besonders häufig. In Ostbayern sind Verlagerungen in die Tschechische Republik an der Tagesordnung. Dorthin vergeben auch sächsische Unternehmen gern lohnintensive Fertigungen. In Brandenburg gibt es Verlagerungstendenzen nach Polen. Auch Litauen, Lettland, die Ukraine und Russland spielen bei Standortverlegungen eine zunehmende Rolle.*

1. Der Zeitungsbericht nennt direkt bzw. indirekt Gründe, warum Unternehmen ihre Produktion ins Ausland verlagern. Nenne diese Gründe.
2. Welche Gefahr besteht für den „Standort Deutschland", wenn Unternehmen ihre Produktion verstärkt ins Ausland verlagern?
3. Der frühere deutsche Bundespräsident Roman Herzog sagte:

   „Ich bin leidenschaftlich dafür, dass der Sozialstaat erhalten bleibt. Das bedeutet aber, dass wir den anderen Staaten in der technischen Entwicklung voraus sein müssen".

3.1 Erkläre den Zusammenhang zwischen „Sozialstaat" und „Personalzusatzkosten".

3.2 Durch welche Maßnahmen könnten wir unseren technischen Vorsprung sichern? Nenne einige Beispiele.

4. Warum sind Produktionsverlagerungen ins Ausland nicht ohne Risiko? Nenne einige mögliche Risiken.

158

Überprüfe die folgenden Aussagen auf ihre Richtigkeit. Addierst du die Zahlen der richtigen Aussagen, so erhältst du als Summe die Zahl 30.

1. Zieht man vom Nettoeinkommen die Abzüge ab, so erhält man das Bruttoeinkommen. 4
2. Die Höhe der Lohnsteuer ist allein vom Bruttogehalt abhängig. 3
3. Die Unfallversicherung zahlt allein der Arbeitgeber. 7
4. Die Beiträge zur Sozialversicherung werden vom Bruttolohn berechnet. 6
5. Die Lohnsteuer berechnet sich nach dem Bruttoentgelt und der Steuerklasse. 5
6. Es gibt sieben Lohnsteuerklassen. 7
7. Das Nettogehalt ist niedriger als das Bruttogehalt. 5
8. Die Personalzusatzkosten sind wegen ihrer Geringfügigkeit zu vernachlässigen. 2
9. Bei Beginn des Arbeitsverhältnisses hat der Arbeitnehmer seine Lohnsteuerkarte beim Arbeitgeber abzugeben. 4
10. Das Lohnbüro ist zuständig für die Lohn- und Gehaltsabrechnungen der Mitarbeiter. 3
11. Mit der Abführung der einbehaltenen Abzüge kann der Arbeitgeber zwei Monate warten. 4
12. Dänische Arbeitnehmer zahlen weniger Steuern und Sozialabgaben als deutsche Arbeitnehmer (siehe Schaubild Seite 132). 5

Wer als Schüler in den Ferien etwas verdienen möchte oder ein bezahltes Praktikum absolviert, ist ebenfalls ein Arbeitnehmer und unterliegt daher grundsätzlich der Abgabenpflicht. Er muss nur dann keine Lohnsteuerkarte vorlegen, wenn er zu den so genannten „geringfügigen Beschäftigten“ gehört. Im anderen Fall erhalten „Ferienarbeiter“ ihre abgeführten Steuern nach Ablauf des Jahres vom Finanzamt **auf Antrag** wieder zurück.

ALLES KLAR?!?!?

1. Buchungen im Personalbereich

	Konto:	Buchung im:
Steuerpflichtige Bruttolöhne Bruttogehälter	6200 L 6300 G	Soll
Abzüge: Lohnsteuer (einschl. Solidaritätszuschlag), Kirchensteuer	4830 VFA	Haben
Abzüge: Sozialversicherungsbeiträge der Arbeitnehmer	4840 VSV	Haben
Nettolöhne/-gehälter	2800 BK	Haben
Sozialversicherungsbeiträge des Arbeitgebers	6400 AGASV	Soll
	4840 VSV	Haben
einbehaltene Lohn- und Kirchensteuer	4830 VFA	Soll
gesamte Sozialversicherungsbeiträge	4840 VSV	Soll
werden durch den Arbeitgeber überwiesen	2800 BK	Haben

2. Personalzusatzkosten sind Aufwendungen des Arbeitgebers für seine Arbeitnehmer, die neben dem vereinbarten Entgelt gezahlt werden.

3. Direktlohn – also der vereinbarte Bruttolohn – und die Personalzusatzkosten bilden die Personalkosten des Unternehmens.

4. Soziale Absicherung und Leistungsbereitschaft bedingen einander.

5. Zu hohe Personalkosten können den Produktionsstandort Deutschland gefährden.

4 Berechnungen und Buchungen im Anlagenbereich

4.1 Anlagenbuchhaltung (Anlagenkartei)

Nenne weitere Vermögensgegenstände des Anlagenbereiches im Unternehmen Stefanie Bauer.

i

Zum Anlagevermögen eines Unternehmens zählen alle Vermögensgegenstände, die nach § 247 (2) HGB dazu bestimmt sind, dem Betriebszweck dauernd bzw. langfristig zu dienen (Grundstücke, Betriebs- und Verwaltungsgebäude, Maschinen und Anlagen, Fuhrpark, Büromaschinen, Büroausstattung). Für jeden einzelnen Anlagegegenstand führt das Unternehmen eine eigene Anlagenkarte, die auf der Vorderseite alle wichtigen Daten aufweist. Die Rückseite enthält meist technische Angaben über den Anlagegegenstand.

Alle Anlagenkarten bilden zusammen die Anlagenkartei, in der sie nach den Sachkonten der Kontenklasse 0 entsprechend geordnet sind.

159

Muster einer Anlagenkarte

Inventar-Nr. 420	**Bezeichnung der Anlage:**	**Baujahr:** 20..
Anlagen-Kto: 0700	Fertigungslinie	**Anschaffungsdatum:** ..02.01.
Lieferant: Graf GmbH, Augsburg		**Bestellnummer:** 14 879 **Garantie:** 2 Jahre
Voraussichtliche Nutzungsdauer: 10 Jahre	**Voraussichtlicher Schrottwert:** – – –	
Anschaffungskosten: 1.000.000,00 €	**Versicherungswert:** 1.000.000,00 €	

Jahr	**Abschreibungen**			**Reparaturen**		
	Prozentsatz	**Betrag**	**Buchwert**	**Art**	**Tag**	**€**
..12-31	10%	100.000,00 €	900.000,00 €			

Beantworte mithilfe der obigen Anlagenkarte folgende Fragen:

1. Welches Anlagegut wurde angeschafft?
2. Wer ist der Hersteller des Anlagegutes?
3. Wie viele Jahre Garantie gewährt der Hersteller?
4. Mit welcher Nutzungsdauer rechnet das Unternehmen?

160

Auf welchen Konten werden folgende Anlagegüter im Unternehmen Stefanie Bauer gebucht?

Telefonanlage, Parkplatz, Verwaltungsgebäude, Lieferwagen, Fräsmaschine, Gabelstapler, Büroschränke, EDV-Anlage, Lagerhalle, Stanzmaschine, Kopiergerät.

161

Entscheide ob richtig oder falsch. Stelle die falschen Aussagen richtig.

1. Die Kontenklassen 0 und 1 enthalten das Anlagevermögen.
2. Alle Anlagenkarten bilden die Anlagenkartei.
3. Bank, Kasse, Forderungen und Büroausstattung zählen zum Umlaufvermögen.
4. Die Anlagenkarte enthält auch technische Angaben über das Anlagegut.

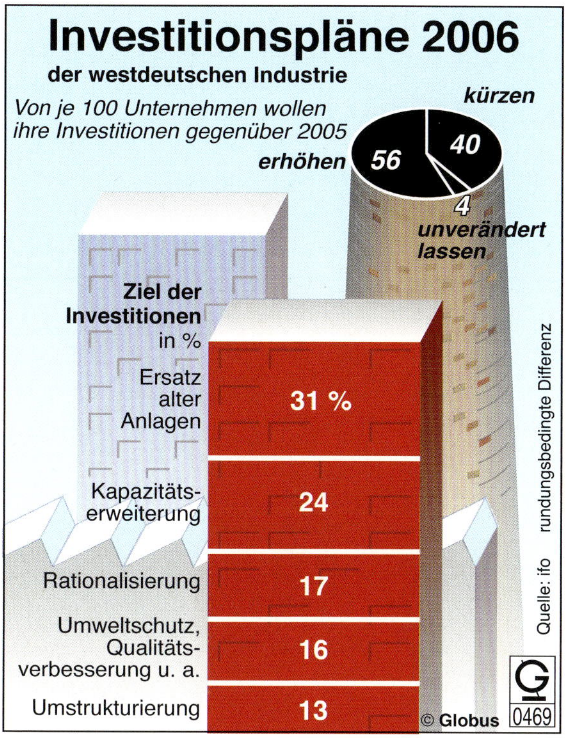

162

1. Wie viel Prozent der westdeutschen Unternehmen planten im Jahr 2006 eine Erhöhung der Investitionen?
2. Nenne mögliche Gründe für den Rückgang von Investitionen.
3. Welche Investitionsziele kannst du dem Schaubild entnehmen?
4. Erkläre die Investitionsziele mithilfe eines Wirtschaftslexikons.
5. Finde zu jedem Investitionsziel ein mögliches Beispiel im Unternehmen Stefanie Bauer.

ALLES KLAR?!?!?

Zum Anlagenbereich eines Unternehmens zählen alle Vermögensgegenstände, die dazu bestimmt sind, langfristig dem Geschäftsbetrieb zu dienen.

Für jeden einzelnen Anlagegegenstand wird eine Anlagenkarte mit allen wichtigen Daten geführt.

Alle Anlagenkarten bilden die Anlagenkartei. Sie lässt sich auch mithilfe der EDV führen.

4.2 Anschaffungskosten

- **Beispiel**

LKW BUCHNER e.K.
http://www.lkw-buchner.de

LKW BUCHNER e.K.
Inh.: Martin Buchner
Hauptverwaltung
Münchner Str. 40
86152 Augsburg
Postanschrift: 86210 Augsburg
Ausstellung: Münchner Str. 42–44
Telefon:
Allgemein (0821) 8310-0
Rechnung (0821) 8310-20
Telefax (0821) 8319-65
E-Mail info@buchner.de
Geschäftszeit: Mo-Fr 8°°–20°° Uhr

USt-Id-Nr.: DE102030759
St.-Nr. 9103/217/11002

LKW BUCHNER

Firma
Holzbau Rosenheim
Lindenstraße 14–16
83024 Rosenheim

LKW-RECHNUNG Nr. 02411

Datum
12. April 20..

Kundennummer 7187 02 2823 3 (bitte bei Rückfragen und Überweisung angeben)

Bezeichnung:

1 Fergo T 100 „power" 3,0 XXL
Fg.Nr. WOLMAR7512054408
Kfz.-Brief-Nr. CD 848 411
Pol.-Kennzeichen: RO-HR 1632
Farbe: Fantasiegrün; Firmenlogo
Div. Ausstattung

Fahrzeugpreis	97.300,00 €
+ Überführung	2.250,00 €
Nettobetrag	99.550,00 €
+ 19% Umsatzsteuer	18.914,50 €
Rechnungsbetrag	**118.464,50 €**

Der LKW wurde am 12. 04. 20.. übergeben.
Zahlung innerhalb von 30 Tagen rein netto.

Sitz des Unternehmens und Registergericht:
Augsburg HRA 5247

Bankverbindung:
Gewerbebank Augsburg
(BLZ 700 100 54)
Konto-Nr. 406 022

Wie hoch sind die Anschaffungskosten in Euro?

Gegenstände des **Anlagevermögens** sind zum Zeitpunkt des Erwerbs mit ihren **Anschaffungskosten** auf dem entsprechenden Anlagekonto zu **aktivieren**. Nach § 255 (1) HGB setzen sie sich zusammen aus

Anschaffungspreis
+ Anschaffungsnebenkosten
– Anschaffungskostenminderungen
= Anschaffungskosten

Der **Anschaffungspreis** ist der **Nettowert** des Anlagegutes. Die Vorsteuer zählt nicht zu den Anschaffungskosten, weil sie von der Umsatzsteuer abgesetzt wird.

Anschaffungsnebenkosten sind alle Ausgaben und Aufwendungen, die neben dem Kaufpreis des Anlagegutes **sofort oder nachträglich anfallen, um das Anlagegut zu erwerben und in einen betriebsbereiten Zustand zu versetzen, wie z. B.**

- Kosten der Überführung und Zulassung beim Kauf eines Kraftfahrzeugs; Transport-, Fundamentierungs- und Montagekosten bei Maschinen u. a.
- Kosten der Vermittlung und Beurkundung, die Grunderwerbsteuer sowie Vermessungskosten beim Erwerb von Grundstücken und Gebäuden.

Voraussetzung für die Anschaffung eines Anlagegutes ist häufig die Beschaffung der erforderlichen Geldmittel. Anschaffung und Finanzierung sind zwei **getrennte** Vorgänge. Die für die Finanzierung aufgewendeten Kosten, wie z. B. **Bearbeitungsgebühren** und **Zinsen** stehen nur in einem indirekten Zusammenhang mit der Anschaffung. Sie sind deshalb keine Anschaffungskosten des Anlagegutes, sondern Kosten eines Kredits.

163

Das Unternehmen Stefanie Bauer kauft für eine geplante Betriebsvergrößerung ein unbebautes Nachbargrundstück.

Kaufpreis des Grundstücks	350.000,00 €
Maklergebühr, netto	9.500,00 €
Vermessungsgebühren, netto	2.000,00 €
Eintragung ins Grundbuch	1.200,00 €
Notariatskosten, netto	1.750,00 €
Grunderwerbsteuer 3,5%	??? €
Bearbeitungsgebühr für Hypothek	1.250,00 €

Welchen Betrag muss das Unternehmen Stefanie Bauer aktivieren?

164

Welche der nachstehend aufgeführten Kosten zählen zu den Anschaffungsnebenkosten?

Verpackung, Zulassungskosten, Transportversicherung, Montagekosten, Frachtkosten, Fundamentierungskosten, Notariatskosten, Überführungskosten, Zölle, Darlehenszinsen, Maklergebühren, Hypothekenzinsen, Gebühren für die Baugenehmigung.

165

Kauf einer Sortieranlage zum Listenpreis von 50.000,00 € netto; Transportkosten netto 500,00 €; Montagekosten 5.355,00 € brutto.

1. Ermittle die Anschaffungskosten des Anlagegutes.
2. Auf den Nettopreis der Sortieranlage erhält das Unternehmen nachträglich einen Nachlass von 10% aufgrund eines versteckten Mangels. Wie hoch sind nun die aktivierungspflichtigen Anschaffungskosten?

166 Beim Kauf eines Betriebsgrundstückes zum Preis von 250.000,00 € fallen weitere Kosten an: 3,5% Grunderwerbsteuer vom Kaufpreis, Vermessungskosten 3.800,00 € netto, Maklergebühr 10.000,00 € netto, Notariatskosten 2.600,00 € netto, Kosten für die Eintragung in das Grundbuch des zuständigen Amtsgerichts 450,00 €. Für ein Entwässerungsgutachten wurden 1.785,00 € brutto in Rechnung gestellt. Für den Anschluss an den städtischen Kanal schickt uns die Baufirma eine Rechnung über 8.000,00 € + 19% USt.
Für das laufende Quartal werden für das Grundstück an die Gemeinde überwiesen: Grundsteuer 750,00 €, Kanalbenutzungsgebühren 480,00 €

Entscheide, welche Kosten aktivierungspflichtige Anschaffungsnebenkosten sind und ermittle die Höhe der Anschaffungskosten.

167 Ein Fertigungsunternehmen kauft eine CNC-Hobel- und Fräsmaschine zu folgenden Bedingungen:
Listenpreis, netto: 80.000,00 €, Sofortrabatt 10%
Der Lieferer berechnet für den Transport der Maschine 800,00 € netto, für das Aufstellen (betoniertes Fundament) 3.200,00 € netto und für die Installation des Programms (Software) 2.650,00 € netto.

Wie hoch sind die Anschaffungskosten in Euro?

ALLES KLAR?!?!?

Das Anlagegut muss zu den Anschaffungskosten aktiviert, d. h. in das jeweilige aktive Bestandskonto gebucht werden.
Die Umsatzsteuer zählt nicht zu den Anschaffungskosten.
Die Anschaffungskosten müssen mindestens 1.000,00 € betragen.
Die Anschaffungskosten werden wie folgt ermittelt.

Anschaffungspreis	Nettolistenpreis des Anlagegutes
+ Anschaffungsnebenkosten	Sämtliche Kosten, die anfallen, um das Anlagegut in Betrieb zu nehmen z. B. Transportkosten einschließlich Versicherung, Überführung, Sonderausstattung, Kosten der Aufstellung, Installation, Montage, Frachten, Zölle, Maklergebühren, Notariatskosten, Erschließungskosten, Vermessungskosten, Baugenehmigung, Grunderwerbsteuer.
– Anschaffungspreisminderungen	Nachlässe, die den Anschaffungspreis vermindern, z. B. Rabatte, Skonti, Nachlässe wegen Mängelrüge.
= Anschaffungskosten	Sämtliche Kosten, die bei der Anschaffung, Inbetriebnahme und Herstellung eines Anlagegutes anfallen.

Zinsen und Bearbeitungsgebühren für Kredite sind Finanzierungskosten und zählen nicht zu den Anschaffungsnebenkosten.

4.3 Buchungen beim Kauf von Anlagegütern

- **Geschäftsfall**

Unternehmerin Stefanie Bauer kauft auf einer Handwerksmesse eine neue computergesteuerte Fertigungsmaschine.

Maschinen Klein GmbH

Maschinen Klein GmbH * Rottendorfer Str. 19 * 97070 Würzburg

Firma
Holzbau Rosenheim
Lindenstraße 14–16
83024 Rosenheim

Rottendorfer Str. 19
97070 Würzburg
Telefon: 0931/24 70 30
Telefax: 0931/24 80 10
E-Mail: service@klein.de
Internet: http://www.klein.com

Bankverbindung:
Wirtschaftsbank Würzburg (BLZ 760 580 20)
Konto-Nr. 40 56 17 30

Datum 20..-02-04

RECHNUNG Nr.: 00202567

Position	Artikel	Menge	Einzelpreis in EUR	Gesamtpreis in EUR
1	CNC-Fertigungsmaschine - 10% Messerabatt	1	115.000,00 €	115.000,00 € 11.500,00 €
		Warenwert, netto		103.500,00 €
		+ Verpackungskosten		1.000,00 €
		+ Transportversicherung		500,00 €
		+ Fracht		1.000,00 €
		+ Fundament		2.800,00 €
		+ Installation (Software)		3.000,00 €
		+ Sicherheitsprüfung		1.700,00 €
				113.500,00 €
		+ 19% Umsatzsteuer		21.565,00 €
		Rechnungsbetrag		135.065,00 €

Die Lieferung erfolgte am 04. 02. 20..

Die Ware bleibt bis zur vollständigen Bezahlung unser Eigentum! Vielen Dank für Ihren Auftrag!
Lieferung: ab Lager, unbeladen * Zahlbar ohne Abzug innerhalb 30 Tagen.
Geschäftsführung: Dr. Michael Bend * Handelsregister Würzburg HRB 9055
USt-Id-Nr.: DE298424015 * St.-Nr. 9257/170/20002

Wie bucht das Unternehmern Stefanie Bauer die Anschaffung der Fertigungsmaschine?

Die **Anschaffungskosten** werden auf dem jeweiligen Anlagenkonto gebucht **(aktiviert)**.

- **Ermittlung der Anschaffungskosten:**

Kaufpreis	115.000,00 €
+ Anschaffungsnebenkosten	10.000,00 €
– Anschaffungskostenminderung (10% Rabatt)	11.500,00 €
= Anschaffungskosten	**113.500,00 €**

- **Buchungssatz (Zielkauf):**

0700 Maschinen und Anlagen (MA)	**113.500,00**			
2600 Vorsteuer (VORST)	**21.565,00**	**an**	**4400 Verbindlichkeiten aus L. und L. (VE)**	**135.065,00**

- **Buchungssatz (Banküberweisung):**

4400 Verbindlichkeiten aus L. und L. (VE)	**135.065,00**	**an**	**2800 Bank (BK)**	**135.065,00**

168

Für betriebliche Zwecke wird ein Kleinlastwagen angeschafft, netto 32.600,00 €. Die Überführungskosten betragen 840,00 € netto.

1. Wie hoch sind die aktivierungspflichtigen Anschaffungskosten?
2. Bilde den Buchungssatz für den Zielkauf.

169

Zielkauf einer Verpackungsmaschine für netto 50.000,00 €. Der Hersteller gewährt 5% Sonderrabatt, für Transport fallen brutto 2.499,00 €, für Montage 4.500,00 € netto an.

1. Ermittle die Anschaffungskosten.
2. Bilde den erforderlichen Buchungssatz für den Zielkauf der Verpackungsmaschine.
3. Wie lautet der Buchungssatz für die Begleichung der Rechnung durch Banküberweisung?

170

Zielkauf einer neuen Fertigungsmaschine

Listenpreis, netto	660.000,00 €
Fracht und Verpackung, netto	4.000,00 €
Kosten für Fundament, netto	16.000,00 €
Kosten für Versorgungsanschlüsse, netto	12.000,00 €

Finanzierung:

Aufnahme eines langfristigen Kredits bei der Bank in Höhe von	400.000,00 €

1. Bilde den Buchungssatz für den Zielkauf der Maschine.
2. Wie lautet der Buchungssatz für die Bereitstellung des Kredits auf dem Bankkonto?
3. Bilde den Buchungssatz für den ersten Schuldendienst in Höhe von 22.000,00 € einschließlich 2.000,00 € Zinsen.

171

Ein Fahrzeughändler stellt uns für den Kauf eines Lastwagens in Rechnung (ER 3331):
Nettopreis 84.000,00 €, Spezialaufbau 9.000,00 € netto, Sonderlackierung mit Werbeaufschrift 3.000,00 € netto, Anhängerkupplung 1.400,00 € netto, Überführungskosten 1.200,00 € netto, Zulassungskosten 200,00 € netto.

Die Kraftfahrzeugsteuer über 500,00 € und die Haftpflichtversicherung mit 1.250,00 € werden vom Bankkonto abgebucht.

Die erste Tankfüllung über 238,00 € brutto wird bar bezahlt.

1. Ermittle die Anschaffungskosten für den Lastwagen.
2. Bilde die erforderlichen **Buchungssätze**.

172

Bilde für folgende Geschäftsfälle die Buchungssätze (USt 19%)

1.	Kauf eines Lieferwagens.	
	Auszug aus der Rechnung	
	Listenpreis, netto	45.000,00 €
	+ Sonderausstattung, netto	15.000,00 €
	+ Überführungskosten, netto	1.000,00 €
2.	Barzahlung der Zulassungskosten für den Lieferwagen an den Kfz-Händler aus Nr. 1, netto	45,00 €
3.	Barzahlung der Nummernschilder für den Lieferwagen, brutto (siehe Nr. 1)	35,70 €
4.1	Zielkauf eines Grundstücks zur Vergrößerung des Firmengeländes. Kaufpreis	50.000,00 €
4.2	Grunderwerbsteuer 3,5%, Banklastschrift	? €
4.3	Eingangsrechnung: Maklergebühr 3% von Kaufpreis netto	? €
5.	Die fällige Grundsteuer für das Grundstück siehe Nr. 4 wird vom Bankkonto abgebucht.	125,00 €
6.	Zielkauf einer Maschine: Kaufpreis, netto	25.000,00 €
	Kosten für das Fundament, netto	1.000,00 €
	Frachtkosten, netto	500,00 €
	Erstausstattung mit Spezialschmierstoffen, netto	200,00 €
7.	Kauf eines internetfähigen Kopiergerätes auf Ziel, Listenpreis	12.000,00 €
	– Sonderrabatt, 15%	? €
	+ 10 Ersatzpatronen Toner zu netto 40,00 € je Stück	? €
8.	Für die Herstellung eines Betonfundamentes zur Aufstellung der Maschine (siehe Nr. 6) stellt der damit beauftragte Handwerksbetrieb in Rechnung, brutto	928,20 €

173

Beim Kauf eines Verwaltungsgebäudes sind neben dem Kaufpreis Maklergebühren, Notariatskosten, Kosten für die Eintragung ins Grundbuch und Grunderwerbsteuer angefallen. Als weitere Kosten sind Grundsteuer, Kanalbenutzungsgebühren und Müllabfuhr zu entrichten.

1. Welche der anfallenden Kosten zählen nicht zu den Anschaffungsnebenkosten? Begründe deine Antwort.
2. Auf welchen Konten (siehe Nr. 1) werden die Kosten jeweils gebucht?
3. Worin besteht der Unterschied zwischen Grundsteuer und Grunderwerbsteuer?

174 Zielkauf einer Fertigungshalle für 400.000,00 €, davon entfallen auf das Grundstück 120.000,00 €. Die Grunderwerbsteuer beträgt 3,5% vom Kaufpreis, die Grundbuch- und Notargebühren betragen 1% des Kaufpreises.

1. Bilde den Buchungssatz für die Aktivierung des Anlagegutes.
2. Wie lautet der Buchungssatz für die Banküberweisung der Gesamtsumme?

ALLES KLAR?!?!?

Die Anlagegüter werden beim Kauf mit den gesamten Anschaffungskosten auf dem jeweiligen Anlagekonto aktiviert.

Der Kauf von Anlagegütern erfolgt auf Ziel.

4.4 Buchungen beim Kauf von Geringwertigen Wirtschaftsgütern

Ultraschallluftbefeuchter
166,60 €
incl. 19% USt

Großraumluftbefeuchter
950,81 €
incl. 19% USt

Wie werden diese Anlagegüter laut Unternehmensteuerreformgesetz **2008** bezeichnet?

Mit Inkrafttreten des Unternehmensteuerreformgesetzes 2008 werden alle abnutzbaren, beweglichen und einer selbstständigen Nutzung fähigen Wirtschaftsgüter des Anlagevermögens mit Anschaffungskosten bis zu **1.000,00 € (netto)** als **Geringwertige Wirtschaftsgüter** bezeichnet. Je nach Höhe der Anschaffungskosten werden sie **entweder sofort als Aufwand oder auf einem eigenen Bestandskonto** erfasst. Für „hochwertige“ Anlagegüter mit Anschaffungskosten über 1.000,00 € (netto) erfolgt die Buchung auf dem jeweiligen Anlagekonto. (Siehe 4.3)

4.4.1 Geringwertige Wirtschaftsgüter (Kleingüter)

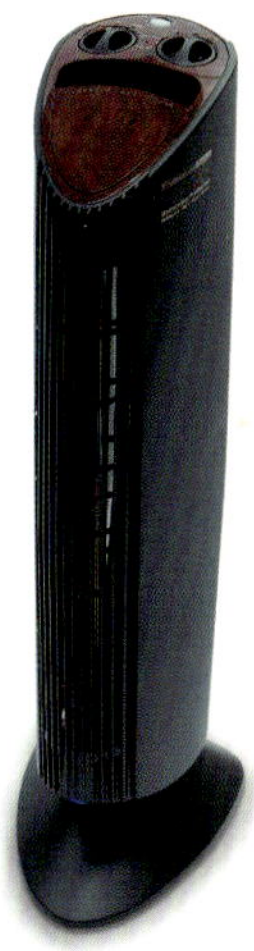

Ultraschallluftbefeuchter
166,60 €
incl. 19% USt

Auf welchem Konto wird dieses Anlagegut erfasst?

Nach § 6 Abs. 2 EStG (Einkommensteuergesetz) werden Geringwertige Wirtschaftsgüter, deren **Anschaffungskosten 150,00 € (netto) nicht übersteigen** als sogenannte **Kleingüter** beim Kauf **sofort** als **Aufwand** auf dem Aufwandskonto **6800 Büromaterial und Kleingüter (BMK)** erfasst.

Anschaffungsnebenkosten, z. B. Fracht und Verpackung, **erhöhen** die Anschaffungskosten und müssen bei der Prüfung der 150,00 €-Grenze berücksichtigt werden. **Rabatte** und **Nachlässe verringern** die Anschaffungskosten.

Geschäftsfall:

Eingangsrechnung für einen Ultraschallluftbefeuchter, brutto 166,60 €, Umsatzsteuer 19%.

Benötigtes neues Konto:

6800 Büromaterial und Kleingüter	**Aufwandskonto**	**Buchung im Soll**

Buchungssatz:

6800 Büromaterial und Kleingüter (BMK)	**140,00**			
2600 Vorsteuer (VORST)	**26,60**	**an**	**4400 Verbindlichkeiten aus L. und L. (VE)**	**166,60**

4.4.2 Geringwertige Wirtschaftsgüter (Sammelposten)

Großraumluftbefeuchter
950,81 €
incl. 19% USt

Auf welchem Konto wird dieses Anlagegut erfasst?

Laut § 6 Abs. 2a EStG (Einkommensteuergesetz) müssen Geringwertige Wirtschaftsgüter mit **Anschaffungskosten von 150,01** € **bis 1.000,00** € (netto) beim Kauf in einer sogenannten **Poolbildung** auf dem aktiven Bestandskonto **0895 Sammelposten (SP)** erfasst werden.

Anschaffungsnebenkosten, z. B. Fracht und Verpackung, erhöhen die Anschaffungskosten und müssen bei der Prüfung der 1.000,00 €-Grenze **berücksichtigt** werden. **Rabatte** und **Nachlässe verringern** die Anschaffungskosten.

Geschäftsfall:

Eingangsrechnung für einen Großraumluftbefeuchter, brutto 950,81 €, Umsatzsteuer 19%.

Benötigtes neues Konto:

0895 Sammelposten (SP)	**Aktivkonto**	**Buchung im Soll**

Buchungssatz:

0895 Sammelposten (SP)	**799,00**			
2600 Vorsteuer (VORST)	**151,81**	**an**	**4400 Verbindlichkeiten aus L. und L. (VE)**	**950,81**

175

Ordne die nachfolgenden Anlagegüter zu:

Anlage (Wirtschaftsgut)	Anschaffungskosten			Hochwertige Anlagegüter	Geringwertige Wirtschaftsgüter	
	Brutto USt 19%	Rabatt (%)	Fracht (€) netto		Klein-güter	Sammel-posten
Laptop	1.249,50	5	7,50	?	?	?
Stehlampe	172,55	---	---	?	?	?
Schreibtisch	1.213,80	---	---	?	?	?
Gabelstapler	15.708,00	25	150,00	?	?	?
Rasenmäher	178,50	---	---	?	?	?
Computermonitor	165,41	---	12.00	?	?	?
Reißwolf	1.178,10	---	32,00	?	?	?
Presslufthammer	654,50	---	22,00	?	?	?
CD-Player	166,60	---	8,00	?	?	?
Bürocontainer	4.165,00	10	240,00	?	?	?
Bohrmaschine	154,70	5	---	?	?	?
Hochdruckreiniger	190,40	8	7,80	?	?	?
Mikrowellengerät	208,25	15	---	?	?	?
Handkreissäge	1.178,10	12	15,00	?	?	?
Stahlschrank	618,80	8	25,00	?	?	?
Laserdrucker	177,31	5	8,50	?	?	?

176

Kombigeräte mit Druck-, Scan- und Faxfunktion dürfen beim Kauf als Geringwertige Wirtschaftsgüter gebucht werden, Drucker dagegen nicht.

1. Welche Voraussetzungen müssen grundsätzlich erfüllt sein, dass ein Geringwertiges Wirtschaftsgut vorliegt?

2. Welche Voraussetzung erfüllen Drucker nicht.

3. Gib weitere drei Beispiele für Anlagegegenstände an, die Voraussetzungen für GWG nicht erfüllen.

Nutze bei Deiner Entscheidung die Auszüge aus dem Einkommensteuergesetz im Anhang des Buches.

177

Bilde die Buchungssätze für den Zielkauf von

1. zwei Handbohrmaschinen zu je 172,55 € brutto
2. drei Solar-Taschenrechnern zu je 15,00 € netto
3. Zielkauf einer Handkreissäge mit Sägeblättern für Holz bzw. Metall, zum Nettopreis von 149,00 €, dazu ein Ersatzsägeblatt für Holz, 11,00 € netto.

178

Bilde die Buchungssätze:

1. Barkauf einer Schreibtischgarnitur brutto 160,65 €
2. Zielkauf eines Garderobenschrankes, netto 160,00 €, abzüglich 10% Rabatt für Ausstellungsstück.
3. Kauf einer Hängeregistratur zu 370,00 € netto + Versandspesen 5,00 € netto auf Ziel.
4. Zielkauf eines PC für netto 1.600,00 €.
5. Die Eingabetastatur für den PC (siehe 4.) wird im Rahmen einer Sonderaktion in einem Supermarkt für brutto 101,15 € gegen Barzahlung erworben.
6. Zielkauf von 50 Stühlen für einen Konferenzraum, Rechnungsbetrag 6.545,00 €.
7. Barkauf einer Schreibtischlampe in einem Mitnahmemarkt 50,00 € netto.
8. Eingangsrechnung für 10 multifunktionale Taschenrechner, Gesamtpreis 368,90 € brutto.
9. Zielkauf einer neuen Leimpresse, netto 34.500,00 € abzüglich 20% Rabatt, zuzüglich Installationskosten netto 1.800,00 €.
10. Barzahlung für Dieselkraftstoff, brutto 130,90 €.
11. Zieleinkauf einer Papierschneidemaschine für das Büro, netto 145,00 €, Frachtkosten 12,50 € netto.
12. Ein Computermonitor muss durch einen neuen ersetzt werden. Die Eingangsrechnung weist einen Bruttobetrag von 481,95 € aus.
13. Zieleinkauf von drei Druckerpatronen, Nettopreis insgesamt 165,00 €.
14. Kauf von 100 CD-Rohlingen auf Ziel, Gesamtpreis 99,00 € brutto.
15. Zielkauf eines Kombigeräts (Fax, Scanner, Kopierer), brutto 416,50 €.

179

1. Wodurch unterscheiden sich Sammelposten und Kleingüter?
2. Nenne jeweils zwei Beispiele für Sammelposten und für Kleingüter im Fertigungsunternehmen Stefanie Bauer.
3. Im Rahmen eines Sonderverkaufs wird ein Monitor für einen PC für 399,00 € brutto und eine Eingabetastatur für 61,50 € netto erworben. Warum werden diese Güter nicht als Geringwertige Wirtschaftsgüter gebucht?

ALLES KLAR?!?!?

Geringwertige Wirtschaftsgüter

Anschaffungskosten bis 1.000,00 € (netto)

Kleingüter

bis 150,00 € netto

Sofortiger Aufwand beim Kauf auf Konto 6800 BMK

Sammelposten

150,01 € bis 1.000,00 € netto

Erfassung auf Konto 0895 SP

4.5 Abschreibung auf Anlagen

4.5.1 Ursachen der Abschreibung

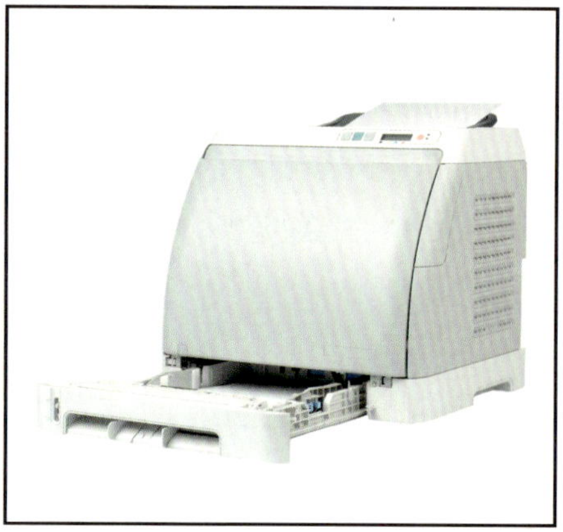

Die beiden Anlagegüter unterscheiden sich deutlich. Finde mögliche Gründe.

Anlagegüter sind nur **zeitlich begrenzt nutzbar**. Sie **verlieren** ständig an **Wert** und müssen ersetzt werden.

Gründe für die Wertminderungen bei Sachanlagen			
Nutzung	technischer Fortschritt	wirtschaftliche Überholung	außergewöhnliche Ereignisse
z. B. Gebrauch im Produktionsprozess, Verwitterung, Verrosten	z. B. neue Produktionsverfahren	z. B. neue Umweltschutzauflagen, Nachfrageverschiebungen	z. B. Brand, Unfall, Explosion, Überschwemmung

Folgen:

Die Leistungsfähigkeit des Anlagegutes sinkt und die Qualität der Produktionsleistung lässt nach. Andere Anlagen arbeiten kostengünstiger. Bestimmte Produkte werden weniger oder nicht mehr gekauft, sodass eine weitere Nutzung der Anlage aus Kostengründen nicht mehr sinnvoll ist. Ein Anlagegut muss früher als geplant durch ein neues umweltschonendes ersetzt werden.

Bei der Feststellung von Wertminderungen ist die Unterscheidung in **abnutzbare** und **nicht abnutzbare** Anlagegüter wichtig. Nur die abnutzbaren Anlagegüter (Betriebs- und Verwaltungsgebäude, Maschinen und Anlagen, Fuhrpark, Büromaschinen und Büroausstattung) unterliegen einer ständigen Wertminderung. **Grundstücke** gehören dagegen zu den **nicht abnutzbaren** Anlagegütern.

Beantworte folgende Fragen: 180

1. Nenne drei mögliche Ursachen für die Wertminderung bei einem Lieferwagen.
2. Warum tritt bei Grundstücken keine Wertminderung ein?
3. Welche außergewöhnlichen Ereignisse können zu Wertminderungen bei Anlagegütern führen?
4. Welche Auswirkungen haben Wertminderungen bei Anlagegütern auf die Produktion?

Suche zu folgenden Ursachen für Wertminderungen jeweils ein konkretes Beispiel: 181

- Technischer Fortschritt
- Nachfrageverschiebungen
- Maßnahmen des Umweltschutzes

4.5.2 Berechnung der Abschreibung

4.5.2.1 Jährliche Abschreibung

Die Verwaltung des Unternehmens Stefanie Bauer wird mit einem neuen Kopiergerät ausgestattet. Die Anschaffungskosten betragen 10.000,00 € netto. Das Unternehmen rechnet mit einer Nutzungsdauer von 5 Jahren.

Wie hoch ist die jährliche Wertminderung in Euro?

Für die Berechnung der Wertminderung (Abschreibung) gelten gesetzliche Vorschriften:

Nach **§ 253 Abs. 1 HGB** sind Vermögensgegenstände bei der Aufstellung der Bilanz mit dem Wert anzusetzen, den sie am Tag der Aufstellung (31. 12.) haben.

§ 253 Abs. 2 HGB:

Bei Vermögensgegenständen des Anlagevermögens, deren Nutzung zeitlich begrenzt ist, sind die Anschaffungs- oder Herstellungskosten um planmäßige Abschreibungen zu vermindern. Der Plan muss die Anschaffungs- oder Herstellungskosten auf die Geschäftsjahre verteilen, in denen der Vermögensgegenstand genutzt werden kann.

Laut § 253 HGB müssen **Anlagegüter** mit ihrem **tatsächlichen Wert** in der Bilanz ausgewiesen werden. Ihre Wertminderung wird als so genannte **Abschreibung** erfasst. Bei der Anschaffung des Anlagegutes legt das Unternehmen die voraussichtliche **Nutzungsdauer** fest. In der Praxis ist dies eine Schätzgröße. Grundlage für die Schätzung der Nutzdauer sind die **Abschreibungstabellen**, die von der Finanzverwaltung herausgegeben werden (siehe Seite 166 ff.). Sie werden als AfA-Tabellen bezeichnet. AfA = Absetzung für Abnutzung.

Die Höhe des jährlichen Abschreibungsbetrages ist somit abhängig von den Anschaffungskosten und von der geschätzten Nutzungsdauer.

Jährlicher Abschreibungsbetrag (€): $\frac{\textbf{Anschaffungskosten}}{\textbf{Nutzungsdauer (Jahre)}}$

Abschreibungssatz (%): $\frac{\textbf{100\%}}{\textbf{Nutzungsdauer}}$

Erfolgt die Abschreibung stets in einem **gleichbleibenden Prozentsatz** von den **Anschaffungskosten** des Anlagegutes spricht man von **linearer Abschreibung**. Die Anschaffungskosten werden somit „planmäßig" in **gleichen Beträgen** auf die Nutzungsjahre verteilt. Der Anlagegegenstand ist am Ende der Nutzungsdauer voll abgeschrieben, d. h. auf 0,00 €. Bei linearer Abschreibung wird also eine gleichmäßige Nutzung und Wertminderung des Anlagegutes unterstellt.

Wird das vollständig abgeschriebene Anlagegut weitergenutzt, bleibt es mit einem **Erinnerungswert von 1,00** € in der Buchführung stehen.

- **Beispiel**

Die Anschaffungskosten des internetfähigen Kopiergerätes betragen 10.000,00 €. Das Unternehmen Stefanie Bauer legt die Nutzungsdauer auf 5 Jahre fest. Das Anlagegut wurde am 02. 01. .. gekauft.

1. Berechnung des jährlichen Abschreibungsbetrages:

$$\textbf{Jährlicher Abschreibungsbetrag (€):} \ \frac{10.000\ €}{5\ \text{Jahre}} = 2.000{,}00\ €$$

2. Berechnung des Abschreibungssatzes:

$$\textbf{Abschreibungssatz (\%):} \ \frac{100\%}{5\%} = 20\%$$

3. Erstellen der Abschreibungstabelle (Abschreibungsplan)

Anschaffungskosten	10.000,00 €	
– Abschreibung (1. Jahr)	2.000,00 €	(= 20% von 10.000,00 €)
Buchwert (Restwert)	8.000,00 €	
– Abschreibung (2. Jahr)	2.000,00 €	(= 20% von 10.000,00 €)
Buchwert (Restwert)	6.000,00 €	
– Abschreibung (3. Jahr)	2.000,00 €	(= 20% von 10.000,00 €)
Buchwert (Restwert)	4.000,00 €	
– Abschreibung (4. Jahr)	2.000,00 €	(= 20% von 10.000,00 €)
Buchwert (Restwert)	2.000,00 €	
– Abschreibung (5. Jahr)	2.000,00 €	(= 20% von 10.000,00 €)
Buchwert (Restwert)	0 €	

Anschaffungskosten – AfA-Betrag = Buchwert (Restbuchwert)

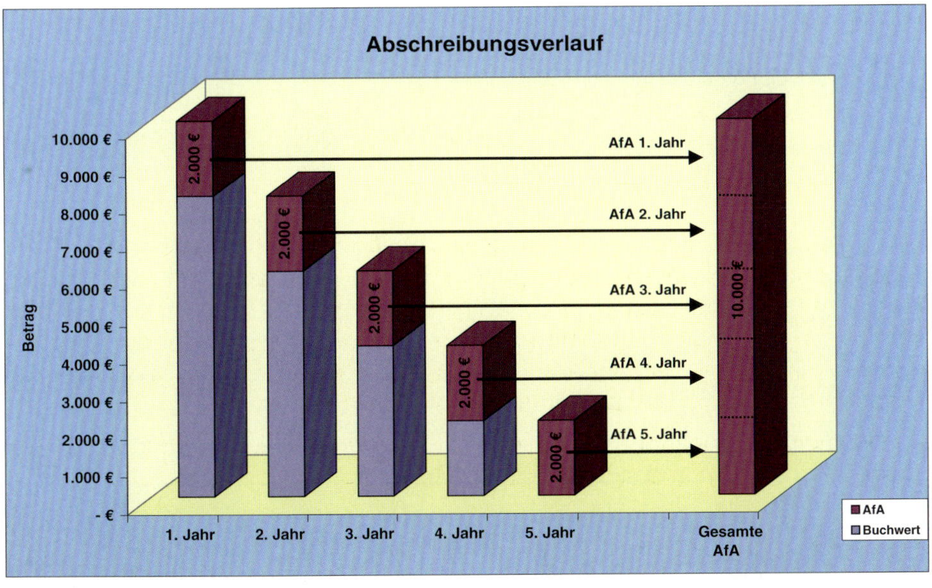

Abschreibungstabelle

Die Finanzverwaltung hat die betriebliche Nutzung für die Anlagegüter festgelegt.

Auszug aus der AFA-Tabelle des Bundesfinanzministeriums

Lfd.-Nr.	Anlagegüter	Nutzungsdauer/ Abschreibungs-dauer in Jahren
1	**Unbewegliches Anlagevermögen**	
1.1	Hallen in Leichtbauweise	14
1.5	Baracken und Schuppen	16
1.8	Pumpenhäuser, Trafostationshäuser u. Schalthäuser	20
1.11	Laderampen	25
2	**Grundstückseinrichtungen**	
2.1	Fahrbahnen, Parkplätze und Hofbefestigungen	
2.1.1	mit Packlage	19
2.1.2	in Kies, Schotter, Schlacken	9
2.3	Umzäunungen	
2.3.1	aus Holz	5
2.7.5	Wasserspeicher	20
2.8	Grünanlagen	15
3	**Betriebsanlagen allgemeiner Art**	
3.1	Krafterzeugungsanlagen	
3.1.2	Stromerzeugung (Gleichrichter, Ladeaggregate, Notstromaggregate, Stromgeneratoren, Stromumformer usw.)	19
3.1.4	Kraft-Wärmekopplungsanlagen (Blockheizkraftwerke)	10
3.1.5	Windkraftanlagen	16
3.1.6	Photovoltaikanlagen	20
3.1.7	Solaranlagen	10
3.3.2	Emissionsmessgeräte	8
3.3.3	Materialprüfgeräte	10
3.4.1	Elevatoren, Förderschnecken, Rollenbahnen, Hängebahnen, Transportbänder, Förderbänder und Plattenbänder	14
3.4.3	Krananlagen	
3.4.3.1	ortsfeste oder auf Schienen	21
3.4.3.2	sonstige	14
3.4.4	Aufzüge, Winden, Arbeitsbühnen, Hebebühnen, Gerüste, Hublifte	
3.4.4.1	stationär	15
3.4.4.2	mobil	11
3.5	Hochregallager	15
3.6	Transportcontainer, Baucontainer, Bürocontainer und Wohncontainer	10
3.10	Sonstige Betriebsanlagen	
3.10.2	Tankanlagen und Zapfanlagen für Treib- und Schmierstoffe	14
3.10.3	Brennstofftanks	25

Lfd.-Nr.	Anlagegüter	Nutzungsdauer/ Abschreibungs-dauer in Jahren
3.10.4	Autowaschanlagen	10
3.10.6	Alarmanlagen und Überwachungsanlagen	11
4	**Fahrzeuge**	
4.2	Straßenfahrzeuge	
4.2.1	Personenkraftwagen und Kombiwagen	6
4.2.2	Motorräder, Motorroller, Fahrräder u. ä.	7
4.2.3	Lastkraftwagen, Sattelschlepper, Kipper	9
4.2.4	Traktoren und Schlepper	12
4.2.5	Kleintraktoren	8
4.2.6	Anhänger, Auflieger, Wechselaufbauten	11
4.5	sonstige Beförderungsmittel (Elektrokarren, Stapler, Hubwagen usw.)	8
5	**Bearbeitungsmaschinen und Verarbeitungsmaschinen**	
5.3	Bohrmaschinen	
5.3.1	stationär	16
5.3.2	mobil	8
5.4	Bohrhämmer und Presslufthämmer	7
5.6	Drehbänke	16
5.7	Fräsmaschinen	
5.7.1	stationär	15
5.7.2	mobil	8
5.9	Hobelmaschinen	
5.9.1	stationär	16
5.9.2	mobil	9
5.11	Pressen und Stanzen	14
5.14	Sägen aller Art	
5.14.1	stationär	14
5.14.2	mobil	8
5.16	Sandstrahlgebläse	9
5.17	Schleifmaschinen	
5.17.1	stationär	15
5.17.2	mobil	8
5.18	Schneidemaschinen und Scheren	
5.18.1	stationär	13
5.18.2	mobil	8
5.19	Schredder	6
5.20	Schweißgeräte und Lötgeräte	13
5.23	Verpackungsmaschinen, Folienschweißgeräte	13

Lfd.-Nr.	Anlagegüter	Nutzungsdauer/ Abschreibungs- dauer in Jahren
6	**Betriebs- und Geschäftsausstattung**	
6.1	Wirtschaftsgüter der Werkstätten-, Labor- und Lagereinrichtungen	14
6.5	Klimageräte (mobil)	11
6.6	Belüftungsgeräte, Entlüftungsgeräte (mobil)	10
6.11	Raumheizgeräte (mobil)	9
6.13	Telekommunikationsanlagen	
6.13.3	Faxgeräte	6
6.14	Büromaschinen und Organisationsmittel	
6.14.3	Datenverarbeitungsanlagen	
6.14.3.1	Großrechner	7
6.14.3.2.	Workstations, Personalcomputer, Notebooks und deren Peripheriegeräte (Drucker, Scanner, Bildschirme u. ä.)	3
6.14.4	Foto-, Film-, Video- und Audiogeräte (Fernseher, CD-Player, Recorder, Lautsprecher, Radios, Verstärker, Kameras, Monitore u. ä.)	7
6.14.10	Vervielfältigungsgeräte	7
6.14.11	Zeiterfassungsgeräte	8
6.14.13	Reißwölfe (Aktenvernichter)	8
6.15	Büromöbel	13
6.19.1	Stahlschränke	14
7	**Sonstige Anlagegüter**	
7.2	Reinigungsgeräte	
7.2.4	Hochdruckreiniger (Dampf- und Wasser-)	8
7.4.1	Getränkeautomaten, Leergutautomaten	7
7.4.2	Warenautomaten	5
7.6	Fahnenmasten	10
7.7	Kühlschränke	10
7.8	Laborgeräte (Mikroskope, Präzisionswaagen u. ä.)	13
7.9	Mikrowellengeräte	8
7.10	Rasenmäher	9
7.11	Toilettenkabinen und Toilettenwagen	9

182

Berechne die fehlenden Werte ohne Taschenrechner.

Anschaffungskosten	Nutzungsdauer	Abschreibungssatz	Jährlicher Abschreibungsbetrag
24.000,00 €	8 Jahre	?	?
60.000,00 €	?	?	12.000,00 €
?	?	5%	800,00 €
96.000,00 €	?	$16\frac{2}{3}$%	?
144.000,00 €	12 Jahre	?	?
?	40 Jahre	?	5.000,00 €
?	4 Jahre	?	30.000,00 €
42.000,00 €	?	?	14.000,00 €

183

Ein Fertigungsunternehmen kauft einen PC für die Verwaltungsabteilung für netto 1.800,00 €.

1. Bilde den Buchungssatz für den Zielkauf.
2. Entnimm die Nutzungsdauer der AfA-Tabelle und berechne den Buchwert am Ende des zweiten Jahres.

184

Das Unternehmen Stefanie Bauer kauft zu Beginn des Jahres einen neuen Kombiwagen. Die Rechnung des Kfz-Händlers enthält folgende Positionen:
Listenpreis netto 40.000,00 €, Überführungskosten netto 1.950,00 €, Zulassung 50,00 €

1. Wie viel Euro betragen die aktivierungspflichtigen Anschaffungskosten?
2. Bilde den Buchungssatz für den Zielkauf des Kombiwagens.
3. Die betriebsgewöhnliche Nutzungsdauer wird auf 6 Jahre festgelegt. Wie hoch ist der jährliche Abschreibungsbetrag?
4. Berechne den Abschreibungssatz.
5. Mit welchem Betrag wird der Kombiwagen am Ende des 6. Nutzungsjahres abgeschrieben, wenn er noch weitergenutzt wird?

185

Die Nutzungsdauer für eine Solaranlage wurde auf 10 Jahre festgelegt. Der Buchwert beträgt zu Beginn des 6. Jahres 15.000,00 €.

1. Wie viel Euro beträgt der jährliche Abschreibungsbetrag?
2. Berechne die Höhe der Anschaffungskosten.

186

Erkläre folgende Begriffe:

1. Anschaffungsnebenkosten
2. Buchwert
3. Erinnerungswert
4. Anschaffungskosten

187 Zielkauf eines neuen Lastkraftwagens, Kaufpreis 98.000,00 €, Überführungs- und Zulassungskosten 2.000,00 €, Nutzungsdauer 9 Jahre.

1. Bilde den Buchungssatz für den Zielkauf.
2. Die erste Tankfüllung über 261,80 € brutto wird bar bezahlt. Wie lautet der Buchungssatz?
3. Erstelle den Abschreibungsplan für die ersten vier Nutzungsjahre.

188 Nach dreimaliger jährlicher Abschreibung beträgt der Buchwert einer stationären Hobelmaschine 18.281,25 €. Der Abschreibungssatz beträgt 6,25%.

1. Berechne die Höhe der Anschaffungskosten.
2. Bilde den Buchungssatz für den Zielkauf der stationären Hobelmaschine.

189

Inventar-Nr. 522	**Bezeichnung der Anlage:** Belüftungsgerät mobil	**Baujahr:** 20..
Anlagen-Kto: 0700		**Anschaffungsdatum:** 20..-01-03
Lieferant: Zöller GmbH, Schweinfurt		**Bestellnummer:** 11 999 **Garantie:** 2 Jahre
Voraussichtliche Nutzungsdauer: 10 Jahre		
Anschaffungskosten: ???		

Jahr	**Abschreibungen**			**Reparaturen**		
	Prozentsatz	**Betrag**	**Buchwert**	**Art**	**Tag**	**€**
..12-31	10%	825,00 €	???			
..12-31	10%	825,00 €	???			

1. Ermittle die Höhe der Anschaffungskosten für das Belüftungsgerät.
2. Berechne die fehlenden Buchwerte.
3. Beim Kauf des Belüftungsgerätes sind Frachtkosten in Höhe von 59,50 € brutto angefallen. Wie hoch war der Kaufpreis des Belüftungsgerätes?
4. Die Anlagenkarte enthält wichtige Angaben für die Durchführung der Abschreibung. Nennne zwei für die Berechnung der Abschreibung erforderliche Angaben.

190

Anlagengegenstand	Anschaffungskosten	Buchwert am Ende des 1. Nutzungsjahres	Buchwert am Ende des 2. Nutzungsjahres
Anhänger (LKW)	99.000,00 €	89.100,00 €	79.200,00 €
Kombiwagen	33.000,00 €	27.500,00 €	22.000,00 €
Personalcomputer	1.200,00 €	800,00 €	400,00 €

Ermittle für den jeweiligen Anlagengegenstand den Abschreibungssatz.

191

Berechne die Prozentsätze für die Abschreibung. Entnimm die jeweilige Nutzungsdauer der AfA-Tabelle.

Anlagegegenstand	Nutzungsdauer	Abschreibung in %
Zeiterfassungsgeräte	???	???
Personalcomputer	???	???
Lastkraftwagen	???	???
Hochdruckreiniger	???	???
mobile Schleifmaschine	???	???

192

Die Nutzungsdauer für einen Lastkraftwagen beträgt laut AfA-Tabelle 9 Jahre. Die Anschaffungskosten betrugen 99.000,00 €. Erstelle den Abschreibungsplan für die gesamte Nutzungsdauer unter Verwendung einer geeigneten Grafik.

4.5.2.2 Zeitanteilige Abschreibung

Autohaus
Neumann GmbH

Dieselstr. 10
92318 Neumarkt
Telefon: 09181/44345
Telefax: 09181/44346
E-Mail: auto.Neumann@it-online.de

Autohaus Neumann GmbH*Dieselstr. 10*92318 Neumarkt

Stefanie Bauer
Lindenstraße 14 – 16
83024 Rosenheim

RECHNUNG NR. 123 678 — Neumarkt, den 15. Mai 2008

Fabrikat:	Kombiwagen	**Fahrgestellnummer:**	JMBG13D200256
Modellbezeichnung:	40635L	**Kfz-Brief:**	75432999
Polizeil. Kennzeichen:	RO-RS 701	**Schlüssel-Nr.:**	AB5647998
Typ:	406 3,0i LX, 5-türig		

Fahrzeugpreis	34.500,00 €
Überführung	1.500,00 €
Nettobetrag	36.000,00 €
Umsatzsteuer 19 %	6.840,00 €
Gesamtbetrag	**42.840,00 €**

Zahlbar sofort ohne Abzug. | Steuernummer 91244543222 | USt-IdNr. DE 8237366543
Bankverbindung: Sparkasse Neumarkt | BLZ 702 543 08 | Konto Nr. 480 582 840
Registergericht Regensburg HRB 3468 | Geschäftsführerin: Anna Neumann

Das Unternehmen Stefanie Bauer kauft am 15. Mai 2008 einen Kombiwagen. Laut Anlagekarte wird eine sechsjährige Nutzungsdauer festgelegt. Für das Jahr 2008 wurde ein Abschreibungsbetrag in Höhe von 4.000,00 € errechnet. Wie erklärt sich dieser Betrag?

„Hochwertige“ Anlagegüter (Anschaffungskosten übersteigen 1.000,00 € netto) müssen am Jahresende zeitanteilig abgeschrieben werden. Damit ist die Abschreibung monatsanteilig beginnend mit dem Monat der Anschaffung (oder Herstellung) zu berechnen. Beim Kauf z. B. im Mai bedeutet dies, dass $^{8}/_{12}$ in Ansatz gebracht werden dürfen, dabei sind angefangene Monate zu berücksichtigen.

Beispiel

Das Unternehmen Stefanie Bauer kauft am 15. Mai 2008 einen Kombiwagen für netto 36.000,00 €. Die Nutzungsdauer wird laut Anlagekarte auf sechs Jahre festgelegt. Berechne den Abschreibungsbetrag für den Kombiwagen am 31. 12. 2008.

Lösung

Abschreibungsbetrag /Jahr 36.000,00 : 6 = 6.000,00 €

Abschreibungsbetrag am 31. 12. 2008: $\frac{6.000{,}00\ € \times 8\ \text{m}}{12\ \text{m}} = 4.000{,}00\ €$

Zeitanteilige Abschreibung: $\frac{\text{Jährlicher Abschreibungsbetrag x Monate}}{12}$

193 Ein Süßwarenautomat wurde am 02. 04. 20.. gekauft und am 31. 12. 20.. mit 90,00 € abgeschrieben. Die Nutzungsdauer wurde auf 6 Jahre festgelegt. Berechne die Anschaffungskosten für den Süßwarenautomaten

ALLES KLAR?!?!?

- Anlagegüter verlieren ständig an Wert.
- Man unterscheidet gebrauchsbedingte und wirtschaftlich bedingte Wertminderungen.
- Der Wertverlust wird „herabgeschrieben“ → Abschreibungen.
- Im Steuerrecht wird die Abschreibung als Absetzung für Abnutzung (AfA) bezeichnet.
- Grundstücke unterliegen keiner Abnutzung und werden nicht abgeschrieben.
- Die Nutzungsdauer von Anlagegütern kann einer AFA-Tabelle des Bundesfinanzministeriums entnommen werden.
- Bei Anschaffungen von Anlagegütern während des Kalenderjahres muss die Abschreibung am 31. 12. monatsanteilig berechnet werden.

4.5.3 Buchung der Abschreibung

	Anschaffungskosten 2.100,00 € Nutzungsdauer 3 Jahre Wertminderung nach dem ersten Nutzungsjahr 700,00 € Wie lautet der **Buchungssatz** für die Abschreibung?

Beim Kauf von Anlagegütern werden die Anschaffungskosten aktiviert. Der **Wertverlust** muss jeweils am Ende des jeweiligen Nutzungsjahres **buchhalterisch erfasst** werden. Die **Wertminderung** betrieblicher Anlagegüter wird als **betrieblicher Aufwand** im **Konto 6520 Abschreibungen auf Sachanlagen (ABSA)** auf der **Sollseite** gebucht. Die **Gegenbuchung** erfolgt auf der **Habenseite** des betreffenden **Anlagekontos**. Diese Form der Buchung wird als **direkte Abschreibung** bezeichnet, weil die Wertminderung direkt auf dem Anlagekonto gebucht wird.

Geringwertige Wirtschaftsgüter mit Anschaffungskosten von 150,01 € bis 1.000,00 € (netto), Sammelposten, werden über eine **Dauer von 5 Jahren** „gleichmäßig verteilt gewinnmindernd aufgelöst", d. h. jeweils zum Jahresende mit **20%** abgeschrieben. Die Abschreibung erfolgt über das **Konto 6545 Abschreibung auf Sammelposten (ABSP)** auf der Sollseite.

Hinweis: Jeder Pool wird wie ein einzelnes Wirtschaftsgut behandelt und über einen Zeitraum von fünf Jahren abgeschrieben – unabhängig von Verkäufen, Entnahmen oder Wertminderungen.

- **Beispiel 1**

Am Ende des 1. Nutzungsjahres wird der Computer (Anschaffungskosten 2.100,00 €) mit $33^1/_3$% = 700,00 € abgeschrieben.

- **Benötigtes neues Konto**

6520 Abschreibungen auf Sachanlagen (ABSA)	**Aufwandskonto**	**Buchung im Soll**

- **Buchungssatz (vorbereitende Abschlussbuchung)**

6520 Abschreibungen auf Sachanlagen (ABSA)	**an**	**0860 Büromaschinen (BM)**	**700,00**

- **Buchung auf T-Konten und Abschluss der Konten 0860 BM und 6520 ABSA**

S	0860 BM		H
4400	2.100,00	6520	700,00
		8010	1.400,00
	2.100,00		2.100,00

S	6520 ABSA		H
0860	700,00	8020	700,00

Soll	8010 SBK		Haben
0860	1.400,00		

Soll	8020 GUV		Haben
6520	700,00		

- **Beispiel 2**

Das Konto 0895 SP weist zum 31. 12. Anschaffungen aus dem laufenden Geschäftsjahr in Höhe von 1.890,00 € aus. Es werden 20% des Bestandes abgeschrieben.

- **Benötigtes neues Konto**

6545 Abschreibungen auf Sammelposten (ABSP)	**Aufwandskonto**	**Buchung im Soll**

- **Buchungssatz (vorbereitende Abschlussbuchung)**

6545 Abschreibungen auf Sammelposten (ABSP)	**an**	**0895 Sammelposten**	**378,00**

- **Buchung auf T-Konten und Abschluss der Konten 0895 SP und 6545 ABSP**

S	0895 SP		H
4400	930,00	6545	378,00
4400	960,00	8010	1.512,00
	1.890,00		1.890,00

S	6545 ABSP		H
0895	378,00	8020	378,00

Soll	8010 SBK		Haben
0895	1.512,00		

Soll	8020 GUV		Haben
6545	378,00		

194

Eingangsrechnung:
Barkauf eines Aktenvernichters für 146,50 € netto, und Staubschutzhülle 4,50 € netto.

1. Ermittle die Anschaffungskosten.
2. Bilde den Buchungssatz für die Anschaffung.
3. Wie lautet die vorbereitende Abschlussbuchung am 31. 12.?
4. Begründe die Abschreibungsbuchung.

195

Führe folgende Konten:

0860 BM (AB 8.000,00 €), 0895 SP, 6520 ABSA, 6545 ABSP, 6800 BMK und 8020 GUV.

1. Bilde die Buchungssätze für folgende Geschäftsfälle:

1.1 Barkauf von CD-Rohlingen, netto	55,00 €
1.2 Zielkauf eines Laminiergerätes, brutto	154,70 €
1.3 Eingangsrechnung am 15. 01. ..	
mobiles Bürobelüftungsgerät, netto	1.500,00 €
Fahrvorrichtung, netto	50,00 €
1.4 Zielkauf eines Tischkopierers, brutto	487,90 €

2. Trage die Buchungssätze in die Konten ein und schließe die Erfolgskonten unter Berücksichtigung der Abschlussangaben ab.
   Abschlussangaben: Abschreibung auf 0860 BM 10%, 0895 SP 20%
3. Ermittle den Jahreserfolg. (Zusatzangaben für das Konto 8020 GUV: Summe „weiterer" Aufwendungen 123.500,00 €, Summe „weiterer" Erträge 179.300,00 €).

196

Auszug aus einer Anlagenkartei:

Maschinen	Datum der Anschaffung	Anschaffungs-kosten	Nutzungs-dauer in Jahren	Buchwert im 2. Jahr
Stationäre Schleif-maschine	10. 02. ...	7.200,00 €	15	???
Verpackungsmaschine	21. 07. ...	65.000,00 €	13	???

1. Errechne für die einzelnen Maschinen die Buchwerte nach einjähriger Nutzung.
2. Bilde den Buchungssatz für die Abschreibung der Maschinen am Ende des 2. Jahres.
3. Wie viel Euro beträgt der Abschreibungsbetrag für die Schleifmaschine am Ende des letzten Abschreibungsjahres, wenn die Schleifmaschine weitergenutzt wird?

197 Für die folgenden Vorabschlussbuchungen sind die Buchungssätze zu bilden:

1. Abschreibung auf Fuhrpark 25.000,00 €.
2. Abschreibung auf Büromöbel 10% (Anschaffungskosten 18.000,00 €).
3. Abschreibung auf Fabrikgebäude: Abschreibungsbetrag 10.000,00 €.
4. Sammelposten (Geringwertige Wirtschaftsgüter) 20%: Der Bestand auf dem Konto 0895 SP beträgt 7.500,00 €.

198 Erkläre die Begriffe Abschreibungen, Kleingut, Geringwertiges Wirtschaftsgut, Sammelposten.

199 Ergänze die folgende Abschreibungstabelle (Begriffe und Zahlen):

	?	15.000,00 €
–	AfA (1. Jahr)	? €
	?	? €
–	AfA (2. Jahr)	? €
	?	? €
–	AfA (3. Jahr)	? €
	?	1,00 €

200 Ein Maschinenbauunternehmen kauft am 15. 04. 20.. eine Stanzmaschine für netto 22.560,00 €. Die Transportkosten betragen 640,00 € netto, die Montagekosten 1.412,00 € netto (19% USt).

1. Wie hoch sind die aktivierungspflichtigen Anschaffungskosten?
2. Wie lautet der Buchungssatz für den Kauf der Maschine einschließlich Transport und Montagekosten auf Ziel?
3. Wieviel Prozent beträgt der Abschreibungssatz bei einer voraussichtlichen Nutzung von 14 Jahren?
4. Wie lautet die Buchung der Abschreibung am Ende des 1. Jahres?
5. Mit welchem Buchwert steht die Maschine zu Beginn des 3. Nutzungsjahres in der Eröffnungsbilanz?

201 Am 31. 12. 20.. wurde folgender Buchungssatz erstellt:

6520 ABSA	an	0700 MA	14.000,00

1. Welcher Geschäftsfall liegt dem Buchungssatz zugrunde?
2. Die Anschaffungskosten für die Maschine beliefen sich auf 168.000,00 €.

2.1 Welche Nutzungsdauer wurde für die Maschine veranschlagt?

2.2 Berechne den Prozentsatz für die Abschreibung.

202

Anlagegut	Anschaffungskosten	Nutzungsdauer	Datum der Anschaffung
Betriebsgebäude	5.000.000,00 €	25 Jahre	01. 01. 2002
Folienschweißgerät	52.000,00 €	13 Jahre	30. 01. 2004
Büroschrank	1.820,00 €	13 Jahre	10. 01. 2001
Gabelstapler	54.000,00 €	8 Jahre	24. 01. 2005
Lkw	180.000,00 €	9 Jahre	03. 01. 2005
PC	1.500,00 €	3 Jahre	08. 01. 2006
mobile Fräsmaschine	42.000,00 €	8 Jahre	12. 01. 2003
Stahlschrank	35.000,00 €	14 Jahre	24. 01. 1997

1. Erstelle mithilfe eines Tabellenkalkulationsprogramms die Abschreibungspläne bis zum 31. 12. 2008.
2. Buche die jeweiligen AfA-Beträge zum 31. 12. des Anschaffungsjahres.

ALLES KLAR?!?!?

Die Buchungen der Abschreibungen auf Sachanlagen

Sachanlagekonten:		Aufwandskonten:
0530 BVG 0700 MA 0840 FP 0860 BM 0870 BA	→	6520 ABSA
0895 SP	→	6545 ABSP

Die Abschreibungsbuchungen zählen zu den vorbereitenden Abschlussbuchungen.

4.5.4 Betriebswirtschaftliche Auswirkungen der Abschreibungen

4.5.4.1 Abschreibungen dienen der Selbstfinanzierung

Bei der Herstellung des Carports „Natur" fielen Kosten in Höhe von insgesamt 500,00 € an.

Bei der Produktion von eigenen Erzeugnissen fallen neben Aufwendungen für Werkstoffe und Löhne weitere Aufwendungen an. Finde dazu Beispiele.

Die **Abschreibungsbeträge** werden bei der **Ermittlung der Verkaufspreise** (Kalkulation) für eigene Erzeugnisse und Handelswaren als **Kostenbestandteil** berücksichtigt. Sie erhöhen die Kosten und damit auch die Verkaufspreise. Durch den Verkauf der Fertigerzeugnisse und Handelswaren werden dem Unternehmen die **finanziellen Mittel** zugeführt, die die erforderliche **Wiederbeschaffung** von Anlagegütern ermöglichen = **Selbstfinanzierung**.

203

Stelle die falschen Aussagen richtig:

1. Die Abschreibungen vermindern die Aufwendungen eines Unternehmens.
2. Bei der Kalkulation der Verkaufspreise werden die Abschreibungen als Kosten eingesetzt.
3. Über die Umsatzerlöse fließen die einberechneten Abschreibungsbeträge an das Unternehmen zurück.
4. Neuanschaffungen werden ausschließlich durch Abschreibungsrückflüsse finanziert.

204

Setze die fehlenden Begriffe in folgendem Text richtig ein.

zurück, Kalkulation, Anlagevermögen, Abschreibungsrückflüssen, Mittel der Finanzierung, Investitionen, Kosten, Umsatzerlöse, Neuanschaffungen, liquiden Mitteln

In der **???** der Verkaufspreise der eigenen Erzeugnisse werden die Abschreibungen als **???** eingesetzt. Über die **???** fließen die einkalkulierten Abschreibungsbeträge in Form von **???** (Geld) in das Unternehmen **???**. Diese Mittel stehen wiederum für **???** zur Verfügung. Das Unternehmen finanziert somit die Anschaffung von Sachanlagegütern in erster Linie aus **???**. Die Abschreibung stellt damit ein bedeutendes **???** dar. Abschreibungen bewegen sich in einem Kreislauf. Aus dem **???** fließen sie über die Umsatzerlöse in das Umlaufvermögen (Bank) und von dort aus durch **???** in das Anlagevermögen zurück.

ALLES KLAR?!?!?

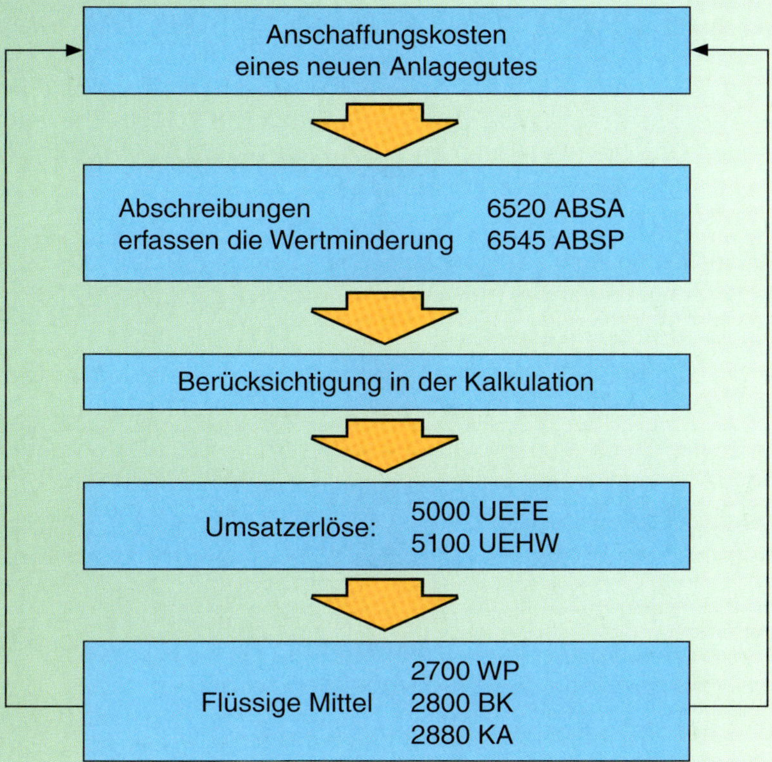

4.5.4.2 Abschreibungen beeinflussen die gewinnabhängigen Steuern

Jahresüberschuss

100.000,00 €

Bilanzbuchhalterin Katrin Huber ist über den voraussichtlichen Jahresgewinn im Unternehmen Stefanie Bauer hocherfreut. Leider hat sie bei den Aufwendungen die Abschreibungen auf Anlagen in Höhe von 10.000,00 € nicht berücksichtigt.

Wie wirken sich die Abschreibungen auf Sachanlagen auf den Jahresgewinn aus?

Abschreibungen sind Aufwendungen. Sie vermindern den Gewinnn und senken die Steuerlast des Unternehmens.

- **Beispiel:**

Das Unternehmen Stefanie Bauer muss für den Jahresüberschuss 35% Einkommensteuer zahlen. Der zusätzliche Abschreibungsaufwand von 10.000,00 € verringert den zu versteuernden Gewinn. Steuerersparnis: 35% von 10.000,00 € = **3.500,00** €

205

Die Anschaffungskosten einer Fertigungsmaschine betragen 60.000,00 €, die betriebsgewöhnliche Nutzungsdauer wird auf 15 Jahre festgelegt.

1. Erstelle die Abschreibungstabelle.
2. Berechne die Summe der Abschreibungsbeträge in den ersten vier Nutzungsjahren.
3. Wie hoch ist die Steuerersparnis in diesem Zeitraum bei einem angenommenen Einkommensteuersatz von 40%?

206

Ein Industrieunternehmen kauft am 10. 02. 20.. eine Werkzeugmaschine für netto 231.000,00 €. An Montagekosten fallen zusätzlich 9.000,00 € an.

1. Bilde den Buchungssatz für den Zielkauf der Werkzeugmaschine.
2. Erstelle den Abschreibungsplan für die ersten drei Jahre, wenn die Werkzeugmaschine mit 6 $^2/_3$ % abgeschrieben wird.
3. Bilde die Buchungssätze für die Abschreibung am Ende des 1. und 2. Jahres.
4. Von welcher Nutzungsdauer wird bei der Werkzeugmaschine ausgegangen?
5. Berechne die Steuerersparnis am Ende des 2. Jahres bei einem Einkommensteuersatz von 35 %.
6. Nenne fünf weitere gewinnmindernde Aufwendungen in einem Fertigungsunternehmen.

207

Aufgrund der gebildeten Abschreibungen in Höhe von 11.200,00 € am 31. 12. ergab sich für ein Fertigungsunternehmen eine Steuerersparnis von 4.256,00 €.

1. Berechne den zugrunde liegenden Einkommensteuersatz.
2. Welche Auswirkungen haben Abschreibungen auf die Steuereinnahmen des Staates?
3. In der Summe der Abschreibungen am 31. 12. sind Abschreibungen auf Maschinen in Höhe von 4.500,00 €, Abschreibungen auf Fuhrpark in Höhe von 5.400,00 € und Abschreibungen auf Büromaschinen mit 760,00 € enthalten. Berechne die Summe der während des Geschäftsjahres angeschafften GWG von 150,01 € bis 1.000,00 € (Sammelposten).

208

Am 31. 12. wurden in einem Fertigungsunternehmen folgende vorbereitende Abschlussbuchungen gebildet.

6545 ABSP	an	0895 SP	590,00 €

6520 ABSA	an	0700 MA	6.300,00 €

1. Berechne den Gesamtwert der Anschaffungen auf dem Konto 0895 SP in Euro.
2. Wie viel Euro beträgt die Steuerersparnis aufgrund der Abschreibungen, wenn das Unternehmen mit einem Einkommensteuersatz von 33% veranlagt wurde?
3. Zu welcher Art von Konten zählen die Abschreibungskonten?
4. Worin unterscheiden sich Wirtschaftsgüter, die auf Konto 0700 MA gebucht werden von Wirtschaftsgütern, die auf Konto 0895 SP erfasst werden?

ALLES KLAR?!?!?

Auswirkungen der Abschreibungen auf Sachanlagen

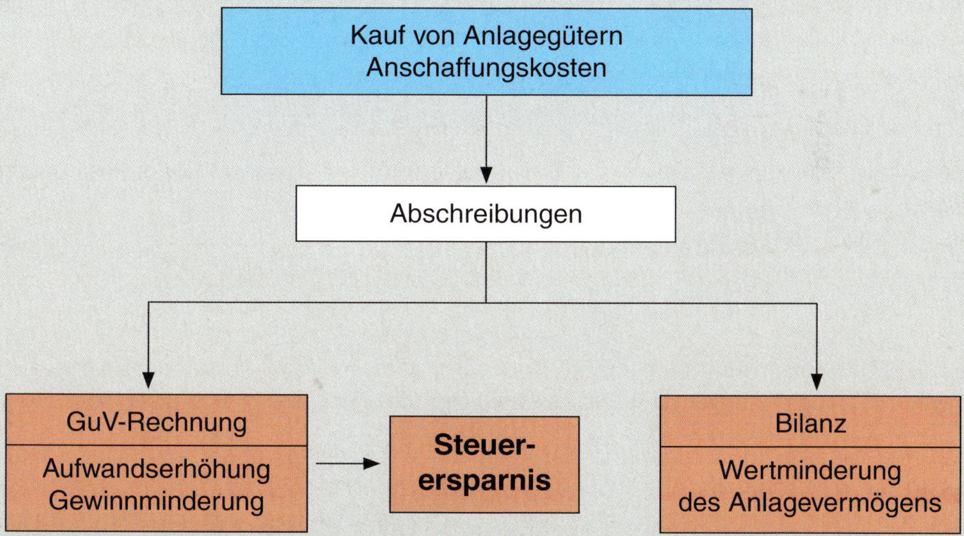

Abschreibungen sind **Aufwendungen**, **vermindern den Gewinn** und **senken die Steuerlast** des Unternehmens.

4.6 Verkauf von gebrauchten Sachanlagen

	Anschaffungskosten	25.500,00 €
–	Abschreibung (1. Jahr)	4.250,00 €
	Buchwert (Restwert)	21.250,00 €
–	Abschreibung (2. Jahr)	4.250,00 €
	Buchwert (Restwert)	17.000,00 €
–	Abschreibung (3. Jahr)	4.250,00 €
	Buchwert (Restwert)	12.750,00 €
–	Abschreibung (4. Jahr)	4.250,00 €
	Buchwert (Restwert)	8.500,00 €

Wie bucht das Unternehmen Stefanie Bauer den Verkauf des gebrauchten Kleintransporters im 5. Nutzungsjahr. Der Gebrauchtwagenhändler bietet 9.860,00 € netto.

i

Durch den Einsatz im Betrieb wird der Wert der Anlagegüter gemindert. Diese **Wertminderung** wird über die Abschreibung erfasst. Durch die Abschreibung werden die gebuchten Anschaffungskosten verringert. Die Konten weisen den jeweiligen **Buchwert** aus.

Das Anlagegut wird entweder

- ganz abgeschrieben und als **verbraucht ausgeschieden** oder
- ganz abgeschrieben, aber als **noch gebrauchsfähig** im Betrieb verwendet oder
- nach einer gewissen Nutzung als **„gebraucht" verkauft**.

Wird das Anlagegut, bevor es vollständig abgeschrieben ist, als gebraucht verkauft, muss der Nettoverkaufserlös dem vorhandenen Buchwert gegenübergestellt werden. Dies kann zu drei verschiedenen **Ergebnissen** führen.

1. Der Nettoverkaufspreis ist **wertgleich** mit dem noch vorhandenen Buchwert.
2. Der Nettoverkaufspreis liegt **unter dem Buchwert**. Dabei entsteht ein Verlust aus dem Abgang eines Vermögensgegenstandes → **Konto 6960 Verluste aus dem Abgang von Vermögensgegenständen (VAVG)**
3. Der Nettoverkaufspreis liegt über dem Buchwert. Dadurch entsteht ein Ertrag aus dem Abgang eines Vermögensgegenstandes → **Konto 5460 Erträge aus dem Abgang von Vermögensgegenständen (EAVG)**

Verkäufe von beweglichen Anlagengegenständen sind **umsatzsteuerpflichtig** und erfolgswirksam.

Um den steuerpflichtigen Umsatz besser zu erkennen, wird der Nettoerlös zunächst auf dem **Interimskonto 5410 Erlöse aus dem Abgang von Gegenständen des Anlagevermögens (EAAV)** im Haben gebucht. Bei Ausbuchung des Buchwertes des verkauften Anlagengutes wird das Interimskonto durch die Buchung des Nettoerlöses im Soll wieder **aufgelöst**.

Interims-Konto
- Einrichtung: **Buchung im Haben**
- Auflösung: **Buchung im Soll**

Verkauf zum Buchwert

- **Geschäftsfall:**

Verkauf eines gebrauchten Kleintransporters für 10.115,00 € brutto auf Ziel, Buchwert 8.500,00 € (19% USt). Wie ist dieser Vorgang zu buchen?

- **Benötigtes neues Konto:**

5410 Erlöse aus dem Abgang von Gegenständen des Anlagevermögens (EAAV)	**Ertragskonto**	**Buchung im Haben**

	Bruttoerlös	10.115,00 €	→ **2400 FO**
–	Umsatzsteuer	1.615,00 €	→ **4800 UST**
	Nettoerlös	8.500,00 €	→ **5410 EAAV**
–	Buchwert	8.500,00 €	→ **0840 FP**
		0,00 €	

- **Buchung auf dem Interims-Konto:**

Buchung des Nettoerlöses auf dem Interims-Konto 5410 EAAV (umsatzsteuerliche Buchung des Fahrzeugverkaufs):

2400 Forderungen aus L. und L. (FO)	**10.115,00**	**an**	**5410 Erlöse aus dem Abgang von Gegenständen des AV (EAAV)**	**8.500,00**
			4800 Umsatzsteuer (UST)	**1.615,00**

• **Buchung zur Auflösung des Interims-Konto:**

Der Buchwert des verkauften Kleintransporters wird ausgebucht. Das Interims-Konto wird wieder aufgelöst.

5410 Erlöse aus dem Abgang von Gegenständen des AV (EAAV)	**an**	**0840 Fuhrpark (FP)**	**8.500,00**

Verkauf über dem Buchwert

• **Geschäftsfall:**

Verkauf eines gebrauchten Kleintransporters für 11.305,00 € brutto auf Ziel, Buchwert 8.500,00 € (19% USt). Welche Buchungen werden dadurch notwendig?

	Bruttoerlös	11.305,00 €	→ **2400 FO**
–	Umsatzsteuer 19%	1.805,00 €	→ **4800 UST**
	Nettoerlös	9.500,00 €	→ **5410 EAAV**
–	Buchwert	8.500,00 €	→ **0840 FP**
=	Ertrag aus dem Verkauf **(Nettoerlös > Buchwert)**	1.000,00 €	→ **5460 EAVG**

• **Buchung auf dem Interims-Konto:**

Buchung des Nettoerlöses auf dem Interims-Konto (Umsatzsteuerliche Buchung des Fahrzeugverkaufs):

2400 Forderungen aus L. und L. (FO)	**11.305,00**	**an**	**5410 Erlöse aus dem Abgang von Gegenständen des AV (EAAV)**	**9.500,00**
			4800 Umsatzsteuer (UST)	**1.805,00**

• **Benötigtes neues Konto:**

5460 Erträge aus dem Abgang von Vermögensgegenständen (EAVG) **Ertragskonto** **Buchung im Haben**

Auflösung des Interims-Kontos und Ausbuchung des Buchwertes des Fahrzeuges auf dem Anlagekonto. Der **Ertrag** aus dem Fahrzeugverkauf **über dem Buchwert** erscheint auf dem Konto 5460 EAVG.

- **Buchung zur Auflösung des Interims-Konto:**

5410 Erlöse aus dem Abgang von Gegenständen des AV (EAAV)	**9.500,00**	**an**	**0840 Fuhrpark (FP)**	**8.500,00**
			5460 Erträge aus dem Abgang von Vermögensgegenständen (EAVG)	**1.000,00**

Verkauf unter dem Buchwert

- **Geschäftsfall:**

Verkauf eines gebrauchten Kleintransporters für 9.520,00 € brutto auf Ziel, Buchwert 8.500,00 € (19% USt). Wie lauten die erforderlichen Buchungssätze?

	Bruttoerlös	9.520,00 €	→ **2400 FO**
–	Umsatzsteuer	1.520,00 €	→ **4800 UST**
	Nettoerlös	8.000,00 €	→ **5410 EAAV**
–	Buchwert	8.500,00 €	→ **0840 FP**
	Verlust aus dem Verkauf **(Nettoerlös < Buchwert)**	– 500,00 €	→ **6960 VAVG**

- **Buchung auf dem Interims-Konto:**

Buchung des Nettoerlöses auf dem Interims-Konto (umsatzsteuerliche Buchung des Fahrzeugverkaufs):

2400 Forderungen aus L. und L. (FO)	**9.520,00**	**an**	**5410 Erlöse aus dem Abgang von Gegenständen des AV (EAAV)**	**8.000,00**
			4800 Umsatzsteuer (UST)	**1.520,00**

- **Benötigtes neues Konto:**

6960 Verluste aus dem Abgang von Vermögensgegenständen (VAVG)	**Aufwandskonto**	**Buchung im Soll**

Das Interims-Konto wird wieder aufgelöst. Der Buchwert des Fahrzeugs wird auf dem Anlagekonto ausgebucht. Der durch den Verkauf des Fahrzeugs **unter dem Buchwert** erzielte **Verlust** erscheint auf dem Konto 6960 VAVG.

- **Buchung zur Auflösung des Interims-Kontos:**

5410 Erlöse aus dem Abgang von Gegenständen des AV (EAAV)	**8.000,00**			
6960 Verluste aus dem Abgang von Vermögensgegenständen (VAVG)	**500,00**	**an**	**0840 Fuhrpark (FP)**	**8.500,00**

209 Bilde die erforderlichen Buchungssätze für den Verkauf folgender gebrauchter Anlagegüter, USt 19%:

1. Verkauf eines gebrauchten Lieferwagens zum Nettopreis von 22.500,00 € auf Ziel. Der Buchwert beträgt 13.500,00 €.
2. Eine nicht mehr benötigte Schleifmaschine, Buchwert 2.700,00 €, wird zum Bruttopreis von 2.142,00 € auf Ziel verkauft.
3. Barverkauf von drei gebrauchten PC´s (Buchwert jeweils 1,00 €) an Mitarbeiter zu je 59,50 € brutto.
4. Durch einen Motorschaden ist ein Lieferwagen (Buchwert 3.600,00 €) nicht mehr einsatzfähig. Ein Schrotthändler zahlt noch bar 595,00 € brutto.
5. Zielverkauf eines gebrauchten Gabelstaplers, brutto 1.428,00 €. Das Anlagegut war bis auf 1.500,00 € abgeschrieben.
6. Verkauf eines gebrauchten Kopiergerätes zum Nettopreis von 800,00 € auf Ziel. Das Kopiergerät stand mit 650,00 € zu Buche.

210

Anlagegut	Anschaffungskosten	Jährliche AfA	Buchwert am 31. 12.	ND Jahre	AfA-Satz
stationäre Bohrmaschine	6.600,00 €	???	4.125,00 €	16	???
Kopiergerät	???	1.500,00 €	1,00 €	7	???
Zeiterfassungsgerät	1.248,00 €	???	624,00 €	???	12,5%

1. Berechne die fehlenden Werte.
2. Wie lauten die Buchungssätze für den Zielverkauf, wenn folgende Nettoerlöse erzielt wurden.

Bohrmaschine	4.200,00 €	(Verkauf nach 6 Jahren)
Kopiergerät	400,00 €	(Verkauf nach 7 Jahren)
Zeiterfassungsgerät	70,00 €	(Verkauf nach 4 Jahren)

211

Zielkauf einer Verpackungsmaschine am 15. 05. 20.., netto 49.000,00 €. Der Spediteur stellt für die Anlieferung der Maschine 1.000,00 € netto in Rechnung, die Montagekosten betragen 2.000,00 € netto.

1. Ermittle die Anschaffungskosten für die Maschine.
2. Bilde den Buchungssatz für den Zielkauf der Maschine.
3. Aus der AfA-Tabelle ergibt sich eine betriebsgewöhnliche Nutzungsdauer von 13 Jahren.

3.1 Erstelle einen Abschreibungsplan bei linearer AfA für die ersten fünf Nutzungsjahre.

3.2 Bilde den Buchungssatz für Abschreibung am Ende des ersten Nutzungsjahres.

3.3 Wie lauten die erforderlichen Buchungssätze für den Zielverkauf der Maschine zu Beginn des sechsten Jahres für netto 15.000,00 €?

212

Welche Geschäftsfälle liegen folgenden Buchungssätzen zugrunde?

1.	2400 FO	10.115,00	an	5410 EAAV	8.500,00
				4800 UST	1.615,00
	5410 EAAV	8.500,00			
	6960 VAVG	500,00	an	0840 FP	9.000,00
2.	2400 FO	595,00	an	5410 EAAV	500,00
				4800 UST	95,00
	5410 EAAV	500,00	an	0860 BM	1,00
				5460 EAVG	499,00
3.	2400 FO	5.950,00	an	5410 EAAV	5.000,00
				4800 UST	950,00
	5410 EAAV		an	0700 MA	5.000,00

213

Firma Klein & Groß verkauft im Januar 2008 einen gebrauchten Lieferwagen für 800,00 € über dem Buchwert. Der Bruttoverkaufspreis betrug 28.084,00 €. Der Lieferwagen war im Januar 2006 angeschafft worden.

1. Wie hoch war der jährliche Abschreibungsbetrag, wenn die Nutzungsdauer auf sechs Jahre festgesetzt worden war?
2. Mit welchem AfA-Satz wurde abgeschrieben?
3. Wie hoch waren die Anschaffungskosten?
4. Wie lautete der Buchungssatz für den Zielkauf des Lieferwagens?
5. Wie hoch war die jährliche Steuerersparnis für den Unternehmer bei einem angenommenen Einkommensteuersatz von 40%?
6. Wie lautete die vorbereitende Abschlussbuchung am 31. 12. 2006?
7. Bilde die Buchungssätze für den Verkauf auf Ziel im Januar 2008.

214 Ein gebrauchter LKW wird auf Ziel verkauft, Nettopreis 21.000,00 €. Der Buchwert des LKW beträgt 27.000,00 €. Das Anlagegut wurde mit jährlich $11\frac{1}{9}\% = 9.000{,}00$ € abgeschrieben.

1. Wie hoch waren die Anschaffungskosten des LKW?
2. Welche Nutzungsdauer wurde für den LKW veranschlagt?
3. Bilde die Buchungssätze für den Zielverkauf des LKW.

215 Das Unternehmen Christine Weber bezieht am 20. 1. 20.. eine Verpackungsmaschine. Die Anschaffungskosten betragen 65.000,00 € netto. Die betriebsgewöhnliche Nutzungsdauer wird auf 13 Jahre festgelegt.

1. Bilde den Buchungssatz für den Zielkauf der Maschine.
2. Wie lautet der Buchungssatz für die Abschreibung am Ende des ersten Nutzungsjahres?
3. Ermittle die Steuerersparnis am Ende des 2. Nutzungsjahres bei einem angenommenen Einkommensteuersatz von 38%.
4. Wegen einer Produktionsumstellung wird die Maschine nach vier Jahren Nutzungsdauer für brutto 23.800,00 € auf Ziel verkauft. Bilde die erforderlichen Buchungssätze.

216 Zielkauf einer mobilen Fräsmaschine am 10. 01. 20.., Nettopreis 42.000,00 €, Montage brutto 2.380,00 €, Transportkosten 1.000,00 € netto. Dieser Vorgang wurde wie folgt gebucht.

0700 MA	40.000,00			
2600 VORST	7.600,00	an	2800 BK	47.600,00

1. Stelle den fehlerhaften Buchungssatz richtig.
2. Die Fertigungmaschine wird nach fünfjähriger Nutzung für netto 8.500,00 € auf Ziel verkauft. Bilde die erforderlichen Buchungssätze. Die Nutzungsdauer wurde auf 8 Jahre festgelegt.

ALLES KLAR?!?!?

1. Verkäufe von beweglichen Anlagegegenständen sind **umsatzsteuerpflichtig**. Um die steuerpflichtigen Umsätze besser zu erkennen, wird ein Erlöskonto (Interimskonto) eingerichtet.
2. Der Verkauf eines gebrauchten Anlagegutes kann **zum, unter** oder **über** dem Buchwert erfolgen.

Nettoerlös = Buchwert	Dies ist ein Ausnahmefall. Die Buchwerte entsprechen nur selten den erzielten Nettoerlösen.
Nettoerlös < Buchwert	Es entsteht ein Veräußerungsverlust, der auf dem Konto **6960 VAVG** gebucht wird.
Nettoerlös > Buchwert	Es entsteht ein Veräußerungsgewinn, der auf dem Konto **5460 EAVG** gebucht wird.

4.7 Zusammenfassende Aufgaben

Beantworte folgende Fragen

1. Welches Konto weist den steuerpflichtigen Umsatz beim Verkauf eines gebrauchten Anlagegutes aus? **217**
2. Wie lautet die Fachbezeichnung für das in Frage 1 genannte Zwischenkonto?
3. Was versteht man unter Geringwertigen Wirtschaftsgütern?
4. Welche Sonderregelungen gelten für die Abschreibung von Sammelposten?
5. Auf welchem Konto werden die Kleingüter erfasst?
6. Woraus ist die Nutzungsdauer der Anlagegüter ersichtlich?
7. Was versteht man unter „hochwertigen Anlagegütern“?
8. In welchem Fall muss eine zeitanteilige Abschreibung vorgenommen werden?
9. Nenne zwei betriebswirtschaftliche Auswirkungen der Abschreibung.
10. Was versteht man unter Erinnerungswert?
11. Beim Verkauf von gebrauchten Anlagegütern ergeben sich beim Vergleich des Nettoerlöses mit dem Buchwert drei Möglichkeiten. Nenne diese.
12. Nenne zwei für die Berechnung der Abschreibung wichtige Daten der Anlagekarte.
13. Welches Anlagegut unterliegt keiner Abnutzung?
14. Nenne drei Ursachen für Wertminderungen bei Anlagegütern.

Bilde die Buchungssätze, Umsatzsteuer 19%

1. Barkauf eines Bürodrehstuhls netto 180,00 €. **218**
2. Kassenbeleg: Disketten 177,31 € brutto, Kopierpapier 50,00 € netto.
3. Zielverkauf eines gebrauchten Lieferwagens zum Buchwert von 4.500,00 €.
4. Verkauf einer gebrauchten EDV-Anlage auf Ziel brutto 2.380,00 €.
   Buchwert der Anlage 1.200,00 €.
5. Zielverkauf einer gebrauchten Fertigungsmaschine (Buchwert 13.000,00 €) für 13.685,00 € brutto.
6. Auf einer Regionalmesse kauft das Unternehmen Erwin Flott am 01. 03. 20.. eine Verpackungsmaschine, Listenpreis 70.000,00 €, der Hersteller gewährt 10% Messerabatt. Für Transport und Fundament fallen zusätzlich Kosten in Höhe von 2.000,00 € netto an.

6.1 Ermittle die zu aktivierenden Anschaffungskosten.

6.2 Bilde den Buchungssatz für den Zielkauf der Verpackungsmaschine.

6.3 Bilde den Buchungssatz für die Abschreibung am Ende des 1. Nutzungsjahres

7. Anschaffung eines Lastkraftwagens im Januar 107.000,00 € netto, Zulassung 1.000,00 € netto.

7.1 Bilde den Buchungssatz für den Zielkauf des Lastkraftwagens.

7.2 Entnimm der AfA-Tabelle die Nutzungsdauer und erstelle den Abschreibungsplan für die ersten drei Jahre.

7.3 Bilde den Buchungssatz für den Zielverkauf des Lastkraftwagens nach drei Nutzungsjahren, Nettoverkaufspreis 65.000,00 €.

8. Beim Barverkauf eines gebrauchten Kopiergerätes, das bereits mit dem Erinnerungswert zu Buche steht, erzielen wir 357,00 € brutto. Bilde die erforderlichen Buchungssätze.

219 Das Unternehmen **Exdat** besitzt eine veraltete Datenverarbeitungsanlage, die durch eine neue ersetzt und deshalb veräußert werden soll. Für die bisherige Datenverarbeitungsanlage liegt das Rechenblatt einer Tabellenkalkulation vor:

	A	B
1	Bezeichnung:	EDV-Anlage
2	Konto:	0860 BM
3	Inventar-Nr.:	07023
4	Anschaffungsdatum:	20. Januar 2004
5		**AFA**
6	Anschaffungskosten:	105.000,00 €
7	AFA 31. Dez. 2004	15.000,00 €
8	Restwert:	90.000,00 €
9	AFA 31. Dez. 2005	15.000,00 €
10	Restwert:	75.000,00 €
11	AFA 31. Dez. 2006	15.000,00 €
12	Restwert:	60.000,00 €
13	AFA 31. Dez. 2007	15.000,00 €
14	Restwert:	45.000,00 €
15	AFA 31. Dez. 2008	15.000,00 €
16	Restwert:	30.000,00 €
17	AFA 31. Dez. 2009	15.000,00 €
18	Restwert:	15.000,00 €
19	AFA 31. Dez. 2010	14.999,00 €
20	Restwert:	1,00 €

1. Der Abschreibungsbetrag in Zelle B 19 weicht von den anderen Abschreibungsbeträgen ab. Begründe diese Abweichung.
2. Wie viel Prozent beträgt der Abschreibungssatz?
3. Wie lautete der Buchungssatz für den Zielkauf der EDV-Anlage?
4. Überprüfe den verwendeten Abschreibungssatz auf seine derzeitige Gültigkeit!
5. Zur Finanzierung der neuen Datenverarbeitungsanlage muss ein Kredit über 50.000,00 €, Laufzeit 90 Tage, aufgenommen werden. Es liegen zwei Angebote vor:

Goldbank Schweinfurt	Sparbank Würzburg
Zinssatz 9,5%	Zinssatz 10%
Bearbeitungsgebühr 350,00 €	Bearbeitungsgebühr 250,00 €

5.1 Ermittle das günstigere Angebot.

5.2 Bilde den Buchungssatz für die Bereitstellung des günstigeren Kredits auf dem Bankkonto.

5.3 Bilde den Buchungssatz für die Rückzahlung des Kredits einschließlich Zinsen durch Banküberweisung.

6. Wie wird die Abschreibung im Steuerrecht bezeichnet?
7. Berechne die Steuerersparnis im Jahr 2008 aufgrund der Abschreibung bei einem angenommenen Einkommenssteuersatz von 39%.
8. Ermittle den Abschreibungsbetrag am 31. 12. 2004, wenn die Datenverarbeitungsanlage drei Monate später angeschafft worden wäre.
9. Welches Gesetzbuch enthält Vorschriften für die Abschreibung auf Anlagen?
10. Die Bundesregierung verlängert die Nutzungsdauer von Anlagen.

10.1 Welche betriebswirtschaftliche Auswirkungen hat diese Maßnahme?

10.2 Welche Auswirkung hat diese Entscheidung auf den Staatshaushalt?

Für einen Kombiwagen liegt folgende unvollständig ausgefüllte Anlagenkarte vor: 220

Bezeichnung:	Konto:	Nutzungsdauer
Kombiwagen	???	???

Datum:	Anschaffungskosten	AfA-Satz	AfA-Betrag	Restbuchwert
10. 01. 2007	???	– – –		
31. 12. 2007	– – –	$16^{2}/_{3}\%$	???	???
31. 12. 2008	– – –	$16^{2}/_{3}\%$	???	40.000,00 €

1. Auf welchem Konto ist dieses Anlagegut erfasst?
2. Welche Nutzungsdauer wurde für den Kombiwagen angenommen?

3. Wie viel Euro beträgt der jährliche Abschreibungsbetrag?
4. Ermittle die Höhe der Anschaffungskosten netto.
5. Wie lautete der Buchungssatz für die Abschreibung am Ende des ersten Nutzungsjahres?
6. Wie lautete der Buchungssatz beim Zielkauf des Lastwagens?
7. Der Lkw (Buchwert 47.500,00 €) wurde am 10. 04. 2008 für 39.270,00 € brutto auf Ziel verkauft. Welche Buchungssätze waren erforderlich?

221

Für die Anschaffung der computergesteuerten Metallbiege- und Schneidemaschine liegen dem Unternehmen Karl Liebler, Ansbach verschiedene Angebote vor. Die Entscheidung fällt auf das Modell der Firma Otto Münch Maschinenbau, Memmingen. Die Maschine wurde Mitte Januar 2004 geliefert und in Betrieb genommen.

1. Bilde den Buchungssatz für die Eingangsrechnung vom 15. Januar 2004, wenn dieser Beleg unter anderem folgende Angaben enthält.
   - Listenpreis 114.000,00 € netto,
   - berechnete Kosten für Transport und Montage 3.200,00 € netto.
   - Kosten für Installation und Inbetriebnahme 2.800,00 € netto.
2. Für die neue Maschine wird eine Anlagekarte angelegt. Nenne drei mögliche Informationen, die daraus entnommen werden können.
3. Aufgrund der Angaben auf der Anlagenkarte wird folgende Grafik zur Abschreibung der Maschine erstellt:

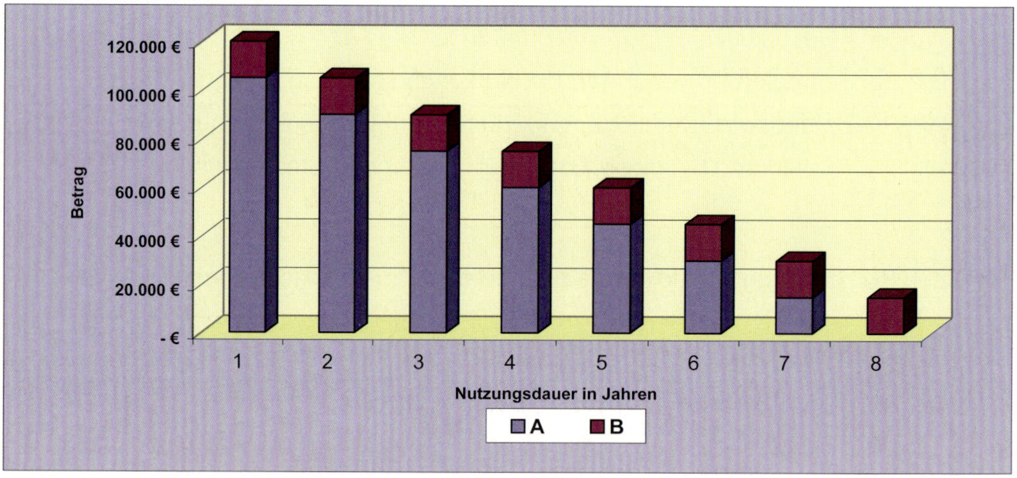

3.1 Wie wird das verwendete Diagramm bezeichnet?

3.2 Nenne die Fachbegriffe, die die Säulen A (blau) und B (rot) in der Grafik darstellen.

4. Ermittle den Abschreibungssatz und berechne den jährlichen Abschreibungsbetrag.
5. Die Maschine wird am Ende des 4. Nutzungsjahres für brutto 71.400,00 € verkauft. Bilde die erforderlichen Buchungssätze für den Zielverkauf.

222

Hettinger Maschinen e.K.

Adam-Kraft-Straße 12, 90455 Nürnberg
E-Mail: Info@hettinger.de
Telefon (0911) 75-1 / Fax (0911) 7550
Internet: http://www.hettinger.com

Hettinger Maschinen, e.Kfm * Adam-Kraft-Str. 12 * 90455 Nürnberg

Firma
Holzbau Rosenheim
Lindenstraße 14–16
83024 Rosenheim

Rechnung
Seite: 1
Rechn.Nr.: 07250
Datum: 20..-03-27
Kunden-Nr.: 04052
Bestellung: 20..-03-20

Menge	Artikel	Einzelpreis	Gesamtpreis
1	Handhobelmaschine (perfect)	130,00 €	130,00 €
1	Bandschleifmaschine (Turbo)	470,00 €	470,00 €
	Warenwert, netto		600,00 €
	+ 19% Umsatzsteuer		114,00 €
	Rechnungsbetrag		714,00 €

Die Lieferung der Ware erfolgte am 27.03.20..
Vielen Dank für Ihren Auftrag!

Zahlbar ohne Abzug innerhalb von 30 Tagen rein netto.
Die gelieferte Ware bleibt bis zur vollständigen Bezahlung unser Eigentum.
Bankverbindung: Handelsbank Nürnberg, BLZ 760 450 10, Kontonummer: 703 810
A. Hettinger, e.Kfm. * Nürnberg HRA 1581 * USt-Id-Nr.: DE157075610 * St.-Nr. 9238/217/14198

1. Die obige Eingangsrechnung wurde wie folgt gebucht:

0895 SP	**130,00**			
0700 M	**470,00**			
2600 VORST	**114,00**	**an**	**4400 VE**	**714,00**

1.1 Stelle den fehlerhaften Buchungssatz richtig.

1.2 Worin besteht der Unterschied zwischen „hochwertigen“ Wirtschaftsgütern und geringwertigen Wirtschaftsgütern mit der Bezeichnung „Sammelposten“?

2. Das Konto 0895 SP weist folgende Eintragungen aus:

Soll	0895 SP	Haben
4400	590,00	
4400	199,00	
4400	211,00	

2.1 Berechne den Abschreibungsbetrag für die Sammelposten.

2.2 Bilde den Buchungssatz für die Abschreibungen am 31. 12.

2.3 Wie lautet der Buchungssatz für den Abschluss des Kontos 0895 SP

223

Ein Spielwarenhersteller kauft am 20. Januar 2008 eine neue Fertigungsmaschine zum Listenpreis von netto 65.000,00 €, abzüglich 10% Rabatt, zuzüglich Transportkosten.

Es wurde folgende Abschreibungstabelle begonnen:

	Abschreibung
Anschaffungskosten – Abschreibung im 1. Jahr	60.000,00 € 6.000,00 €
Buchwert – Abschreibung im 2. Jahr	54.000,00 € 6.000,00 €
Buchwert – Abschreibung im 3. Jahr	48.000,00 € 6.000,00 €

1. Berechne die Höhe der Transportkosten, netto.
2. Wie viele Jahre beträgt die veranschlagte Nutzungsdauer für die Fertigungsmaschine?
3. Berechne den Prozentsatz für die Abschreibung.

224

Formuliere die Geschäftsfälle zu folgenden Buchungssätzen.

1. 6520 ABSA		an	0860 BM	2.900,00
2. 0840 FP	80.000,00			
2600 VORST	15.200,00	an	4400 VE	95.200,00
3. 2400 FO	4.760,00	an	5410 EAAV	4.000,00
			4800 UST	760,00
5410 EAAV	4000,00			
6960 VAVG	250,00	an	0700 MA	4.250,00
4. 2400 FO	6.545,00	an	5410 EAAV	5.500,00
			4800 UST	1.045,00
5410 EAAV	5.500,00			
6960 VAVG	500,00	an	0840 FP	6.000,00
5. 0895 SP	210,00			
2600 VORST	39,90	an	4400 VE	249,90
6. 6545 ABSP		an	0895 SP	3.200,00

5 Bewertung und Ausfall von Forderungen

5.1 Ursachen und Auswirkungen von Forderungsausfällen

Das Unternehmen Stefanie Bauer ist seit Jahren mit der Firma Raimund Goller geschäftlich verbunden. Erst letzte Woche wurden Saunen und Geräteschuppen an das Unternehmen geliefert. Die Rechnung in Höhe von **8.330,00** € wurde allerdings noch nicht beglichen. Aus der Tageszeitung entnimmt Stefanie Bauer folgende Meldung:

Auszug aus der Tageszeitung

> IN 183/200. Über das Vermögen des Herrn **Raimund Goller,** Inhaber des Baumarktes Raimund Goller, Nordring 16 A, **95030 Hof,** wurde am 27. Oktober 2007, 12 Uhr, das Insolvenzverfahren eröffnet. Insolvenzverwalter: Rechtsanwalt Helmut Eisner, Josef-Schmitt-Straße 10, 95028 Hof.
>
> Die Gläubiger werden aufgefordert, ihre Insolvenzforderungen (§ 38 InsO) bis 20. Dezember 2007 bei dem Insolvenzverwalter anzumelden . . . .
>
> Bayreuth, den 27. Oktober 2007
> **Amtsgericht – Insolvenzgericht – Bayreuth**

Kläre mithilfe eines Lexikons oder des Internets die Fachbegriffe:

Insolvenz, Insolvenzverfahren, Insolvenzverwalter

Bei jedem **Zielverkauf** (z. B. Zahlungsziel 30 Tage) besteht die Gefahr, dass der Kunde in Zahlungsschwierigkeiten gerät. **Forderungen** sind somit mit einem **Ausfallrisiko** behaftet. Grundsätzlich muss jeder Unternehmer damit rechnen, dass einige seiner Kunden ihre Schulden nicht oder nur teilweise begleichen. Eine genaue Überwachung aller Forderungen ist Voraussetzung dafür, dass **Zahlungsschwierigkeiten einzelner Kunden** rechtzeitig bekannt werden. Die **Kontrolle** des **Zahlungseingangs** und das **Mahnwesen** sind wichtige Aufgaben der Auftragsabwicklung. Meist kann der Grad der Sicherheit einer Forderung abgeschätzt werden. Folgende **Anzeichen** deuten auf Zahlungsschwierigkeiten hin:

- Wiederholte Zahlungsaufforderungen (Mahnungen) bleiben ohne Erfolg.
- Ein Kunde bittet um Zahlungsaufschub.
- Ein Kunde stellt seine Zahlungen ein.
- Es wird die Eröffnung eines Insolvenzverfahrens beantragt.

Beachte:	**Forderungen aus Lieferungen und Leistungen setzen sich zusammen aus dem Nettobetrag und der Umsatzsteuer.**

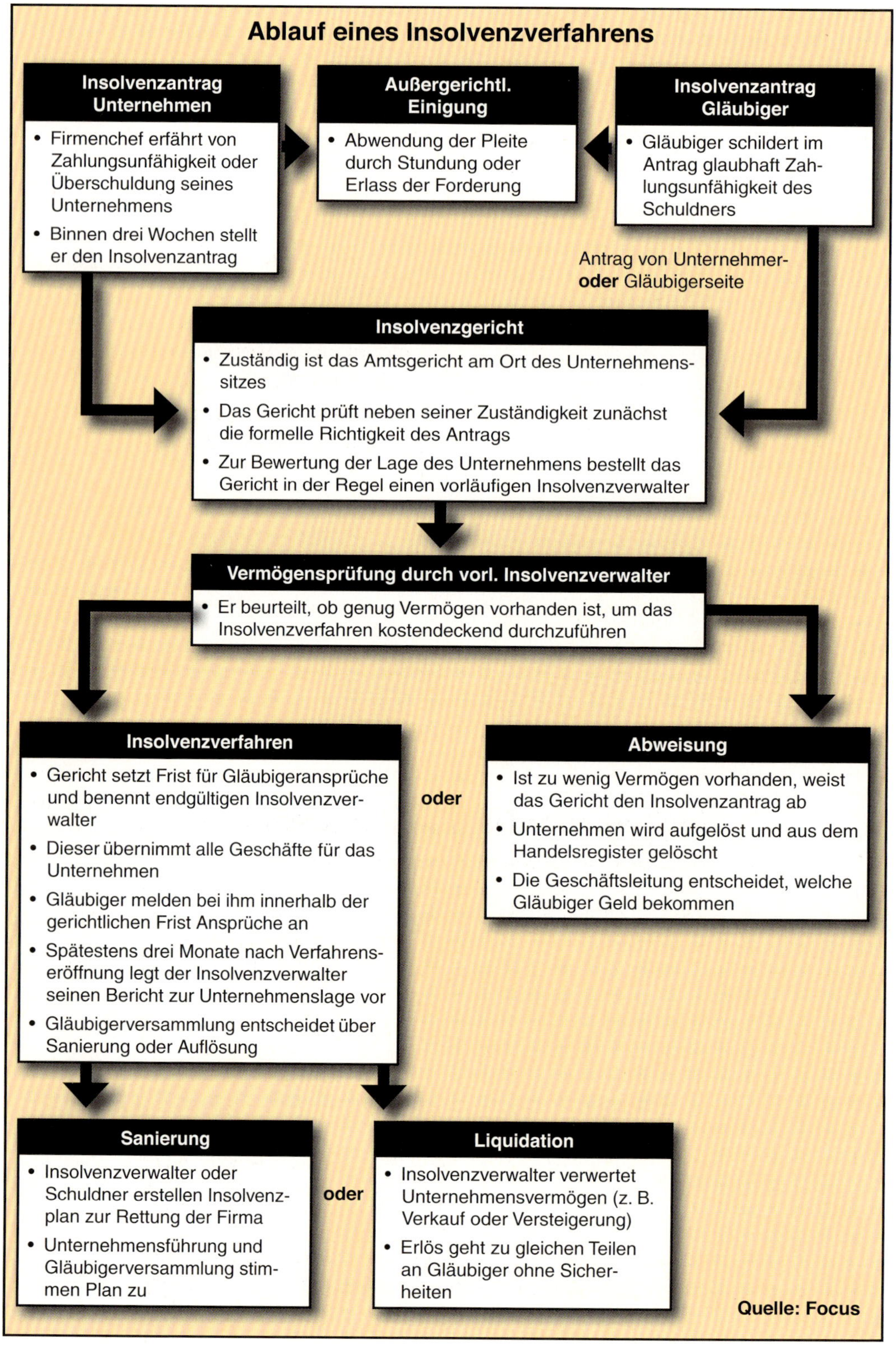
Ablauf eines Insolvenzverfahrens
Insolvenzantrag Unternehmen
• Firmenchef erfährt von Zahlungsunfähigkeit oder Überschuldung seines Unternehmens
• Binnen drei Wochen stellt er den Insolvenzantrag
Außergerichtl. Einigung
• Abwendung der Pleite durch Stundung oder Erlass der Forderung
Insolvenzantrag Gläubiger
• Gläubiger schildert im Antrag glaubhaft Zahlungsunfähigkeit des Schuldners
Antrag von Unternehmer- oder Gläubigerseite
Insolvenzgericht
• Zuständig ist das Amtsgericht am Ort des Unternehmenssitzes
• Das Gericht prüft neben seiner Zuständigkeit zunächst die formelle Richtigkeit des Antrags
• Zur Bewertung der Lage des Unternehmens bestellt das Gericht in der Regel einen vorläufigen Insolvenzverwalter
Vermögensprüfung durch vorl. Insolvenzverwalter
• Er beurteilt, ob genug Vermögen vorhanden ist, um das Insolvenzverfahren kostendeckend durchzuführen
Insolvenzverfahren
• Gericht setzt Frist für Gläubigeransprüche und benennt endgültigen Insolvenzverwalter
• Dieser übernimmt alle Geschäfte für das Unternehmen
• Gläubiger melden bei ihm innerhalb der gerichtlichen Frist Ansprüche an
• Spätestens drei Monate nach Verfahrenseröffnung legt der Insolvenzverwalter seinen Bericht zur Unternehmenslage vor
• Gläubigerversammlung entscheidet über Sanierung oder Auflösung
oder
Abweisung
• Ist zu wenig Vermögen vorhanden, weist das Gericht den Insolvenzantrag ab
• Unternehmen wird aufgelöst und aus dem Handelsregister gelöscht
• Die Geschäftsleitung entscheidet, welche Gläubiger Geld bekommen
Sanierung
• Insolvenzverwalter oder Schuldner erstellen Insolvenzplan zur Rettung der Firma
• Unternehmensführung und Gläubigerversammlung stimmen Plan zu
oder
Liquidation
• Insolvenzverwalter verwertet Unternehmensvermögen (z. B. Verkauf oder Versteigerung)
• Erlös geht zu gleichen Teilen an Gläubiger ohne Sicherheiten
Quelle: Focus

Nenne Gründe, weshalb Unternehmen in Zahlungsschwierigkeiten kommen können. 225

Nenne Unternehmen aus der näheren Umgebung, die aufgrund eines abgeschlossenen Insolvenzverfahrens nicht mehr bestehen und finde mögliche Gründe dafür. 226

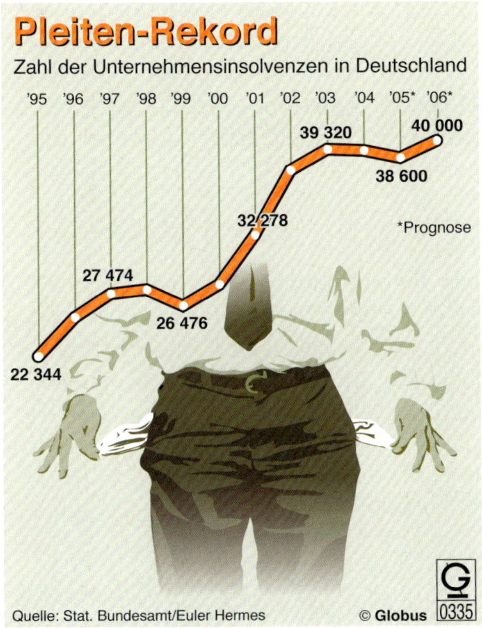

Betrachte die Schaubilder: 227

1. Nenne Gründe für die erhöhte Zahl von „Pleiten“ in den neuen Bundesländern.
2. Berechne den Anstieg der Unternehmenszusammenbrüche von 1995–2003 in Prozenten.
3. Welche zwei Bundesländer weisen die geringste Insolvenzquote auf?

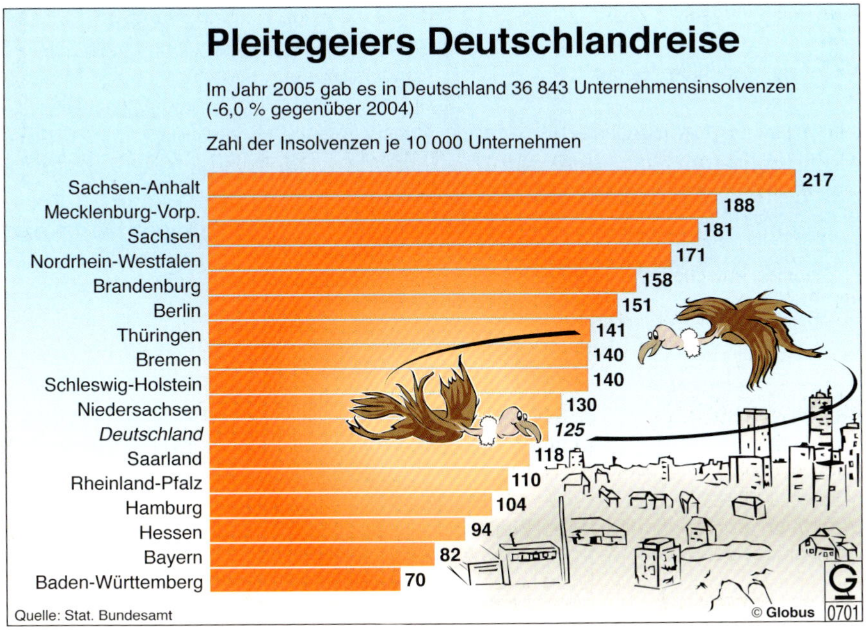

228 Lies die Informationen zum Insolvenzverfahren und beantworte die nachstehenden Fragen.

Das Insolvenzverfahren

Insolvenzverfahren

Das Insolvenzverfahren dient dazu, Gläubiger eines Schuldners gemeinschaftlich zu bedienen. Dazu wird das noch vorhandene Vermögen des Schuldners verwertet und der Erlös verteilt. Das Insolvenzverfahren kann in einem Insolvenzplan auch Maßnahmen vorsehen, die den Erhalt des Unternehmens zum Ziel haben. Einem redlichen Schuldner gibt das Insolvenzverfahren Gelegenheit, sich von seinen restlichen Verbindlichkeiten zu befreien.

Voraussetzungen

Für alle Insolvenzverfahren sowie alle daraus resultierenden Rechtsstreitigkeiten ist das Insolvenzgericht zuständig. In der Regel ist dies eine Abteilung des Amtsgerichts. Den Antrag auf Eröffnung eines Insolvenzverfahrens kann der Schuldner stellen, wenn er beispielsweise keine Möglichkeiten eines außergerichtlichen Vergleichs mehr sieht. Der Antrag kann aber auch vom Gläubiger gestellt werden, der eine geordnete Abwicklung erreichen will.

Für ein Insolvenzverfahren kommen folgende Gründe in Betracht.

- Zahlungsunfähigkeit
- drohende Zahlungsunfähigkeit
- Überschuldung bei juristischen Personen (= Organisation mit eigener Rechtsfähigkeit, z. B. GmbH, AG)

Ablauf

Stellt der Gläubiger den Antrag, muss er den Insolvenzgrund und das Bestehen einer Forderung gegen den Schuldner glaubhaft machen. Bei Kapitalgesellschaften sind die Vorstände bzw. die Geschäftsführer bei Strafandrohung verpflichtet, innerhalb von drei Wochen einen Insolvenzantrag zu stellen, wenn Zahlungsunfähigkeit oder Überschuldung vorliegen.

Bei der Eröffnung wird in der Regel ein Insolvenzverwalter bestellt. Das Gericht kann aber auch den Schuldner verfügungsbefugt lassen, d. h. der Schuldner führt sein Unternehmen weiter. Der Schuldner wird dann unter die Aufsicht eines Sachverwalters gestellt. Bereits während der Zeit, in der das Insolvenzgericht den Antrag prüft, können durch das Gericht Maßnahmen zur Sicherung des Schuldnervermögens getroffen werden.

Spätestens drei Monate nach der Verfahrenseröffnung entscheidet die Gläubigerversammlung auf der Grundlage eines Berichts des Insolvenzverwalters, ob das Unternehmen liquidiert oder mit dem Ziel der Sanierung fortgeführt wird.

Folgen

Im Falle der **Liquidation** werden alle ungesicherten Gläubiger mit der gleichen Insolvenzquote befriedigt. Die Arbeitnehmer bleiben durch das Insolvenzgeld geschützt, das Lohnausfälle für die Zeit von drei Monaten abdeckt.

Wird das Verfahren **„mangels Masse"** abgelehnt, trägt man den Schuldner in ein besonderes Verzeichnis ein. Diese Eintragung signalisiert die völlige Vermögenslosigkeit. Damit der Schuldner keine Geschäfte machen kann, wird die Firma im Handelsregister gelöscht.

Für die **Sanierung** steht ein „Insolvenzplan" zur Verfügung. Dieser kann von Schuldner oder Insolvenzverwalter vorgelegt werden. Ziel des Insolvenzplans ist die Erhaltung, um das Schuldnerunternehmen z. B. durch Stundungen oder Forderungsverzichte der Gläubiger zu sanieren; die Gläubiger stimmen über den Plan ab.

Allgemein gilt, dass der redliche Schuldner aktiv mitarbeiten und insbesondere den Insolvenzverwalter unterstützen sollte. Dies bezieht sich auf die Offenlegung der Schulden, sowie auf Möglichkeiten die Gläubiger zu befriedigen. Das redliche Verhalten lohnt sich, denn damit kann leichter eine Restschuldbefreiung (die Schulden werden erlassen) erlangt werden.

1. Wer kann die Eröffnung eines Insolvenzverfahrens beantragen?
2. Nenne drei Gründe für die Eröffnung eines Insolvenzverfahrens.
3. Welche Stelle ist für die Durchführung eines Insolvenzverfahrens zuständig?
4. Welche Folgen hat die Liquidation des Unternehmens für die Gläubiger und Arbeitnehmer?
5. Ein Insolvenzverfahren wird „mangels Masse" eingestellt.

5.1 Erkläre diesen Sachverhalt mit eigenen Worten.

5.2 Wodurch wird die weitere Geschäftstätigkeit des Schuldners in diesem Fall unterbunden?

6. Welches Ziel verfolgt der Insolvenzplan?
7. Warum ist es für den Schuldner ratsam, den Insolvenzverwalter zu unterstützen?

ALLES KLAR?!?!?

Jeder Zielverkauf, jede Forderung ist mit einem Kreditrisiko verbunden.

Anzeichen für Zahlungsschwierigkeiten sind erfolglose Mahnungen, Zahlungseinstellungen des Kunden und die Eröffnung eines Insolvenzverfahrens.

In einem Insolvenzverfahren wird geklärt, ob das Unternehmen zwangsverwertet (liquidiert) oder auf der Grundlage eines Insolvenzplanes saniert (erhalten) werden soll.

5.2 Zweifelhafte Forderungen

§ 243 HGB	Aufstellungsgrundsatz (1) Der Jahresabschluss ist nach den Grundsätzen ordnungsmäßiger Buchführung aufzustellen. (2) Er muss klar und übersichtlich sein.

Die Zahlung des Kunden Goller ist aufgrund des Insolvenzverfahrens unsicher (siehe S. 198). Welches Konto ist nun nach den Grundsätzen des § 243 HGB nicht mehr „klar und übersichtlich"?

Häufig sind zu geringes Eigenkapital, Fehlinvestitionen, schlechtes Management oder Wirtschaftskrisen die **Ursachen** für Zahlungsschwierigkeiten. Für den Gläubiger (Lieferer) bedeutet dies, dass die Forderung nicht mehr einwandfrei, sondern zweifelhaft geworden ist.

Nach den Grundsätzen ordnungsmäßiger Buchführung **(z. B. Bilanzklarheit)** müssen Forderungen, sobald sie als **zweifelhaft** erkannt sind, von den einwandfreien Forderungen **getrennt** und **gesondert ausgewiesen** werden. Die Buchung erfolgt auf dem Konto **2470 Zweifelhafte Forderungen (ZWFO).**

- **Geschäftsfall:**

Aufgrund der Zeitungsnachricht ist der Zahlungseingang der Forderung an den Kunden Goller über 8.330,00 € gefährdet.

- **Benötigtes neues Konto:**

2470 Zweifelhafte Forderungen (ZWFO)	**Aktivkonto**	**Buchung im Soll**

- **Buchungssatz:**

2470 Zweifelhafte Forderungen (ZWFO)	**an**	**2400 Forderungen aus L. u. L. (FO)**	**8.330,00**

- **Buchung auf T-Konten:**

S	2400 FO		H
5100, 4800	8.330,00	2470	8.330,00

S	2470 ZWFO		H
2400	8.330,00		

Durch diesen Buchungssatz ist dem Grundsatz „Klarheit und Wahrheit" Rechnung getragen. Die zweifelhafte Forderung ist von den sicheren Forderungen getrennt.

Bilde die Buchungssätze zu folgenden Geschäftsfällen: 229

1. Kunde Gerstner hat auf drei Mahnungen nicht reagiert. Die Forderung beträgt 32.130,00 €.
2. Von der Firma Wirth, Hof erhalten wir ein Schreiben mit der Bitte, für die Forderung in Höhe von 7.140,00 € einen Zahlungsaufschub von drei Monaten zu gewähren.
3. Ein Scheck unseres Kunden Drossel, Schwarzenfeld, über 10.115,00 € wird nicht eingelöst. Nach Mitteilung der Bank ist der Kreditrahmen überzogen.
4. Kunde Huber hat seine Zahlungen eingestellt. Es wurde die Eröffnung eines Insolvenzverfahrens beantragt. Unsere Forderung beträgt 5.355,00 €.
5. Aus der Zeitung erfahren wir, dass über das Vermögen unseres Kunden Zech ein Insolvenzverfahren eröffnet wurde. Unsere Forderung beträgt 6.842,50 €.
6. Ein langjähriger Kunde ist plötzlich im Ausland untergetaucht. Die Forderung beträgt 3.927,00 €.

230

1. Nenne drei mögliche Ursachen, die zu Zahlungsschwierigkeiten in Unternehmen führen können.
2. Seit einigen Jahre können auch für private Haushalte Insolvenzverfahren beantragt werden.

2.1 Finde Gründe für die Zahlungsunfähigkeit in privaten Haushalten.

2.2 Wie kann ein Familienhaushalt Zahlungsschwierigkeiten vermeiden?

2.3 Erkundige dich bei einer Schuldnerberatung über deren Aufgabenfeld und verfasse dazu ein Kurzreferat.

2.4 Sammle statistisches Material zum Thema „Verbraucherinsolvenzen“ und erstelle dazu ein Plakat.

Schlechtes Management, Fehlinvestitionen und Wirtschaftskrisen können in Unternehmen zu Insolvenzproblemen führen. Finde zu jeder Ursache ein konkretes Beispiel. 231

ALLES KLAR?!?!?

Ist der Zahlungseingang einer Forderung ungewiss, muss aus Gründen der Klarheit und Wahrheit diese Forderung von den sicheren getrennt werden.

Dies erfolgt durch den Buchungssatz:

2470 ZWFO an 2400 FO

5.3 Forderungsausfälle

5.3.1 Vollständiger Ausfall von zweifelhaften Forderungen

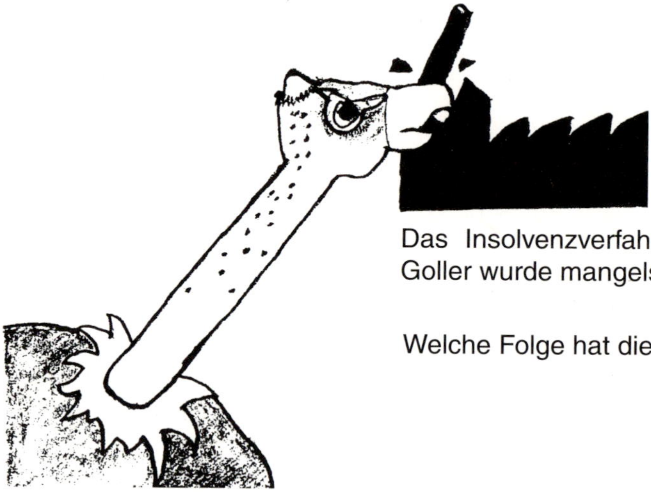

Das Insolvenzverfahren über das Unternehmen Goller wurde mangels Masse eingestellt.

Welche Folge hat dies für das Unternehmen?

Stellt sich während des laufenden Geschäftsjahres heraus, dass eine zweifelhafte Forderung ganz ausfällt, muss der **tatsächliche Forderungsausfall gebucht** werden.

Gesetzliche Grundlage hierfür ist § 253 HGB:

§ 253 HGB Wertansätze der Vermögensgegenstände und Schulden

. . . .

(3) Bei Vermögensgegenständen des Umlaufvermögens sind Abschreibungen vorzunehmen . . .

Der Forderungsbetrag 8.330,00 € setzt sich zusammen aus dem Nettowert der Forderung 7.000,00 € und der darauf entfallenen Umsatzsteuer 1.330,00 €. Wird eine Forderung uneinbringlich, so darf nur der **Nettowert** der Forderung **abgeschrieben** werden. Die **Abschreibung** erfolgt **direkt.** Der entstandene Wertverlust (netto) wird auf dem **Aufwandskonto 6950 Abschreibungen auf Forderungen (ABFO)** gebucht, die Gegenbuchung erfolgt unmittelbar (direkt) auf Konto 2470 Zweifelhafte Forderungen (ZWFO). Ebenso ist der **Umsatzsteueranteil** zu **berichtigen,** da für nicht erhaltene Forderungsbeträge keine Umsatzsteuer an das Finanzamt abgeführt werden muss (§ 17 USTG).

Zweifelhafte Forderungen werden uneinbringlich, wenn beispielsweise Zwangsvollstreckungen (Pfändungen) ohne Erfolg durchgeführt werden, ein Insolvenzverfahren mangels Masse eingestellt wird oder eine Forderung verjährt ist.

• **Geschäftsfall:**

Der Insolvenzverwalter teilt mit, dass das Insolvenzverfahren über die Firma Goller mangels Masse eingestellt wurde. Die zweifelhafte Forderung über 8.330,00 € ist uneinbringlich geworden.

- **Benötigtes neues Konto:**

6950 Abschreibungen auf Forderungen (ABFO)	**Aufwandskonto**	**Buchung im Soll**

- **Berechnung:**

Forderung brutto	8.330,00 €	→	2470 ZWFO	(Haben)
– Umsatzsteuer 19%	1.330,00 €	→	4800 UST	(Soll)
Nettobetrag	7.000,00 €	→	6950 ABFO	(Soll)

- **Buchungssatz:**

6950 Abschreibungen auf Forderungen (ABFO)	**7.000,00**				
4800 Umsatzsteuer (UST)	**1.330,00**	**an**	**2470**	**Zweifelhafte Forderungen (ZWFO)**	**8.330,00**

- **Buchung auf T-Konten:**

S	6950 ABFO		H
2470	7.000,00		

S	2470 ZWFO		H
		6950, 4800	8.330,00

S	4800 UST		H
2470	1.330,00		

Das Aufwandskonto 6950 ABFO wird über das Konto 8020 GUV abgeschlossen. Es vermindert letztendlich den Gewinn um 7.000,00 €. Somit müssen 7.000,00 € weniger versteuert werden.

5.3.2 Vollständiger Ausfall von einwandfreien Forderungen

Internationaler Haftbefehl für Geschäftsführer Klaus Hofer

Obwohl seit längerer Zeit über finanzielle Schwierigkeiten des Garten- und Baumarkts „Camp" gesprochen wurde, kam die Nachricht gestern Nachmittag doch völlig überraschend. Das Unternehmen ist in hohem Maße überschuldet.

Der Betriebsratsvorsitzende Frank C. teilte unserer Zeitung mit, dass bereits wegen des allgemeinen Konjunkturverlaufes die Umsätze seit längerer Zeit rückläufig waren. Zudem ergab eine interne Betriebsprüfung, dass in den letzten Jahren Gewinne auf private Konten der Geschäftsleitung geflossen seien. Der Inhaber Klaus Hofer ist seit Dienstag im Ausland untergetaucht. Weitere Einzelheiten auf Seite 3.

Das Unternehmen Stefanie Bauer hat Forderungen in Höhe 6.664,00 € an den Garten- und Baumarkt „Camp“. Welche Auswirkung hat diese Zeitungsmeldung auf das Unternehmen von Stefanie Bauer?

Auch einwandfreie Forderungen unterliegen einem Ausfallrisiko. Beim überraschenden Ausfall ist die Buchung *2470 ZWFO an 2400 FO* nicht erforderlich.

Wird eine einwandfreie Forderung uneinbringlich, so darf auch in diesem Fall nur der **Nettowert** der Forderung **abgeschrieben** werden. Der entstandene Wertverlust (netto) wird auf dem **Aufwandskonto 6950 Abschreibungen auf Forderungen (ABFO)** gebucht, die Gegenbuchung erfolgt direkt auf **Konto 2400 Forderungen (FO).** Ebenso ist der **Umsatzsteueranteil** zu **berichtigen,** da für nicht erhaltene Forderungsbeträge keine Umsatzsteuer an das Finanzamt abgeführt werden muss.

- **Geschäftsfall:**

Der Inhaber des als bisher sicher geltenden Kunden „Camp“ ist im Ausland untergetaucht. Die Forderung über 6.664,00 € ist vollständig verloren.

- **Berechnung:**

Forderung brutto	6.664,00 €	→	2400 FO	(Haben)
– Umsatzsteuer 19%	1.064,00 €	→	4800 UST	(Soll)
Nettobetrag	5.600,00 €	→	6950 ABFO	(Soll)

- **Buchungssatz:**

6950 Abschreibungen auf Forderungen (ABFO)	**5.600,00**			
4800 Umsatzsteuer (UST)	**1.064,00**	**an**	**2400 Forderungen (FO)**	**6.664,00**

- **Buchung auf T-Konten:**

S	6950 ABFO		H
2400	5.600,00		

S	2400 FO		H
		6950, 4800	6.664,00

S	4800 UST		H
2400	1.064,00		

232 Bilde die Buchungssätze zu folgenden Geschäftsfällen:

1. Kunde Ramstein hat auf drei Mahnungen nicht reagiert. Unsere Forderung beträgt 53.550,00 €.

2. Von der Firma Wirth, Hof erhalten wir ein Schreiben mit der Bitte für die Forderung in Höhe von 3.808,00 € einen Zahlungsaufschub von drei Monaten zu gewähren.
3. Kunde Huber hat seine Zahlungen eingestellt. Es wurde die Eröffnung eines Insolvenzverfahrens beantragt. Unsere Forderung beträgt 10.591,00 €.
4. Aus der Zeitung erfahren wir, dass über das Vermögen unseres Kunden Zech ein Insolvenzverfahren eröffnet wurde. Unsere Forderung beträgt 6.842,50 €.
5. Ein vom Kunden Gerstner beantragtes Insolvenzverfahren wurde mangels Masse eingestellt. Die zweifelhafte Forderung über 3.689,00 € ist uneinbringlich.
6. Der Inhaber der Firma Russer hat sich überraschend ins Ausland abgesetzt. Es wurde ein internationaler Haftbefehl ausgestellt. Es besteht keine Aussicht auf die Begleichung der Forderung in Höhe von 5.117,00 €.
7. Das Insolvenzverfahren unseres Kunden Huber (siehe Nr. 3) wird mangels Masse abgelehnt.
8. Eine bisher sichere Forderung über 4.581,50 € wird überraschend uneinbringlich.
9. Wegen Überschuldung ist die Forderung an Kunde Ramstein (siehe Nr. 1) als uneinbringlich abzuschreiben.
10. Das von der Firma Wirth, Hof (siehe Nr. 2) beantragte Insolvenzverfahren wurde mangels Masse abgelehnt. Das Unternehmen wurde aufgelöst. Die Forderung ist vollständig verloren.

233

1. Nenne Gründe für die Uneinbringlichkeit von Forderungen.
2. Uneinbringliche Forderungen müssen abgeschrieben werden. Worin besteht der buchhalterische Unterschied bei der Abschreibung von einwandfreien und zweifelhaften Forderungen?
3. Welcher Betrag des Forderungsausfalls wird auf Konto 6950 ABFO gebucht?
4. Warum muss die Umsatzsteuer beim Forderungsausfall berichtigt werden?

234

Bilde die Buchungssätze zu folgenden Geschäftsfällen:

1. Zielverkauf von Fertigerzeugnissen an Kunden *H. Vogt,* netto 12.000,00 €.
2. Aus der Zeitung entnehmen wir folgende Notiz:

> N 42/91.
>
> Über das Vermögen der Firma H. Vogt
> wurde am 10. März 20.., 12.00 Uhr,
> das Insolvenzverfahren eröffnet.
>
> Bamberg, 14. März 20..
>
> Amtsgericht – Insolvenzgericht – Bamberg

3. Am 12. Mai erfahren wir, dass das Insolvenzverfahren mangels Masse eingestellt wurde.

235

Bilde die Buchungssätze für den Abschluss folgender Konten:

Konto	Soll	Haben
2400 FO	122.000,00 €	31.200,00 €
2470 ZWFO	5.880,00 €	4.988,00 €
6950 ABFO	9.600,00 €	

ALLES KLAR?!?!?

Uneinbringliche Forderungen werden als Aufwand direkt abgeschrieben. Die enthaltene Umsatzsteuer wird berichtigt:

Buchung des Ausfalls einer zweifelhaften Forderung:

6950 ABFO
4800 UST an 2470 ZWFO

Buchung des Ausfalls einer einwandfreien Forderung:

6950 ABFO
4800 UST an 2400 FO

5.3.3 Teilweiser Ausfall von zweifelhaften Forderungen

Insolvenzquote 30%

Kunde Mathias Holzner e. K. hat am 8. Dezember beim zuständigen Insolvenzgericht das Insolvenzverfahren beantragt. Die Forderung an diesen Geschäftspartner beträgt 4.165,00 €.

Nach Abschluss des Verfahrens erhält das Unternehmen Stefanie Bauer eine Insolvenzquote von 30%. Erkläre den Begriff „Insolvenzquote“.

Stellt sich noch im Laufe des Geschäftsjahres heraus, wie hoch der Ausfall bei einer zweifelhaften Forderung tatsächlich ist (z. B. das Insolvenzverfahren wird im Laufe des Jahres abgeschlossen), muss **der tatsächliche Forderungsausfall** direkt abgeschrieben werden. Die im Forderungsausfall enthaltene Umsatzsteuer ist entsprechend zu korrigieren. Der **Zahlungseingang** (Insolvenzquote) wird auf dem Bankkonto gebucht.

• **Berechnung des tatsächlichen Forderungsausfalles**

Bruttoforderung	4.165,00 €	→	2470 ZWFO	(Haben)
– Zahlungseingang (30%)	1.249,50 €	→	2800 BK	(Soll)
Bruttoausfall	2.915,50 €			
– zu berichtigende Umsatzsteuer	465,50 €	→	4800 UST	(Soll)
Nettoausfall	2.450,00 €	→	6950 ABFO	(Soll)

Der tatsächliche Forderungsausfall beträgt nach Zahlungseingang 2.915,50 €. Beim Verkauf der Erzeugnisse wurde Umsatzsteuer für einen Nettoumsatz von 3.500,00 € an das Finanzamt abgeführt. Tatsächlich wurden aber nur 1.249,50 € „umgesetzt" (= Zahlungseingang). Im Ausfall in Höhe von 2.915,50 € sind 465,50 € zu berichtigende Umsatzsteuer enthalten.

• **Buchungssatz:**

2800 Bank (BK)	**1.249,50**			
6950 Abschreibungen auf Forderungen (ABFO)	**2.450,00**			
4800 Umsatzsteuer (UST)	**465,50**	**an**	**2470 Zweifelhafte Forderungen (ZWFO)**	**4.165,00**

• **Buchung auf T-Konten:**

S	2800 BK		H
2470	1.249,50		

S	2470 ZWFO		H
		2800	
		6950	
		4800	4.165,00

S	6950 ABFO		H
2470	2.450,00		

S	4800 UST		H
2470	465,50		

Die Insolvenzverfahren sind bei folgenden Kunden abgeschlossen. Berechne jeweils den tatsächlichen Ausfall der zweifelhaften Forderungen in Prozenten und bilde die Buchungssätze. Die Zahlungseingänge werden auf dem Konto Bank gebucht. **236**

Kunde	Bruttoforderung	Zahlungseingang
Welzer	13.685,00 €	2.142,00 €
Förster	26.894,00 €	8.449,00 €
Klein	1.963,50 €	196,35 €
Altmann	14.684,60 €	6.188,00 €
Braun	5.426,40 €	2.713,20 €

237 Bilde die Buchungssätze:

1. Über das Vermögen von Kundin Leicht wird ein Insolvenzverfahren eröffnet. Unsere Forderung beträgt 3.094,00 €.
2. Nach Abschluss des Insolvenzverfahrens erhalten wir eine Erstattungsquote von 50% per Bankgutschrift.

238 Folgende Insolvenzverfahren wurden im Februar abgeschlossen. Berechne den tatsächlichen Ausfall und bilde die Buchungssätze.

Kunde	Zweifelhafte Forderung (brutto)	Insolvenzquote
G. Knorr	7.497,00 €	10%
H. Körner	6.188,00 €	25%
S. Richter	4.879,00 €	30%
J. Knoll	10.591,00 €	15%
E. Schuster	1.547,00 €	35%
D. Hader	3.451,00 €	40%
S. Schwab	7.973,00 €	25%
A. Hetzel	4.046,00 €	15%

239

1. Der Kunde Müller & Sohn hat seine Zahlungen eingestellt. Unsere Forderung beträgt 9.639,00 €. Bilde den Buchungssatz.
2. Nach Abschluss des Insolvenzverfahrens über das Vermögen von Kunde Müller & Sohn gehen auf dem Bankkonto 2.409,75 € ein. Der Rest ist verloren. Bilde den erforderlichen Buchungssatz.
3. Berechne die Insolvenzquote in Prozenten.

240 Nach Abschluss eines Insolvenzverfahrens ergab sich für die zweifelhafte Forderung an Kundin Schönmann folgender Buchungssatz:

2800 BK	2.945,25			
6950 ABFO	3.025,00			
4800 UST	574,75	an	2470 ZWFO	6.545,00

Berechne den Zahlungseingang in Prozenten.

241 Bilde die Buchungssätze:

1. Kundin Jung gerät in Zahlungsschwierigkeiten. Unsere Forderung beträgt 3.775,17 €.
2. Für eine zweifelhafte Forderung in Höhe von 2.975,00 € gehen 40% auf dem Bankkonto ein. Der Rest ist verloren.

3. Das Insolvenzverfahren über O. Blank wird mangels Masse eingestellt. Unsere Forderung an Blank betrug 4.998,00 €.

4. Kundin Jung (siehe Nr. 1) beantragt ein Insolvenzverfahren. Wie die anderen Gläubiger verzichten wir auf 40% unserer Forderung. Der Restbetrag wird auf dem Bankkonto gutgeschrieben.

5. Zielverkauf von Fertigerzeugnissen an den Gartenmarkt Grün netto 2.500,00 € zuzüglich Verpackung 150,00 € netto.

6. Trotz mehrmaliger Mahnung zahlt das Unternehmen Grün (siehe Nr. 5) nicht.

7. Eine Forderung an den Kunden Kluge in Höhe von 1.190,00 € ist überraschend uneinbringlich geworden.

8. Wir verzichten bei Kunde Grün (siehe 5 u. 6) auf 20% unserer Forderung. Der Restbetrag geht auf dem Bankkonto ein.

9. Kunde Alt gerät in Zahlungsschwierigkeiten. Grund: Überschuldung. Unsere Ausgangsrechnung Nr. 234 über 10.115,00 € an Kunde Alt ist noch nicht beglichen.

ALLES KLAR?!?!?

Bei teilweise uneinbringlichen Forderungen wird nur der tatsächliche Forderungsausfall abgeschrieben. Die auf den tatsächlichen Ausfall entfallende Umsatzsteuer wird korrigiert.

Buchungssatz:	2800 BK		
	6950 ABFO		
	4800 UST	an	2470 ZWFO

<table>
<tr><td colspan="3">Zweifelhafte Forderung</td></tr>
<tr><td rowspan="2">Zahlungseingang
Bank</td><td colspan="2">Forderungsausfall brutto</td></tr>
<tr><td>Forderungsausfall netto
Abschreibungen auf Forderungen</td><td>Umsatzsteuerkorrektur
Umsatzsteuer</td></tr>
</table>

5.3.4 Zahlungseingang für eine vollständig abgeschriebene Forderung

Kontoauszug Kontonummer 471 1 66 Auszug 39 **Gewerbebank Rosenheim**
IBAN DE72711511000000471166
BIC GBNKDEFF Datum 16.10.20.. Blatt 01

Vorgang/Buchungsinformation	Buchung	Wertstellung	Umsatz in EURO
Überweisung Rechnung 0780 vom 05. Oktober 20.. von Fa. A. Freund	15. 10.	15. 10.	714,00 +

Gewerbebank Rosenheim * D-83024 Rosenheim
Fa. Holzbau Rosenheim
Inh.: Stefanie Bauer (e. Kfr.)
Lindenstr. 14–16
83024 Rosenheim

Zahlungseingänge	EUR	714,00 +
Zahlungsausgänge	EUR	+ 0,00 –
Alter Kontostand	EUR	14.000,00 +
Neuer Kontostand	EUR	14.714,00 +

Postanschrift: Gewerbebank Rosenheim 83024 Rosenheim
Direkt-Service: Tel.: 0180-703050 Telefax: 65 70 85
Telefon-Banking: Tel.: 0180-703060 X-Online: Gewerbebank
Erreichbarkeit: 7x24 Stunden Internet: http://www.gewerbebank.de
Bankleitzahl 71151100

Eine völlig abgeschriebene Forderung geht überraschend auf dem Bankkonto ein. Wie kann dieser Vorgang buchhalterisch erfasst werden?

Begleicht ein Kunde wider Erwarten seine Schuld, obwohl diese bereits abgeschrieben worden ist, so wird der Nettobetrag auf dem Konto **5495 Erträge (Zahlungseingänge) aus abgeschriebenen Forderungen (EFO)** gebucht; die anteilige **Umsatzsteuer** ist **neu** zu **buchen,** da der ursprüngliche Umsatz wieder neu entsteht.

- **Geschäftsfall:**

Die Forderung in Höhe von 714,00 € an Kundin A. Freund wurde als uneinbringlich bewertet und vollständig abgeschrieben. Wider Erwarten begleicht Kundin Freund vier Monate später den gesamten Betrag durch Banküberweisung.

- **Benötigtes neues Konto:**

5495 Erträge (Zahlungseingänge) aus abgeschriebenen Forderungen (EFO) Ertragskonto Buchung im Haben

- **Buchungssatz:**

2800 Bank (BK)	**714,00**	**an**	**5495 Erträge (Zahlungseingänge) aus abgeschriebenen Forderungen (EFO)**	**600,00**
			4800 Umsatzsteuer (UST)	**114,00**

- **Buchung auf T-Konten:**

S	2800 BK		H
5495, 4800	714,00		

S	5495 EFO		H
		2800	600,00

S	4800 UST		H
		2800	114,00

242

1. Für eine vollständig abgeschriebene zweifelhafte Forderung über 1.666,00 € geht wider Erwarten der ganze Betrag auf dem Bankkonto ein.
2. Die Pfändung bei Kunde Stark verlief erfolglos. Unsere Forderung beträgt 6.069,00 €.
3. Kunde Krämer bittet um Zahlungsaufschub. Unsere Ausgangsrechnung für Handelswaren Nr. 112 über 1.785,00 € an Händler Krämer ist noch nicht bezahlt.
4. Noch im gleichen Jahr wird das Insolvenzverfahren über das Vermögen von Kunde Stark (siehe Nr. 2) abgeschlossen. Wir erhalten per Bankgutschrift 1.378,76 €.
5. Kunde Krämer begleicht die Forderung acht Wochen später durch Banküberweisung (siehe Nr. 3).
6. Kunde Kugler gerät in Zahlungsschwierigkeiten. Unsere Forderung beträgt 2.023,00 €.
7. Kugler verschwindet ins Ausland. Wir schreiben die Forderung (siehe Nr. 6) als uneinbringlich ab.
8. Die drei Mahnungen an die Köhler KG verliefen erfolglos. Unsere Forderung beträgt 7.854,00 €.
9. Firma Kugler wird von einem anderen Unternehmen übernommen. Unsere Forderung (siehe Nr. 6 u. 7) geht vollständig auf dem Bankkonto ein.

243

Beim Zahlungseingang einer vollständig abgeschriebenen Forderung wurde wie folgt gebucht:

2800 BK	535,50	an	5495 EFO	450,00
			4800 UST	85,50

Wie lautete die vorausgegangene Buchung für die direkte Abschreibung?

ALLES KLAR?!?!?

Bei Zahlungseingang einer vollständig abgeschriebenen Forderung wird gebucht:

2800 BK	an	5495 EFO
		4800 UST

5.4 Bewertung der Forderungen am Jahresende

5.4.1 Bewertung von zweifelhaften Forderungen (Einzelwertberichtigung)

Auszug aus der Kundenbuchhaltung des Unternehmens Stefanie Bauer:

Kunde	Zweifelhafte Forderung
A. Höfler, Augsburg	5.236,00 €
M. Heinrich, München	7.735,00 €
U. Schlosser, Bamberg	14.280,00 €

Zweifelhafte Forderungen unterliegen einer genauen Überwachung. Der Wert dieser Forderungen muss fortwährend kontrolliert werden.

Für die Bewertung der zweifelhaften Forderungen gelten beim Jahresabschluss die Grundsätze der §§ 252 und 253 HGB.

§ 252 Abs. 1 Nr. 3 HGB:

Die Vermögensgegenstände und Schulden sind zum Abschlussstichtag einzeln zu bewerten.

§ 252 Abs. 1 Nr. 4 HGB:

Es (das Vermögen) ist vorsichtig zu bewerten, namentlich sind alle vorhersehbaren Risiken und Verluste, die bis zum Abschlussstichtag entstanden sind, zu berücksichtigen, . . . Gewinne sind nur zu berücksichtigen, wenn sie bis zum Abschlussstichtag realisiert sind.

§ 253 Abs. 3 HGB:

Bei Vermögensgegenständen des Umlaufvermögens sind Abschreibungen vorzunehmen, um diese mit einem niedrigeren Wert anzusetzen . . .

Welche Aussagen der §§ 252 und 253 HGB ermöglichen am Jahresende eine Abschreibung auf den Bestand an zweifelhaften Forderungen?

Bei der Aufstellung der Bilanz muss im Unternehmen Stefanie Bauer jede einzelne zweifelhafte Forderung auf ihre Einbringlichkeit geprüft werden. Ist zum Bilanzstichtag bei einer zweifelhaften Forderung ein Verlust zu erwarten, so muss in Höhe des **vermuteten (geschätzten) Ausfalls** eine entsprechende **Abschreibung** vorgenommen werden. Dabei ist jede zweifelhafte Forderung einzeln zu bewerten. Für eine zuverlässige Schätzung muss der Unternehmer ausreichende Informationen über die finanziellen Verhältnisse seiner Kunden einholen.

Die Forderungsbewertung beruht somit auf einer Einschätzung der Zahlungsfähigkeit des jeweiligen Kunden und erfolgt aus **Gründen** der **Klarheit** und **Übersichtlichkeit** nicht direkt über das Konto „zweifelhafte Forderungen", sondern **indirekt** über ein **Wertberichtigungskonto: 3670 Einzelwertberichtigung (zu Forderungen) (EWB).** Der voraussichtliche Ausfall selbst wird als Aufwand auf dem Konto **6950 Abschreibungen auf Forderungen (ABFO)** gebucht. Diese Buchung zählt zu den **vorbereitenden Abschlussbuchungen.**

Die in den zweifelhaften Forderungen enthaltene **Umsatzsteuer** wird erst bei endgültiger Uneinbringlichkeit **korrigiert** (§ 17 Abs. 2 USTG), d. h. bei Vorliegen eines Beleges über den **tatsächlichen Ausfall.**

- **Beispiel**

Kunde	Zweifelhafte Forderung (brutto)	anteilige Umsatzsteuer	Zweifelhafte Forderung (netto)	Geschätzter Ausfall	Einzelberichtigung
A. Höfler	5.236,00 €	836,00 €	4.400,00 €	70%	3.080,00 €
M. Heinrich	7.735,00 €	1.235,00 €	6.500,00 €	50%	3.250,00 €
U. Schlosser	14.280,00 €	2.280,00 €	12.000,00 €	30%	3.600,00 €
	27.251,00 €	Summe der geschätzten Ausfälle			9.930,00 €

- **Benötigtes neues Konto:**

3670 Einzelwertberichtigung (zu Forderungen) (EWB) **Passivkonto** **Buchung im Haben**

- **Buchungssatz:**

6950 Abschreibungen auf Forderungen (ABFO)	**an**	**3670 Einzelwertberichtigung (zu Forderungen) (EWB)**	**9.930,00**

Die **Buchung** der Wertberichtigung wird nicht für jede einzelne zweifelhafte Forderung vorgenommen, sondern sie erfolgt – ähnlich wie die Buchung der Löhne und Gehälter – **summarisch**, d. h. in einem Gesamtbetrag.

- **Buchung auf T-Konten:**

S	6950 ABFO		H
3670	9.930,00		

S	3670 EWB		H
		6950	9.930,00

Das Konto 3670 Einzelwertberichtigung (zu Forderungen) ist ein **ruhendes Konto.** Während des Jahres erfolgen auf ihm keine laufenden Buchungen. Es bleibt unverändert bis zum nächsten Jahresabschluss.

S	Schlussbilanzkonto		H
Zweifelhafte Forderung	27.251,00	Einzelwertberichtigung	9.930,00

Der **Bestand der zweifelhaften Forderungen** wird zum Bilanzstichtag in **voller Höhe** ausgewiesen, während die **Wertberichtigungen** zu den zweifelhaften Forderungen insgesamt die Höhe des zu **erwartenden Verlustes** ausweisen. Diese **indirekte Abschreibung** auf Forderungen zum Bilanzstichtag entspricht somit dem Grundsatz der **Klarheit.**

Behandlung einzelbewerteter zweifelhafter Forderungen im nächsten Geschäftsjahr

- **Beispiel:**

1. Das Insolvenzverfahren Höfler wurde mit einer Erstattungsquote von 70% abgeschlossen. Der entsprechende Betrag geht auf dem Bankkonto ein.
2. Der Insolvenzverwalter überweist nach Abwicklung des Insolvenzverfahrens Heinrich 4.641,00 € auf das Bankkonto, der Rest ist verloren.
3. Das Insolvenzverfahren über das Vermögen von Kunde Schlosser wurde mangels Masse eingestellt. Die zweifelhafte Forderung ist uneinbringlich.

Werden **einzelwertberichtigte zweifelhafte Forderungen** aus dem Vorjahr durch Zahlungen oder Einstellung des Insolvenzverfahrens mangels Masse im darauffolgenden Jahr **endgültig abgeschlossen**, so sind diese Geschäftsfälle als **laufende Buchungen** zu behandeln. Die geschätzten Ausfälle vom Ende des Vorjahres werden dabei nicht berücksichtigt.

- **Buchungssätze:**

1. 2800 BK	**3.665,20**			
6950 ABFO	**1.320,00**			
4800 UST	**250,80**	**an**	**2470 ZWFO**	**5.236,00**

2. 2800 BK	**4.641,00**			
6950 ABFO	**2.600,00**			
4800 UST	**494,00**	**an**	**2470 ZWFO**	**7.735,00**

3. 6950 ABFO	**12.000,00**			
4800 UST	**2.280,00**	**an**	**2470 ZWFO**	**14.280,00**

244

Bei den Arbeiten für den Jahresabschluss der Firma Dieter Kramer sind die auf dem Konto 2470 ZWFO ausgewiesenen zweifelhaften Forderungen einzeln zu bewerten und abzuschreiben.

1. Ermittle den geschätzten Ausfall in Euro.
2. Bilde den Buchungssatz für die indirekte Abschreibung.

Kunde	Zweifelhafte Forderung (brutto)	Geschätzter Ausfall
G. Ellner	14.280,00 €	70%
H. Krappmann	8.925,00 €	50%
J. Glas	4.998,00 €	90%
H. Schörner	1.547,00 €	60%
G. Reissig	4.522,00 €	80%
W. Wirth	6.069,00 €	40%

245

Lies die Gesetzestexte (Seite 212) und beantworte folgende Fragen:

1. Mit welchem Wert müssen nach § 253 Abs. 3 HGB zweifelhafte Forderungen in der Schlussbilanz angesetzt werden?
2. Die Bestimmungen des § 252 Abs. 1 Nr. 3 und 4 HGB werden als „Grundsatz der kaufmännischen Vorsicht“ bezeichnet. Begründe dies mit eigenen Worten.
3. § 252 Abs. 1 Nr. 3 HGB schreibt vor, dass nicht der gesamte Bestand an zweifelhaften Forderungen am Abschlussstichtag zu bewerten ist, sondern jede zweifelhafte Forderung einzeln bewertet werden muss. Was will der Gesetzgeber mit dieser Vorschrift verhindern?

246

Die Firma Neubauer hat am 21. 10. die Eröffnung eines Insolvenzverfahrens beantragt. Unsere Forderung beträgt 20.825,00 €. Am Jahresende schätzen wir den Wert der Forderung auf 15%.

1. Bilde den Buchungssatz am 21. 10.
2. Wie lautet der Buchungssatz für die vorbereitende Abschlussbuchung am 31. 12.?
3. Im neuen Jahr gehen für die zweifelhafte Forderung 4.165,00 € auf dem Bankkonto ein. Bilde den Buchungssatz.
4. Berechne den tatsächlichen Forderungsausfall in Prozenten.

247 Am Jahresende haben wir für die zweifelhafte Forderung der Firma Rupp aufgrund unserer Bewertung folgende vorbereitende Abschlussbuchung durchgeführt:

6950 ABFO an 3670 EWB 4.536,00

Die zweifelhafte Forderung beträgt 6.664,00 €. Berechne den Prozentsatz für die Ausfallschätzung.

248 Für eine mit 20% bewertete zweifelhafte Forderung wurde am Jahresende eine Wertberichtigung in Höhe von 1.912,00 € gebildet. Berechne den Betrag der zweifelhaften Forderung.

249 Das Konto 2470 ZWFO der Firma Nagel & Söhne weist am Jahresende folgende zweifelhafte Forderungen aus:

Kunde	Zweifelhafte Forderung (brutto)	Geschätzter Ausfall
H. Haselmann	2.737,00 €	60%
O. Werner	5.712,00 €	45%
B. Düsel	7.735,00 €	80%
R. Meyer	3.451,00 €	75%
B. Römhild	6.307,00 €	90%
Z. Schnapp	9.163,00 €	85%
A. Schmidt	9.996,00 €	50%
G. Apfel	2.261,00 €	60%

1. Berechne die notwendige Einzelwertberichtigung.
2. Bilde den Buchungssatz für die summarische Wertberichtigung.
3. Im ersten Quartal des neuen Jahres werden folgende zweifelhafte Forderungen abgeschlossen:

   Bilde die entsprechenden Buchungssätze:

   3.1 Das Insolvenzverfahren über das Vermögen von Kunde Düsel wurde mangels Masse eingestellt. Die Forderung ist uneinbringlich.

   3.2 Der Insolvenzverwalter überweist nach Abschluss der Verfahrens Meyer eine Erstattungsquote von 60% auf unser Bankkonto.

   3.3 Kundin A. Schmidt überweist 4.998,00 € auf unser Bankkonto. Die Restforderung ist verloren.
4. Kunde Apfel überweist 678,30 € auf unser Bankkonto. Vergleiche den Prozentsatz der Ausfallschätzung mit dem tatsächlichen Ausfall der zweifelhaften Forderung und gib den Unterschied an.

5.4.2 Anpassung der Einzelwertberichtigung

Neues Geschäftsjahr

S	3670 EWB		H
		8000	9.930,00

Kunde	Zweifelhafte Forderung (brutto)	Umsatzsteuer	Zweifelhafte Forderung (netto)	Geschätzter Ausfall	Einzelwertberichtigung
G. Obermeier	6.188,00 €	988,00 €	5.200,00 €	60%	3.120,00 €
H. Wenger	7.616,00 €	1.216,00 €	6.400,00 €	75%	4.800,00 €
					7.920,00 €

Im neuen Geschäftsjahr ergeben sich im Unternehmen Stefanie Bauer neue zweifelhafte Forderungen. Aufgrund der Ausfallschätzungen ergibt sich ein Betrag von 7.920,00 €.

Obwohl die zweifelhaften Forderungen des letzten Geschäftsjahres eingegangen bzw. abgeschrieben sind, weist das Konto 3670 EWB immer noch einen Betrag von 9.930,00 € aus. Wie kann der Stand der Wertberichtigung aktualisiert werden?

Das Konto 3670 Einzelwertberichtigung (zu Forderungen) ist ein ruhendes Konto, d. h. laufende Buchungen werden während des Jahres auf ihm nicht vorgenommen. Auch bei Zahlungen auf einzelwertberichtigte Forderungen bleibt das Konto unberührt. Die bisherige **Einzelwertberichtigung wird am Jahresende der aktuellen** Einzelwertberichtigung angepasst.

Aufgrund der geschätzten Forderungsausfälle im neuen Geschäftsjahr wird eine Einzelwertberichtigung von 7.920,00 € notwendig. Vergleicht man die notwendige Einzelwertberichtigung mit dem vorhandenen Bestand, stellt man fest, dass der Bestand nicht mit der notwendigen Einzelwertberichtigung übereinstimmt. Der Bestand ist entweder zu hoch oder zu niedrig. Die Einzelwertberichtigung auf dem Konto 3670 EWB ist entweder **herabzusetzen** (aufzulösen) oder **aufzufüllen.** Bei der **Herabsetzung** entsteht ein Ertrag, der auf dem **Konto 5450 Erträge aus der Auflösung oder Herabsetzung**

von Wertberichtigungen auf Forderungen (EAWB) erfasst wird. Beim **Auffüllen** der Wertberichtigung entsteht ein Aufwand, der auf dem Konto **6950 Abschreibungen auf Forderungen (ABFO)** gebucht wird.

- **Beispiel 1: Der vorhandene Bestand ist zu hoch.**

Der Bestand auf dem Konto 3670 EWB beträgt 9.930,00 €. Es ist eine Einzelwertberichtigung von 7.920,00 € erforderlich. Die Einzelwertberichtigung muss um 2.010,00 € herabgesetzt werden.

- **Benötigte Konten:**

5450	**Erträge aus der Auflösung oder Herabsetzung von Wertberichtigungen auf Forderungen (EAWB)**	**Ertragskonto**	**Buchung im Haben**

- **Berechnung:**

erforderliche Einzelwertberichtigung	7.920,00 €
vorhandene Einzelwertberichtigung	9.930,00 €
Anpassung (Auflösung, Herabsetzung)	**2.010,00 €**

- **Buchungssatz:**

3670 Einzelwertberichtigung (zu Forderungen) (EWB)	**an**	**5450**	**Erträge aus der Auflösung oder Herabsetzung von Wertberichtigungen auf Forderungen (EAWB)**	**2.010,00**

- **Buchung auf T-Konten:**

S	3670 EWB		H
5450 EAWB	2.010,00	8000	9.930,00

S	5450 EAWB		H
		3670 EWB	2.010,00

Saldiert man das Konto 3670 EWB, so ergibt sich exakt die erforderliche, berechnete Einzelwertberichtigung in Höhe von **7.920,00** € (9.930,00 € – 2.010,00 €).

- **Beispiel 2: Der vorhandene Bestand ist zu niedrig.**

Der Bestand auf dem Konto 3670 EWB beträgt 7.920,00 €. Im darauf folgenden Geschäftsjahr ist aufgrund der neuen Ausfallschätzungen eine Einzelwertberichtigung von 8.500,00 € erforderlich. Die Einzelwertberichtigung muss um 580,00 € erhöht werden.

- **Berechnung:**

erforderliche Einzelwertberichtigung	8.500,00 €
vorhandene Einzelwertberichtigung	7.920,00 €
Anpassung (Erhöhung)	**580,00 €**

- **Buchungssatz:**

6950 Abschreibungen auf Forderungen (ABFO)	**an**	**3670 Einzelwertberichtigung (zu Forderungen) (EWB)**	**580,00**

- **Buchung auf T-Konten:**

S	6950 ABFO		H
3670	580,00		

S	3670 EWB		H
		8000	7.920,00
		6950 ABFO	580,00

Saldiert man das Konto 3670 EWB, so ergibt sich exakt die erforderliche, berechnete Einzelwertberichtigung in Höhe von **8.500,00** € (7.920,00 € + 580,00 €).

Aufgrund der Ausfallschätzungen ergibt sich im neuen Geschäftsjahr eine Einzelwertberichtigung in Höhe von 22.650,00 €. Die vorhandene EWB (Vorjahr) beträgt 19.960,00 €. Bilde den Buchungssatz für die vorbereitende Abschlussbuchung. **250**

Wie lauten die Buchungssätze für die Einzelwertberichtigung am Ende der jeweiligen Geschäftsjahre? **251**

01. 01. 2000	Anfangsbestand 3670 EWB	15.000,00 €
31. 12. 2000	Notwendige EWB	13.500,00 €
31. 12. 2001	Notwendige EWB	17.800,00 €
31. 12. 2002	Notwendige EWB	21.300,00 €
31. 12. 2003	Notwendige EWB	16.200,00 €

1. Wie sind die zweifelhaften Forderungen am Ende des Geschäftsjahres buchhalterisch zu behandeln? **252**
2. Warum darf bei der Einzelwertberichtigung am Jahresende keine Korrektur der Umsatzsteuer erfolgen?

253

Bis zum 31. 12. sind in einem Chemieunternehmen fünf Forderungen zweifelhaft geworden.

Ermittle die erforderliche Einzelwertberichtigung zum Jahresabschluss. Der Anfangsbestand auf dem Konto 3670 EWB beträgt 35.780,00 €.

Kunde	Zweifelhafte Forderung (brutto)	Geschätzter Ausfall
Elastograu AG	11.543,00 €	35%
Pharma GmbH	7.497,00 €	40%
Oktal-Werke	13.387,50 €	80%
BUKA GmbH	15.946,00 €	60%
Bergmeier & Co	22.134,00 €	90%

254

Das Konto 2470 ZWFO des Industrieunternehmens Peter Hacker, Kaufbeuren hat am 31.12. 20.. einen Bestand von 57.893,50 €, der sich aus folgenden zweifelhaften Forderungen zusammensetzt.

Kunde	Zweifelhafte Forderung (brutto)	Geschätzter Ausfall
Maschinenfabrik Graf	13.328,00 €	70%
ATO – Schweißtechnik	10.234,00 €	50%
Kranbau AG	14.875,00 €	80%
Technomatik AG	19.456,50 €	90%

1. Berechne die notwendige Einzelwertberichtigung zum 31. 12. 20..
2. Bilde den Buchungssatz für die EWB am 31. 12. (Anfangsbestand Konto 3670 EWB 38.270,00 €.)
3. Im Januar des neuen Geschäftsjahres werden folgende zweifelhafte Forderungen abgeschlossen. Bilde die Buchungssätze.
   3.1. Das Insolvenzverfahren über das Vermögen der Maschinenfabrik Graf wird mangels Masse eingestellt. Die zweifelhafte Forderung ist uneinbringlich.
   3.2. Die Kranbau AG überweist 8.925,00 € auf das Bankkonto. Der Rest ist verloren.
4. Der Insolvenzverwalter der Technomatik AG überweist eine Insolvenzquote von 55%. Berechne den Betrag für die notwendige Umsatzsteuerkorrektur.
5. Warum muss die Einzelwertberichtigung jährlich angepasst werden?
6. Bilde den Buchungssatz für den Abschluss des Kontos 3670 EWB.
7. Welche Auswirkungen haben die Abschreibungen aufgrund der Ausfallschätzungen auf den Jahreserfolg?

5.4.3 Bewertung der einwandfreien Forderungen

Rezession

Welche Forderungen können in dieser Konjunkturphase ebenfalls gefährdet sein?

Ein Abschwächen der Konjunktur kann auch bei zahlungsfähigen Kunden zu Liquiditätsengpässen führen. Dadurch können im Unternehmen Stefanie Bauer auch einwandfreie Forderungen gefährdet sein.

Durch die Überprüfung der Bonität einzelner Forderungen ist nicht unbedingt gewährleistet, dass alle zweifelhaften Forderungen erkannt werden. Auch in anscheinend **sicheren Forderungen** können Beträge enthalten sein, die **ganz** oder teilweise **ausfallen**.

Forderungen sind zwar grundsätzlich einzeln zu bewerten, doch wäre die Einzelbewertung in diesem Fall mit einem sehr großen Aufwand verbunden. Eine Überprüfung jeder einzelnen Forderung auf dem Konto 2400 FO ist vor allem bei einem großen Kundenkreis kaum zu bewältigen. Einerseits fehlen oft genaue Informationen über die finanzielle und wirtschaftliche Lage der Kunden, andererseits wäre der zeitliche Aufwand recht erheblich.

Aus diesem Grund beschränkt sich die Einzelbewertung auf die bereits bekannten gefährdeten, zweifelhaften Forderungen auf dem Konto 2470 ZWFO. Die verbleibenden **„sicheren" Forderungen** des Kontos 2400 FO werden **pauschal** (= im Ganzen) **wertberichtigt.** Rechtsgrundlage ist die Ausnahmeregelung in § 252 Abs. 2 HGB.

Es gilt: Ist die Ermittlung des Wertes einer einzelnen Forderung unmöglich, schwierig oder unzumutbar (= begründete Ausnahmefälle), so dürfen die Forderungen zusammengefasst werden.

Das bei jeder einzelnen zweifelhaften Forderung auf dem Konto 2470 ZWFO anders gelagerte spezielle Kreditrisiko verlangt eine Einzelbewertung. Die Pauschalbewertung der scheinbar sicheren Forderungen auf dem Konto 2400 FO berücksichtigt das in jeder Forderung beinhaltete **allgemeine Kreditrisiko**.

Der zu berechnende Pauschalsatz wird sich an folgenden Gegebenheiten orientieren müssen:

- Erfahrungswerte der letzten Jahre
- Konjunkturverlauf (z. B. Zahl der Insolvenzen)
- Besondere Geschäftsrisiken (z. B. Auslandsgeschäfte)

(Für die Realschule gilt ein Pauschalwertberichtigungssatz von 1%)

Auch die Pauschalwertberichtigung wird indirekt vorgenommen, d. h. der Abschreibungsaufwand wird nicht direkt im Forderungskonto 2400 FO gebucht, sondern auf einem eigenen **Konto 3680 Pauschalwertberichtigung (zu Forderungen) (PWB)** erfasst. Eine **Umsatzsteuerkorrektur** ist auch in diesem Fall **nicht gestattet,** weil die Abschreibungen aufgrund von **Schätzungen** vorgenommen werden. Es liegt noch **kein endgültiger Ausfall** vor.

- **Beispiel:**

Der Gesamtbestand der sicheren Forderungen auf dem Konto 2400 FO beträgt 178.500,00 €. Aufgrund der langjährigen Erfahrung wird mit einem Ausfall von 1% gerechnet.

- **Berechnung:**

Forderungsbestand (brutto) am 31. 12. auf dem Konto 2400 FO	178.500,00 €
– Umsatzsteuer 19%	28.500,00 €
Forderungsbestand (netto)	150.000,00 €
davon 1% Pauschalwertberichtigung	**1.500,00 €**

- **Benötigtes neues Konto:**

3680 Pauschalwertberichtigung (zu Forderungen) (PWB)	**Passivkonto**	**Haben**

- **Buchungssatz:**

6950 Abschreibungen auf Forderungen (ABFO)	**an**	**3680 Pauschalwertberichtigung (zu Forderungen) (PWB)**	**1.500,00**

- **Buchung auf T-Konten:**

S	6950 ABFO		H
3680	1.500,00		

S	3680 PWB		H
		6950	1.500,00

S	Schlussbilanzkonto		H
einwandfreie Forderungen	178.500,00	Pauschalwertberichtigung	1.500,00

Durch die Verwendung des Kontos 3680 PWB erscheinen die sicheren Forderungen mit ihrem vollen Wert auf der Aktivseite der Bilanz. Die Passivseite der Bilanz weist den Korrekturposten (Pauschalwertberichtigung) aus.

5.4.4 Anpassung der Pauschalwertberichtigung

	Vorjahr	Laufendes Jahr
Einwandfreie Forderungen	178.500,00 €	202.300,00 €
– Umsatzsteuer	28.500,00 €	32.300,00 €
Nettowert	150.000,00 €	170.000,00 €
Pauschalwertberichtigung 1%	**1.500,00 €**	**1.700,00 €**

1.500,00 € sind vorhanden, 1.700,00 € müssten es sein!

Das Konto 3680 PWB ist wie das Konto 3670 EWB ein ruhendes Konto. Es bleibt während des gesamten Geschäftsjahres unverändert. Laufende Buchungen werden auf ihm nicht vorgenommen. Am **Bilanzstichtag** wird entsprechend dem **neuen Forderungsbestand** (Konto 2400 FO) eine **neue Wertberichtigung** gebildet. Diese wird mit dem aus dem Vorjahr **vorhandenen Betrag verrechnet.** Dabei ergeben sich zwei Möglichkeiten.

1. Erhöhung der Pauschalwertberichtigung – der Forderungsbestand ist gestiegen.
2. Herabsetzung der Pauschalwertberichtigung – der Forderungsbestand hat sich verringert.

- **Beispiel 1: Der vorhandene Bestand ist zu niedrig.**

Der Bestand auf dem Konto 3680 PWB beträgt 1.500,00 €. Der Forderungsbestand beträgt am 31. 12. 202.300,00 €. Es soll eine Pauschalwertberichtigung von 1% gebildet werden.

- **Berechnung:**

Forderungsbestand am 31. 12. (brutto)	202.300,00 €
– Umsatzsteuer	32.300,00 €
Forderungsbestand (netto)	170.000,00 €
davon 1%	1.700,00 €
Bestand aus dem Vorjahr (vorhanden)	1.500,00 €
Anpassung (Erhöhung) erforderlich	**200,00 €**

- **Buchungssatz:**

6950 Abschreibungen auf Forderungen (ABFO)	**an**	**3680 Pauschalwertberichtigung (zu Forderungen) (PWB)**	**200,00**

• **Buchung auf T-Konten:**

S	6950 ABFO		H
3680	200,00	8020	200,00

S	3680 PWB		H
8010	1.700,00	8000	1.500,00
		6950	200,00

Verrechnet man auf dem Konto 3680 PWB den Anfangsbestand (1.500,00 €) und die Erhöhung (200,00 €) so ergibt sich genau die dem Forderungsbestand entsprechende Pauschalwertberichtigung von **1.700,00** €.

• **Beispiel 2: Der vorhandene Bestand ist zu hoch.**

Der Bestand auf dem Konto 3680 PWB beträgt 1.500,00 €. Der Forderungsbestand beträgt am 31.12. 142.800,00 €. Es soll eine Pauschalwertberichtigung von 1% gebildet werden.

• **Berechnung:**

Forderungsbestand am 31. 12. (brutto)	142.800,00 €
– Umsatzsteuer	22.800,00 €
Forderungsbestand (netto)	120.000,00 €
davon 1%	1.200,00 €
Bestand aus dem Vorjahr (vorhanden)	1.500,00 €
Anpassung (Herabsetzung) erforderlich	**300,00** €

• **Buchungssatz:**

3680 Pauschalwertberichtigung (zu Forderungen) (PWB)	**an**	**5450**	**Erträge aus der Auflösung oder Herabsetzung von Wertberichtigungen auf Forderungen (EAWB) 300,00**

• **Buchung auf T-Konten:**

S	3680 PWB		H
5450	300,00	8000	1.500,00
8010	1.200,00		

S	5450 EAWB		H
8020	300,00	3680	300,00

Verrechnet man auf dem Konto 3680 PWB den Anfangsbestand (1.500,00 €) und die Herabsetzung (300,00 €) so ergibt sich genau die dem Forderungsbestand entsprechende Pauschalwertberichtigung von **1.200,00** €.

Beantworte folgende Fragen: 255

1. Warum muss auch bei den scheinbar sicheren Forderungen eine Abschreibung vorgenommen werden?
2. Weshalb können die scheinbar sicheren Forderungen auf dem Konto 2400 FO nicht einzeln bewertet werden?
3. Erkläre den Unterschied zwischen Einzel- und Pauschalbewertung.

Am Bilanzstichtag wird ein Forderungsbestand (2400 FO) in Höhe von 386.750,00 € ermittelt. Die Pauschalwertberichtigung wird auf 1% festgesetzt. 256

1. Wie lautet die Buchung am 31. 12.?
2. Der Forderungsbestand am Jahresende des nächsten Jahres beträgt 374.850,00 €. Die bestehende Pauschalwertberichtigung ist zu überprüfen und dem neuen Forderungsbestand anzupassen.

Im Steuerbüro Fuchs hat der Auszubildende Wolf am Jahresende folgende Pauschalwertberichtigungen für die aufgeführten Mandanten durchzuführen. Er berechnet den Betrag der Pauschalwertberichtigung und bildet den jeweiligen Buchungssatz. 257

Mandant	Fa. Geist	Fa. Unger	Fa. Hammer	Fa. Friedrich
Bestand auf 2400 FO	220.150,00 €	304.640,00 €	136.850,00 €	201.110,00 €
vorhandene PWB	4.660,00 €	1.710,00 €	2.400,00 €	1.500,00 €
Pauschalsatz	1%	1%	1%	1%

Am Bilanzstichtag wird im Fertigungsunternehmen K. Klein ein Forderungsbestand in Höhe von 193.375,00 € ermittelt. Die Pauschalwertberichtigung wird auf 1% festgesetzt. Das Konto 3680 PWB weist einen Bestand von 4.560,00 € aus. 258

1. Wie lautet die Buchung am 31. 12.?
2. Im folgenden Jahr müssen zwei als einwandfrei geltende Forderungen ganz abgeschrieben werden. Bilde die erforderlichen Buchungssätze:

Kunde	Forderung
Stahl	6.069,00 €
Arndt	4.641,00 €

3. Der Forderungsbestand am Jahresende des nächsten Jahres beträgt 374.850,00 €. Die bestehende Pauschalwertberichtigung ist zu überprüfen und dem neuen Forderungsbestand anzupassen.

Ordne folgende Begriffe und Konten den einwandfreien Forderungen bzw. den zweifelhaften Forderungen zu: 259

Einzelwertberichtigung, allgemeines Ausfallrisiko, 3680 PWB, konkretes Ausfallrisiko, 3670 EWB, Pauschalwertberichtigung

260

Der gesamte Forderungsbestand wird zum Jahresende überprüft.

1. Ermittle jeweils die geschätzten Ausfälle in Euro.
2. Bilde die Buchungssätze für die indirekten Abschreibungen.

	1.	2.	3.	4.
Forderungsbestand 2470 ZWFO	24.395,00 €	29.274,00 €	45.220,00 €	32.130,00 €
Kunde A	7.378,00 €	11.067,00 €	15.232,00 €	9.163,00 €
geschätzter Ausfall	60%	70%	90%	40%
Kunde B	10.115,00 €	5.831,00 €	19.516,00 €	16.541,00 €
geschätzter Ausfall	40%	55%	50%	60%
Kunde C	6.902,00 €	12.376,00 €	10.472,00 €	6.426,00 €
geschätzter Ausfall	50%	30%	80%	75%
EWB des Vorjahres	0,00 €	10.100,00 €	29.750,00 €	18.300,00 €
Forderungsbestand 2400 FO	261.800,00 €	565.250,00 €	434.350,00 €	773.500,00 €
PWB	1%	1%	1%	1%
PWB des Vorjahres	6.350,00 €	3.520,00 €	17.400,00 €	5.300,00 €

261

Der Bestand an einwandfreien Forderungen beträgt am 31.12. 117.334,00 €. Aufgrund der Ausfallschätzung wurde wie folgt gebucht:

6950 ABFO	an	3680 PWB	986,00

Berechne den Prozentsatz für die Pauschalwertberichtigung.

262

Am Jahresende wurden die einwandfreien Forderungen pauschal mit 1% abgeschrieben. Berechne den Gesamtbetrag der Forderungen unter Berücksichtigung der Eintragungen in den nachstehenden Konten.

S	3680 PWB		H
5450	900,00	8000	4.500,00

S	5450 EAWB		H
		3680	900,00

ALLES KLAR?!?!?

- **Zweifelhafte Forderungen** müssen am Jahresende mit ihrem tatsächlichen Wert in der Bilanz ausgewiesen werden.
- Der voraussichtliche Verlust jeder **einzelnen** zweifelhaften Forderung wird geschätzt und indirekt abgeschrieben

  Buchungssatz:

  6950 ABFO an 3670 EWB

- Die Mehrwertsteuerkorrektur erfolgt erst beim tatsächlichen Ausfall.
- Die Einzelwertberichtigung muss jährlich dem aktuellen Bestand der zweifelhaften Forderungen (Konto 2470 ZWFO) angepasst werden. Bei der Anpassung muss der Bestand entweder erhöht oder verringert werden.

  Buchungssätze:

Erhöhung:	**6950 ABFO**	**an**	**3670 EWB**
Herabsetzung:	**3670 EWB**	**an**	**5450 EAWB**

- Auch scheinbar **sichere Forderungen** beinhalten ein Ausfallrisiko.
- Der voraussichtliche Verlust der einwandfreien Forderung wird **pauschal** geschätzt und indirekt abgeschrieben.

  Buchungssatz:

  6950 ABFO an 3680 PWB

- Die Mehrwertsteuerkorrektur erfolgt erst beim tatsächlichen Ausfall.
- Die Pauschalwertberichtigung muss jährlich dem aktuellen Bestand der einwandfreien Forderungen (Konto 2400 FO) angepasst werden. Bei der Anpassung muss der Bestand entweder erhöht oder verringert werden.

  Buchungssätze:

Erhöhung:	**6950 ABFO**	**an**	**3680 PWB**
Herabsetzung:	**3680 PWB**	**an**	**5450 EAWB**

Vorteil der indirekten Abschreibung: Der Bestand an Forderungen wird in der Bilanz in voller Höhe ausgewiesen. Die Höhe der zu erwartenden Verluste erscheinen in der Bilanz auf eigenen Konten. (Bilanzklarheit!)

S Schlussbilanzkonto	H
...	...
2400 FO	3680 PWB
2470 ZWFO	3670 EWB

Die Wertberichtigungen auf Forderungen zählen zu den vorbereitenden Abschlussbuchungen.

5.5 Möglichkeiten der Absicherung von Forderungen

SCHNELL factoring GmbH Wir finanzieren den Mittelstand. Chancen nutzen – schnellfactoring.de

Welche Dienstleistung wird in dieser Anzeige angeboten?

Factoring ist der Ankauf von Forderungen aus Lieferungen und Leistungen durch ein Factoringinstitut. Der Verkäufer der Forderung, also beispielsweise Frau Bauer, wird als **Anschlusskunde**, das ankaufende Institut als **Factor** bezeichnet.

Frau Bauer erhält vom Factor sofort Geld, das sie im Unternehmen sofort wieder sinnvoll verwenden kann.

➔ Factoring erhöht die Liquidität (Zahlungsbereitschaft) des Unternehmens.

Der Factor nimmt Frau Bauer Verwaltungsarbeit ab. Sie braucht sich nicht mehr um die Buchführung und die Eintreibung der Forderungen zu kümmern.

➔ Der Factor erbringt durch seine Forderungsverwaltung eine Dienstleistung.

Der Factor übernimmt – wenn dies vereinbart wird – auch das Forderungsausfallrisiko. Natürlich erhebt er auch dafür Gebühren.

Factoring hat Vor- aber auch Nachteile:

Vorteile für Frau Bauer	Nachteile für Frau Bauer
• Frau Bauer hat sofort Geld zur Verfügung. • Frau Bauer hat weniger Arbeit mit ihrer Buchhaltung. • Frau Bauer hat kein Ausfallrisiko (Delkredererisiko).	• Der Factor verlangt für seine Dienstleistungen Gebühren. Diese Gebühren sind für Frau Bauer Aufwendungen. • Die Kunden von Frau Bauer können verärgert reagieren, wenn ein fremdes Unternehmen bei ihnen Geld anfordert.

263

Beantworte folgende Fragen:

1. Nenne drei Vorteile der Forderungsabtretung eines Unternehmens an ein Factoringinstitut.
2. Inwiefern erhöht Factoring die Liquidität eines Unternehmens?

264

Ein Factoringinstitut nennt in einer Werbeanzeige u. a. folgende Finanzierungsvorteile:

1. Nutzung sämtlicher Skontierungsmöglichkeiten bei ihrem Lieferanten durch permanenten Liquiditätseffekt.
2. Verringerung ihres Forderungsbestandes und Zinseinsparung durch sachliches und konstantes Mahnen.
3. Expansions-Entscheidungen problemlos durch die umsatzkongruente Finanzierungs-Funktion von Factoring.
4. Sicherheit – durch die Übernahme des 100%igen Ausfallrisikos bei Zahlungsunfähigkeiten ihrer Kunden.
5. Sicherheit – die bei der Selektion neuer Abnehmerkreise zum Tragen kommt.

Erkläre diese Aussagen mit eigenen Worten. Verwende bei Bedarf ein Fremdwörterbuch oder ein Wirtschaftslexikon.

ALLES KLAR?!?!?

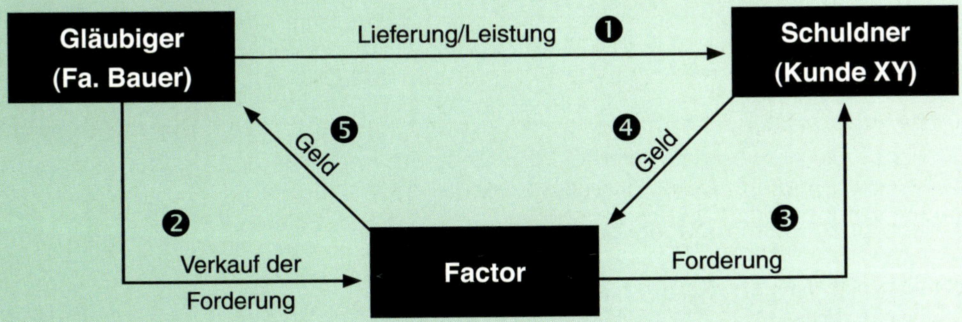

5.6 Zusammenfassende Aufgaben

265

Beantworte folgende Fragen:

1. Wodurch unterscheiden sich einwandfreie, zweifelhafte und uneinbringliche Forderungen?
2. Was versteht man unter: Insolvenz, Insolvenzquote, Factoring.
3. Warum muss bei Forderungsausfällen die Umsatzsteuer korrigiert werden? Vergleiche diesen Fall mit der Umsatzsteuerkorrektur bei Nachlässen.
4. Worin unterscheidet sich die direkte Abschreibungsmethode von der indirekten Abschreibung?
5. Warum darf bei der Wertberichtigung von Forderungen am Jahresende die Umsatzsteuer noch nicht korrigiert werden?

6. Zeige die Unterschiede von einwandfreien Forderungen und zweifelhaften Forderungen hinsichtlich des
   - Risikos
   - der Wertberichtigung am Jahresende auf.
7. Ordne folgende Konten in nachfolgendem Text ein:

   5495 EFO, 6950 ABFO, 3670 EWB, 5450 EAWB, 3680 PWB

   Eine Forderung wird uneinbringlich**???**, Eingang einer vollständig abgeschriebenen Forderung**???**, Pauschalwertberichtigung**???**, Einzelwertberichtigung**???**, Herabsetzung von Wertberichtigungen**???**

266

Das Konto 2470 ZWFO eines Industrieunternehmens für Maschinenbau weist am 31. 12. einen Bestand von 57.893,50 € aus, der sich aus folgenden zweifelhaften Forderungen zusammensetzt

Kunde	Zweifelhafte Forderung (brutto)	Geschätzter Ausfall
Ernst Graf	13.328,00 €	70%
Voll – Schweißtechnik	10.234,00 €	50%
Kran AG	14.875,00 €	80%
Köhler Druck AG	19.456,50 €	90%

1. Berechne die notwendige Einzelwertberichtigung und bilde den Buchungssatz. Der Anfangsbestand von Konto 3670 EWB beträgt 18.742,50,00 €.
2. Welche Buchungen ergeben sich im nächsten Jahr für folgende zweifelhafte Forderungen?

   2.1 Das Insolvenzverfahren über das Vermögen der Firma Ernst Graf ist abgeschlossen. Die Insolvenzquote von 22% wurde am 20. 01. dem Bankkonto gutgeschrieben.

   2.2 Das Insolvenzverfahren über das Vermögen der Firma Voll Schweißtechnik wurde mangels Masse eingestellt. Die Forderung ist nun uneinbringlich.

   2.3 Das im Vorjahr von der Kran AG beantragte Insolvenzverfahren ist inzwischen abgewickelt. Die Bankgutschrift des Insolvenzverwalters in Höhe von 2.975,00 € erfolgte am 17. 08.

   2.4 Vom Insolvenzverwalter der Köhler Druck AG wird als Schlusszahlung am 17. 11. ein Betrag über 2.425,14 € auf das Bankkonto überwiesen.

267

Im Kundenbereich einer Chemie AG ereignen sich innerhalb eines Geschäftsjahres nachstehende Geschäftsfälle. Bilde dazu die erforderlichen Buchungssätze.

1. Der Kunde Kraus & Lechner GmbH hat auf mehrere Mahnungen nicht reagiert. Aus der Tageszeitung wird bekannt, dass der Kunde die Eröffnung eines Insolvenzverfahrens beantragt hat. Die Forderung beträgt 17.850,00 €.
2. Der Kunde Frosch teilt mit, dass er beim Amtsgericht die Eröffnung eines Insolvenzverfahrens beantragt hat. Forderungsbetrag 49.980,00 €.

3. Nach mehreren erfolglosen Mahnungen wird beim Amtsgericht gegen den Kunden Aigner ein Mahnbescheid beantragt. Laut Mitteilung einer Auskunftei befindet sich der Kunde in Zahlungsschwierigkeiten. Forderungsbetrag 14.280,00 €.
4. Das Insolvenzverfahren (Nr. 1) wird mangels Masse eingestellt. Die Forderung ist uneinbringlich geworden.
5. Der Insolvenzverwalter (siehe Nr. 2) teilt mit, dass die Insolvenzquote 30% beträgt. Die Zahlung ist bereits auf unserem Bankkonto eingegangen.
6. Der Gerichtsvollzieher (Nr. 3) überweist auf das Bankkonto. Bankgutschrift 3.748,50 €. Der Rest ist verloren.
7. Der Kunde R. Müller & Sohn wird gemahnt, die Forderung über 11.305,00 € zu bezahlen. Er macht jedoch mit Recht geltend, dass die Forderung verjährt ist.
8. Die Bauunternehmung Mögel schuldet 34.345,86 €. Sie weigert sich, den Forderungsbetrag zu zahlen, da sie wegen einer Mängelrüge einen Preisnachlass von 8.000,00 € netto verlangt. Die Mängelrüge wird von der Maschinenbau AG nicht anerkannt. In einem Gerichtsverfahren wird festgestellt, dass die Einwendungen des Kunden berechtigt sind. Kurze Zeit danach überweist Mögel den verminderten Betrag auf das Bankkonto.

268

Wie lauten die Buchungssätze für die folgenden Geschäftsfälle?

1. Zieleinkauf von 30 elektronischen Messgeräten (Handelsware), Listenpreis 4.800,00 € netto je Stück, 40% Wiederverkäuferrabatt.
2. Zielverkauf von fünf Messgeräten zum Nettopreis von 4.400,00 € je Stück an Kunde Stark. Wir gewähren einen Sonderrabatt von 5%.
3. Ein Messgerät ist leicht beschädigt. Wir gewähren eine Gutschrift von 500,00 € netto.
4. Über das Vermögen von Kunde Stark (siehe Nr. 2 u. 3) wurde ein Insolvenzverfahren eröffnet.
5. Ausgleich unserer Verbindlichkeit (siehe Nr.1) durch Banküberweisung.
6. Nach Abschluss des Insolvenzverfahrens über das Vermögen des Kunden Stark erhalten wir eine Erstattungsquote von 10% durch Bankgutschrift.

269

Eine zweifelhafte Forderung gegenüber dem Kunden Müller über 24.990,00 € wurde vollständig abgeschrieben. Wider Erwarten überweist der Kunde noch 2.975,00 € auf unser Bankkonto.

1. Bilde den Buchungssatz für den Zahlungseingang.
2. Wie lautete der Buchungssatz für die vorausgegangene Abschreibung?
3. Berechne den Zahlungseingang in Prozenten.

270

Nach Abschluss eines Insolvenzverfahrens wurde folgende Buchung vorgenommen:

2800 BK	4.498,20			
6950 ABFO	23.220,00			
4800 UST	4.411,80	an	2470 ZWFO	32.130,00

1. Berechne den Prozentsatz für die Insolvenzquote.
2. Welcher Umsatzsteuerbetrag muss tatsächlich an das Finanzamt abgeführt werden?
3. Welche Buchung wurde bei Bekanntwerden der Zahlungsschwierigkeiten vorgenommen?

271

Bilde die Buchungssätze:

1. Über das Vermögen von Kunde Locker wird ein Insolvenzverfahren eröffnet. Unsere Forderung beträgt 3.570,00 €.
2. Am 31. 12. sind folgende zweifelhafte Forderung zu bewerten.

Kunde	Forderung	Geschätzter Ausfall
Schlecht	4.760,00 €	40%
Meister	2.380,00 €	50%

Bei Kunde Locker rechnen wir mit einem Zahlungseingang von 30%.
Die vorhandene Einzelwertberichtigung beträgt 2.050,00 €.

Bilde den Buchungssatz für die Wertberichtigung.

272

Zum Jahresabschluss liegen bei den Konten 2400 FO und 3680 PWB folgende Eintragungen vor:

Soll	2400 FO		Haben
8000	59.500,00	1. 2800	4.760,00
3. 5000		2. 2470	2.380,00
4800	2.975,00		

Soll	3680 PWB		Haben
		8000	1.500,00

1. Die Pauschalwertberichtigung ist auf 1% des Forderungsbestandes festzusetzen. Bilde den erforderlichen Buchungssatz.
2. Welche Geschäftsfälle liegen den Eintragungen 1–3 auf Konto 2400 FO zugrunde?
3. Bilde die Abschlussbuchungssätze für die Konten 2400 FO und 3680 PWB.

273

Zum Bilanzstichtag liegen bei Landmaschinen Eckert folgende Salden vor:

Konto	Salden
2400 FO	208.250,00 €
2470 ZWFO	8.925,00 €
3670 EWB	1.000,00 €
3680 PWB	9.900,00 €

Bilde die Buchungssätze :

1. Die Pauschalwertberichtigung ist auf 1% festzusetzen.
2. Bei der zweifelhaften Forderung rechnen wir mit einem Zahlungseingang von 45%.

Welche der folgenden Aussagen sind falsch? Begründe deine Entscheidung.

1. Die Herabsetzung (Auflösung) von Wertberichtigungen auf Forderungen wird auf Konto 5495 EFO gebucht. **274**
2. Die Einzelwertberichtigung und Pauschalwertberichtigung auf Forderungen zählen zu den vorbereitenden Abschlussbuchungen.
3. Einwandfreie Forderungen werden am Jahresende pauschal abgeschrieben.
4. Wertberichtigungen auf Forderungen erhöhen den Jahresüberschuss (Gewinn).
5. Einwandfreie Forderungen unterliegen einem allgemeinen Ausfallrisiko.

Der vorläufige Jahresüberschuss von Unternehmer Glück beträgt 120.000,00 €. Für das Unternehmen gilt ein Einkommenssteuersatz von 35%. Am 31. 12. wird eine Pauschalwertberichtigung in Höhe von 1.200,00 € und eine Einzelwertberichtigung in Höhe von 7.800,00 € vorgenommen. Errechne die Steuerersparnis durch die Wertberichtigungen. **275**

Wie lauten die Buchungssätze für die Abschlussbuchungen? **276**

Konto	Schlussbestände/Salden
2470 ZWFO	123.450,00 €
6950 ABFO	2.200,00 €
3680 PWB	980,00 €
5495 EFO	200,00 €

Formuliere die Geschäftsfälle zu folgenden Buchungssätzen:

1.	2800 BK		an	2470 ZWFO	2.380,00 **277**
2.	3670 EWB		an	5450 EAWB	900,00
3.	6950 ABFO	5.000,00			
	2600 VORST	950,00	an	2400 FO	5.950,00
4.	2470 ZWFO		an	2400 FO	4.760,00
5.	2800 BK	357,00	an	5495 EFO	300,00
				4800 UST	57,00

Einteilung der Forderungen

	Einwandfreie Forderung	Zweifelhafte Forderung	Uneinbringliche Forderung
Kennzeichen	Der Zahlungseingang der Forderung ist sicher. Es liegen keinerlei gegenteilige Anzeichen vor.	Es muss mit einem Ausfall gerechnet werden. Die genaue Höhe des Ausfalles ist jedoch noch nicht bekannt. Eine Forderung wird zweifelhaft, wenn ein Kunde – mehrmals vergeblich gemahnt wurde – um Zahlungsaufschub bittet – ein Insolvenzverfahren eingeleitet wird	Die Zahlungsunfähigkeit des Kunden steht endgültig ohne jeden Zweifel fest. Eine Forderung ist uneinbringlich, wenn – eine Zwangsvollstreckung ohne Erfolg verläuft – das Insolvenzverfahren mangels Masse eingestellt wird – die Forderung verjährt ist
Bewertung zum Bilanzstichtag	**Pauschalwertberichtigung** auf den Nettobestand der einwandfreien Forderungen Ermittlung eines durchschnittlichen Prozentsatzes unter Berücksichtigung der Verluste der letzten Jahre	**Einzelwertberichtigung** in Höhe des vermuteten Ausfalls jeder einzelnen zweifelhaften Forderung Die Buchung erfolgt summarisch.	Keine Bewertung
Abschreibungsmethode	indirekt	indirekt	direkt

Buchungen am 31. 12.	**Bildung der PWB:** 6950 ABFO an 3680 PWB	**Bildung der EWB:** 6950 ABFO an 3670 EWB	Keine Bewertung
Buchungen am 31. 12.	**Anpassung der PWB:** Heraufsetzung: 6950 ABFO an 3680 PWB Herabsetzung: 3680 PWB an 5450 EAWB Keine Korrektur der Umsatzsteuer	**Anpassung der EWB:** Heraufsetzung: 6950 ABFO an 3670 EWB Herabsetzung: 3670 EWB an 5450 EAWB Keine Korrektur der Umsatzsteuer	Keine Bewertung
Buchungen bei Forderungsausfall	Pauschal wertberichtigte Forderungen, die ganz oder teilweise ausfallen, werden **direkt abgeschrieben**: Vollständiger Ausfall: 6950 ABFO 4800 UST an 2400 FO Teilweiser Ausfall mit Zahlungseingang: 2800 BK 6950 ABFO 4800 UST an 2400 FO	Fallen einzelwertberichtigte zweifelhafte Forderungen ganz oder teilweise aus, werden sie **direkt abgeschrieben**: Vollständiger Ausfall: 6950 ABFO 4800 UST an 2470 ZWFO Teilweiser Ausfall mit Zahlungseingang: 2800 BK 6950 ABFO 4800 UST an 2470 ZWFO	
Buchung bei Zahlungseingang einer abgeschriebenen Forderung			2800 BK an 5495 EFO 4800 UST

6 Geschäftsgang in einem Fertigungsunternehmen

6.1 Bestandsveränderungen bei Werkstoffen und Handelswaren

Unternehmerin Stefanie Bauer sieht sich von Zeit zu Zeit im Holzlager ihres Unternehmens um. Hier lagern neben Profilbrettern, Bohlen, Leimholzplatten auch Balken und Holzelemente, die unmittelbar zum Bau von Holz- und Gartenhäuschen, Carports und Geräteschuppen dienen. Sie stellt immer wieder fest, dass in einem gut sortierten Materiallager doch eine ganz schöne Summe an Geld investiert ist.

Warum muss jedes Fertigungsunternehmen einen gewissen Lagerbestand an Werkstoffen und Handelswaren führen?

In jedem Fertigungsunternehmen wird immer der gleiche Ablauf oder Produktweg sichtbar:

Beschaffung ⟶ Produktion ⟶ Absatz

Nur dann, wenn diese drei Bereiche **termin- und mengenmäßig** aufeinander **abgestimmt** sind, geraten Produktion und Absatz nicht ins Stocken.

Ginge z. B. der Vorrat an Holz aus, so müsste die Produktion der Holz- und Gartenhäuser usw. eingestellt werden. Hätte das Unternehmen Bauer keine Fertigerzeugnisse oder Handelswaren auf Lager, könnte es kurzfristig nicht immer alle Kundenwünsche fristgerecht erfüllen. Deshalb ist eine **Lagerhaltung** an Vorräten erforderlich.

Im **Eingangslager** eines Fertigungsunternehmens können

- Rohstoffe
- Fremdbauteile
- Hilfsstoffe
- Betriebsstoffe sowie
- Handelswaren

gelagert werden. Darüber hinaus existieren in den Firmen bisweilen auch mehr oder weniger große **Ausgangs- oder Verkaufslager** für Fertigerzeugnisse und Handelswaren. Mit Ausnahme im Holzfertiggroßbau (in der Regel individuelle Fertigung nach Kundenwünschen) unterhält Stefanie Bauer auch ein entsprechendes Verkaufslager.

Allerdings verursachen große Lagerbestände auch hohe Lagerkosten wie z. B.:

- Kosten des Lagerraumes (z. B. Gebäudekosten, Miete, Pacht, Heizung, Strom),
- Zinsverluste durch das in den Lagerbeständen gebundene „tote" Kapital und
- Personalkosten (z. B. durch die Lagerverwaltung)

Um die Lagerkosten gering zu halten, versuchen Stefanie Bauer und ihre Mitarbeiter die Lagerbestände möglichst zu reduzieren (Mindestlagerhaltung). Aber ganz ohne Lagerhaltung auszukommen ist im Unternehmen Bauer nicht möglich.

Welche Konsequenzen hat die Lagerhaltung von Werkstoffen und Handelswaren auf die Geschäftsbuchführung?

Einkäufe von Rohstoffen usw., Bezugskosten und Nachlässe der Lieferer wurden bisher in der Kostengruppe 60 Aufwendungen für Roh-, Hilfs-, Betriebsstoffe, Fremdbauteile und Handelswaren **sofort als Aufwand gebucht**. Es wurde **Sofortverbrauch** unterstellt.

Die **Bestandskonten**

– 2000 Rohstoffe
– 2010 Fremdbauteile
– 2020 Hilfsstoffe
– 2030 Betriebsstoffe
– 2280 Handelswaren

wiesen jeweils nur die Anfangs- und Schlussbestände aus. Die Werte waren bisher immer gleich.

Dies würde bedeuten, dass alle im Geschäftsjahr (bzw. in einem Abrechnungszeitraum) eingekauften Werkstoffe und Handelswaren auch im gleichen Zeitraum verbraucht bzw. verkauft wurden. Das kommt in der Praxis kaum vor.

Grundsätzlich sind **zwei** Möglichkeiten denkbar:

Anfangsbestand > Schlussbestand	**Anfangsbestand < Schlussbestand**
Bestandsminderung	**Bestandsmehrung**
Der Schlussbestand ist niedriger als der Anfangsbestand. Es sind also mehr Werkstoffe verbraucht bzw. Handelswaren verkauft worden als eingekauft wurden.	Der Schlussbestand ist höher als der Anfangsbestand. Es sind also weniger Werkstoffe verbraucht bzw. Handelswaren verkauft worden als eingekauft wurden.

1. Der Schlussbestand ist niedriger als der Anfangsbestand

- **Beispiel:**

Bei der Inventur von Profilbrettern zur Verkleidung von Gartenhäusern ergibt sich ein Schlussbestand von 300 qm. Bei einem Quadratmeterpreis zu je 40,00 € entspricht dies 12.000,00 €. Der Anfangsbestand betrug 14.000,00 €.

Buchhalter Grün ermittelt rechnerisch **Art** und **Höhe** der Bestandsveränderung:

Anfangsbestand (= Schlussbestand des Vorjahres)	14.000,00 €
– Schlussbestand (laut Inventur)	12.000,00 €
= Bestandsminderung	**2.000,00 €**

Es gingen also Rohstoffe (Profilbretter) in Höhe von 2.000,00 € aus dem Lager in die Fertigung. Dies war notwendig, weil während des laufenden Geschäftsjahres zu wenig Rohstoffe für den Sofortverbrauch in der Produktion eingekauft wurden.

Unter Umständen hat das Unternehmen auch deswegen weniger eingekauft, weil es evtl. Restbestände an Werkstoffen aufbrauchen wollte.

• **Geschäftsfall:**

Ermittle und buche den Rohstoffverbrauch, wenn während des Jahres Rohstoffe im Werte von 65.000,00 € netto auf Ziel eingekauft wurden und bekanntlich eine **Bestandsminderung** an Rohstoffen von 2.000,00 € vorliegt.

• **Berechnung:**

	Einkauf von Rohstoffen	65.000,00 €
+	Bestandsminderung	2.000,00 €
	Rohstoffverbrauch	**67.000,00 €**

• **Buchungssatz:**

6000 Aufwendungen für Rohstoffe (AWR)	**an**	**2000 Rohstoffe (R)**	**2.000,00**

In diesem Geschäftsjahr wurden mehr Rohstoffe (2.000,00 €) verbraucht als eingekauft. Der Rohstoffbestand hat sich also vermindert. Dieser zusätzliche Verbrauch muss am Jahresende noch gebucht werden. Bei dieser Korrekturbuchung handelt es sich um eine **vorbereitende Abschlussbuchung**.

• **Buchung auf T-Konten:**

S	2000 R		H
8000 EBK	14.000,00	8010 SBK	12.000,00
		6000 AWR	2.000,00
		(Minderung)	
	14.000,00		14.000,00

S	6000 AWR		H
4400 VE	65.000,00	8020 GUV	67.000,00
2000 R	2.000,00		
(zusätzl. Verbrauch)			
	67.000,00	67.000,00	

S	8010 SBK		H
2000 R	12.000,00		

S	8020 GUV		H
6000 AWR	67.000,00		

2. Der Schlussbestand ist höher als der Anfangsbestand

- **Beispiel:**

Stefanie Bauer führt neben eigenen Erzeugnissen auch noch Pavillons für Gartenfeste in ihrem Sortiment. Bei der Inventur ergibt sich ein Schlussbestand von 5.100,00 €. Der Anfangsbestand betrug 2.700,00 €.

Buchhalter Grün ermittelt rechnerisch **Art** und **Höhe** der Bestandsveränderung:

Schlussbestand (laut Inventur)	5.100,00 €
– Anfangsbestand (= Schlussbestand des Vorjahres)	2.700,00 €
= Bestandsmehrung	**2.400,00 €**

In diesem Geschäftsjahr wurden also mehr Handelswaren eingekauft als verkauft. Die Differenz von 2.400,00 € ging „auf Lager".

- **Geschäftsfall:**

Ermittle und buche den Aufwand für Handelswaren, wenn während des Jahres Handelswaren im Wert von 13.100,00 € eingekauft wurden (Zielkauf) und – wie aus dem Beispiel ersichtlich – eine **Bestandsmehrung** von Handelswaren von 2.400,00 € vorliegt.

- **Berechnung:**

	Einkauf von Handelswaren	13.100,00 €
–	Bestandsmehrung	2.400,00 €
	Aufwand für Handelswaren	**10.700,00 €**

- **Buchungssatz:**

2280 Handelswaren (HW)	**an**	**6080 Aufwendungen für Handelswaren (AWHW)**	**2.400,00**

In diesem Geschäftsjahr wurden weniger Handelswaren (2.400,00 €) verkauft als eingekauft. Der Handelswarenbestand hat sich also vermehrt. Diese Zunahme muss am Jahresende noch gebucht werden. Bei dieser Korrekturbuchung handelt es sich um eine **vorbereitende Abschlussbuchung**.

- **Buchung auf T-Konten:**

S	2280 HW		H
8000 EBK	2.700,00	8010 SBK	5.100,00
6080 AWHW (Mehrung)	2.400,00		
	5.100,00		5.100,00

S	6080 AWHW		H
4400 VE	13.100,00	2280 HW („davon auf Lager")	2.400,00
		8020 GUV	10.700,00
	13.100,00		13.100,00

S	8010 SBK		H
2280 HW	5.100,00		

S	8020 GUV		H
6080 AWHW	10.700,00		

Ergänze den folgenden Lückentext: **278**

Der Einkauf von Stoffen, Fremdbauteilen und Handelswaren wird als Sofort **???** in der Kontenklasse **???** gebucht. Die Konten, die Anfangsbestände und Schlussbestände der Stoffe, Fremdbauteile und Handelswaren erfassen, gehören zur Kontenklasse **???** und sind somit **???** Bestandskonten. Ist der Anfangsbestand höher als der Schlussbestand liegt eine **???** vor. Es wurden also **???** Stoffe verbraucht als eingekauft. Ein solcher Minderbestand muss noch als zusätzlicher **???** gebucht werden. Wurden mehr Werkstoffe eingekauft als verbraucht, liegt ein **???** vor. In diesem Fall ist der Schlussbestand **???** als der Anfangsbestand. Dieser **???** muss als Aufwandsverringerung gebucht werden. Ein Minderbestand **???** den Stoffverbrauch. Ebenso wie bei den Werkstoffen wird bei den **???** verfahren.

279 Die Geschäftsbuchführung eines Industriebetriebes weist bei den Hilfsstoffen einen Anfangsbestand von 5.300,00 € und einen Schlussbestand von 2.900,00 € aus. Während des Geschäftsjahres bezog das Unternehmen Hilfsstoffe im Wert von 14.400,00 € (Zielkäufe) und sandte Hilfsstoffe im Wert von 200,00 € an den Lieferer zurück.

1. Ermittle rechnerisch Art und Höhe der Bestandsveränderung.
2. Wie hoch war der Hilfsstoffverbrauch im Geschäftsjahr?
3. Bilde den Buchungssatz für die vorbereitende Abschlussbuchung (Bestandsveränderung).
4. Stelle den Sachverhalt in den Konten 2020 H, 6020 AWH, 8010 SBK und 8020 GUV dar.

280 Ein Textilunternehmen bezieht zur Ergänzung des Sortiments Krawatten als Handelswaren. Zu Beginn des Geschäftsjahres waren 200 Stück zu je 30,00 € vorrätig. Die Inventur am Ende des Geschäftsjahres ergab 350 Stück zu je 30,00 €. Während des Geschäftsjahres wurden insgesamt 680 Stück zu je 30,00 € eingekauft (Zieleinkäufe).

1. Ermittle rechnerisch Art und Höhe der Bestandsveränderung.
2. Berechne die Höhe der Aufwendungen für Handelswaren für das Geschäftsjahr.

3. Bilde den Buchungssatz für die Bestandsveränderung.
4. Stelle den Sachverhalt auf den Konten 2280 HW, 6080 AWHW, 8010 SBK und 8020 GUV dar.

281

Bilde die vorbereitenden Abschlussbuchungen:

1. Mehrbestand bei den Betriebsstoffen		4.900,00 €
2. Abschluss des Kontos 6001 BZKR, Saldo		1.400,00 €
3. Abschluss des Kontos 6002 NR, Saldo		1.100,00 €
4. Minderbestand bei den Handelswaren		7.500,00 €
5. Anfangsbestand bei Hilfsstoffen	2.400,00 €	
Schlussbestand bei Hilfsstoffen	2.800,00 €	??? €
6. Anfangsbestand bei Fremdbauteilen	9.300,00 €	
Schlussbestand bei Fremdbauteilen	7.200,00 €	??? €

282

Die Konten 2280 HW, 6080 AWHW und 5100 UEHW enthalten folgende Eintragungen:

S	2280 HW		H
8000 EBK	7.400,00	8010 SBK	8.750,00
6080 AWHW	1.350,00		
	8.750,00		8.750,00

S	6080 AWHW		H
1. 4400 VE	31.400,00	3. 4400 VE	200,00
6081 BZKHW	600,00	6082 NHW	700,00
		2280 HW	1.350,00
		8020 GUV	29.750,00
	32.000,00		32.000,00

S	5100 UEHW		H
5101 EBHW	1.250,00	2. 2400 FO	40.000,00
8020 GUV	38.750,00		
	40.000,00		40.000,00

1. Ermittle Art und Höhe der Bestandsveränderung.
2. Wie lautet der Buchungssatz für die Bestandsveränderung?
3. Welche weiteren vorbereitenden Abschlussbuchungen sind in den obigen Konten enthalten?
4. Wie lauten die Buchungssätze für die Hauptabschlussbuchungen für die jeweiligen Konten?
5. Wie hoch sind die Umsatzerlöse für Handelswaren in Euro?

283

Bei den Rohstoffen betrug der Anfangsbestand 34.200,00 €, der Schlussbestand 12.000,00 €.

1. Bilde die für den Abschluss des Kontos Rohstoffe notwendigen Buchungssätze.
2. Wie wirkt sich die Bestandsveränderung der Rohstoffe auf die Erfolgsrechnung aus?

Um welche Art von Bestandsveränderung bei Fremdbauteilen handelt es sich bei folgender Grafik? 284

Soll	6010 AWF	Haben
4400 VE		**2010 F**
		8020 GUV

ALLES KLAR?!?!?

Bezieht ein Unternehmen immer nur so viel Vorräte, wie es für die momentane Produktion braucht, so spricht man vom **„Just-in-Time-Verfahren"**. Der Einkauf von Werkstoffen und Handelswaren wird als Sofortverbrauch auf den jeweiligen **Aufwandskonten** gebucht.

Zur Sicherung einer gleichmäßigen und störungsfreien Produktion ist eine **Mindestlagerung** erforderlich. Dazu dienen die **aktiven Bestandskonten**.

2000 Rohstoffe
2010 Fremdbauteile
2020 Hilfsstoffe
2030 Betriebsstoffe
2280 Handelswaren

Sie enthalten die jeweiligen **Anfangsbestände** und dienen am Ende des Geschäftsjahres (in der Regel der 31. Dezember) – nach Eintragung der **Schlussbestände** – zur **Ermittlung der Bestandsveränderungen**.

Ermittlung der Bestandsveränderung am Beispiel Rohstoffe:

AB > **SB** (Habensaldo) → **Minderbestand**

S	2000 R	H
Anfangsbestand		Schlussbestand **Minderbestand**

Die **Verminderung** der Lagerbestände ist **als Aufwand/Verbrauch** zu buchen.

6000 AWR an 2000 R

oder

AB < **SB** (Sollsaldo) → **Mehrbestand**

S	2000 R	H
Anfangsbestand **Mehrbestand**		Schlussbestand

Die **Zunahme** der Lagerbestände ist **als Aufwandsverringerung** zu buchen.

2000 R an 6000 AWR

Rechnerische Ermittlung des Rohstoffverbrauchs am Jahresende:

		Einkäufe Rohstoffe, netto
	+	Bezugskosten, netto
	–	Rücksendungen, netto
	–	Preisnachlässe, netto
entweder	**+**	**Minderbestand**
oder	**–**	**Mehrbestand**
	=	Stoffverbrauch

Eine **Bestandsmehrung** liegt immer dann vor, wenn im Abrechnungszeitraum (= Geschäftsjahr) **weniger Werkstoffe** verbraucht (bei Handelswaren: weniger verkauft) als eingekauft wurden.

Eine **Bestandsminderung** ist immer dann gegeben, wenn im Abrechnungszeitraum (= Geschäftsjahr) **mehr Werkstoffe** verbraucht (bei Handelswaren: mehr verkauft) als eingekauft wurden.

6.2 Bestandsveränderungen bei fertigen und unfertigen Erzeugnissen

Lager 2

Um welche Lager im Fertigungsunternehmen Bauer handelt es sich bei dieser Abbildung?

Das Fertigungsunternehmen Stefanie Bauer führt neben dem Eingangslager für Werkstoffe, Fremdbauteile und Handelswaren auch ein **Verkaufslager für eigene Erzeugnisse**, also für die im Unternehmen hergestellten Holzbauprodukte. Diese Lagerhaltung ist erforderlich, um beispielsweise bei **erhöhter Nachfrage** jederzeit **liefern** zu können.

Am Ende eines Abrechnungszeitraumes (z. B. ein Geschäftsjahr) müssen bei der Bestandsaufnahme (Inventur) nicht nur die Vorräte des Eingangslagers, sondern auch die Bestände des Verkaufslagers mit **Fertigerzeugnissen** in das Inventar aufgenommen werden.

Neben dem Ausgangslager für Fertigerzeugnissen führt das Unternehmen ein weiteres Lager, in welchem Teile und Elemente von Gartenhäuschen, Carports, Verkaufsbuden, Saunen usw. lagern. Es handelt sich um noch nicht fertiggestellte Produkte. Auch diese **unfertigen Erzeugnisse** müssen bei der Inventur mengen- und wertemäßig erfasst werden.

Vorräte

im Einkaufsbereich

- Rohstoffe
- Hilfsstoffe
- Betriebsstoffe
- Fremdbauteile
- Handelswaren

im Verkaufsbereich

- Fertige Erzeugnisse
- Unfertige Erzeugnisse

Die Bestände an fertigen und unfertigen Erzeugnissen werden auf **Bestandskonten** erfasst.

- **Benötigte neue Konten:**

2100 Unfertige Erzeugnisse (UFE) **Aktivkonto**

2200 Fertige Erzeugnisse (FE) **Aktivkonto**

Wie bei den übrigen Bestandskonten weichen die Werte der Anfangs- und Schlussbestände in der Regel voneinander ab. Damit ergibt sich die gleiche Situation wie bei den Vorräten an Werkstoffen, Fremdbauteilen und Handelswaren. Die Bestandsveränderungen müssen buchhalterisch erfasst werden.

In der Praxis kommen auch in diesem Fall **zwei** Möglichkeiten vor:

Anfangsbestand > Schlussbestand	**Anfangsbestand < Schlussbestand**
Bestandsminderung	**Bestandsmehrung**
Der Schlussbestand ist niedriger als der Anfangsbestand. Durch Absatzsteigerungen wurden bei gleichbleibender Produktion Lagerbestände abgebaut.	Der Schlussbestand ist höher als der Anfangsbestand. Rückläufiger Absatz führte bei gleichbleibender Produktion zu einer Erhöhung der Lagerbestände.
Der Absatz war höher als die Produktion.	Der Absatz war niedriger als die Produktion.

1. Der Schlussbestand ist höher als der Anfangsbestand

- **Geschäftsfall:**

In der Firma Bauer wurden bei der Inventur folgende Bestände bei den Fertigerzeugnissen ermittelt:
Bestand am 01. 01. 20.. 70.000,00 €
Bestand am 31. 12. 20.. 80.000,00 €
Buchhalter Grün ermittelt **Art** und **Höhe** der Bestandsveränderung und bucht sie.

- **Berechnung:**

Anfangsbestand (= Schlussbestand des Vorjahres)	70.000,00 €
– Schlussbestand	80.000,00 €
= Bestandsmehrung	**10.000,00 €**

In diesem Geschäftsjahr wurden **mehr** Fertigerzeugnisse **hergestellt** als **verkauft**. Es ergibt sich eine **Bestandsmehrung** bei Fertigerzeugnissen.

- **Benötigte Konten:**

2200 Fertige Erzeugnisse (FE) **aktives Bestandskonto**
5200 Bestandsveränderungen (BV) **Ertragskonto**

Beachte:

Das Konto 5200 Bestandsveränderung (BV) ist zwar im Kontenplan (IKR) in der Kontenklasse 5 bei den Ertragskonten zu finden. Es nimmt allerdings eine Sonderstellung ein, weil es sowohl

- Bestandsmehrungen (Buchungen im Haben) als auch
- Bestandsminderung (Buchung im Soll)

aufnimmt.

S	5200 BV	H
Bestandsminderungen		Bestandsmehrungen

- **Buchungssatz:**

2200 Fertige Erzeugnisse (FE) an 5200 Bestandsveränderungen (BV) 10.000,00

Bei dieser Korrekturbuchung handelt es sich um eine **vorbereitende Abschlussbuchung**. Sie macht deutlich, dass eine **Bestandsveränderung** in Form eines **Mehrbestandes** im Unternehmen zu einem **Ertrag** führt.

- **Buchung auf T-Konten:**

S	2200 FE		H
8000 EBK	70.000,00	8010 SBK	80.000,00
5200 BV	10.000,00		
	80.000,00		80.000,00

S	5200 BV		H
		2200 FE	10.000,00

- **Buchungssatz beim Abschluss des Kontos 5200 BV:**

5200 Bestandsveränderungen (BV) an 8020 (GUV) 10.000,00

- **Buchung auf T-Konten:**

S	5200 BV		H
8020 GUV	10.000,00	2200 FE	10.000,00

S	8020 GUV		H
		5200 BV	10.000,00

2. Der Schlussbestand ist niedriger als der Anfangsbestand

- **Geschäftsfall:**

Bei der Inventur in der Fa. Bauer wurden bei den unfertigen (halbfertigen) Erzeugnissen folgende Bestände ermittelt:

Bestand am 01. 01. 20..	22.000,00 €
Bestand am 31. 12. 20..	16.500,00 €

Auch in diesem Fall ermittelt Buchhalter Grün **Art** und **Höhe** der Bestandsveränderung und bucht sie.

- **Beispiel:**

Anfangsbestand (= Schlussbestand des Vorjahres)	22.000,00 €
– Schlussbestand	16.500,00 €
= Bestandsminderung	**5.500,00 €**

In diesem Geschäftsjahr wurde der **Lagerbestand** an unfertigen Erzeugnissen **abgebaut.** Es ergibt sich eine **Bestandsverminderung** bei den unfertigen Erzeugnissen.

- **Benötigte Konten:**

2100 Unfertige Erzeugnisse (UFE)	**aktives Bestandskonto**
5200 Bestandsveränderungen (BV)	**Ertragskonto**

- **Buchungssatz:**

5200 Bestandsveränderungen (BV)	**an**	**2100 Unfertige Erzeugnisse (UFE)**	**5.500,00**

Bei dieser Korrekturbuchung handelt es sich um eine **vorbereitende Abschlussbuchung**. Sie macht deutlich, dass eine **Bestandsveränderung** in Form eines **Minderbestandes** im Unternehmen zu einem **Aufwand** führt.

- **Buchung auf T-Konten:**

S	2100 UFE		H
8000 EBK	22.000,00	8010 SBK	16.500,00
		5200 BV	5.500,00
	22.000,00		22.000,00

S	5200 BV		H
2100 UFE	5.500,00		

- **Buchungssatz beim Abschluss des Kontos 5200 BV:**

8020 GUV	**an**	**5200 Bestandsveränderungen (BV)**	**5.500,00**

- **Buchung auf T-Konten:**

S	5200 BV		H
2100 UFE	5.500,00	8020 GUV	5.500,00

S	8020 GUV		H
5200 BV	5.500,00		

285

Am Ende eines Abrechnungszeitraumes liegen in einem Industrieunternehmen folgende Zahlen vor:

unfertige Erzeugnisse:	AB 12.200,00 €	SB 5.400,00 €
fertige Erzeugnisse:	AB 9.400,00 €	SB ? €

Das Konto 5200 BV weist beim Abschluss einen Saldo auf der Sollseite von 5.700,00 € aus.

1. Bilde den Buchungssatz für die Abschlussbuchung für das Konto Unfertige Erzeugnisse.
2. Wie lautet der Buchungssatz für die vorbereitende Abschlussbuchung für das gleiche Konto?
3. Welche Art der Bestandsveränderung ergibt sich auf dem Konto 5200 BV? Erstelle dazu das T-Konto.
4. Wie lautet die Abschlussbuchung für das Konto 5200 BV?
5. Ermittle den Endbestand bei den fertigen Erzeugnissen.

286

Das Konto 2200 FE weist folgende Bestände aus:

S	2200 FE		H
8000	25.000,00	8010	32.000,00
...			

Auf dem Konto 2100 UFE wurde ein Saldo auf der Sollseite von 2.300,00 € ermittelt.

1. Berechne Art und Höhe der Bestandsveränderung bei den FE und buche diese.
2. Erstelle das Konto 5200 BV mit den erforderlichen Eintragungen und schließe es ab.
3. Wie wirkt sich die vorliegende Bestandsveränderung auf die Erfolgsrechnung aus?
4. Wie lautet der Abschlussbuchungssatz für das Konto 2100 UFE, wenn der AB 9.000,00 € betrug?

287

Die Konten 8020 GUV und 8010 SBK enthalten folgende Eintragungen:

S	8020 GUV		H
5200	14.000,00	...	
...			

S	8010 SBK		H
2100	32.000,00	...	
2200	6.000,00		
...			

Bei den fertigen Erzeugnissen liegt ein Minderbestand von 19.000,00 € vor.

1. Welcher Buchungssatz liegt der Eintragung im Konto 8020 GUV zugrunde?
2. Erstelle das Konto 5200 BV.
3. Bestimme die Art der Bestandsveränderung bei den unfertigen Erzeugnissen.
4. Bilde den Buchungssatz für die vorbereitende Abschlussbuchung für das Konto Unfertige Erzeugnisse.
5. Wie lautet der Abschlussbuchungssatz für das Konto Fertige Erzeugnisse?
6. Bilde den Eröffnungsbuchungssatz für das Konto 2200 FE.

288 Bei der Eröffnung und beim Abschluss der Konten 2100 UFE und 2200 FE ergaben sich u. a. folgende Buchungen:

2100 UFE	an	8000 EBK	9.500,00
8010 SBK	an	2200 FE	8.000,00
2100 UFE	an	5200 BV	2.500,00
5200 BV	an	8020 GUV	6.000,00

1. Wie hoch ist der Schlussbestand bei den unfertigen Erzeugnissen in €?
2. Ermittle Art und Höhe der Bestandsveränderung bei den unfertigen Erzeugnissen.
3. Ermittle den Anfangsbestand der fertigen Erzeugnisse.

289 Die Auszubildende Nadine will einige Informationen zu nachstehendem Konto wissen:

S	6000 AWR		H
1. 4400 VE	138.000,00	3. 4400 VE	3.200,00
2. 4400 VE	22.000,00	5. 6002 NR	800,00
4. 6001 BZKR	7.000,00	6. 2000 R	5.000,00
		7. 8020 GUV	158.000,00
	167.000,00		167.000,00

1. Welcher Geschäftsfall liegt der Eintragung Nr. 2 zugrunde?
2. Wie lautet der Buchungssatz zu Nr. 3?
3. Welche vorbereitenden Abschlussbuchungen sind im Konto enthalten?
4. Zeige die Art und Höhe der Bestandsveränderungen bei den Rohstoffen auf.
5. Ermittle den gesamten Rohstoffverbrauch.

290 Bei der Vorbereitung für die Prüfung zum Industriekaufmann muss der Auszubildende Thomas Feser folgende Fragen bearbeiten:

1. Wenn mehr produziert als verkauft wurde, liegt dann ein Minderbestand bei den Fertigerzeugnissen vor?
2. Warum nimmt das Konto 5200 BV eine Sonderstellung in der Kontenklasse 5 ein?
3. Wie wirken sich Bestandsmehrungen auf den Erfolg eines Unternehmens aus?
4. Auf welchem Konto wird der Verkauf von fertigen Erzeugnissen gebucht?

291

1. Bilde die Buchungssätze für folgende Bestandsveränderungen:

	unfertige Erzeugnisse	**fertige Erzeugnisse**
Anfangsbestand	72.100,00 €	158.400,00 €
Schlussbestand	56.800,00 €	193.500,00 €

2. Welche Art der Bestandsveränderung liegt bei den Erzeugnissen insgesamt vor?
3. Aus welchem Konto und Konteneintrag lässt sich diese ablesen?

In einem Industriebetrieb betrugen die Anfangsbestände bei den unfertigen Erzeugnissen 34.000,00 € und bei den fertigen Erzeugnissen 53.500,00 €. Als Aufwendungen wurden während des Geschäftsjahres 1.270.000,00 € und als Umsatzerlöse 1.560.000,00 € gebucht. 292

Berechne den in der GUV-Rechnung auszuweisenden Erfolg, wenn der Schlussbestand bei den unfertigen Erzeugnissen 37.100,00 € und bei den fertigen Erzeugnissen 49.800,00 € betrug?

ALLES KLAR?!?!?

In der Regel stimmen in einem Fertigungsunternehmen Produktions- und Absatzmenge eines Geschäftsjahres **nicht** überein.

Das Unternehmen hat entweder mehr Erzeugnisse hergestellt als verkauft oder mehr Erzeugnisse verkauft als hergestellt. Im ersten Fall führt das zum Jahresschluss im **Lager** zu einem **Mehrbestand**, im zweiten zu einem **Minderbestand** an unfertigen bzw. fertigen Erzeugnissen. Diese **Bestandsveränderungen** müssen bei der Erfolgsermittlung berücksichtigt werden.

Die Erfassung der Bestände erfolgt auf den **aktiven Bestandskonten**

2100 Unfertige Erzeugnisse (UFE) und

2200 Fertige Erzeugnisse (FE).

Die sich jeweils ergebenden Bestandsveränderungen werden auf dem **Ertragskonto**

5200 Bestandsveränderungen (BV)

gebucht. Dieses Konto kann daher einen Sollsaldo oder einen Habensaldo aufweisen.

Ermittlung und Buchung der Bestandsveränderung:

AB > **SB** (Habensaldo) → **Bestandsminderung**

S 2100 UFE/2200 FE	H
Anfangsbestand	Schlussbestand **Minderbestand**

Die **Verminderung** der Lagerbestände ist **als Aufwand** zu buchen.

5200 BV an 2100 UFE/2200 FE

oder

AB < **SB** (Sollsaldo) → **Bestandsmehrung**

S 2100 UFE/2200 FE	H
Anfangsbestand **Mehrbestand**	Schlussbestand

Die **Zunahme** der Lagerbestände ist **als Ertrag** zu buchen.

2100 UFE/2200 FE an 5200 BV

Abschluss des Kontos 5200 Bestandsveränderung:

Bestandsminderung insgesamt	oder	**Bestandsmehrung insgesamt**
S 5200 BV H Soll: Bestandsminderung Haben: Bestandsmehrung, **Habensaldo**		S 5200 BV H Soll: Bestandsminderung, **Sollsaldo** Haben: Bestandsmehrung
Bei einer Bestandsminderung wird das Konto wie ein **Aufwandskonto** abgeschlossen.		Bei einer Bestandsmehrung wird das Konto wie ein **Ertragskonto** abgeschlossen.
8020 GUV an 5200 BV		5200 BV an 8020 GUV

Abschlussbuchung für die Konten 2100 UFE und 2200 FE (Schlussbestand lt. Inventur):

8010 SBK	an	2100 UFE
8010 SBK	an	2200 FE

Eröffnungsbuchung für die Konten 2100 UFE und 2200 FE (Anfangsbestand):

2100 UFE	an	8000 EBK
2200 FE	an	8000 EBK

- Die Konten 2100 UFE und 2200 FE sind wie im Kapitel zuvor die Konten 2000 R, 2010 F, 2020 H, 2030 B und 2280 HW so genannte **„ruhende Konten“**, d. h. während des Abrechnungszeitraumes wird auf ihnen **nicht** gebucht.
- Die Erfassung der Bestandsveränderungen ist erforderlich, um am Ende eines Jahres eine **exakte Ermittlung des Erfolges** zu ermöglichen.
- Die Buchungen der Bestandsveränderungen gehören zu den **vorbereitenden Abschlussbuchungen**.
- Das Konto **5200 BV** nimmt in der Kontenklasse 5 eine **Sonderstellung** ein: Es nimmt sowohl Aufwendungen als auch Erträge auf und wird dementsprechend entweder als **Aufwandskonto** oder als **Ertragskonto** abgeschlossen.
- Bestandsmehrungen **vergrößern** den Gewinn, Bestandsminderungen **verringern** den Gewinn.

6.3 Von der Eröffnung bis zum Abschluss: Geschäftsgang in einem Fertigungsunternehmen

Das Geschäftsjahr ist vorbei. Buchhalterin Katrin Huber denkt zurück.

1. **Eröffnungsbuchungen zu Beginn des Geschäftsjahres:**
   - **Aktivkonten** an **Eröffnungsbilanzkonto**
   - **Eröffnungsbilanzkonto** an **Passivkonten**

2. **Laufende Buchungen im Geschäftsjahr:**
   - Buchungen der Geschäftsfälle in den Konten

3. **Vorbereitende Abschlussbuchungen zum Ende des Geschäftsjahres:**

   Es waren die **vorbereitenden Abschlussbuchungen** vorzunehmen:

3.1 Bewertung des Anlagevermögens (Abschreibung/Anlagevermögen)

3.2 Bewertung der Forderungen (Abschreibung/Forderungen)

3.3 Berücksichtigung der Bestandsveränderungen bei den Vorräten (Rohstoffe, Fremdbauteile, Hilfsstoffe, Betriebsstoffe, Handelswaren, unfertige Erzeugnisse, fertige Erzeugnisse)

3.4 Abschluss der Unterkonten (6001 BZKR, 6002 NR, 6011 BZKF, 6012 NF, 6021 BZKH, 6022 NH, 6031 BZKB, 6032 NB, 6081 BZKHW, 6082 NHW, 5001 EBFE, 5101 EBHW, 3001 P)

4. **Hauptabschlussbuchungen:**

Abschluss der Buchführung zum Bilanzstichtag

4.1 Abschluss aller Aufwandskonten über das GUV-Konto
Buchungssatz: **GUV an Aufwandskonten**

4.2 Abschluss aller Ertragskonten über das GUV-Konto
Buchungssatz: **Ertragskonten an GUV-Konto**

4.3 Abschluss des GUV-Kontos über das Eigenkapitalkonto
Buchungssatz bei einem **Jahresüberschuss (Reingewinn)**:
GUV an Eigenkapital
Buchungssatz bei einem **Jahresfehlbetrag (Reinverlust)**:
Eigenkapital an GUV

4.4 Abschluss der Bestandskonten
Buchungssätze:
Schlussbilanzkonto an Aktivkonten
Passivkonten an Schlussbilanzkonto

293 **Zusammenfassender Geschäftsgang**

Führe für folgendes Unternehmen einen Geschäftsgang von der Eröffnungsbilanz bis zur Schlussbilanz durch (die Aufgabe kann auch mit einem dir bekannten Finanzbuchhaltungsprogramm gelöst werden).

Zum Unternehmen liegen folgende Informationen vor:

1. Eigentümer:	Anton Weber
2. Rechtsform des Unternehmens:	Einzelunternehmen
3. Geschäftssitz:	Bahnhofstr. 11, 83022 Rosenheim
4. Art des Unternehmens/Branche:	Herstellung von elektronischen Messgeräten und Funktelefonen. Als Handelswaren werden Faxgeräte und Modems zusätzlich angeboten.
5. Geschäftsjahr:	01. 01. ... – 31. 12. ...
6. Stoffe 6.1 Rohstoffe:	 Verzinkte Eisenbleche, Kunststoffgranulate, Messingbleche, Aluminiumbleche
6.2 Fremdbauteile:	Leiterplatten (Platinen), LED-Anzeigen
6.3 Hilfsstoffe:	Dichtungs- und Isoliermaterial, Schrauben, Kleinteile, Lacke, Farben, Lötzinn usw.
6.4 Betriebsstoffe:	Strom, Gas, Wasser, Schmierstoffe, Benzin
7. Umsatzsteuersatz:	19%

Bilanz zu Beginn des Geschäftsjahres (Eröffnungsbilanz):

Aktiva	Bilanz zum 01. 01. ...		Passiva
0510 BGR	60.000,00	3000 EK	1.401.100,00
0530 BVG	140.000,00	3670 EWB	5.000,00
0700 MA	902.000,00	3680 PWB	3.000,00
0840 FP	154.000,00	4250 LBKV	394.600,00
0860 BM	148.000,00	4400 VE	296.700,00
0870 BA	37.000,00	4800 UST	41.100,00
2000 R	87.000,00		
2010 F	12.000,00		
2020 H	35.000,00		
2030 B	16.300,00		
2100 UFE	17.700,00		
2200 FE	26.900,00		
2280 HW	12.100,00		
2400 FO	127.600,00		
2470 ZWFO	46.400,00		
2600 VORST	30.000,00		
2800 BK	285.500,00		
2880 KA	4.000,00		
	2.141.500,00		2.141.500,00

Kontenplan:

0510 BGR	2000 R	3000 EK	4250 LBKV	5000 UEFE	6000 AWR	7000 GWST
0530 BVG	2010 F	3001 P	4400 VE	5001 EBFE	6001 BZKR	7510 ZAW
0700 MA	2020 H	3670 EWB	4800 UST	5100 UEHW	6010 AWF	
0840 FP	2030 B	3680 PWB	4830 VFA	5200 BV	6012 NF	
0860 BM	2100 UFE		4840 VSV	5410 EAAV	6020 AWH	
0870 BA	2200 FE			5450 EAWB	6030 AWB	
0895 SP	2280 HW			5460 EAVG	6040 AWVM	
	2400 FO				6080 AWHW	
	2470 ZWFO				6200 L	
	2600 VORST				6400 AGASV	
	2800 BK				6420 BBG	
	2880 KA				6520 ABSA	
					6545 ABSP	
					6700 AWMP	
					6800 BMK	
					6820 PUK	
					6950 ABFO	

Geschäftsfälle:

1. Siehe Beleg Nr. 1

Beleg 1:

Edwin Weidemann
Blechhandel

Fa. Edwin Weidemann, e.Kfm * Brunecker Str. 37–38 * 90461 Nürnberg

Firma
Anton Weber
Bahnhofstraße 11
83022 Rosenheim

Edwin Weidemann, e. Kfm.
Brunecker Str. 37–38
90461 Nürnberg

Amtsgericht Nürnberg HRA 8490

Tel.: (0911) 8950-0
Fax: (0911) 8950-224
E-Mail: service@weidemann.de
Internet: http://www.weidemann.de
USt.-IdNr. DE802490371
St.-Nr. 9238/217/15205

Nürnberg, 08. 10. 20..

RECHNUNG

Ihre Bestellung: 28. 09. 20.. Kunden-Nr.: 520980
Lieferdatum: 08. 10. 20.. Rechnungs-Nr.: 021548
Ansprechpartner: Frau Schneider (0911) 8950-327

Art.Nr.	Bezeichnung	Gesamtpreis EUR
045	Eisenblech, verzinkt	53.000,00 €
350	Aluminiumblech	25.800,00 €
		78.800,00 €
	+ Fracht	200,00 €
	Warenwert, netto	79.000,00 €
	+ 19% Umsatzsteuer	15.010,00 €
	Rechnungsbetrag	94.010,00 €

Vielen Dank für Ihren Auftrag.
Zahlungsbedingungen: 10 Tage 3% Skonto/30 Tage rein netto.

Die gelieferte Ware bleibt bis zur vollständigen Bezahlung unser Eigentum.

Stadtbank Nürnberg (BLZ 760 540 38) Konto 2507450

2.1 Ermittlung der USt-Zahllast (Übertrag) 30.000,00 €

2.2 Banküberweisung der USt-Zahllast 11.000,00 €

3. Siehe Beleg Nr. 2

Beleg 2:

Kontoauszug

Kontonummer 540 360 Auszug 47

Datum 11.10.20.. Blatt 01

Mangfallbank Rosenheim

Vorgang/Buchungsinformation	Buchung	Wertstellung	Umsatz in EURO
Gutschrift von Gustav Otto, Laboraus-stattung für Rechnung 03054 vom 04. 10. 20.. abzüglich 2% Skonto	10. 10.	10. 10.	8.746,50 +

Mangfall-Bank Rosenheim * D-83026 Rosenheim
Anton Weber
Bahnhofstr. 11
83022 Rosenheim

Zahlungseingänge	EUR	8.746,50 +
Zahlungsausgänge	EUR	0,00 -
Alter Kontostand	EUR	15.240,00 +
Neuer Kontostand	EUR	23.986,50 +

Postanschrift:
Mangfall-Bank Rosenheim
83026 Rosenheim

Direkt-Service: Tel.: 08031-180-60
Telefon-Banking: Tel.: 08031-180-70
Erreichbarkeit: 7x24 Stunden
IBAN DE72711280600000540300

Telefax: (08031) 20 30 20
E-Mail: info@mangfall-bank.de
Internet: http://www.mangfall-bank.de
BIC: MBNKDEFF

Bankleitzahl
711 280 60

4. Zieleinkauf von Lötzinn, netto — 3.600,00 €

5. Gutschriftsanzeige des Platinenlieferers aufgrund eines nachträglich gewährten Preisnachlasses, brutto — 1.785,00 €

6. Die Mangfallbank gewährt ein Immobiliendarlehen, Bankgutschrift — 650.000,00 €

7. Zielkauf eines Nachbargrundstücks mit Gebäude für neu zu schaffende Büroräume, Kaufpreis (davon Gebäudewert 600.000,00 €) — 800.000,00 €

8. Wir erhalten den Grunderwerbsteuerbescheid (siehe Nr. 7). Der Steuersatz beträgt 3,5%, die Zahlung erfolgt per Banküberweisung.

9. Siehe Beleg Nr. 3

Beleg 3:

Anton Weber

Bahnhofstr. 11 * 83022 Rosenheim

Bürocenter
Johannes Braun
Mainstr. 36
95444 Bayreuth

Rosenheim, 19. Oktober 20..

Anton Weber, e. Kfm.
Bahnhofstr. 11
83022 Rosenheim
USt.-IdNr. DE158005016
St.-Nr. 9156/204/30465
Amtsgericht Rosenheim HRA 7460
Telefon: (08031) 50 30
Telefax: (08031) 50 24
E-Mail: info@anton-weber.de
Internet: http://www.anton-weber.de

Rechnung

Rechnungsnummer: 03546
Kundennummer: 02073

Art.Nr.	Menge	Bezeichnung	Einzelpreis	Gesamtpreis
0280	10	Faxgeräte F 3044	550,00 €	5.500,00 €

	5.500,00 €
+ 19% Umsatzsteuer	1.045,00 €
Rechnungsbetrag	**6.545,00 €**

Die Ware wurde am 19.10.20.. geliefert.

Die Ware bleibt bis zur vollständigen Bezahlung unser Eigentum.
Bankverbindung: Mangfallbank Rosenheim (BLZ 711 280 60) * Konto Nr. 540 360

10. Siehe Beleg Nr. 4

Beleg 4:

Hans Erlewein
Maschinenbau

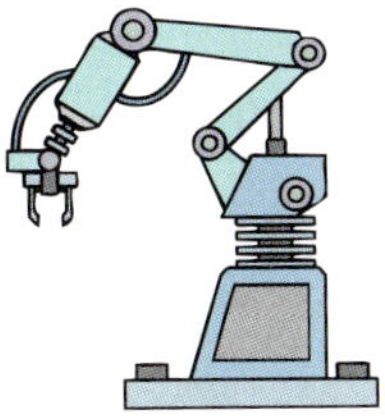

Anton Weber
Bahnhofstr. 11
83022Rosenheim

Würzburg, 29. Oktober 20..

Hans Erlewein, e. Kfm.
Königstraße 32–36
97082 Würzburg
USt.-IdNr. DE128402063
St.-Nr. 9257/238/00670
Amtsgericht Würzburg HRA 7823
Telefon: (0931) 780 243
Telefax: (0931) 780 350
E-Mail: service@erlewein.de
Internet: http://www.erlewein.de

Rechnung

Rechnungsnummer: 3546
Kundennummer: 4070
Wir lieferten am 29. 10. 20..

Art.Nr.	Menge	Bezeichnung	Einzelpreis	Gesamtpreis
071	1	Stanzmaschine CNC-gesteuert	10.200,00 €	10.200,00 €

	10.200,00 €
+ Fracht/Installation	500,00 €
	10.700,00 €
+ 19% Umsatzsteuer	2.033,00 €
Rechnungsbetrag	**12.733,00 €**

Zahlungsbedingungen: bis 29. Dezember 20.. rein netto.

Die Ware bleibt bis zur vollständigen Bezahlung unser Eigentum.
Bankverbindung: Frankenbank Würzburg (BLZ 770 425 31) * Konto Nr. 62 03 72

11. Banküberweisung eines Kunden 35.700,00 €

12. Siehe Beleg Nr. 5

Beleg 5:

PS STATION

Bahnhofstraße 1
83026 Rosenheim
Obj.-Nr.: 0002051
Tel. 08031 / 184010
Fax. 08031 / 184050

Beleg-Nr. 4120/008/0001 20..-10-26 15:12
St.-Nr. 9156/207/13188

*00001 **DIESEL**		63,61 EUR
*Zp 03	55,41 l	1,148 EUR/l

Gesamtbetrag (BAR) 63,61 EUR

USt-Anteil 19% 10,16 EUR

==================================
VIELEN DANK FÜR IHREN EINKAUF.
AUF WIEDERSEHEN!

13. Barverkauf eines gebrauchten Lieferwagens
(Buchwert 11.000,00 €), Nettoverkaufspreis 14.000,00 €

14. Siehe Beleg Nr. 6

Beleg 6:

Lohnliste der Fa. Anton Weber (Auszug)						
	Brutto	Lohn-steuer	Kirchen-steuer	Soz. Vers. AN	Abzüge gesamt	Aus-zahlung
Summe	48.000,00 €	5.370,00 €	430,00 €	9.400,00 €	15.200,00 €	32.800,00 €

Arbeitgeberanteil zur Sozialversicherung 8.930,00 €.

15. Barkauf

von Kopierpapier, netto	180,00 €
eines Aktenvernichters, netto	150,00 €
einer elektronischen Schreibtafel, netto	250,00 €

16. Firmenchef Weber kauft eine Skiausrüstung für Sohn Max
Der Rechnungsbetrag in Höhe von 487,20 €
wird über das betriebliche Bankkonto beglichen.

17. Ausgangsrechnung:

150 Messgeräte zu je 2.200,00 € netto	330.000,00 €
+ 19% USt	62.700,00 €
Rechnungsbetrag	392.700,00 €

18. Banküberweisung der

– einbehaltenen Lohn- und Kirchensteuer (siehe Beleg 6)	? €
– Sozialversicherungsbeiträge ANA und AGA (siehe Beleg 6)	? €
– Einkommensteuervorauszahlung	4.380,00 €
– Gewerbesteuervorauszahlung	400,00 €
Banklastschrift insgesamt	28.910,00 €

19. Siehe Beleg Nr. 7

Beleg 7:

Bayerische Telefongesellschaft -B-T-G-

Ein Unternehmen der Worldkom-Gruppe

Ihre Rechnung

Bayerische Telefongesellschaft AG, Kundenniederlassung
Postfach 1020, 93075 Regensburg

027/3A1/0035054/08//70640 | 12... 0,56 EUR |

Firma
Anton Weber
Bahnhofstr. 11
83022 Rosenheim

Rechnungsdatum	20..-11-02
Rechnungsmonat	Oktober 20..
Kundennummer	1770503510
Bitter immer angeben	
Rechnungsnummer	0350810900
Buchungskonto	3803852200
Seite	1 von 1
Bei Rückfragen Telefon	0800 44 02040
Telefax	0800 44 02041

Artikel oder Leistung	**Artikel-/ Leistungs-Nr.**	**Menge/Volumen/ Tarifierte Zeit**	**Einzelpreis in EUR**	**Gesamtpreis in EUR**
01. 10. 20..–31. 10. 20..				
1. Telefonanschluss	1011	1	10,00	10,00 €
Beträge für Verbindungen				
01. 10. 20..–31. 10. 20..				
2. 680 Cityverbindungen	1731	4.380 €	0,05 €	219,00 €
3. 992 Inlandsverbindungen	1931	7.820 €	0,07 €	547,40 €
4. 68 Auslandsverbindungen	2031	830 €	0,12 €	99,60 €
4. 220 Auslandsverbindungen				
Sonstige Lieferungen und Leistungen				
Worldcom-Online International AG				
4. Worldcom-Online	1865	1	74,00 €	74,00 €
Online-/Telef. entg. Tarif com				
6.167 Min. (0,012 EUR/Min.)				
vom 01. 10. 20.. bis 31. 10. 20..				
Nettobetrag				**950,00 €**
Umsatzsteuer 19%				**180,50 €**
Rechnungsbetrag				**1.130,50 €**

Der EUR-Betrag wird abgebucht von: BLZ 71128060 – Konto-Nr. 540360. Bitte prüfen Sie die angegebene Bankverbindung und informieren Sie uns umgehend über Änderungen.

Bayerische Telefongesellschaft AG
Ein Unternehmen der Worldcom-Gruppe
Regensburg HRB 1322
USt.-IdNr. DE148055423 St.-Nr. 9244/138/00060
Hausanschrift Abensberger Str. 9, 93078 Regensburg
Bayerische Telefongesellschaft Kundenbuchhaltung 02 Regensburg, Postfach 10 14 44, 93075 Regensburg
Bankverbindung A-Bank Regensburg (BLZ 705 950 00) Kto.Nr. 1002010
Die Unterlassung rechtzeitiger Einwendung gilt als Genehmigung. Gesetzliche Ansprüche bleiben davon unberührt. Wir sind verpflichtet, Ihre Verbindungsdaten 80 Tage nach Versand der Rechnung zu löschen, sofern Sie nicht sogar die sofortige Löschung mit uns vereinbart haben.
Vorsitzender des Vorstands: Dr. Manfred Klug

20. Bankgutschrift:
    Überweisungen von verschiedenen Kunden | 261.800,00 €

21. Siehe Beleg Nr. 8

Beleg 8:

> Über das Vermögen der Fa. Grün & Kindler, Labortechnik, Lichtengraben 13, 92224 Amberg, wurde die vorläufige Verwaltung durch den Insolvenzverwalter Karl Müller angeordnet. Unsere Forderung beträgt 7.140,00 €.
>
> Amberg, den 17. Dezember 20..
>
> Amtsgericht Amberg – Insolvenzgericht

22. Bankabbuchung der Strom- und Gasrechnung, brutto	1.904,00 €
23. Zielkauf von Modems, netto	13.000,00 €
24. Der Insolvenzverwalter beim Kunden Karlmann teilt uns mit, dass das Insolvenzverfahren beendet ist. Er überweist 60% der zweifelhaften Forderung in Höhe von 47.600,00 €. Der Rest ist verloren.	
Bankgutschrift	28.560,00 €
25. Banklastschrift	
für Darlehenszinsen	4.800,00 €
für Miete (Fertigungshalle), brutto	33.320,00 €
26. Zielkauf	
eines Schreibtisches, netto	1.300,00 €
eines Flachbildschirms für den PC, netto	900,00 €
27. Barkauf von Verpackungsmaterial, netto	600,00 €
28. Ausgangsrechnung an den Großkunden Metama	
Funktelefone, netto	194.100,00 €
Fracht und Verpackung, netto	900,00 €
Warenwert, netto	195.000,00 €
29. Bareinzahlung auf das Bankkonto	14.753,00 €
30. Bankauszug:	
Überweisungen an verschiedene Lieferer	202.300,00 €
Beitrag zur Berufsgenossenschaft	7.560,00 €
31. Zielkauf von LED-Anzeigen, netto	8.500,00 €

Abschlussangaben

1. Abschreibungen auf Sachanlagen

1.1	Konto 0530 BVG	AfA	3%
1.2	Konto 0700 MA	AfA lt. Anlagekartei	64.680,00 €
1.3	Konto 0840 FP	AfA	? €

Auszug aus der Anlagekartei 0840 FP:

	Anschaffungskosten	Buchwert 01. 01.	Abgänge	AfA	Nutzungs-dauer
RO-L 125	55.000,00 €	11.000,00 €	11.000,00 €	–	–
RO-B 732	54.000,00 €	45.000,00 €	–	?	6
RO-X 321	88.000,00 €	44.000,00 €	–	?	8
RO-Z 999	81.000,00 €	54.000,00 €	–	?	9
Summe		154.000,00 €	–		

1.4	Konto 0860 BM	AfA lt. Anlagekartei	25.300,00 €
1.5	Konto 0870 BA	AfA lt. Anlagekartei	5.960,00 €
1.6	Konto 0895 SP		20%

2. Inventurbestände

2.1	Konto 2000 R	102.500,00 €
2.2	Konto 2010 F	14.800,00 €
2.3	Konto 2020 H	32.400,00 €
2.4	Konto 2030 B	11.300,00 €
2.5	Konto 2100 UFE	24.900,00 €
2.6	Konto 2200 FE	25.700,00 €
2.7	Konto 2280 HW	5.300,00 €

3. Bewertung der Forderungen

3.1 Bei der zweifelhaften Forderung (7.140,00 €) wird mit einer Insolvenzquote von 80% gerechnet. ? €

3.2 Die PWB ist auf 1% der einwandfreien Forderungen festzusetzen. ? €

4. Abschluss aller Unterkonten

294

Man unterscheidet:

- **Eröffnungsbuchungen (EB)**
- **laufende Buchungen (LB)**
- **vorbereitende Abschlussbuchungen (VAB)**
- **Abschlussbuchungen (AB)**

Ordne den folgenden Buchungssätzen die dazugehörige Buchungsart zu (z. B. EB, LB, VAB, AB):

1. 0840 FP	72.000,00			
2600 VORST	13.680,00	an	4400 VE	85.680,00
2. 3000 EK		an	3001 P	6.750,00
3. 0700 MA		an	8000 EBK	495.000,00
4. 6010 AWF		an	6011 BZKF	560,00
5. 8020 GUV		an	3000 EK	178.000,00
6. 6520 ABSA		an	0860 BM	24.000,00
7. 5100 UEHW		an	8020 GUV	637.300,00
8. 8010 SBK		an	2280 HW	92.120,00
9. 4800 UST		an	2600 VORST	38.470,00
10. 8010 SBK		an	2600 VORST	29.250,00
11. 2280 HW		an	6080 AWHW	6.940,00
12. 6020 AWH		an	2020 H	17.345,00
13. 5200 BV		an	8020 GUV	12.100,00
14. 2100 UFE		an	5200 BV	4.970,00
15. 3670 EWB		an	5450 EAWB	2.600,00
16. 5200 BV		an	2200 FE	8.100,00
17. 6545 ABSP		an	0895 SP	3.200,00

ALLES KLAR?!?!?

Stationen eines Geschäftsgangs:

Eröffnungsbilanzkonto
↓
Eröffnungsbuchungen
↓
laufende Buchungen
(Buchen der Geschäftsfälle bzw. der Belege)
↓
Vorabschlussbuchungen
↓
Hauptabschlussbuchungen
↓
Schlussbilanzkonto

7 Anwendungsbezogenes Arbeiten

7.1 Übungszirkel Wertpapiere

Mithilfe des Übungszirkels kannst du den Themenbereich Wertpapiere (Aktien) wiederholen und vertiefen. Die verschiedenen Aufgaben der neun Übungsstationen können in Einzelarbeit, Partnerarbeit oder in einer Gruppe bearbeitet werden. Du kannst an einer beliebigen Station beginnen.

Zur eigenständigen Ergebniskontrolle sollten die Lösungen zu den Aufgaben und Fragen an einer bestimmten Stelle des Klassenzimmers einsehbar sein.

Die Stationen des Übungszirkels im Überblick:

Station 1  **Das Wertpapier-Rätsel**	**Station 2**  **Kriterien für den Aktienkauf**	**Station 3**  **Aktiengeschäfte**
Station 4  **Effektiver Zinssatz**	**Station 5**  **Tabellenkalkulation** - Bankabrechnung -	**Station 6**  **Tabellenkalkulation** - Rentabilitätsberechnung -
Station 7  **Kapitalanlagen im Vergleich**	**Station 8** 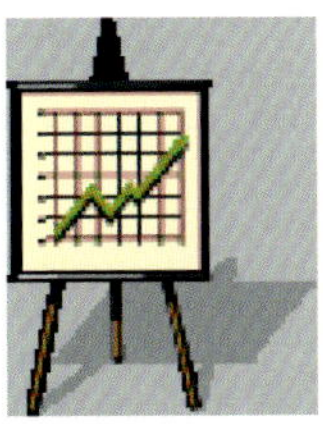 **Auswertung von Charts**	**Station 9**  **Wertpapiergeschäfte**

Station 1: Das Wertpapier-Rätsel

Überprüfe dein Wissen über die Wertpapiere mit diesem Rätsel!

1. Kriterium für die Geldanlage.
2. Größter Börsenplatz der Welt.
3. Gewinnteil des Aktionärs am Unternehmen.
4. Anlagekriterium bei Aktien.
5. Preis für die gekauften Aktien.
6. Vermerk für Verkauf zu jedem Kurs.
7. Vermerk für Höchstpreis bzw. Mindestpreis von Wertpapieren.
8. Betrag, der auf dem Mantel der Aktie aufgedruckt ist.
9. Standort der Bayerischen Börse.
10. Bestandteil des Wertpapiers (Urkunde).
11. Fachbegriff für Wertpapiere, die an der Börse gehandelt werden.
12. Bestandteil des Wertpapiers (Dividendenscheine).
13. Größter Börsenplatz in Deutschland.
14. Abkürzung für Deutscher Aktienindex.
15. Gebühren, die beim An- und Verkauf von Wertpapieren anfallen.

Schreibe die Lösung in dein Heft!

Das Lösungswort ergibt einen Begriff, der für deutsche Anleger eine immer größere Rolle spielt.

Station 2: Kriterien für den Aktienkauf

An dieser Station sollst du dir nochmals die Kriterien überlegen, die für bzw. gegen den Aktienkauf sprechen.

Halbleiter-Gigant Techno: Lohnt sich der Einstieg?

Viele Gründe, die für eine neue Volksaktie sprechen – und einige dagegen

München (cm) – Ab Montag Stammtischgespräch: Soll man die neue Aktie Techno zeichnen (kaufen) oder nicht? Der Halbleiterproduzent bietet 150 bis 180 Millionen Stück Aktien an. Bei dieser großen Summe haben Interessenten gute Chancen, an die begehrten Stücke heranzukommen. Lohnt sich ein Einstieg? Wie muss man vorgehen?

Techno stellt Halbleiterprodukte her. Diese kleinen elektronischen Bauteile werden praktisch überall, speziell in Mobilfunk-Geräten, in der Autoelektronik oder bei Chipkarten benötigt. 26.000 Mitarbeiter weltweit an elf Produktionsstätten in Amerika, Asien und Europa erwirtschafteten im letzten Geschäftsjahr einen Umsatz von 4,4 Mrd. Euro. Damit gehört das Unternehmen zu den Top Ten der Halbleiterindustrie.

Was spricht für eine Zeichnung?

- Volksaktie. Aufgrund der Größe wird Techno bald in den DAX aufgenommen. Das bedeutet, dass alle großen Investmentfonds diesen Wert halten müssen. Damit ist eine gewisse Stabilität gewährleistet.
- Überall dabei. Techno verfügt über eine der breitesten Produktpaletten der weltweiten Halbleiterproduzenten. Sowohl bei Multimedia, bei Autoelektronik, bei Sicherheitstechnik als auch in der Speicherprodukte-Herstellung ist das Unternehmen vertreten.
- Nicht abhängig. Zu den wichtigsten Kunden zählen alle großen Elektronikunternehmen. Das zeigt, dass Techno gut im Markt liegt und nicht von zwei oder drei großen Abnehmern abhängig ist.
- Umsatzstark. Während die Branche durchschnittlich nur um 0,1% wuchs, konnte Techno im letzten Jahr ein Wachstum von 19% vorlegen.
- Wachstumsmarkt. Die Halbleiterbranche wächst weltweit stärker als die Elektroindustrie, die Automobilindustrie oder die Chemie.
- Marktführer in Teilbereichen. Im Sektor Sicherheit gehören intelligente Chipkarten, die Benutzer eindeutig und zweifelsfrei identifizieren können, zu den Wachstumsfeldern. Techno ist mit 41% Marktanteil bei Sicherheitssystemen einer der Global Player.

Was spricht gegen die Zeichnung?

- Grundsätzlich muss sich jeder Privatanleger der Tatsache bewusst sein, dass er mit einer Aktie ein Risikopapier kauft. Garantierte Erträge gibt es nicht.
- Bei Techno kommen branchenspezifische Risiken dazu.
- Halbleiterpreis. Techno wirtschaftet in einem Bereich, der stark vom Halbleiterpreis abhängt. Die Branche musste in den letzten Jahren immer wieder mit einem hohen Preisverfall leben. Die neue Aktie ist kein Oma-Papier, das man beruhigt im Depot liegen lassen kann. Ihr Kurs wird vermutlich stärker schwanken als etwa Chemiewerte.
- Konkurrenz. Im asiatischen Raum stehen wettbewerbsfähige Konkurrenten, die auch geringste Schwächen eiskalt ausnutzen. Die Schnelllebigkeit der Branche erlaubt keine langfristigen Gewinnprognosen.

1. Lies den Zeitungsartikel zur Ausgabe der Technoaktien.
2. Erarbeite mithilfe des Zeitungsartikels die Gesichtspunkte (Stichworte) die **für bzw. gegen** den Kauf von Technoaktien sprechen. Triff eine Entscheidung!
3. Nenne mindestens drei weitere Informationsquellen, die dir zur Verfügung stehen.

Station 3: Aktiengeschäfte

An dieser Station sollst du Bankabrechnungen für den Kauf und Verkauf von Aktien erstellen und die erforderlichen Buchungssätze bei Aktiengeschäften aufschreiben.

Aufgabe 1:

Bearbeite für das Lindauer Unternehmen Maschinenbau Müller, e. K. (MBM) (Inhaberin: Katharina Müller) die folgenden Aufgaben.

1. Katharina Müller gibt der Sparbank Lindau am 03. Januar 20.. den Auftrag, 225 Stück Aktien der Luftikus AG am gleichen Tag billigst, d. h. zum Tageskurs, zu kaufen. Auf welchen Betrag lautet die Bankabrechnung bei einem Spesensatz von 1% vom Kurswert?

INFORMATIONSBLATT zu Aufgabe 1

Freitag, 04. Januar 20.. **WIRTSCHAFT** Nr. 04/Seite 31

Aktuelle Aktienkurse

	03. 01.	**02. 01.**
...	...	...
Kaiser	14,55	14,20
Kranich	36,50	36,00
Lorscheider	100,25	102,00
Luftikus	21,60	21,10
Mainchemie	110,50	108,10
Medialine	23,45	22,55
Metallwerke	22,50	23,30
MöbelDiscount	31,80	32,10
Oderwerke	28,50	27,80
OptikZentrum	23,90	12,95
Papiermühle Bayern	13,90	13,80
Porzellanwerk	9,45	9,50
Reich	40,60	39,00
...	...	...

2. Bilde für die Fa. Maschinenbau Müller den Buchungssatz für den Kauf der 225 Luftikusaktien.

3. Erstelle für folgenden Beleg den Buchungssatz.

Kontoauszug in EURO IBAN DE72705950250000908020 BIC GBNKDEFF	Kontonummer 90 80 20 Datum 20..-02-23	Auszug 12 Blatt 1	**Sparbank** **Lindau**

Vorgang / Buchungsinformation	**Buchung**	**Wertstellung**	**Umsatz in EURO**
Gutschrift – Dividende für Aktien Luftikus AG	01. 02.	01. 02.	**337,50 +**

Sparbank * D-88131 Lindau
Maschinenbau Müller
Inh. Katharina Müller
Am Bodensee 3
88131 Lindau

Zahlungseingänge	**EUR**	**337,50**	**+**
Zahlungsausgänge	**EUR**	**0,00**	**-**
Alter Kontostand	**EUR**	**6.520,00**	**+**
Neuer Kontostand	**EUR**	**6.857,50**	**+**

Postanschrift Sparbank Lindau 88138 Lindau	Direkt-Service: Tel.: 0180-50402 Telefon-Banking: Tel.: 0180-50401 Erreichbarkeit 7 x 24 Stunden	Telefax: (080382) 41 60 80 T-Online: *Sparbank# Internet: http://www.sparbank.de	Bankleitzahl 705 950 25

4. Die folgende Bankabrechnung erreichte das Unternehmen MBM nur unvollständig. Erstelle eine Wertpapierabrechnung.

Sparbank **Bahnhofstraße 1** **88131 Lindau**	**Abrechnung** **WERTPAPIER-VERKAUF**
Fa. Maschinenbau Müller Inh.: Katharina Müller Am Bodensee 3 88131 Lindau	Bank-Nr. 02-6200500 · GP-Nr. 02431889 · Depot-Nr. 0632070 Depotvermerk · Filiale 02 Auftrags-Nr. 00000952 · Auftragsdatum 20..-02-24 · erstellt am 20..-02-29 Ausführungsplatz/-art Präsenzhandel MUENCHEN var.not.

ISIN DE0007843029	Wertpapierbezeichnung Luftikus AG	
Nennwert/Stück	ST	225
Kurs/Preis	EUR	23,45
Handelsdatum		20..-02-25
Verrechnung über	Konto 26022	Wert 20..-02-25

Kurswert	**EUR**	**???**
Spesen 1%	**EUR**	**???**
Endbetrag	**EUR**	**???**

Depotart: Depot B (Kundenbestand)

Die Wertpapiere und den Gegenwert werden wir entsprechend der Abrechnung am Valutatag buchen.
Bitte prüfen Sie diese Abrechnung auf ihre Richtigkeit und Vollständigkeit. Etwaige Einwendungen gegen diese Abrechnung müssen unverzüglich nach Zugang bei der Bank erhoben werden.
Kapitalerträge sind einkommensteuerpflichtig. Diese Mitteilung wird nicht unterschrieben.

5. Bilde den Buchungssatz für den Verkauf der 225 Luftikusaktien am 25. 02. des gleichen Jahres (Aufgabe 1 beachten!).

6. Angenommen der Kurs hätte am 25. Februar 20.. nur 20,60 € betragen. Erstelle für diesen Kurs die Bankabrechnung und den Buchungssatz.

Station 4: Effektiver Zinssatz bei Aktien

An dieser Station sollst du den effektiven Zinssatz (tatsächlichen Zinssatz) für Aktien berechnen.

Aufgabe

Ermittle für das Unternehmen Maschinenbau Müller (e. K.) die effektive Verzinsung nach dem Verkauf der Aktien des Unternehmens RHEINCHEMIE AG.

RHEINCHEMIE

Nr. 000000

Der Inhaber dieser Stückaktie ist an der RHEINCHEMIE Aktiengesellschaft in Freiburg mit einem anteiligen Betrag am Grundkapital nach Maßgabe ihrer Satzung als Aktionär beteiligt.

EINE AKTIE

Freiburg, im September 2002
RHEINCHEMIE AKTIENGESELLSCHAFT

AUFSICHTSRAT — VORSTAND

H. Radon — *B. Helium* *N. Argon*

KONTROLLBEAMTER

Am 18. 01. 20.. kaufte Katharina Müller 150 RHEINCHEMIE-Aktien zum Stückkurs von 200,00 €.

Im Besitzzeitraum wurden je Aktie 1,75 € Dividende ausgeschüttet.

Der Verkauf der 150 RHEINCHEMIE-Aktien erfolgte nach 380 Tagen zu 220,00 €.

Kauf- und Verkaufsspesen: 1,2% vom Kurswert;
die Bank berechnete im Besitzzeitraum 12,00 € Depotgebühren.

Berechne die Rentabilität (effektiver Zinssatz).

Station 5: Tabellenkalkulation
– Bankabrechnung –

An dieser Station sollst du Bankabrechnungen für Aktiengeschäfte mithilfe eines Tabellenkalkulationsprogramms durchführen.

Aufgabe „Wertpapierabrechnung“:

1. Der Ausgabebereich des Rechenblattes (Wertpapierabrechnung) muss von dir programmiert werden. Wie lauten die Formeln für die Zellen G14, G15 und G17?
2. Arbeite mit einem Tabellenkalkulationsprogramm am PC, indem du (falls möglich) die Daten und Formeln eingibst.
3. Drucke das Rechenblatt aus.

	A	B	C	D	E	F	G	H
1	**Sparbank**							
2	**Bahnhofstraße 1**				**Abrechnung**			
3	**88131 Lindau**				**WERTPAPIER-VERKAUF**			
4					Bank-Nr.		GP-Nr.	Depot-Nr.
5	Maschinenbau Müller				02-6211001		2431889	632040
6	Inh.: Katharina Müller				Depotvermerk			Filiale
7	Am Bodensee 3							2
8	88131 Lindau				Auftrags-Nr.		Auftragsdatum	erstellt am
9					2601		01. 02. 20..	02. 02. 20..
10						Ausführungsplatz/-art Präsenzhandel MUENCHEN		
11	ISIN		Wertpapierbezeichnung					
12	DE0007225080		**WMB AG**					
13								
14	Nennwert/Stück	St.	85		**Kurswert**		???	
15	Kurs/Preis		264,00 €		**Spesen**		???	
16	Spesen		1%					
17	Handelsdatum		01.02.20..		**Endbetrag**		???	
18								
19	Verrechnung über	Konto 90 80 20		Wert	01. 02. 20..			
20				Depotart: Depot B (Kundenbestand)				
21	**Die Wertpapiere und den Gegenwert werden wir entsprechend der Abrechnung am Valutatag buchen. Bitte prüfen Sie diese Abrechnung auf ihre Richtigkeit und Vollständigkeit. Etwaige Einwendungen gegen diese Abrechnung müssen unverzüglich nach Zugang bei der Bank erhoben werden. Kapitalerträge sind einkommensteuerpflichtig. Diese Mitteilung wird nicht unterschrieben.**							

4. Bilde den Buchungssatz für den Verkauf der Aktien. Beim Kauf hatte Katharina Müller 24.520,50 € bezahlt.

Station 6: Tabellenkalkulation
– Rentabilitätsberechnung –

An dieser Station sollst du die Rentabilitätsberechnung für Aktiengeschäfte mithilfe eines Tabellenkalkulationsprogramms durchführen.

Aufgabe: „Rentabilitätsberechnung“

Im Unternehmen Maschinenbau Müller wird die Rentabilität (Effektivzinssatz) der Aktienanlagen mithilfe eines Tabellenkalkulationsprogramms berechnet. Dein Kollege hat bereits das Rechenblatt entsprechend gestaltet und in den Eingabebereich die entsprechenden Daten eingegeben.

Nachdem dein Kollege plötzlich erkrankt ist, wirst du mit der Fertigstellung des Rechenblattes beauftragt.

1. Programmiere den Ausgabebereich des Rechenblattes zur Ermittlung der effektiven Verzinsung für Aktien. Wie lauten die Formeln in den Zellen B 12 bis B 15, B 17 bis B 20, E 12 bis E 15 und F 19?
2. Arbeite mit einem Tabellenkalkulationsprogramm am PC, indem du die Daten und Formeln eingibst.
3. Drucke das Rechenblatt aus.

	A	B	C	D	E	F	G	H
1	**Berechnung der effektiven Verzinsung bei Wertpapieren (Aktien)**							
2								
3	Eingabebereich							
4	**Wertpapierbezeichnung: Naturstrom AG**							
5		**Stück**	**225**	**Besitzdauer**	**270**	Tage		
6		Kurs	Spesen		Gebühren		1. Jahr	2. Jahr
7	**Kauf**	**21,60 €**	**1%**		---	Depotgebühr	**15,00 €**	---
8	**Verkauf**	**23,45 €**	**1%**		---	Dividende	**115,00 €**	---
9								
10	Ausgabebereich							
11	Kauf:			Verkauf:				
12	KW			KW				
13	+ Spesen			– Spesen				
14	+ Gebühren			– Gebühren				
15	Kapitaleinsatz			Verkaufserlös				
16	Gesamtertrag:							
17	Kursgewinn							
18	+ Dividende							
19	– Depotgebühren			Effektive Verzinsung (%) =				
20	Ertrag							

Station 7: Kapitalanlagen im Vergleich

Überprüfe dein Können an der folgenden Aufgabe.

Fall:

Katharina Müller hat sich entschlossen, die zurzeit nicht benötigten finanziellen Mittel anzulegen und zwar in folgender Weise:

- 20.000,00 € als Online-Tagesgeld (tägliche Verfügbarkeit) bei einer Direktbank zu 4%
- 75.000,00 € als Festgeld (30 Tage) zu 4,5%
- 75.000,00 € für den Kauf von Telekommunikations-Aktien, Stückkurs 49,50 €

Aufgaben:

1. Nenne mögliche Gründe, warum Katharina Müller diese Aufteilung gewählt hat.
2. Mit welchem Betrag wird das Bankkonto von Katharina Müller für den Kauf von 1 500 Stück Telekommunikations-Aktien belastet, wenn die Bank 1% Spesen berechnet?
3. Nach 270 Tagen verkauft Katharina Müller die Telekommunikations-Aktien. Führe die Bankabrechnung durch:

   Stückkurs 51,25 €, 1% Spesen vom Kurswert.
4. Wie hoch war die Effektivverzinsung der Aktien (Stückdividende 0,50 €; 10,00 € Depotgebühren)?
5. Vergleiche die drei Anlagemöglichkeiten hinsichtlich der effektiven Verzinsung. Kann Katharina Müller mit dem erreichten Ergebnis zufrieden sein?

Station 8: Auswertung von Charts

An dieser Station sollst du den Kursverlauf einer Aktie beschreiben.

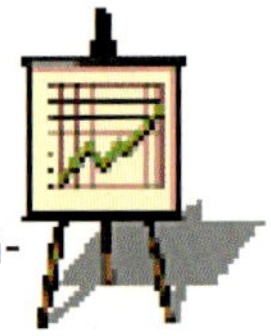

Aufgabe:

Das Diagramm („Chart“) zeigt die Kursentwicklung der Pharmawerke AG-Aktie.

1. Beschreibe den Kursverlauf der Pharmawerke AG-Aktie.
2. Geplante Fusionen haben meist unmittelbare Auswirkungen auf den Börsenkurs. Sobald die Presse darüber berichtet, steigen Anleger bei dem Übernahmekandidaten ein. Die „Financial Times“ informierte über den geplanten Kauf von Pharmawerke AG durch RHEINCHEMIE am 07. 12. 20.. Die Aktie der Pharmawerke stand bei 62,00 €. Am 25. 02. 20.. legte RHEINCHEMIE ein konkretes Angebot vor.

2.1 Um wie viel Prozent stieg die Aktie der Pharmawerke in diesem Zeitraum?

2.2 Um wie viel Prozent stieg die Aktie vom 29. 03. 20.. bis 07. 12. 20..?

3. Unter Insider versteht man Personen, die aufgrund ihrer Position einen zeitlichen Informationsvorsprung von kursrelevanten Umständen haben. Dessen Ausnutzung ist gesetzlich untersagt. Erläutere die Problematik von Insidergeschäften am Beispiel der Pharmawerke AG.

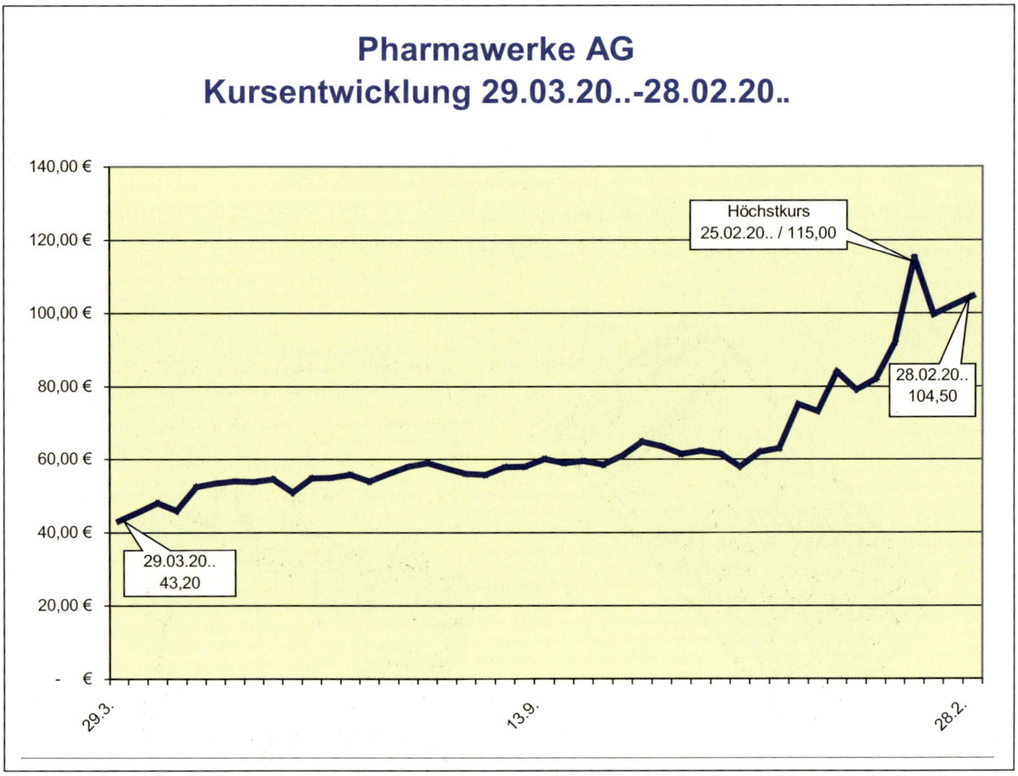

Information: Chartanalyse

Hier beschäftigt man sich mit dem Kurs- und Umsatzverlauf bestimmter Indizes (z. B. DAX oder TecDax) oder ausgewählter Aktien, um eine Tendenz zu erkennen, aus der sich Kauf- oder Verkaufssignale ergeben.

Der Chart gibt grafisch den Kursverlauf der Aktie, einer Branche oder einer bestimmten Auswahl von Aktien wieder. Zusätzliche Hilfslinien sollen eine Trendwende anzeigen oder einen Trend bestätigen.

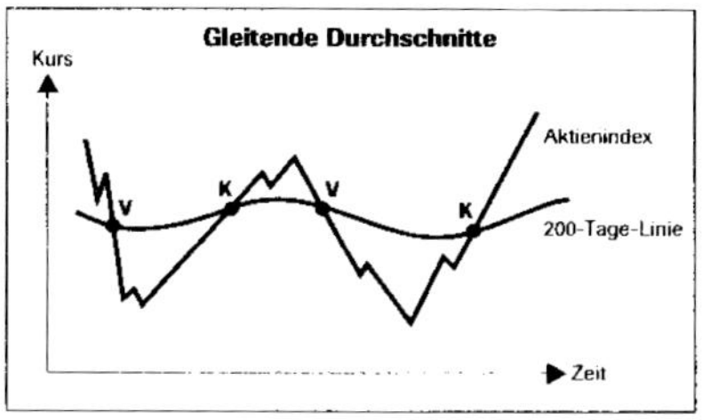

Die **geglättete 200-Tage-Linie** gibt den Durchschnittskurs wieder, der sich aus den Einzelkursen der jeweils letzten 200 Tage errechnet. Durchstößt z. B. der Aktienindex die 200-Tage-Linie von oben nach unten, dann ist es ein Verkaufssignal (V), umgekehrt ein Kaufsignal (K).

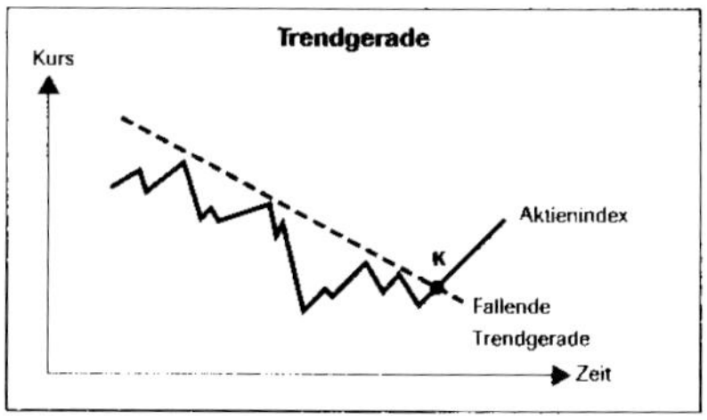

Die **Trendgerade** verbindet im Beispiel die oberen Spitzen des Aktienkursverlaufs. Durchstößt die Aktienkurve die Trendgerade von unten nach oben, dann ist das ein Kaufsignal.

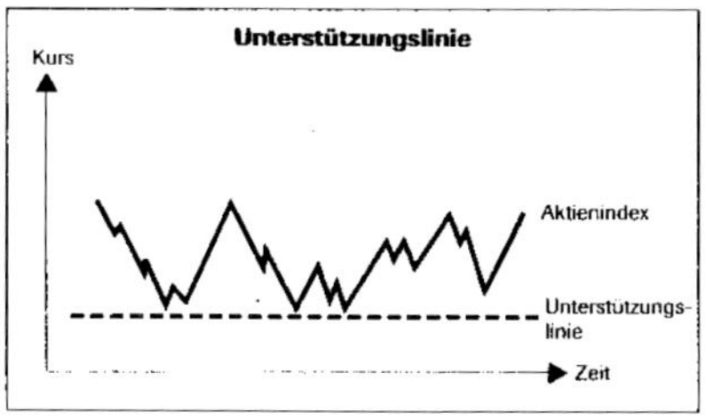

Die **Unterstützungslinie** ist eine langfristige Untergrenze der Aktienkurse, die nicht oder nicht wesentlich unterschritten wurde. Hierfür können unter anderem „psychologische" Kursuntergrenzen verantwortlich sein. Wird diese Untergrenze erst einmal nachhaltig durchbrochen, dann sinkt der Aktienkurs häufig auf ein niedrigeres Niveau.

Außer den vorgestellten rein wirtschaftlichen Methoden der Aktienanalyse sind vom Anleger auch psychologische und politische Einflüsse zu beachten (z. B. Regierungswechsel, politische Krisen).

Station 9: Wertpapiergeschäft

An dieser Station sollst du einen Fragenkatalog zum Wertpapierbereich bearbeiten.

Fragenkatalog zum Wertpapierbereich

01. Wie lautet die Formel zur Berechnung der effektiven Verzinsung von Aktien?
02. Warum ist die zu erwartende effektive Verzinsung von Aktien beim Kauf noch nicht näherungsweise berechenbar?
03. In welchem Konto werden in Industrieunternehmen Aktien beim Kauf gebucht?
04. Wie werden die Ankaufspesen buchhalterisch erfasst?
05. Nenne die Erfassungskonten für Verkaufsgewinne bzw. Verkaufsverluste bei Geschäften mit Wertpapieren des Umlaufvermögens.
06. Was sind Effekten?
07. Was versteht man bei Wertpapieren unter „Mantel“ und „Bogen“?
08. Warum sind Aktien „Teilhaberpapiere“?
09. In welchem Konto werden Dividendenerträge gebucht?
10. In welchem Konto werden anfallende Depotgebühren gebucht?
11. Wovon hängt eine gute effektive Verzinsung bei Aktien ab?

Genießen Sie mit W. W. W.

Werner Wirth hat nach seiner Ausbildung zum Koch internationale Erfahrungen in Tschechien und in der Türkei gesammelt und sich entschlossen für den Großraum Würzburg einen Party-Service der „Extraklasse“ zu gründen!

Sein Angebot richtet sich an Kunden, die aus privaten und betrieblichen Anlässen Feiern unterschiedlichster Art veranstalten wollen, aber aus zeitlichen Gründen nicht in der Lage sind, diese zu organisieren. Sein Leistungsspektrum umfasst:

Fetzige Geburtstagsfeiern
Harmonische Familienfeiern
Niveauvolle Betriebsjubiläen
Festliche Hochzeitsfeiern
Das gibt es nur bei Werner Wirth
Würzburg
Ihr Partner für unvergessliche Events.

- Freundliches, geschultes Bedienungspersonal
- Warme und kalte Buffets
- Lieferung von Getränken aller Art
- Nationale und internationale Küche
- Geschirr
- Dekoration
- Räumlichkeiten
- Zelte
- Entertainment (Musik, Zauberer)
- Romantisches Lagerfeuer
- Fotografen
- Kinder- und Seniorenbetreuung
- Einladungsschreiben
- Besonderer Service: Erstellen einer Dokumentation z. B. CD, DVD

Arbeitsaufträge

A1: Für die Werbung des Dienstleistungsunternehmens *Werner Wirth Würzburg* sollen folgende Werbemittel eingesetzt werden:

- Werbeslogan
- Logo
- Homepage
- Werbeprospekte
- Flyer
- Werbeanzeigen in der Tageszeitung
- Werbung im lokalen Rundfunk.

Entwerft und formuliert in Gruppenarbeit wirksame Beispiele.

A2: Welche Behörden sind bei der Gründung des Dienstleistungsunternehmens zu informieren bzw. zu benachrichtigen?

A3: Für die Grundausstattung des Unternehmens *Werner Wirth Würzburg* müssen verschiedene Einrichtungs- und Gebrauchsgegenstände angeschafft werden:

Beschafft Euch jeweils zwei bis drei Angebote für

- Mobile Küchen
- Spülmobile
- Lieferwagen
- Essgeschirr, Bestecke
- Dekorationsmaterial
- Ess-Bier-Bistro-Tische und trefft die entsprechende Entscheidung.

A4: Bildet die Buchungssätze für die Eingangsrechnungen der in A3 genannten Anschaffungen.

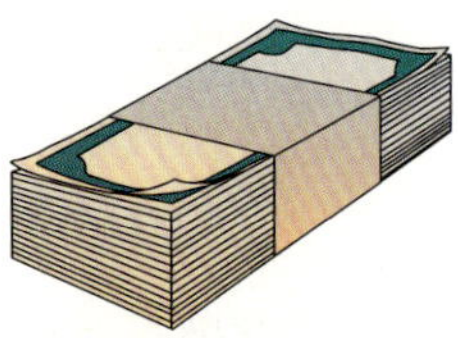

A5: Zur Finanzierung der mobilen Küche fehlen dem Unternehmer *Werner Wirth Würzburg* die nötigen Geldmittel. Holt bei den örtlichen Banken Angebote für den erforderlichen Kredit ein und berechnet das günstigere Angebot.

A6: Für den Partyservice muss *Werner Wirth Würzburg* Küchenpersonal einstellen. Formuliert eine Stellenanzeige für den Anzeigenteil der Lokalpresse.

A7: Ermittelt die monatlichen Kosten für

- Werbung
- Leasing (Lieferwagen)
- Post- und Telekommunikation
- Lohn- und Gehaltszahlungen und bildet die erforderlichen Buchungssätze.

A8: Der Nudelsalat à la Chef ist ein großer Renner. Erstellt eine Liste mit Zutaten und berechnet den Bruttoverkaufspreis für 10 Portionen, wenn 25% Gewinn erzielt werden sollen.

A9: Ein Unternehmen fragt anlässlich eines 50-jährigen Jubiläums nach, ob *Werner Wirth Würzburg* für 100 Mitarbeiter ein Abendbuffet für 100 Personen liefern kann. Der Kunde setzt ein Preislimit von 10.000,00 €. Arbeitet ein detailliertes Angebot aus. Die Gewinnerwartung soll bei 15% liegen.

A10: Überlegt, welche Sicherheitsauflagen bei der Durchführung einer Veranstaltung zu berücksichtigen sind. (Z. B. Lärmschutz, Jugendschutz, Hygiene- und Sicherheitsvorschriften)

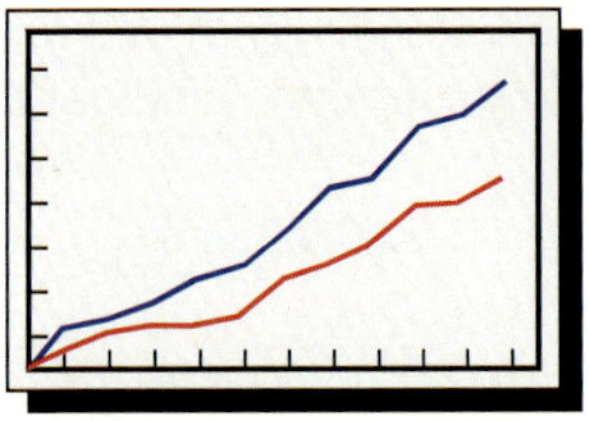

A11: Aufgrund der großen Nachfrage schafft *Werner Wirth Würzburg* ein Festzelt für 500 Gäste an. Legt für das Anlagegut eine Anlagekarte an. Das Unternehmen entscheidet sich für die degressive Abschreibungsmethode. Die Nutzungsdauer wird auf 5 Jahre festgelegt.

A12: Die Geschäftsidee von *Werner Wirth Würzburg* ist ein voller Erfolg. Bereits im ersten Geschäftsjahr erwirtschaftet das Dienstleistungsunternehmen einen Jahresüberschuss von 100.000,00 €. Informiert euch über Geldanlagemöglichkeiten und trefft eine erfolgreiche Entscheidung.

A13: Erstellt eine Power-Point-Präsentation zum Zwecke der Verkaufsförderung.

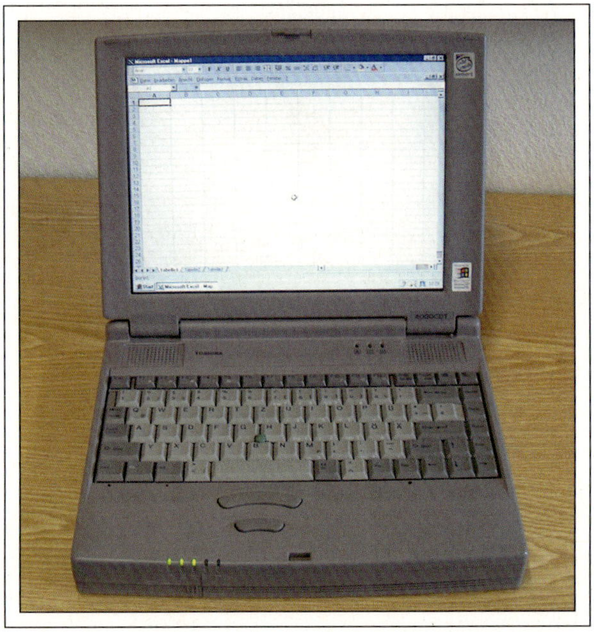

8 Jahrgangsstufentest

Das Unternehmen Jenny Jeans ist bekannt für die Herstellung von Jeansbekleidung. Darüber hinaus bietet das Unternehmen Sportschuhe, Taschen, Gürtel und T-Shirts als Handelswaren an.

Inhaberin	Jenny Berger, e. Kfr
Rechtsform	Einzelunternehmen
Anschrift (Firmensitz)	Königsstraße 7, 63897 Miltenberg
Unternehmenszweck	Herstellung von Jeansbekleidung
Handelsregister	Registergericht Aschaffenburg Nr. 2121
Steuernummer	9204/228/44444
Mitarbeiterzahl	30 Mitarbeiter (22 Arbeiter/8 Angestellte)
Absatzgebiete	Deutschland und Europa
Werkstoffe und Handelswaren	
Rohstoffe	Baumwollstoff
Fremdbauteile	Nieten, Reißverschlüsse, Knöpfe
Hilfsstoffe	Faden, Futterstoffe
Betriebsstoffe	Strom, Gas, Wasser, Schmierstoffe, ...
Handelswaren	Sportschuhe, Taschen, Gürtel, T-Shirts

Aufgabe 1:

Als Mitarbeiter/Mitarbeiterin in der Abteilung Rechnungswesen hast du folgende Arbeitsaufträge zu erledigen.

Das Unternehmen Jenny Jeans will die alte EDV-Anlage (Großrechner) durch eine neue Anlage (Workstations mit PC) ersetzen. Die Anschaffungskosten betragen 36.000,00 € netto. Die Lieferung und Inbetriebnahme der EDV-Anlage erfolgt am 10. Januar 2008.

1.1 Bilde den Buchungssatz für den Zielkauf der EDV-Anlage.

1.2 Im Zusammenhang mit der Anschaffung von EDV-Anlagen können zusätzliche Kosten entstehen. Nenne zwei Beispiele für derartige Anschaffungsnebenkosten.

1.3 Die neu angeschaffte EDV-Anlage wird in der Anlagenkartei erfasst.

1.3.1 Erstelle eine Abschreibungstabelle und entnimm die Nutzungsdauer der AFA-Tabelle.

1.3.2 Bilde den Buchungssatz für die Abschreibung am 31. 12. 2008.

1.3.3 Handelt es sich bei der Anschaffung der EDV-Anlage um eine Ersatz-, Erweiterungs- oder Rationalisierungsinvestition?

1.3.4 Welches Ziel verfolgen Rationalisierungsinvestitionen?

1.3.5 Abschreibungen auf Anlagen dienen der Selbstfinanzierung. Erkläre diese Aussage.

1.4 Für die alte EDV-Anlage liegt folgende Anlagenkarte vor:

<table>
<tr><td>Bezeichnung</td><td colspan="2">EDV-Anlage</td><td>Abschreibungssatz</td><td>$14\frac{2}{7}$%</td></tr>
<tr><td>Konto:</td><td colspan="2">0860</td><td></td><td></td></tr>
<tr><td>Datum</td><td>Anschaffungskosten</td><td>AfA-Satz</td><td>AfA-Betrag</td><td>Restbuchwert</td></tr>
<tr><td>10. Januar 2005</td><td>21.000,00 €</td><td></td><td></td><td></td></tr>
<tr><td>31. Dez. 2005</td><td></td><td>$14\frac{2}{7}$%</td><td>3.000,00 €</td><td>18.000,00 €</td></tr>
<tr><td>31. Dez. 2006</td><td></td><td>$14\frac{2}{7}$%</td><td>3.000,00 €</td><td>15.000,00 €</td></tr>
<tr><td>31. Dez. 2007</td><td></td><td>$14\frac{2}{7}$%</td><td>3.000,00 €</td><td>12.000,00 €</td></tr>
</table>

1.4.1 Von welcher Nutzungsdauer wurde bei der alten EDV-Anlage ausgegangen?

1.4.2 Die alte EDV-Anlage wurde am 23. Januar 2008 für netto 5.550,00 € auf Ziel verkauft. Bilde die erforderlichen Buchungssätze.

Aufgabe 2:

Im Zusammenhang mit der Finanzierung der neuen EDV-Anlage liegt folgendes Rechenblatt zur Tabellenkalkulation vor:

	A	B
1	Berechnung der effektiven Verzinsung	
2	Kreditbetrag	30.000,00 €
3	Laufzeit	300 Tage
4	Zinssatz	12%
5		
6	Zinsen	2.958,90 €
7	Bearbeitungsgebühr	350,00 €
8	Kreditkosten gesamt	
9	Effektive Verzinsung	

2.1 Welche Formel musste im Rechenblatt zur Berechnung der Zinsen in Zelle B6 eingegeben werden?

2.2 Berechne die effektive Verzinsung des Kredits.

2.3 Bilde den Buchungssatz für die Bankgutschrift des Kredits am 01. März. Die Bearbeitungsgebühren werden bei Auszahlung dem Konto belastet.

2.4 Bilde den Buchungssatz für folgenden Bankbeleg:

Kontoauszug
IBAN DE76082045000000950245
BIC SBNKDEFF

Kontonummer 950 245 Auszug 36
Datum 07.07.20.. Blatt 01

Stadtbank Miltenberg

Vorgang/Buchungsinformation	Buchung	Wertstellung	Umsatz in EURO
Rückzahlung – Kredit	01. 07.	01. 07.	30.000,00 –
Lastschrift – Zinsen	01. 07.	01. 07.	2.958,90 –

Jenny Jeans
Königsstr. 7
63897 Miltenberg

Alter Kontostand	EUR	88.456,00 +
Neuer Kontostand	EUR	55.497,10 +

Direkt-Service: Tel.: 0180-706044 Telefax: (06021) 25 35 45
Telefon-Banking: Tel.: 0180-704055 X-Online: *Sparbank# Bankleitzahl
Erreichbarkeit: 7x24 Stunden Internet: http://www.stadtbank.de 760 820 45

Aufgabe 3:

Das Modegeschäft Thomas Feser, Würzburg erhält von **Jenny Jeans** nach mehrmaliger Mahnung folgendes Schreiben:

> **Zahlungsaufforderung**
>
> Sehr geehrte Damen und Herren,
>
> leider haben Sie die Rechnung Nr. 234 vom 15. 01. 2007 für die Lieferung von Sportschuhen noch nicht beglichen.
> Wir belasten Sie daher mit 10% Verzugszinsen für 73 Tage und bitten Sie, umgehend 1.213,80 € auf unser Bankkonto zu überweisen.
>
> Mit freundlichen Grüßen,
>
> *i. A. Andrea Hock*

3.1 Ermittle den ursprünglichen Rechnungsbetrag.

3.2 Bilde den Buchungssatz für die Banküberweisung des Kunden einschließlich Verzugszinsen.

3.3 Wie lautete der Buchungssatz für die Ausgangsrechnung?

Aufgabe 4:

In der Buchhaltung von **Jenny Jeans** sind unter anderem noch folgende Geschäftsfälle zu bearbeiten. Bilde die Buchungssätze:

4.1 Erfassung der Personalaufwendungen (Auszahlung per Banküberweisung). Die Summenzeile der Lohnliste des Unternehmens weist zum 13. Februar 2003 unter anderem folgende Werte aus:

Brutto-löhne	Abzüge		Netto-auszahlung
	Lohnsteuer, Kirchensteuer, Sol.-Zuschlag	Sozialversicherung Arbeitnehmeranteil	
174.000,00 EUR	26.800,00 EUR	36.062,00 EUR	111.138,00 EUR

Arbeitgeberanteil zur Sozialversicherung 34.061,00 €.

4.2 Banküberweisung der Steuerabzüge und Sozialversicherungsbeiträge aus Nr. 4.1.

4.3 Beantworte folgende Fragen:

4.3.1 Welche Abzüge müssen an das Finanzamt abgeführt werden?

4.3.2 Wer zahlt die Beiträge für folgende Versicherungen?

- Unfallversicherung (Arbeiter/Angestellte)
- Krankenversicherung (Arbeiter/Angestellte)
- Pflegeversicherung (Unternehmerin)

4.3.3 Welche drei besonders wichtige Angaben enthält die Vorderseite der Lohnsteuerkarte?

4.3.4 Von wem erhält der Arbeitnehmer jährlich die neue Lohnsteuerkarte?

Aufgabe 5:

Stoffe Trauminger

Trauminger Oberländerstr. 28 97828 Marktheidenfeld

Jenny Jeans
Königsstr. 7
63897 Miltenberg

Stoffe Trauminger
Inh. Werner Trauminger (e. Kfm.)
Oberländerstr. 28
97828 Marktheidenfeld
Amtsgericht Würzburg HRA 2244
Ust.-IdNr. DE285004530
St.-Nr. 9204/229 45456
Rechnungsnummer: 333
☎ (09391) 56 68
🖷 (09391) 22 56
💻 http://www.trauminger.de
Marktheidenfeld, 14. Oktober 20..

RECHNUNG

Für die Lieferung vom **13. Oktober 20..** erlauben wir uns Ihnen zu berechnen:

Artikel	Artikel-Nr.	Einzelpreis	Meter	Gesamtpreis
Baumwollstoffe	BW 10	8,00 €	1 000	8.000,00 €
Kunstfaser	KS 12	3,00 €	100	300,00 €
Leinen	LE 20	11,00 €	500	5.500,00 €
				13.800,00 €
Rabatt 10%				1.380,00 €
Warenwert netto				12.420,00 €
Umsatzsteuer 19%				2.359,80 €
Endbetrag				**14.779,80 €**

Zahlung innerhalb von 30 Tagen rein netto.
Bei Bezahlung innerhalb von 10 Tagen gewähren wir 2% Skonto.
Die gelieferte Ware bleibt bis zur vollständigen Bezahlung unser Eigentum.

Bankverbindung: Konto-Nr.: 58734 Sparbank Marktheidenfeld · BLZ 790 550 00

5.1 Bilde den Buchungssatz für die Eingangsrechnung.

5.2 Lohnt es sich zur Ausnutzung des Skontos einen kurzfristigen Bankkredit zu 11% Zinsen aufzunehmen? Begründe deine Entscheidung rechnerisch.

5.3 Bilde den Buchungssatz für die Banküberweisung der Rechnung Nr. 333 am 24. Oktober.

5.4 Welche Bedeutung hat die Ausweisung der Steuernummer auf jeder Rechnung?

5.5 Warum enthalten Rechnungen eine Umsatzsteueridentifikationsnummer?

5.6 Woran kann man die Rechtsform des Unternehmens in der Rechnung erkennen?

Aufgabe 6:

OHO-Bank		Wertpapierabrechnung	
Hauptstelle Würzburg		Verkauf von Wertpapieren13. Mai 2007	
ST 120	Maschinenbau-Union Aktien	WKN	656800
ISIN DE0007851207			
Kommissionsgeschäft in München			
Kurs in Euro	465,00	Kurswert EUR	55.800,00
Verwahrung	Girosammeldepot	Spesen EUR	558,00
Beleg-Nr.	61785		
Schlusstag 13. Mai 2007	Wert 14. Mai 2007		
		Gutschrift EUR	55.242,00
Jenny Jeans			
Inh.: Jenny Berger (e. Kfr.)			
Königsstraße 7, 63897 Miltenberg		Depot 1827880 00	Konto 57 088 60

6.1 Bilde den Buchungssatz für den Beleg, wenn die Aktien mit 54.372,00 € zu Buche stehen.

6.2 Berechne den Prozentsatz für die berechneten Spesen.

6.3 An welchem Börsenplatz wurde das Wertpapiergeschäft abgewickelt?

6.4 Berechne die Rendite für das Wertpapiergeschäft, wenn die Aktien am 12. Januar 2006 gekauft wurden und während der Besitzdauer eine Stückdividende von 1,50 € ausgeschüttet wurde.

6.5 Hat sich das Wertpapiergeschäft gelohnt? Begründe deine Aussage.

Aufgabe 7:

Bilde die Buchungssätze für folgende Geschäftsfälle:

7.1 Zielkauf von 5 Büroregalen zum Stückpreis von 178,50 € brutto und einen Büroschrank 1.071,00 € brutto.

7.2 Barkauf von 100 Disketten, netto 85,00 € und 100.000 Blatt Kopierpapier, brutto 595,00 €.

7.3 Aus der örtlichen Presse wird bekannt, dass über das Vermögen von Kunde Locker, Erlenbach, ein Insolvenzverfahren eröffnet wurde. Die Forderung an Kunde Locker beträgt 3.570,00 €.

7.4 Kunde Schneider aus Obernburg verschwindet nach Kanada. Die Forderung über 5.355,00 € ist uneinbringlich.

Aufgabe 8:

Formuliere die Geschäftsfälle zu folgenden Buchungssätzen:

8.1 2800 BK	476,00	an	5495 EFO	400,00
			4800 UST	76,00
8.2 2200 FE	4.500,00	an	5200 BV	4.500,00
8.3 2400 FO	1.071,00	an	5410 EAAV	900,00
			4800 UST	171,00
5410 EAAV	900,00	an	0840 FP	1,00
			5460 EAVG	899,00

Aufgabe 9:

Zum 31. 12. sind folgende Vorabschlussbuchungen zu bilden.

9.1 Bilde den Buchungssatz für die Abschreibung der neuen EDV-Anlage am Ende des zweiten Nutzungsjahres (siehe Aufgabe 1).

9.2 Die Konten 2400 FO und 3680 PWB weisen folgende Bestände aus.

S	2400 FO	H
142.800,00		

S	3680 PWB	H
		1.230,00

Die Pauschalwertberichtigung soll auf 1% festgesetzt werden. Bilde den erforderlichen Buchungssatz.

9.3 Bei den zweifelhaften Forderungen ist die Einzelwertberichtigung nach folgenden Angaben vorzunehmen.

Kunde	Forderung brutto	Ausfallschätzung
Traurig	2.380,00 €	50%
Scheller	4.165,00 €	20%

Bei Kunde Locker aus Erlenbach (siehe 7.3) rechnen wir mit einem Zahlungseingang von 30%.

Bilde den Buchungssatz für die Einzelwertberechtigung. Die bestehende Einzelwertberichtigung beträgt 2.870,00 €.

9.4 Konto 2100 UFE weist folgende Bestände aus:

S	2100 UFE		H
8000	6.000,00	8010	5.500,00

Bilde den Buchungssatz für die vorbereitende Abschlussbuchung.

Aufgabe 10:

Beantworte folgende Fragen:

10.1 Was versteht man unter Geringwertigen Wirtschaftsgütern (Kleingütern)?

10.2 Nenne zwei gesetzliche Personalzusatzkosten.

10.3 Wodurch unterscheidet sich das Annuitätendarlehen vom Abzahlungsdarlehen?

10.4 Wie werden Geringwertige Wirtschaftsgüter (Sammelposten) am 31. 12. bewertet?

10.5 Welche Dienstleistung bietet ein Factoring-Unternehmen an?

10.6 Welche Anzeichen weisen auf Zahlungsschwierigkeiten des Kunden hin?

10.7 Erkläre folgende Begriffe: Insolvenz, Sanierung, Liquidation.

10.8 Worin unterscheidet sich der Nennwert vom Kurswert bei Aktien?

10.9 Warum werden geschätzte Forderungsausfälle indirekt abgeschrieben?

Auszug aus dem Handelsgesetzbuch (HGB)

§ 238 Buchführungspflicht

(1) Jeder Kaufmann ist verpflichtet, Bücher zu führen und in diesen seine Handelsgeschäfte und die Lage seines Vermögens nach den Grundsätzen ordnungsmäßiger Buchführung ersichtlich zu machen. Die Buchführung muss so beschaffen sein, dass sie einem sachverständigen Dritten innerhalb angemessener Zeit einen Überblick über die Geschäftsvorfälle und über die Lage des Unternehmens vermitteln kann. Die Geschäftsvorfälle müssen sich in ihrer Entstehung und Abwicklung verfolgen lassen.

(2) Der Kaufmann ist verpflichtet, eine mit der Urschrift übereinstimmende Wiedergabe der abgesandten Handelsbriefe (Kopie, Abdruck, Abschrift oder sonstige Wiedergabe des Wortlauts auf einem Schrift-, Bild- oder anderen Datenträger) zurückzubehalten.

§ 239 Führung der Handelsbücher

(1) Bei der Führung der Handelsbücher und bei den sonst erforderlichen Aufzeichnungen hat sich der Kaufmann einer lebenden Sprache zu bedienen. Werden Abkürzungen, Ziffern, Buchstaben oder Symbole verwendet, muss im Einzelfall deren Bedeutung eindeutig festliegen.

(2) Die Eintragungen in Büchern und die sonst erforderlichen Aufzeichnungen müssen vollständig, richtig, zeitgerecht und geordnet vorgenommen werden.

(3) Eine Eintragung oder eine Aufzeichnung darf nicht in einer Weise verändert werden, dass der ursprüngliche Inhalt nicht mehr feststellbar ist. Auch solche Veränderungen dürfen nicht vorgenommen werden, deren Beschaffenheit es ungewiss lässt, ob sie ursprünglich oder erst später gemacht worden sind.

(4) Die Handelsbücher und die sonst erforderlichen Aufzeichnungen können auch in der geordneten Ablage von Belegen bestehen oder auf Datenträgern geführt werden, soweit diese Formen der Buchführung einschließlich des dabei angewandten Verfahrens den Grundsätzen ordnungsmäßiger Buchführung entsprechen. Bei der Führung der Handelsbücher und der sonst erforderlichen Aufzeichnungen auf Datenträgern muss insbesondere sichergestellt sein, dass die Daten während der Dauer der Aufbewahrungsfrist verfügbar sind und jederzeit innerhalb angemessener Frist lesbar gemacht werden können. Absätze 1 bis 3 gelten sinngemäß.

§ 240 Inventar

(1) Jeder Kaufmann hat zu Beginn seines Handelsgewerbes seine Grundstücke, seine Forderungen und Schulden, den Betrag seines baren Geldes sowie seine sonstigen Vermögensgegenstände genau zu verzeichnen und dabei den Wert der einzelnen Vermögensgegenstände und Schulden anzugeben.

(2) Er hat demnächst für den Schluss eines jeden Geschäftsjahres ein solches Inventar aufzustellen. Die Dauer des Geschäftsjahres darf zwölf Monate nicht überschreiten. Die Aufstellung des Inventars ist innerhalb der einem ordnungsmäßigen Geschäftsgang entsprechenden Zeit zu bewirken.

(3) …

(4) …

§ 242 Pflicht zur Aufstellung

(1) Der Kaufmann hat zu Beginn seines Handelsgewerbes und für den Schluss eines jeden Geschäftsjahrs einen das Verhältnis seines Vermögens und seiner Schulden darstellenden Abschluss (Eröffnungsbilanz, Bilanz) aufzustellen. Auf die Eröffnungsbilanz sind die für den Jahresabschluss geltenden Vorschriften entsprechend anzuwenden, soweit sie sich auf die Bilanz beziehen.

(2) Er hat für den Schluss eines jeden Geschäftsjahrs eine Gegenüberstellung der Aufwendungen und Erträge des Geschäftsjahrs (Gewinn- und Verlustrechnung) aufzustellen.

(3) Die Bilanz und die Gewinn- und Verlustrechnung bilden den Jahresabschluss.

§ 243 Aufstellungsgrundsatz

(1) Der Jahresabschluss ist nach den Grundsätzen ordnungsmäßiger Buchführung aufzustellen.

(2) Er muss klar und übersichtlich sein.

(3) Der Jahresabschluss ist innerhalb der einem ordnungsmäßigen Geschäftsgang entsprechenden Zeit aufzustellen.

§ 244 Sprache, Währungseinheit

Der Jahresabschluss ist in deutscher Sprache und in Euro aufzustellen.

§ 245 Unterzeichnung

Der Jahresabschluss ist vom Kaufmann unter Angabe des Datums zu unterzeichnen.

§ 246 Vollständigkeit. Verrechnungsverbot

(1) [1]Der Jahresabschluss hat sämtliche Vermögensgegenstände, Schulden, Rechnungsabgrenzungsposten, Aufwendungen und Erträge zu enthalten, soweit gesetzlich nichts anderes bestimmt ist.

(2) Posten der Aktivseite dürfen nicht mit Posten der Passivseite, Aufwendungen nicht mit Erträgen, Grundstücksrechte nicht mit Grundstückslasten verrechnet werden.

§ 247 Inhalt der Bilanz

(1) In der Bilanz sind das Anlage- und das Umlaufvermögen, das Eigenkapital, die Schulden sowie die Rechnungsabgrenzungsposten gesondert auszuweisen und hinreichend aufzugliedern.

(2) Beim Anlagevermögen sind nur die Gegenstände auszuweisen, die bestimmt sind, dauernd dem Geschäftsbetrieb zu dienen.

§ 252 Allgemeine Bewertungsgrundsätze

(1) Bei der Bewertung der im Jahresabschluss ausgewiesenen Vermögensgegenstände und Schulden gilt insbesondere Folgendes:

1. Die Wertansätze in der Eröffnungsbilanz des Geschäftsjahrs müssen mit denen der Schlussbilanz des vorhergehenden Geschäftsjahrs übereinstimmen.
2. Bei der Bewertung ist von der Fortführung der Unternehmenstätigkeit auszugehen, sofern dem nicht tatsächliche oder rechtliche Gegebenheiten entgegenstehen.

3. Die Vermögensgegenstände und Schulden sind zum Abschlussstichtag einzeln zu bewerten.
4. Es ist vorsichtig zu bewerten, namentlich sind alle vorhersehbaren Risiken und Verluste, die bis zum Abschlussstichtag entstanden sind, zu berücksichtigen, selbst wenn diese erst zwischen dem Abschlussstichtag und dem Tag der Aufstellung des Jahresabschlusses bekanntgeworden sind; Gewinne sind nur zu berücksichtigen, wenn sie am Abschlussstichtag realisiert sind.
5. Aufwendungen und Erträge des Geschäftsjahrs sind unabhängig von den Zeitpunkten der entsprechenden Zahlungen im Jahresabschluss zu berücksichtigen.
6. Die auf den vorhergehenden Jahresabschluss angewandten Bewertungsmethoden sollen beibehalten werden.

(2) Von den Grundsätzen des Absatzes 1 darf nur in begründeten Ausnahmefällen abgewichen werden.

§ 253 Wertansätze der Vermögensgegenstände und Schulden

(1) [1]Vermögensgegenstände sind höchstens mit den Anschaffungs- oder Herstellungskosten, vermindert um Abschreibungen nach den Absätzen 2 und 3 anzusetzen.

(2) [1]Bei Vermögensgegenständen des Anlagevermögens, deren Nutzung zeitlich begrenzt ist, sind die Anschaffungs- oder Herstellungskosten um planmäßige Abschreibungen zu vermindern. [2]Der Plan muss die Anschaffungs- oder Herstellungskosten auf die Geschäftsjahre verteilen, in denen der Vermögensgegenstand voraussichtlich genutzt werden kann.

(3) [1]Bei Vermögensgegenständen des Umlaufvermögens sind Abschreibungen vorzunehmen, um diese mit einem niedrigeren Wert anzusetzen, der sich aus einem Börsen- oder Marktpreis am Abschlussstichtag ergibt. ... [3]Außerdem dürfen Abschreibungen vorgenommen werden, soweit diese nach vernünftiger kaufmännischer Beurteilung notwendig sind, um zu verhindern, dass in der nächsten Zukunft der Wertansatz dieser Vermögensgegenstände aufgrund von Wertschwankungen geändert werden muss.

(4) Abschreibungen sind außerdem im Rahmen vernünftiger kaufmännischer Beurteilung zulässig.

(5) Ein niedrigerer Wertansatz nach Absatz 2 Satz 3, Absatz 3 oder 4 darf beibehalten werden, auch wenn die Gründe dafür nicht mehr bestehen.

§ 257 Aufbewahrung von Unterlagen, Aufbewahrungsfristen

(1) Jeder Kaufmann ist verpflichtet, die folgenden Unterlagen geordnet aufzubewahren:

1. Handelsbücher, Inventare, Eröffnungsbilanzen, Jahresabschlüsse, Lageberichte, Konzernabschlüsse, Konzernlageberichte sowie die zu ihrem Verständnis erforderlichen Arbeitsanweisungen und sonstigen Organisationsunterlagen,
2. die empfangenen Handelsbriefe,
3. Wiedergaben der abgesandten Handelsbriefe,
4. Belege für Buchungen in den von ihm nach § 238 Abs. 1 zu führenden Büchern (Buchungsbelege).

(2) Handelsbriefe sind nur Schriftstücke, die ein Handelsgeschäft betreffen.

(3) Mit Ausnahme der Eröffnungsbilanzen, Jahresabschlüsse und der Konzernabschlüsse können die in Absatz 1 aufgeführten Unterlagen auch als Wiedergabe auf einem Bildträger oder auf anderen Datenträgern aufbewahrt werden, wenn dies den Grundsätzen ordnungsmäßiger Buchführung entspricht und sichergestellt ist, dass die Wiedergabe oder die Daten

1. mit den empfangenen Handelsbriefen und den Buchungsbelegen bildlich und mit den anderen Unterlagen inhaltlich übereinstimmen, wenn sie lesbar gemacht werden,
2. während der Dauer der Aufbewahrungsfrist verfügbar sind und jederzeit innerhalb angemessener Frist lesbar gemacht werden können.

(4) Die in Absatz 1 Nr. 1 aufgeführten Unterlagen sind zehn Jahre aufzubewahren.

(5) Die Aufbewahrungsfrist beginnt mit dem Schluss des Kalenderjahrs, in dem die letzte Eintragung in das Handelsbuch gemacht, das Inventar aufgestellt, die Eröffnungsbilanz oder der Jahresabschluss festgestellt, der Konzernabschluss aufgestellt, der Handelsbrief empfangen oder abgesandt worden oder der Buchungsbeleg entstanden ist.

§ 261 Vorlegung von Unterlagen auf Bild- oder Datenträgern

Wer aufzubewahrende Unterlagen nur in der Form einer Wiedergabe auf einem Bildträger oder auf anderen Datenträgern vorlegen kann, ist verpflichtet, auf seine Kosten diejenigen Hilfsmittel zur Verfügung zu stellen, die erforderlich sind, um die Unterlagen lesbar zu machen; soweit erforderlich, hat er die Unterlagen auf seine Kosten auszudrucken oder ohne Hilfsmittel lesbare Reproduktionen beizubringen.

§ 266 Gliederung der Bilanz

Die Bilanz ist in Kontoform aufzustellen ...

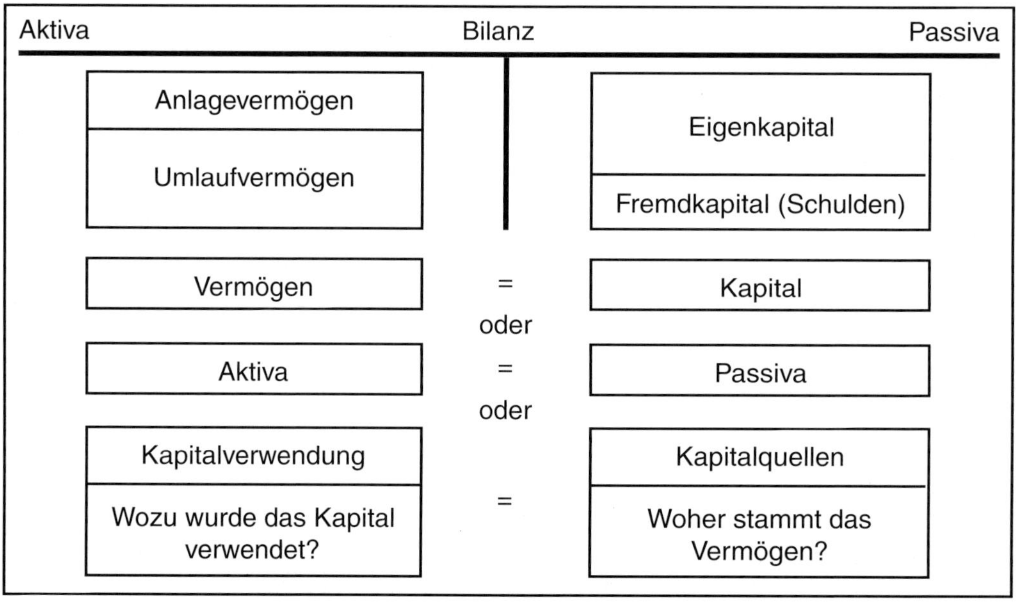

Auszug aus dem Einkommensteuergesetz (EStG)

§ 4 Gewinnbegriff im Allgemeinen

(1) Gewinn ist der Unterschied zwischen dem Betriebsvermögen am Schluss des vorangegangenen Wirtschaftsjahres, vermehrt um den Wert der Entnahmen und vermindert um den Wert der Einlagen. Entnahmen sind alle Wirtschaftsgüter (Barentnahmen, Waren, Erzeugnisse, Nutzungen und Leistungen), die der Steuerpflichtige dem Betrieb für sich, für seinen Haushalt oder für andere betriebsfremde Zwecke im Laufe des Wirtschaftsjahrs entnommen hat. ...

§ 6 Bewertung

(1) Für die Bewertung der einzelnen Wirtschaftsgüter, die nach § 4 Abs. 1 oder nach § 5 als Betriebsvermögen anzusetzen sind, gilt das Folgende:

1. Wirtschaftsgüter des Anlagevermögens, die der Abnutzung unterliegen, sind mit den Anschaffungs- oder Herstellungskosten oder dem an deren Stelle tretenden Wert, vermindert um die Absetzungen für Abnutzung, erhöhte Absetzungen, Sonderabschreibungen, Abzüge nach § 6 b und ähnliche Abzüge, anzusetzen. ...

(2) Die Anschaffungs- oder Herstellungskosten oder der nach Absatz 1 Nr. 5 bis 6 an deren Stelle tretende Wert von abnutzbaren beweglichen Wirtschaftsgütern des Anlagevermögens, die einer selbständigen Nutzung fähig sind, sind im Wirtschaftsjahr der Anschaffung, Herstellung oder Einlage des Wirtschaftsguts oder der Eröffnung des Betriebs in voller Höhe als Betriebsausgaben abzusetzen, wenn die Anschaffungs- oder Herstellungskosten, vermindert um einen darin enthaltenen Vorsteuerbetrag (§ 9 b Abs. 1), oder der nach Absatz 1 Nr. 5 bis 6 an deren Stelle tretende Wert für das einzelne Wirtschaftsgut 150 EUR nicht übersteigen. Ein Wirtschaftsgut ist einer selbständigen Nutzung nicht fähig, wenn es nach seiner betrieblichen Zweckbestimmung nur zusammen mit anderen Wirtschaftsgütern des Anlagevermögens genutzt werden kann und die in den Nutzungszusammenhang eingefügten Wirtschaftsgüter technisch aufeinander abgestimmt sind. [3] Das gilt auch, wenn das Wirtschaftsgut aus dem betrieblichen Nutzungszusammenhang gelöst und in einen anderen betrieblichen Nutzungszusammenhang eingefügt werden kann.

(2a) Für abnutzbare bewegliche Wirtschaftsgüter des Anlagevermögens, die einer selbständigen Nutzung fähig sind, ist im Wirtschaftsjahr der Anschaffung, Herstellung oder Einlage des Wirtschaftsguts oder der Eröffnung des Betriebs ein Sammelposten zu bilden, wenn die Anschaffungs- oder Herstellungskosten, vermindert um einen darin enthaltenen Vorsteuerbetrag (§ 9 b Abs. 1), oder der nach Absatz 1 Nr. 5 bis 6 an deren Stelle tretende Wert für das einzelne Wirtschaftsgut 150 EUR, aber nicht 1 000 EUR übersteigen. [2] Der Sammelposten ist im Wirtschaftsjahr der Bildung und den folgenden 4 Wirtschaftsjahren mit jeweils einem Fünftel gewinnmindernd aufzulösen. [3] Scheidet ein Wirtschaftsgut im Sinne des Satzes 1 aus dem Betriebsvermögen aus, wird der Sammelposten nicht vermindert. ...

§ 7 Absetzung für Abnutzung oder Substanzverringerung

(1) Bei Wirtschaftsgütern, deren Verwendung oder Nutzung durch den Steuerpflichtigen zur Erzielung von Einkünften sich erfahrungsgemäß auf einen Zeitraum von mehr als einem Jahr erstreckt, ist jeweils für ein Jahr der Teil der Anschaffungs- oder Her-

stellungskosten abzusetzen, der bei gleichmäßiger Verteilung dieser Kosten auf die Gesamtdauer der Verwendung oder Nutzung auf ein Jahr entfällt (Absetzung für Abnutzung in gleichen Jahresbeträgen). Die Absetzung bemisst sich hierbei nach der betriebsgewöhnlichen Nutzungsdauer des Wirtschaftsguts. Als betriebsgewöhnliche Nutzungsdauer des Geschäfts- oder Firmenwerts eines Gewerbebetriebs oder eines Betriebs der Land- und Forstwirtschaft gilt ein Zeitraum von 15 Jahren. Im Jahr der Anschaffung oder Herstellung des Wirtschaftsguts vermindert sich für dieses Jahr der Absetzungsbetrag nach Satz 1 um jeweils $^1/_{12}$ für jeden vollen Monat, der dem Monat der Anschaffung oder Herstellung vorangeht. Bei Wirtschaftsgütern, die nach einer Verwendung zur Erzielung von Einkünften im Sinne des § 2 Abs. 1 [Satz 1] Nr. 4 bis 7 in ein Betriebsvermögen eingelegt worden sind, mindern sich die Anschaffungs- oder Herstellungskosten um die Absetzungen für Abnutzung oder Substanzverringerung, Sonderabschreibungen oder erhöhte Absetzungen, die bis zum Zeitpunkt der Einlage vorgenommen worden sind. Bei beweglichen Wirtschaftsgütern des Anlagevermögens, bei denen es wirtschaftlich begründet ist, die Absetzung für Abnutzung nach Maßgabe der Leistung des Wirtschaftsguts vorzunehmen, kann der Steuerpflichtige dieses Verfahren statt der Absetzung für Abnutzung in gleichen Jahresbeträgen anwenden, wenn er den auf das einzelne Jahr entfallenden Umfang der Leistung nachweist. Absetzungen für außergewöhnliche technische oder wirtschaftliche Abnutzung sind zulässig; soweit der Grund hierfür in späteren Wirtschaftsjahren entfällt, ist in den Fällen der Gewinnermittlung nach § 4 Abs. 1 oder nach § 5 eine entsprechende Zuschreibung vorzunehmen.

Auszug aus dem Umsatzsteuergesetz (UStG)

§ 1 Steuerbare Umsätze

(1) Der Umsatzsteuer unterliegen die folgenden Umsätze:

1. die Lieferungen und sonstigen Leistungen, die ein Unternehmer gegen Entgelt im Rahmen seines Unternehmens ausführt.

§ 4 Steuerbefreiungen bei Lieferungen und sonstigen Leistungen

Von den unter § 1 Abs. 1 Nr. 1 fallenden Umsätzen sind steuerfrei:

1. a) die Ausfuhrlieferungen

...

8. a) die Gewährung und die Vermittlung von Krediten,
   b) die Umsätze und die Vermittlung der Umsätze von gesetzlichen Zahlungsmitteln. Das gilt nicht, wenn die Zahlungsmittel wegen Metallgehaltes oder ihres Sammlerwertes umgesetzt werden,
   c) die Umsätze im Geschäft mit Forderungen, Schecks und anderen Handelspapieren sowie die Vermittlung dieser Umsätze, ausgenommen Einziehung von Forderungen,
   d) die Umsätze und die Vermittlung der Umsätze im Einlagengeschäft Kontokorrentverkehr, im Zahlungs- und Überweisungsverkehr Inkasso von Handelspapieren,
   e) die Umsätze im Geschäft mit Wertpapieren und die Vermittlung von Umsätzen, ausgenommen die Verwahrung und die Verwaltung von Wertpapieren,

   ...

§ 12 Steuersätze

(1) Die Steuer beträgt für jeden steuerpflichtigen Umsatz neunzehn vom Hundert der Bemessungsgrundlage

(2) Die Steuer ermäßigt sich auf sieben vom Hundert für die folgenden Lieferungen und Leistungen

...

§ 17 Änderung der Bemessungsgrundlage

(1) Hat sich die Bemessungsgrundlage für einen steuerpflichtigen Umsatz im Sinne des § 1 Abs. 1 Nummer 1 geändert, haben

1. der Unternehmer, der diesen Umsatz ausgeführt hat, den dafür geschuldeten Steuerbetrag und
2. der Unternehmer, an den dieser Umsatz ausgeführt worden ist, den dafür in Anspruch genommenen Vorsteuerabzug entsprechend zu berichtigen. ...

Auszug aus dem Verbraucherkreditgesetz (VerbrKrG)

§ 5 Überziehungskredit

(1) Die Bestimmungen des § 4 gelten nicht für Kreditverträge, bei denen ein Kreditinstitut einem Verbraucher das Recht einräumt, sein laufendes Konto in bestimmter Höhe zu überziehen, wenn außer den Zinsen für den in Anspruch genommenen Kredit keine weiteren Kosten in Rechnung gestellt werden und die Zinsen nicht in kürzeren Perioden als drei Monaten belastet werden. Das Kreditinstitut hat den Verbraucher vor der Inanspruchnahme eines solchen Kredits zu unterrichten über

1. die Höchstgrenze des Kredits;

2. den zum Zeitpunkt der Unterrichtung geltenden Jahreszins;

3. die Bedingungen, unter denen der Zinssatz geändert werden kann;

4. die Regelung der Vertragsbeendigung.

Die Vertragsbedingungen der Nummern 1 bis 4 sind dem Verbraucher spätestens nach der ersten Inanspruchnahme des Kredits schriftlich zu bestätigen. Ferner ist der Verbraucher während der Inanspruchnahme des Kredits über jede Änderung des Jahreszinses zu unterrichten. Die Bestätigung nach Satz 3 und die Unterrichtung nach Satz 4 können auch in Form eines Ausdrucks auf einem Kontoauszug erfolgen.

(2) Duldet das Kreditinstitut die Überziehung eines laufenden Kontos und wird das Konto länger als drei Monate überzogen, so hat das Kreditinstitut den Verbraucher über den Jahreszins, die Kosten sowie die diesbezüglichen Änderungen zu unterrichten; dies kann in Form eines Ausdrucks auf einem Kontoauszug erfolgen.

Erläuterungen von Fachbegriffen

A

Abschluss:

1. Begriff aus dem Handelsrecht für den Abschluss eines Geschäfts (Geschäftsabschluss).
2. Kurzwort für den Jahresabschluss eines Unternehmens. Der Abschluss der Konten der Buchführung erfolgt in zwei Schritten:

2.1 Vorabschlussbuchungen (Abschluss der Unterkonten auf den Hauptkonten)

2.2 Hauptabschlussbuchungen (Abschluss der Aufwands- und Ertragskonten über das GuV-Konto, Abschluss der aktiven und passiven Bestandskonten über das Schlussbilanzkonto).

Abschreibung auf Anlagen:

Gebäude, Maschinen, Werkzeuge und viele andere Wirtschaftsgüter mehr, die einem Unternehmen gehören, verlieren mit der Zeit an Wert (z. B. durch Gebrauch oder technisches Veraltern). Diese Wertminderung wird durch Abschreibung buchhalterisch erfasst. Sie muss in der Geschäftsbuchführung erfasst werden.

Abschreibungsbetrag:

$$\text{jährlicher Abschreibungsbetrag: } \frac{\text{Anschaffungskosten}}{\text{Nutzungsdauer}}$$

$$\text{zeitanteiliger Abschreibungsbetrag: } \frac{\text{jährlicher Abschreibungsbetrag x Monate}}{12}$$

Abschreibung auf Forderungen:

– direkte Abschreibung

Die tatsächlichen Forderungsausfälle werden direkt auf den Forderungskonten (2400 FO, 2470 ZWFO) im Haben gebucht.

– indirekte Abschreibung

Die geschätzten Forderungsausfälle werden auf eigenen Konten (3670 EWB, 3680 PWB) im Haben erfasst.

Absetzung für Abnutzung (AfA): Im Steuerrecht wird die Abschreibung als **„Absetzung für Abnutzung"** bezeichnet.

AfA-Tabellen: Die Finanzverwaltung hat eine amtliche Abschreibungstabelle erstellt. Diese kann unter ***www.bundesregierung.de*** unter Eingabe von „AfA-Tabelle" als Suchbegriff eingesehen und heruntergeladen werden.

Aktien (niederl. = Anteilsschein): Wertpapier, das seinem Inhaber einen Anteil an einer Aktiengesellschaft (AG) beurkundet. Der Aktieninhaber (Aktionär) ist Teilhaber bzw. Miteigentümer am Vermögen einer AG. Die Aktienurkunde besteht aus einem Mantel und einem Dividendenbogen. Die beiden wichtigsten Aktienarten sind die Stückaktien und die Nennwertaktien. Der Aktie verbrieft, neben anderen Mitgliedschaftsrechten (z. B. Stimmrecht bei der Hauptversammlung), bei Gewinnausschüttung einen Anspruch auf Dividende.

Aktienanalyse: Untersuchung und Prognose der Kursentwicklung von Aktien. Die wichtigsten Verfahren sind die Fundamentalanalyse und die Chartanalyse.

Aktienindex: Kennziffer (Messzahl) über die Entwicklung der Aktienkurse. Zur Berechnung der Kennziffer werden einige besonders wichtige Aktienwerte oder alle an der Börse notierten Aktien zugrunde gelegt. Neben dem allgemeinen Aktienindex (Deutscher Aktienindex [DAX]) wird die Kursentwicklung bestimmter Branchen (z. B. TecDax) ermittelt.

Anlagekarte: Sie enthält wichtige kaufmännische und technische Angaben über ein Anlagegut.

Anlagenkartei: Alle Anlagekarten bilden zusammen die Anlagenkartei.

Anlagevermögen: Vermögensgegenstände, die dem Betriebszweck dauernd bzw. langfristig dienen. Z. B. Grundstücke, Gebäude, Maschinen Fuhrpark, Büroausstattung usw.

Anschaffungskosten: Anschaffungskosten sind nach § 255 (1) die Aufwendungen, die geleistet werden, um einen Vermögensgegenstand zu erwerben und in einen betriebsbereiten Zustand zu versetzen, soweit sie einzeln zugeordnet werden können.

Anschaffungskostenminderungen: Alle Preisnachlässe, die beim Erwerb des Anlagegutes sofort oder nachträglich gewährt werden wie Rabatte, Boni und Skonti.

Anschaffungsnebenkosten: Alle Ausgaben und Aufwendungen, die neben dem Kaufpreis des Anlagegutes sofort oder nachträglich anfallen, um das Anlagegut zu erwerben und in einen betriebsbereiten Zustand zu versetzen. Sie sind auf dem entsprechenden Anlagekonto zu aktivieren.

Anschaffungspreis: Anderer Begriff für Anschaffungskosten.

Arbeitgeber: Arbeitgeber kann sich nennen, wer mindestens eine Person (den Arbeitnehmer) beschäftigt und ihr Arbeitsanweisungen erteilt.

Arbeitnehmer: Arbeitnehmer ist, wer in abhängiger Tätigkeit bei einem Arbeitgeber beschäftigt ist.

Arbeitsvertrag: Schriftlicher Vertrag zwischen Arbeitgeber und Arbeitnehmer, der alle Rechte und Pflichten des Arbeitsverhältnisses beinhaltet.

Aufwand: Der Verbrauch von Gütern und Dienstleistungen im Rahmen des Produktionsprozesses (z. B. Verbrauch von Werkstoffen, Inanspruchnahme von Rechtsberatung, Personalkosten).

B

Berufsgenossenschaft: Träger der gesetzlichen Unfallversicherung.

Bestandskonten: Bestandskonten erfassen die Vermögensgegenstände in Aktivkonten und Vermögensquellen (Eigen-/Fremdkapital) in Passivkonten.

Bestandsveränderung: Die Anfangsbestände weichen von den Schlussbeständen ab (z. B. bei Werkstoffen, Handelswaren, unfertigen und fertigen Erzeugnissen).

Bestandsminderung: Der Anfangsbestand bei Werkstoffen und Handelswaren bzw. unfertigen und fertigen Erzeugnissen ist höher als der Schlussbestand.

Bestandsmehrung: Der Anfangsbestand bei Werkstoffen und Handelswaren bzw. unfertigen und fertigen Erzeugnissen ist niedriger als der Schlussbestand.

Betriebsstoffe: Diese Werkstoffe dienen dem Antrieb und der Pflege der Maschinen (z. B. Strom, Wasser, Schmierstoffe, Öl). Betriebsstoffe bilden keinen Bestandteil des Fertigerzeugnisses.

Börse: Amtlicher Markt für Wertpapiere, Devisen oder bestimmte Waren (z. B. für Getreide oder Kaffee). Während der Börsenstunden stellen vereidigte Makler die Kurse (Preise) für die Wertpapiere aufgrund von Angebot und Nachfrage fest. Wichtigster und größter Börsenplatz in der Bundesrepublik Deutschland ist Frankfurt am Main.

Bruttolohn (-gehalt): Arbeitsentgelt, von dem noch keine Abzüge vorgenommen worden sind.

C

Chartanalyse: Methode der Aktienanalyse. Kursprognosen für Aktien werden vor allem aus grafischen Darstellungen (Charts) des bisherigen Kurs- und Umsatzverlaufs entwickelt.

D

Dividende (lat. dividere = teilen): Anteil am Gewinn einer Aktiengesellschaft, der auf die einzelne Aktie entfällt und an die Aktionäre ausgeschüttet wird. Die Höhe der Dividende wird vom Vorstand und Aufsichtsrat einer Aktiengesellschaft vorgeschlagen und durch die Hauptversammlung beschlossen. Die Dividende hängt von der Höhe des Reingewinns der AG ab. Sie kann daher von Jahr zu Jahr schwanken und evtl. sogar ausfallen.

E

Effekten: Am Kapitalmarkt handelbare und zur Kapitalanlage geeignete Wertpapiere (z. B. Aktien und Festverzinsliche Wertpapiere). Keine Effekten sind z. B. Banknoten und Schecks. Die Wertpapierbörse wird auch als Effekten-Börse bezeichnet.

Eröffnungsbilanzkonto: Das EBK nimmt beim Eröffnen der aktiven und passiven Bestandskonten die Gegenbuchung für die Anfangsbestände auf. Es stellt das Spiegelbild der Eröffnungsbilanz dar.

Ertrag: Wertzuwachs im Unternehmen durch die Herstellung von Fertigerzeugnissen, den Verkauf von Handelswaren u. a. Erträgen. Erträge werden auf der Habenseite gebucht.

F

Factoring: Ein Unternehmen verkauft Geldforderungen im Rahmen eines Vertrages an ein Factoringinstitut. Der Kunde zahlt den Rechnungsbetrag nicht an das Unternehmen (Lieferer) sondern an den Factor. Dieser schreibt den Factoringerlös (Forderungskaufpreis abzüglich 10–15% Gebühren) dem Unternehmen gut.

Festgelder: Einlagen mit einem festen Zinssatz und mit einer im Voraus vereinbarten Laufzeit.

Festverzinsliche Wertpapiere (Gläubigerpapiere, Rentenpapiere): Schuldurkunden (z. B. Schuldverschreibungen, Anleihen, Obligationen und Pfandbriefe). Der Inhaber hat Anspruch auf Rückzahlung und Verzinsung (fester Zinssatz) der angelegten Summe nach einer bestimmten Laufzeit. Diese börsenfähigen Wertpapiere unterliegen in der Regel geringeren Kursschwankungen als Aktien.

Forderungen: Geldansprüche an den Kunden aufgrund vorausgegangener Lieferungen oder Leistungen.

– einwandfreie Forderungen
Der Eingang dieser Forderungen wird als sicher angesehen.

– zweifelhafte Forderungen
Der Forderungseingang ist mit einem gewissen Risiko behaftet. Gründe sind z. B. fruchtlose Mahnungen an den Kunden, Eröffnung eines Insolvenzverfahrens, Verjährung einer Forderung ...

Fremdbauteil: Teile, die von einem Zulieferer fertig bezogen und in das eigene Produkt eingebaut werden (z. B. Griffe bei Türen). Dieser Werkstoff bildet wie Rohstoffe einen Hauptbestandteil des Fertigerzeugnisses.

Fundamentalanalyse: Methode der Aktienanalyse. Dabei werden die Bilanzdaten und die Ertragskraft der jeweiligen Aktiengesellschaft geprüft und daraus Rückschlüsse auf die Kurs- und Dividendenchance der Aktie gezogen.

G

Geringwertige Wirtschaftsgüter: Geringwertige Wirtschaftsgüter sind bewegliche und abnutzbare Gegenstände des Anlagevermögens, die einer selbstständigen Nutzung fähig sind und deren Anschaffungskosten höchstens 1.000,00 € (netto) betragen. Als Kleingüter (Anschaffungskosten bis 150,00 €) werden sie beim Kauf sofort als Aufwand auf dem Konto 6800 BMK erfasst, als Sammelposten (Anschaffungskosten 150,01 € bis 1.000,00 €) werden sie beim Kauf auf dem Konto 0895 SP erfasst (Poolbildung) und über eine Dauer von 5 Jahren jeweils zum Ende des Geschäftsjahres mit 20% über das Konto 6545 ABSP abgeschrieben.

Geringwertige Wirtschaftsgüter **(Sammelposten)** deren Anschaffungskosten 160,01 € netto – 1.000,00 € netto betragen werden beim Kauf auf 0895 SP gebucht. SP werden am Jahresende mit 20% abgeschrieben.

Gewinn- und Verlustkonto: Der Saldo des GUV-Kontos zeigt den Unternehmenserfolg.
Erträge > Aufwendungen → Reingewinn (Jahresüberschuss)
Erträge < Aufwendungen → Reinverlust (Jahresfehlbetrag)
Der Erfolg (Gewinn oder Verlust) wird am Jahresende auf das Eigenkapitalkonto übertragen.

H

Hilfsstoff: Werkstoff, der als Nebenbestandteil in ein Produkt eingeht (z. B. Leim, Nägel, Lacke).

Hypothekenkredit: langfristiger Kredit der auf eine feste Kreditsumme lautet und durch Grundpfandrechte (Hypothek/Grundschuld) gesichert ist.

I

Insolvenz: Ein Unternehmen ist nicht mehr in der Lage seinen Zahlungsverpflichtungen nachzukommen.

Insolvenzgericht: Für die Abwicklung des Insolvenzverfahrens sind die Amtsgerichte als Insolvenzgerichte zuständig.

Insolvenzverfahren: Das Verfahren wird auf Antrag des Schuldners oder eines Gläubigers bei Zahlungsunfähigkeit des Schuldners eröffnet. Zunächst wird ein Insolvenzverwalter benannt. Dieser fordert die Gläubiger auf, ihre Forderungen innerhalb einer bestimmten Frist anzumelden. Die Gläubigerversammlung entscheidet, ob das Schuldnervermögen zwangsverwertet (→ Liquidation) oder auf Grundlage eines Insolvenzplanes abgewickelt wird. Ziel der Insolvenzordnung ist eine erfolgreiche Sanierung des Unternehmens.

Insolvenzverwalter: Der Insolvenzverwalter erhält die Verwaltungs- und Verfügungsbefugnis über das Vermögen des Schuldners und ist für die Abwicklung des Insolvenzverfahrens zuständig.

Insolvenzquote: Im Falle der Liquidation (Auflösung) des insolventen Unternehmens erhalten alle ungesicherten Gläubiger die gleiche Erstattungsquote (z. B. 40% der Forderung).

Interimskonto: Um den steuerpflichtigen Umsatz beim Verkauf von gebrauchten Anlagegütern erfassen zu können, wird ein „Interimskonto“ (Zwischenkonto, vorübergehend eingerichtetes Konto) verwendet.

Inventar: Ausführliches Verzeichnis des Vermögens und der Schulden. Es wird jedes Jahr neu erstellt und in drei Teile gegliedert: *Vermögen, Schulden und Reinvermögen.*

Inventur: Erfassung aller Vermögensgegenstände und Schulden, durch Zählen, Wiegen, Messen und Bewertung. Jeder Kaufmann muss bei Unternehmensgründung und am Ende eines Geschäftsjahres eine Inventur durchführen.

Investmentzertifikate: Urkunden über Rechte an Investmentfonds (Kapitalanlagegesellschaften), vor allem über das Miteigentum an den Fondsvermögen. Der Inhaber hat Anspruch auf eine Beteiligung am Ertrag. Durch eine Streuung der im Fonds zusammengefassten Wertpapiere (z. B. nach Branchen, Gesellschaften oder Regionen) verringert sich das Risiko für den Anleger; gleichzeitig sind Ertrags- und Wachstumschancen gegeben. Die Investmentgesellschaft gibt laufend Anteile aus und ist zur Rücknahme verpflichtet.

J

Just-in-time-Verfahren: Die Termine der Materiallieferung und der Produktion werden genau abgestimmt. Die Werkstoffe und Handelswaren werden auf Abruf bereit gestellt.

K

Kontengruppe: Jede Kontenklasse wird in zehn Kontengruppen aufgeteilt, z. B. Kontengruppe 60: Aufwendungen für Roh-, Hilfs-, Betriebsstoffe, Fremdbauteile und Handelswaren

Kontenklasse: Der Industriekontenrahmen unterscheidet zehn Kontenklassen, z. B. Klasse 5: Erträge

Kündigungsgelder: Geldeinlagen mit einer vereinbarten Kündigungsfrist.

Kurs: Preis für Wertpapiere (z. B. für eine Aktie), der sich durch Angebot und Nachfrage an den Börsen bildet.

Kurswert: Marktwert (Preis) für eine bestimmte Anzahl von Wertpapieren (Effekten).

L

Liquidation: Das Unternehmen wird nach Ablauf des Insolvenzverfahrens aufgelöst.

Lohnbuchhaltung: Nebenbuchhaltung, in der die Lohnabrechnungen, -zahlungen und -buchungen vorgenommen werden.

Lohnnebenkosten: Siehe Personalzusatzkosten

Lohnsteuerklassen: Die Arbeitnehmer werden für den Lohnsteuerabzug während eines Jahres in eine von sechs Steuerklassen eingeordnet:

Steuerklassen	Merkmale
Steuerklasse I	Ledige, geschiedene und verwitwete Arbeitnehmer, sowie verheiratete Arbeitnehmer, die von ihrem Ehegatten getrennt leben (ab 2005 auch Alleinerziehende; bisher Steuerklasse II).
Steuerklasse II	Der gleiche Personenkreis wie in Steuerklasse I, jedoch mit mindestens einem berücksichtigungsfähigen Kind*.

Steuerklasse III	Verheiratete Arbeitnehmer, die nicht dauernd getrennt leben, wenn – der Ehegatte des Arbeitnehmers kein Arbeitsentgelt bezieht, oder – beide Ehegatten Arbeitsentgelt beziehen. Der Ehegatte, der weit mehr verdient als der andere, wählt diese Steuerklasse, der andere Ehegatte wählt die Steuerklasse V.
Steuerklasse IV	Verheiratete Arbeitnehmer, die nicht dauernd getrennt leben, beide ein Arbeitsentgelt beziehen und die nicht Steuerklasse III und V gewählt haben. Beide Ehegatten verdienen ungefähr gleich viel.
Steuerklasse V	Verheiratete Arbeitnehmer, deren viel mehr verdienender Ehegatte in Steuerklasse III besteuert wird.
Steuerklasse VI	Arbeitnehmer, die eine zweite Lohnsteuerkarte brauchen (also bei mehreren Arbeitgebern beschäftigt sind).

* Alleinerziehende, die die Voraussetzung für die Steuerklasse II erfüllen (Kind in der Wohnung gemeldet, kein anderer Erwachsener außer dem alleinerziehenden Elternteil ist dort wohnhaft), müssen eine entsprechende Erklärung (mit Formular!) abgeben.

N

Nennwert: Der auf dem Mantel eines Wertpapiers aufgedruckte Betrag heißt Nennwert. Er „nennt“ bei Aktien die Höhe des Betrages mit dem der Inhaber am Grundkapital einer Aktiengesellschaft beteiligt ist. Dieser lautet auf einen Betrag von 1 Euro oder ein Vielfaches davon. Die Summe der Nennwerte sämtlicher Aktien ergibt das Grundkapital einer AG.

Nettolohn (-gehalt): Arbeitsentgelt nach Abzug von Steuern und Sozialversicherungsbeiträgen.

Nutzungsdauer: Die Nutzungsdauer entspricht der veranschlagten Lebensdauer eines Anlagegutes im Unternehmen. Sie kann einer amtlichen Tabelle der Finanzverwaltung entnommen werden.

P

Personalaufwand: Bezeichnung für sämtliche Leistungen, die der Arbeitgeber für seine(n) Arbeitnehmer erbringt.

Personalzusatzkosten: Gesetzliche, tarifliche und freiwillige Zusatzleistungen des Arbeitgebers an seine Arbeitnehmer. Sie erhöhen den Personalaufwand.

R

Rentabilität (bzw. Rendite): Gesamterfolg einer Geldanlage, gemessen als tatsächliche (wirkliche) Verzinsung (Effektivverzinsung) des eingesetzten Kapitals. Die Rendite hängt von den Erträgen (z. B. Kursgewinne) und den Kosten (z. B. Depotgebühren) der jeweiligen Geldanlage ab.

Rohstoff: Werkstoff, der den Hauptbestandteil eines Produkts bildet (z. B. Holz für Möbel, Leder für Schuhe).

S

Sanierung: Im Rahmen eines Insolvenzverfahrens verzichten die Gläubiger auf einen Teil ihrer Forderung. Ziel ist die Weiterführung des insolventen Unternehmens.

Schlussbilanzkonto: Über dieses Konto werden am Jahresende alle aktiven und passiven Bestandskonten abgeschlossen.

Sichteinlagen: Guthaben auf Kontokorrent-, Tagesgeld- und Girokonten (laufende Konten) ohne Kündigungsfrist. Sie sind täglich („bei Sicht") fällig.

Sozialversicherung: Gesetzlich organisierte Pflichtversicherung für Arbeitnehmer.

Spesen: Beim Kauf und Verkauf von Aktien fallen Spesen an, die vom Bankkunden zu zahlen sind. Diese enthalten die Spesen der Bank (z. B. Bankprovision) und die Gebühren der Börse (Maklergebühr, Courtage genannt). Viele Banken verlangen Mindestgebühren.

Stückaktie: Repräsentiert einen bestimmten Anteil des Grundkapitals einer Aktiengesellschaft. Bei Stückaktien ist der Anteil der einzelnen Aktie nicht durch einen Nennwert ausgedruckt. Für den Aktieninhaber resultieren seine Rechte aus dem Verhältnis der von ihm gehaltenen Aktien zur Zahl der insgesamt ausgegebenen Aktien.

T

Termineinlagen: Geld, das einem Kreditinstitut für eine vorher bestimmte Zeit zur Verfügung gestellt wird. Es gibt zwei Ausprägungen: Festgelder und Kündigungsgelder. Termineinlagen haben meist einen höheren Zinssatz als Sichteinlagen.

U

Unfallversicherung: Teil des Sozialversicherungssystems. Jeder Arbeitnehmer ist gesetzlich bei seiner Arbeit versichert. Sie wird vom Arbeitgeber bezahlt.

Unfertige Erzeugnisse: Halbfertige Produkte wie z. B. Fensterrahmen, zugeschnittene Teile eines Kleidungsstückes.

Unterkonten: Aus Gründen der Übersichtlichkeit werden während des Geschäftsjahres Unterkonten geführt (z. B. 6081 BZKR, 6082 NHW, 3001 P, 5101 EBHW). Am Jahresende werden diese Unterkonten auf den Hauptkonten abgeschlossen.

V

Vorabschlussbuchungen: Buchung der Abschreibung auf Anlagen und Forderungen, der Bestandsveränderungen und Abschluss der Unterkonten (z. B. 6001 BZKR, 6002 NR, 3001 P, 5001 EBFE) über die entsprechenden Hauptkonten.

W

Wertberichtigungen: Nach den Grundsätzen ordnungsmäßiger Buchführung sind Forderungen am Bilanzstichtag „vorsichtig" zu bewerten. Mögliche Forderungsausfälle sind zu schätzen und abzuschreiben.

– Einzelwertberichtigung
Bei den zweifelhaften Forderungen werden die Ausfälle einzeln geschätzt und indirekt auf Konto 3670 EWB abgeschrieben.

– Pauschalwertberichtigung
Wegen des allgemeinen Risikos werden die Ausfälle bei einwandfreien Forderungen pauschal geschätzt und auf Konto 3680 PWB abgeschrieben.

Wertminderungen bei Anlagegütern: Wertminderungen bei Anlagegütern können verursacht werden durch

- Nutzung
- technischen Fortschritt
- wirtschaftliche Überholung
- außergewöhnliche Ereignisse

Wertpapiere: Urkunden, in denen ein Vermögensrecht verbrieft ist, für dessen Geltendmachung der Besitz der Urkunde erforderlich ist (z. B. Banknote, Aktie oder Scheck). Gläubigerpapiere (Rentenwerte) und Teilhaberpapiere (Aktien) sind fungibel (vertretbar), sie können an der Wertpapierbörse gehandelt werden.

X

Xetra: Elektronisches Handelssystem der Deutsche Börse AG. Der Name steht für **E**xchange **E**lectronic **Tra**ding. Das System wurde am 28. November 1997 erstmals in Betrieb genommen.

Z

Zinseszinseffekt: Zinsen, die auf nicht ausgezahlte Zinsen berechnet werden. Sie werden dem Kapital hinzugefügt und dann mit diesem verzinst.

Stichwortverzeichnis

Kontenplan (nach dem Industriekontenrahmen – IKR) und Abkürzungsverzeichnis

AKTIVA

KONTENKLASSE 0 Sachanlagen

05 Grundstücke und Bauten

0500	UGR	Unbebaute Grundstücke
0510	BGR	Bebaute Grundstücke
0530	BVG	Betriebs- und Verwaltungsgebäude

07 Technische Anlagen und Maschinen

0700	MA	Maschinen und Anlagen

08 Betriebs- und Geschäftsausstattung

0840	FP	Fuhrpark
0860	BM	Büromaschinen
0870	BA	Büroausstattung (Büromöbel und sonstige Geschäftsausstattung)
0895	SP	Sammelposten

KONTENKLASSE 1 Finanzanlagen

13 Beteiligungen

1300	BET	Beteiligungen

KONTENKLASSE 2 Umlaufvermögen und aktive Rechnungsabgrenzung

Vorräte

20 Roh-, Hilfs- und Betriebsstoffe

2000	R	Rohstoffe (Fertigungsmaterial)
2010	F	Fremdbauteile
2020	H	Hilfsstoffe
2030	B	Betriebsstoffe

21 Unfertige Erzeugnisse

2100	UFE	Unfertige Erzeugnisse

22 Fertige Erzeugnisse und Handelswaren

2200	FE	Fertige Erzeugnisse
2280	HW	Handelswaren

Forderungen und sonstige Vermögensgegenstände

24 Forderungen aus Lieferungen und Leistungen

2400	FO	Forderungen aus Lieferungen und Leistungen
2470	ZWFO	Zweifelhafte Forderungen

26 Sonstige Vermögensgegenstände

2600	VORST	Vorsteuer
2690	SOFO	Übrige sonstige Forderungen

27 Wertpapiere des Umlaufvermögens

2700	WP	Wertpapiere des Umlaufvermögens

28 Flüssige Mittel

2800	BK	Bank (Kontokorrentkonto)
2880	KA	Kasse

29 Aktive Rechnungsabgrenzung

2900	ARA	Aktive Rechnungsabgrenzung,

PASSIVA

KONTENKLASSE 3 Eigenkapital und Rückstellungen

30 Eigenkapital

3000	EK	Eigenkapital
3001	P	Privatkonto

36 Wertberichtigungen

3670	EWB	Einzelwertberichtigung (zu Forderungen)
3680	PWB	Pauschalwertberichtigung (zu Forderungen)

38 Steuerrückstellungen

39 Sonstige Rückstellungen

3900	SORST	Sonstige Rückstellungen

KONTENKLASSE 4 Verbindlichkeiten und passive Rechnungsabgrenzung

42 Verbindlichkeiten gegenüber Kreditinstituten

4200	KBKV	Kurzfristige Bankverbindlichkeiten (bis zu einem Jahr)
4250	LBKV	Langfristige Bankverbindlichkeiten

44 Verbindlichkeiten aus Lieferungen und Leistungen

4400	VE	Verbindlichkeiten aus Lieferungen und Leistungen

48 Sonstige Verbindlichkeiten

4800	UST	Umsatzsteuer
4830	VFA	Sonstige Verbindlichkeiten gegenüber dem Finanzamt
4840	VSV	Verbindlichkeiten gegenüber Sozialversicherungsträgern
4890	SOVE	Übrige sonstige Verbindlichkeiten

49 Passive Rechnungsabgrenzung

4900	PRA	Passive Rechnungsabgrenzung

ERTRÄGE

KONTENKLASSE 5 Erträge

50 Umsatzerlöse für eigene Erzeugnisse

*	5000	UEFE	Umsatzerlöse für eigene Erzeugnisse (Fertigerzeugnisse)
	5001	EBFE	Erlösberichtigungen eigene Erzeugnisse (Fertigerzeugnisse)

51 Umsatzerlöse für Handelswaren

*	5100	UEHW	Umsatzerlöse für Handelswaren
	5101	EBHW	Erlösberichtigungen Handelswaren

52 Erhöhung oder Verminderung des Bestandes an unfertigen und fertigen Erzeugnissen

*	5200	BV	Bestandsveränderungen

54 Sonstige betriebliche Erträge

	5400	EMP	Erträge aus Vermietung und Verpachtung
	5410	EAAV	Erlöse aus dem Abgang von Gegenständen des Anlagevermögens
*	5430	ASBE	Andere sonstige betriebliche Erträge
	5450	EAWB	Erträge aus der Auflösung oder Herabsetzung von Wertberichtigungen auf Forderungen
	5460	EAVG	Erträge aus dem Abgang von Vermögensgegenständen
	5490	PFE	Periodenfremde Erträge
	5495	EFO	Erträge (Zahlungseingänge) aus abgeschriebenen Forderungen

57 Zinsen und ähnliche Erträge

	5710	ZE	Zinserträge
	5780	DDE	Dividendenerträge (Erträge aus Wertpapieren des Umlaufvermögens)
	5784	EAWP	Erträge aus dem Abgang von Wertpapieren des Umlaufvermögens

AUFWENDUNGEN

KONTENKLASSE 6 Betriebliche Aufwendungen

Materialaufwand

60 Aufwendungen für Roh-, Hilfs-, Betriebsstoffe, Fremdbauteile und Handelswaren

*	6000	AWR	Aufwendungen für Rohstoffe (Fertigungsmaterial)
	6001	BZKR	Bezugskosten Rohstoffe
	6002	NR	Nachlässe Rohstoffe
*	6010	AWF	Aufwendungen für Fremdbauteile
	6011	BZKF	Bezugskosten Fremdbauteile
	6012	NF	Nachlässe Fremdbauteile
*	6020	AWH	Aufwendungen für Hilfsstoffe
	6021	BZKH	Bezugskosten Hilfsstoffe
	6022	NH	Nachlässe Hilfsstoffe
*	6030	AWB	Aufwendungen für Betriebsstoffe
	6031	BZKB	Bezugskosten Betriebsstoffe
	6032	NB	Nachlässe Betriebsstoffe
*	6040	AWVM	Aufwendungen für Verpackungsmaterial
*	6080	AWHW	Aufwendungen für Handelswaren
	6081	BZKHW	Bezugskosten Handelswaren
	6082	NHW	Nachlässe Handelswaren

61 Aufwendungen für bezogene Leistungen

*	6140	AFR	Ausgangsfrachten
*	6160	FRI	Fremdinstandhaltung (Reparaturen)

Personalaufwand

62 Löhne

*	6200	L	Löhne

63 Gehälter

*	6300	G	Gehälter

64 Soziale Abgaben

*	6400	AGASV	Arbeitgeberanteil zur Sozialversicherung
*	6420	BBG	Beiträge zur Berufsgenossenschaft

Abschreibungen auf Anlagevermögen

65 Abschreibungen

*	6520	ABSA	Abschreibungen auf Sachanlagen
*	6545	ABSP	Abschreibung auf Sammelposten

Sonstige betriebliche Aufwendungen

67 Aufwendungen für die Inanspruchnahme von Rechten und Diensten

*	6700	AWMP	Mieten, Pachten
*	6710	LS	Leasing
*	6730	GEB	Gebühren
*	6750	KGV	Kosten des Geldverkehrs
*	6770	RBK	Rechts- und Beratungskosten

68 Aufwendungen für Kommunikation

*	6800	BMK	Büromaterial u. Kleingüter
*	6810	ZFL	Zeitungen und Fachliteratur
*	6820	PUK	Post- und Kommunikationsgebühren
*	6850	REK	Reisekosten
*	6870	WER	Werbung

69 Aufwendungen für Beiträge und Sonstiges sowie Wertkorrekturen

*	6900	VBEI	Versicherungsbeiträge
*	6920	BWB	Beiträge zu Wirtschaftsverbänden und Berufsvertretungen
	6930	VSF	Verluste aus Schadensfällen
	6950	ABFO	Abschreibungen auf Forderungen
	6960	VAVG	Verluste aus dem Abgang von Vermögensgegenständen
	6990	PFAW	Periodenfremde Aufwendungen

KONTENKLASSE 7 Weitere Aufwendungen

70 Betriebliche Steuern

*	7000	GWST	Gewerbesteuer
*	7020	GRST	Grundsteuer
*	7030	KFZST	Kraftfahrzeugsteuer

74 Verluste aus dem Abgang von Wertpapieren des Umlaufvermögens

	7460	VAWP	Verluste aus dem Abgang von Wertpapieren des Umlaufvermögens

75 Zinsen und ähnliche Aufwendungen

*	7510	ZAW	Zinsaufwendungen

ERGEBNISRECHNUNGEN

KONTENKLASSE 8 Ergebnisrechnungen

80 Eröffnung/Abschluss

8000	EBK	Eröffnungsbilanzkonto
8010	SBK	Schlussbilanzkonto
8020	GUV	GuV-Konto

KONTENKLASSE 9 Kosten- und Leistungsrechnung (KLR)

90 NAWE Neutrale Aufwendungen und Erträge

91 KKOR Kostenrechnerische Korrekturen

92 KL Kosten und Leistungen

* Kennzeichnung für Konten, die in die Kosten- und Leistungsrechnung eingehen.